*Kronprinz Rudolf*
**»Majestät, ich warne Sie...«**

SERIE PIPER

## Zu diesem Buch

Kronprinz Rudolf (1858–1889), Sohn des österreichischen Kaisers Franz Joseph und der Kaiserin Elisabeth (Sisi), zeigt sich hier als Autor, der für Fortschritt und Liberalismus, gegen Nationalismus und Antisemitismus eintritt. Zeugnis für den rebellischen Geist des Thronerben geben insbesondere seine »politischen Denkschriften« wie jene, die sich unter dem Titel »Lebensweise und sociale Gewohnheiten« kritisch mit dem Adel auseinandersetzen. Neben Natur- und Reiseschilderungen und den Jugendschriften Rudolfs sind von besonderem Interesse seine politischen Leitartikel aus dem »Neuen Wiener Tagblatt«, die wegen ihrer Schärfe damals zensiert wurden und die er natürlich nur unter Pseudonym veröffentlichen konnte. Diese Schriften, die von Brigitte Hamann ausführlich kommentiert werden, erlauben einen aufschlußreichen Einblick in die Kulissen der k. u. k. Monarchie, werfen aber auch ein klärendes Licht auf die eigentümliche, widersprüchliche Gestalt des Kronprinzen.

*Brigitte Hamann,* geboren in Essen, Studium der Geschichte und Germanistik in Münster/Westfalen und Wien. Zahlreiche Veröffentlichungen zur österreichischen Geschichte des 19. Jahrhunderts, insbesondere die Biographien der Kaiserin Elisabeth (1981) und des Kronprinzen Rudolf (1978). 1996 erschien ihr Bestseller »Hitlers Wien«.

*Kronprinz Rudolf*

# »Majestät, ich warne Sie...«

## Geheime und private Schriften

Herausgegeben von
Brigitte Hamann

Piper München Zürich

Von Brigitte Hamann liegen in der Serie Piper außerdem vor:
Rudolf (800)
Bertha von Suttner (922)
Elisabeth (990)
Meine liebe, gute Freundin! (Hg., 2228)

Ungekürzte Taschenbuchausgabe
Piper Verlag GmbH, München
1. Auflage Dezember 1987
2. Auflage Februar 1998

Umschlag: Büro Hamburg
Simone Leitenberger, Susanne Schmitt, Annette Hartwig
Umschlagabbildung: Interfoto
Foto Umschlagrückseite: Kurier Foto, Wien
Satz: Welsermühl, Wels
Druck und Bindung: Clausen & Bosse, Leck
Printed in Germany ISBN 3-492-20824-X

# Inhalt

## B Persönliche Schriften

## C Vogelkunde, Natur- und Reiseschilderungen



## D Jugendschriften

## VORWORT

Als er 1889 in Mayerling seinem Leben ein jämmerliches und schuldhaftes Ende bereitete, war Kronprinz Rudolf dreißig Jahre alt. Diese dreißig Jahre waren umstrahlt vom äußeren Glanz am Wiener Kaiserhof, aber auch erfüllt von innerer Einsamkeit und Frustration.

Denn was er wollte, durfte er nicht: der übermächtige, eifersüchtig auf seine Macht pochende Kaiser Franz Joseph hielt den so verdächtig intellektuellen Sohn von jedem politischen Einfluß fern.

Was er durfte, wollte er freilich nicht: Soldat sein, schließlich General, aber selbst in dieser Stellung ohne politische und nicht einmal militärische Verantwortung.

So wich er aus, wenn auch erst nach jahrelangem erfolglosem Bemühen um eine offizielle politische Aufgabe, nach jahrelangem Bitten um Informationen, nach unzähligen gescheiterten Versuchen, mit dem kaiserlichen Vater nicht nur über Jagd und Militär, sondern endlich auch über Politik reden zu dürfen.

Kronprinz Rudolf baute sich kein Schattenkabinett auf. Er wurde politischer Schriftsteller in Opposition zur höfischen Politik der »Kamarilla«, wie er die adeligen Ratgeber seines Vaters gerne nannte. Er schrieb politische Denkschriften, von denen einige (unter strenger Wahrung der Anonymität) gedruckt wurden. Er schrieb Leitartikel für die liberale Boulevardzeitung »Neues Wiener Tagblatt«, dessen Untertitel »Demokratisches Organ« hieß. Er verstrickte sich in eine höchst kompromittierende Mitarbeit am deutschfeindlichen Wochenblatt »Schwarzgelb«. Das alles unter fast grotesk anmutenden Sicherheitsvorkehrungen: Dazu gehörten nächtliche Besuche seiner journalistischen Freunde über verlassene Stiegen und geheime Gänge der Wiener Hofburg, chiffrierte Briefe, sorgsam von einem Freund abgeschriebene Manuskripte, damit kein Setzer die Handschrift des Thronerben erkennen könnte.

Kaiser Franz Joseph hatte keine Ahnung von den politischen Schriften seines Sohnes. Rudolf wagte es nicht, ihm seine Arbeiten »zu Füßen zu legen«. Schon 1881, als er die erste politische Denkschrift abgeschlossen hatte, klagte der Kronprinz: »Ich sehe die schiefe Ebene, auf der wir abwärtsgleiten, stehe den Dingen sehr nahe, kann aber in keiner Weise etwas thun, darf nicht einmal laut reden, das sagen, was ich fühle und glaube. Unser Kaiser hat keinen Freund, Sein Charakter, Sein Wesen lassen dies nicht zu. Er steht verlaßen auf Seiner Höhe, mit Seinen Dienern spricht Er über die Berufsgeschäfte jedes Einzelnen, doch ein Gespräch vermeidet er ängstlich, darum weiß Er wenig über das Denken und Fühlen der Leute, über die Ansichten und Meinungen des Volkes ... Er glaubt, wir sind jetzt in einer der glücklichsten Epochen Österreichs, offiziell sagt man es Ihm, in den Zeitungen liest Er nur die roth-bezeichneten Stellen, und so ist er getrennt von jedem rein menschlichen Verkehr, von jedem unpartheiischen, wirklich gesinnungstüchtigen Rathschlag[1].«

Die achtziger Jahre des vorigen Jahrhunderts waren gerade für Österreich-Ungarn eine Zeit der Gärung, der Entwicklung. Erst jetzt kam der Nationalismus zur vollen Reife – Rudolf war einer der wenigen Europäer dieser Zeit, der im Nationalismus nicht einen Fortschritt zum Eigenbewußtsein der Völker sah, sondern vor allem eine sprengende, für den Vielvölkerstaat Österreich-Ungarn wie für den Gedanken eines vereinten Europas tödliche Macht.

In diesem Jahrzehnt beherrschte der Antisemitismus die Straßen der Großstädte wie der Dörfer der Monarchie. Katholische und nationalistische Antisemiten kämpften Arm in Arm, unterstützt von einer erst in den achtziger Jahren gegründeten antisemitischen Presse. Kronprinz Rudolf verteidigte die Rechte der Juden so lange, bis er selbst in den schmutzigen Kampf als »Judenknecht« hineingezogen wurde und einen Gutteil seiner früheren Popularität verlor.

In diesem Jahrzehnt bildeten sich die beiden Massenparteien, die bis heute bestehen – die Christlichsozialen und die Sozialdemokraten. Die »alten Liberalen« wurden aufgerieben. Die Krone unterstützte die konservativ-feudal-klerikale Regierung Taaffe. Während auf den Straßen gefährliche Weichen für die Zukunft der Monarchie gestellt wurden, fehlte von Seiten der Regierung jedes Konzept. Die Regierung Taaffe wurde durch ihr sprichwörtliches »Fortwursteln« berühmt, vom Kronprinzen in ohnmächtiger Wut angefeindet.

In den achtziger Jahren begann in Österreich-Ungarn die Zeit, in der sich Deutsche und Tschechen, Ungarn und Kroaten, Polen und Ruthenen, Christen und Juden Straßenkämpfe lieferten, in der nur wenig von Gemeinsamkeit und friedlicher Zusammenarbeit, viel aber von Haß und Intoleranz zu spüren war. Kronprinz Rudolf setzte all diesen Wirren seinen immer verzweifelteren Appell zu Toleranz und zu einem »österreichischen«, das hieß für ihn übernationalen Patriotismus entgegen.

Dieses Bekenntnis zur Toleranz schloß auch die religiöse Toleranz ein – bemerkenswert für einen Sproß des katholischen Hauses Habsburg zu einer Zeit, als die Kirche nach dem ersten Vatikanischen Konzil scharf gegen den Liberalismus polemisierte und sich dem Antisemitismus durchaus offen zeigte.

Außenpolitisch träumte auch Kronprinz Rudolf von einer österreichischen Kulturmission auf der Balkanhalbinsel. Auch er befürwortete zunächst das deutsch-österreichische Bündnis – solange es ihm die Gewähr dafür zu geben schien, daß Österreich-Ungarn auf militärische und politische Hilfe in einem unausweichlich scheinenden Kampf gegen Rußland rechnen könnte.

Rudolf dachte daran, aus diesem, gerade durch die aktive Balkanpolitik immer bunter werdenden Vielvölker- und Vielreligionenstaat Österreich-Ungarn einen Musterstaat der Toleranz zu machen, in dem sich Victor Hugos Traum der »Vereinigten Staaten von Europa« verwirklichte. Für ihn war diese »Idee von ungeheuerster Wichtigkeit für die Weltzivilisation[2]«.

Nicht nur mit seiner unbedingten Ablehnung von Antisemitismus und Nationalismus, seinen Demonstrationen gegen Adel und »Klerikale«, seinem Bekenntnis zum Liberalismus, manövrierte sich Rudolf gegen Ende der achtziger Jahre immer mehr in die Isolation am Hof, aber auch in der Bevölkerung, die längst anders dachte. Was letztlich das Ende in Verzweiflung und Resignation herbeiführte, war kein weltanschauliches, sondern ein politisches Problem: Das Bündnis Österreich-Ungarns mit dem Deutschen Reich, 1882 zum »Dreibund« mit Italien erweitert. Seit den Balkankrisen 1886/87 und der dezidierten Weigerung Bismarcks, eine aktive Balkanpolitik Österreich-Ungarns mit deutschen Truppen zu unterstützen, hielt der Kronprinz dieses Bündnis für wertlos, ja gefährlich, da es keinerlei Rückhalt gegen Rußland verschaffte. Im journalistischen Freundeskreis des Kronprinzen wurde sogar von der Wahrscheinlichkeit eines Geheimabkommens zwischen Deutschland und Rußland gesprochen, eben jenes streng geheimen, 1887 von Bismarck abgeschlossenen Rückversicherungsvertrages.

Der Kronprinz zog aus diesen Vorgängen die Konsequenzen: Er, der als Zwanzigjähriger die Okkupation Bosniens und der Herzegowina begrüßt hatte, der noch 1885 Georges Clemenceau für die österreichische Balkanmission begeistern wollte, sah nur noch einen Ausweg: den Verzicht Österreich-Ungarns auf seine Großmachtstellung, die Abtretung Bosniens an Serbien, die friedliche Verständigung mit Rußland – alles aus dem einzigen Grund, weil er Österreich-Ungarn für viel zu schwach hielt, um allein, das heißt ohne deutsche Hilfe, einen Krieg gegen Rußland ausfechten zu können.

Gesundheitlich labil, nervlich durch Ehekrisen und ständige Heimlichkeiten vor dem kaiserlichen Vater zermürbt, erfolglos in allen seinen Aktivitäten, erscheint uns der Kronprinz in seinen letzten Schriften überspannt, hysterisch, angsterfüllt. Das Gespenst eines europäischen Krieges an der Seite Wilhelms II., aber ohne Hilfe Wilhelms II., schien ihm für das Frühjahr 1889 Wirklichkeit zu werden. In einem beschwörenden, verzweifelten Appell, einem »Offenen Brief an Seine Majestät Kaiser Franz Joseph I.«, in deutscher Sprache unter einem Pseudonym in Paris gedruckt, versuchte der Kronprinz, das ihm so sicher scheinende Ende Österreich-Ungarns zu verhindern. Er beschwor den Kaiser, das Bündnis mit Deutschland und Italien aufzugeben und mit Rußland, Frankreich und England zusammenzugehen, was natürlich eine immense Bedrohung für die Politik Bismarcks bedeutet hätte. Daß er mit dieser Überzeugung durchaus nicht allein stand, daß ein Mann wie der ehemalige Außenminister und Schöpfer des »Zweibundes«, Gyula Andrássy, aber auch ein Großteil der liberalen Presse, diese Pläne unterstützten, wurde bei der deutsch-österreichischen Pressefehde im Winter 1888/89 sichtbar[3]. Daß diese weitgehenden, auf Unabhängigkeit von Deutschland zielenden politischen Pläne bei der Person Kaiser Franz Josephs, aber auch dem starken Deutschnationalismus in Österreich nicht durchsetzbar waren, steht auf einem andern Blatt.

Die Zeitgenossen kannten nur den vielgepriesenen Reiseschriftsteller Rudolf. »Fünfzehn Tage auf der Donau« und »Eine Orientreise« waren allbekannte Bücher in der Monarchie, dazu kamen die Sammelbände »Jagden und Beobachtungen«, »Einige Jagdreisen in Ungarn« und zwei Bände mit gesammelten ornithologischen Aufsätzen. Jedes dieser Bücher wurde in die Hauptsprachen des Vielvölkerreiches übersetzt.

Mit diesen Büchern stand der Kronprinz durchaus in der Tradition seiner Familie, wenn auch nicht seines Vaters, der solchen »Wolkenkraxeleien« völlig verständnislos gegenüberstand. Doch der von Rudolf schwärmerisch verehrte »Onkel Max«, Kaiser von Mexiko, hinterließ eine Menge von Reiseberichten, Denkschriften, auch Gedichten (allerdings nicht gerade hervorragender Qualität). Die Liebe zum Schreiben hatte Rudolf aber hauptsächlich von den Wittelsbachern geerbt. Seine Mutter, Kaiserin Elisabeth, schrieb von jung an Gedichte, geschult an ihrem großen Meister Heinrich Heine. Auch Elisabeths Vater, Herzog Max in Bayern, muß hier erwähnt werden. Er brachte 1838 eine »Orientreise« heraus, sammelte bayrische Volkslieder, schrieb mehrere Lustspiele und Possen, aber auch historische Aufsätze (so über Napoleon I. und Metternich), die anonym in Tageszeitungen erschienen.

Auch mit seinen naturwissenschaftlichen Arbeiten und seinem technischen Interesse stand Kronprinz Rudolf in der Tradition seiner Familie, diesmal vornehmlich der Habsburger. Angefangen von Franz Stephan von Lothringen, dem Gemahl Maria Theresias, weist die Familie Habsburg-Lothringen eine ganze Reihe von naturwissenschaftlichen Talenten auf[4], denen sich Rudolf mit seinen ornithologischen Arbeiten, seiner Mitarbeit an Brehms Tierleben, einreiht.

Was blieb von diesem dreißigjährigen Leben des Kronprinzen Rudolf? Nicht viel mehr als getäuschte Hoffnungen vieler Liberaler, übernational denkender Österreicher, Hoffnungen auch der Intellektuellen auf eine weltoffenere und wissenschaftsfreundlichere Zukunft der Donaumonarchie, Hoffnungen der »Modernisten« in Industrie und Gewerbe, Hoffnungen des Bürgertums auf größere Vertretung im Staat. Geblieben ist das Andenken an einen Mann, der – seinem großen Ideal, dem »Volkskaiser« Joseph II. nacheifernd – den Grundsatz der Gleichheit aller Menschen vertrat, der sich für die Prinzipien der Französischen Revolution begeisterte und für »die große Verbindung aller echt liberal-fortschrittlich und republikanisch fühlenden Menschen, die mehr oder weniger Kosmopoliten sind und die, auf der ganzen Welt zerstreut lebend, doch einem und demselben Orden der Ritter vom Geiste angehören[5]«. Geblieben sind gescheiterte Pläne zu einer Westorientierung Österreich-Ungarns. Geblieben ist nichts Konkretes, so gut wie keine politische Leistung, weil Rudolf stets daran gehindert wurde, seine Ideen in der Praxis zu erproben. Geblieben ist eigentlich nichts – außer eine Menge beschriebenes Papier.

Nur ein kleiner Teil der Schriften des Kronprinzen Rudolf kann hier vorgestellt werden. Das hat zwei Gründe: erstens den lapidaren, daß Rudolf sehr viel geschrieben hat (wohlgemerkt nicht als Hauptbeschäftigung, sondern neben seinen vielfältigen militärischen und repräsentativen Aufgaben), so viel, daß ein auch noch so dicker Band nicht ausreicht und eine Auswahl unumgänglich ist. Der Hauptgrund ist aber der, daß die politischen Schriften Rudolfs anonym erschienen und nur wenige Manuskripte erhalten sind. Es muß angenommen werden, daß es noch eine ganze Reihe von unbekannten Schriften des Kronprinzen gibt (etwa Artikel für die liberale böhmische Zeitung »Politik« und die liberale ungarische Zeitung »Pester Lloyd«, aber auch Denkschriften). Überraschungen mit neu auftauchenden politischen Arbeiten des Kronprinzen sind auch heute noch möglich. Die Feststellung ist also wichtig, daß die in diesem Band vorgelegten Arbeiten zwar dem heutigen Wissensstand entsprechen, aber sicherlich nicht dieses so heikle Thema abzuschließen geeignet sind.

Bei der Auswahl wurde das Hauptgewicht auf die anonymen und den Zeitgenossen unbekannten politischen Schriften gelegt. Aber auch aus den Studienheften, den Reisebeschreibungen und ornithologischen Aufsätzen werden wenigstens Beispiele zitiert – jeweils in der Originalschreibweise. Die Schriften ergeben eine Art Autobiographie – von den Kinderaufsätzen, den pubertären Äußerungen des Fünfzehnjährigen über Freiheit und Gleichheit bis zum vollen Spektrum der Interessen des erstaunlich frühreifen Zwanzigjährigen, der mit übergroßer Sensibilität auf die modernen Zeitströmungen reagierte. Darwinismus, Elektrizität, Eisenbahnbau, der noch junge Journalismus, die Bodenreform, Industrialisierung und Antisemitismus – alles das, was im neunzehnten Jahrhundert »modern« wurde, ist in diesen Schriften zu finden. Vorherrschend blieb in den letzten Jahren jedoch die Politik: Balkankrisen, Deutschnationalismus in Österreich, die Slawenfrage, das Nationalitätenproblem, Zweibund und Dreibund. (Ausgeklammert wurden hier die militärischen Schriften, die der Kronprinz als Berufssoldat schrieb. Sie bleiben den Fachleuten vorbehalten.)

Die Kommentare sind absichtlich knapp gehalten, um den Schriften soviel Raum wie möglich zu lassen. Für weitere Informationen sei auf meine 1978 im selben Verlag erschienene Biographie »Rudolf. Kronprinz und Rebell« verwiesen. Beide Bände sind jedoch für sich verständlich und von eigenem Wert. Der Lebensweg und selbst das unglückliche Ende des Kronprinzen Rudolf, seine zunehmende Isolation und seine zunehmende Angst vor dem Zerfall der Donaumonarchie werden in der Biographie beschrieben, in dieser Sammlung der Schriften jedoch auch ohne viel Kommentar deutlich sichtbar.

Wien, im Januar 1979 Brigitte Hamann

## Vorwort zur 3. Auflage

Sieben Jahre nach dem ersten Erscheinen dieses Buches habe ich die Freude, das Vorwort zur dritten Auflage schreiben zu dürfen. Äußerer Anlaß für die neue Ausgabe ist nicht nur das wachsende Interesse am »fin de siècle« und an der Person gerade dieses Habsburgers, sondern auch der nahende hundertste Todestag Rudolfs. Dieser Todestag wird wieder einmal, wie kaum anders zu erwarten, eine Bücherflut zum nicht enden wollenden Thema Mayerling bringen – mit neuen und alten, auf jeden Fall abenteuerlichen Tatversionen. Die Neuauflage von Rudolfs persönlichen und politischen Schriften soll ein, wenn auch bescheidener, Versuch sein, diesem sensationsbefrachteten Phänomen entgegenzuarbeiten und das Leben und nicht den Tod dieses Habsburgers in den Mittelpunkt zu stellen. Rudolfs Schriften stellen immerhin einen nicht unbedeutenden Beitrag zum europäischen Liberalismus des 19. Jahrhunderts dar. Und seine felsenfeste Überzeugung von der Notwendigkeit einer übernationalen Idee Europas, für die das alte Österreich-Ungarn ein Modell darstellen könnte (freilich nur im Ideal, nicht in der politischen Wirklichkeit des 19. Jahrhunderts), ist heute durchaus aktuell.

Seit der ersten Ausgabe sind keine neuen Schriften des Kronprinzen aufgetaucht, die eine Änderung des Textes erfordert hätten. Auch die Illustrationen blieben unverändert. Zum besseren Überblick wurde ein Schriftenverzeichnis in den Anhang übernommen. Nach wie vor sei zur Ergänzung auf meine (inzwischen in fünfter Auflage erschienenen) Biographie »Rudolf, Kronprinz und Rebell« hingewiesen.

Wien, im Februar 1987 Brigitte Hamann

# A

# Politische und gesellschaftskritische Schriften

Der

# Oesterreichische Adel

und sein

## constitutioneller Beruf.

## Mahnruf

an die aristokratische Jugend.

**Von einem Oesterreicher.**

**München.**

Adolf Ackermann.

1878.

*Die erste politische Broschüre:*

## Der Österreichische Adel und sein constitutioneller Beruf. Mahnruf an die aristokratische Jugend.

Von einem Österreicher

Diese 1878 in München anonym erschienene Broschüre verfaßte der neunzehnjährige Kronprinz während seiner Studienreise nach England 1877 gemeinsam mit seinem Lehrer für Nationalökonomie, Prof. Dr. Carl Menger, der bei seiner Rückreise von England in München den Druck veranlaßte. Mengers Mitarbeit ist auf sechs Seiten (36–42) zu beschränken, in denen er wie so oft gegen die unzureichenden Studienmöglichkeiten der Staats- und Politikwissenschaften an den österreichischen Universitäten polemisierte. Der Hauptteil der Schrift stammt eindeutig aus der Feder des Kronprinzen, denn es sind die aus den Studienheften sattsam bekannten Vorwürfe gegen die Trägheit und Bildungsfeindlichkeit des österreichischen Adels. Ganz deutlich ist, wie sehr Rudolf seinen Urgroßonkel Kaiser Joseph II. imitierte, der ja ähnliche Äußerungen über den Adel machte. Auch in dieser Schrift begeisterte sich Rudolf für das Bildungsbürgertum, für die liberalen Schulgesetze des Jahres 1869 und, das Wichtigste – für die konstitutionelle und parlamentarische Staatsform. Kein einziges Mal wird auf den 48 Seiten der Schrift der Kaiser oder die Monarchie erwähnt. Es geht ausschließlich um die Verfassung, um die Parteien, um die nötige Mitarbeit jedes einzelnen an einem »verjüngten« (gemeint war demokratischeren) Staatswesen und um Patriotismus. Es war ein Glaubensbekenntnis für den Verfassungsstaat, gegen die autoritären und patriarchalischen Ansprüche der Hofpartei um Erzherzog Albrecht.

Die Broschüre machte gleich nach ihrem Erscheinen in Wien Sensation, ja einen Skandal. Das konservative Blatt »Das Vaterland« reagierte mit einem vierspaltigen Leitartikel, verteidigte darin die Aristokratie und polemisierte gegen die liberalen Schulgesetze und das »jammervolle Fiasco des modernen Systems[6]«.

Obwohl »Das Vaterland« Andeutungen auf Carl Menger als möglichen

Autor machte, blieb die Anonymität der Broschüre bis über den Tod des Kronprinzen hinaus gewahrt. Daß der Kaiser darüber informiert war, ist kaum wahrscheinlich. Erst 1899 kaufte er mehrere Briefe seines Sohnes auf, unter anderen die an den Journalisten Moriz Szeps. Unter diesen Briefen ist einer, der einen Hinweis auf die Adelsschrift und ihren Autor gibt[7]. Die Öffentlichkeit erfuhr erst 1923, daß der Kronprinz Autor der Adelsschrift war, als ein Szeps-Sohn sie teilweise im »Neuen Wiener Journal« abdruckte. Daraufhin meldete sich der Sohn Carl Mengers, bestätigte die Szeps-Angaben, betonte aber auch die Mitarbeit Mengers[8].

## VORREDE.

Die österreichische Aristokratie bietet in dem gegenwärtigen Momente nichts weniger, als das erfreuliche Bild einer an sich mächtigen Gesellschaftsklasse. Aus dem Civildienste des Staates fast vollständig verdrängt, von dem Militärdienste, so weit er nicht allgemeine Bürgerpflicht ist, in unberechtigtem Grolle sich fernhaltend, in ihrer parlamentarischen Stellung ohne klares Programm und ohne Bewusstsein der Besonderheit ihrer Aufgaben, versunken in ein bedeutungsloses gesellschaftliches Treiben, erscheint sie dem Kenner ihrer ruhmvollen Vergangenheit fast wie die Ruine eines vormals stolzen Gebäudes. Wer nur den Zustand der österreichischen Aristokratie in das Auge fasste, der müsste glauben, es habe der Adel seine Rolle im öffentlichen Leben bereits ausgespielt und mit den einstigen Privilegien auch seine Bedeutung im Staatsleben völlig verloren.

Und doch, wenn man auf die grosse Stellung hinblickt, welche der Adel anderer Länder auch in dem modernen Staate behauptet und wahrnimmt, wie er dort neben den liberalen Elementen als ein wichtiger Factor des modernen politischen Lebens auftritt, mit wie viel Eifer und Hingebung er sich dem Staatsdienste überhaupt und dem Militärdienste insbesondere widmet, wenn man sieht, wie eng seine geselligen Gewohnheiten mit der Förderung der edelsten Culturbestrebungen verknüpft sind; da kann man wahrlich nicht umhin, zum Glauben zu gelangen, die geringe Bedeutung unseres Adels in dem staatlichen und socialen Leben sei nicht so sehr das Ergebniss einer dem Adel ungünstigen Entwicklung der allgemeinen politischen Verhältnisse, als vielmehr die Folge seines eigenen Verschuldens.

Bedürfte es hiefür eines besonderen Beweises, er läge in den Bestimmungen unserer Verfassung, welche dem österreichischen Adel eine geradezu dominirende Stellung in unserem öffentlichen Leben sichert. In ihn verlegt sie den Schwerpunkt des Herrenhauses, während sie dem Adel durch die Curien der Grossgrundbesitzer zugleich den massgebendsten Einfluss auf die Beschlüsse des Abgeordnetenhauses gewährt. Der unserer Aristokratie auf die Landesgesetzgebungen gesicherte Einfluss ist, mit Rücksicht auf die in der Mehrzahl der Länder bestehenden Verhältnisse ein fast noch grösserer zu nennen. Ueberdies gehört nur eine geringe Kenntniss der Exigenzen des Staatsdienstes dazu, um zu wissen, dass in manchen Zweigen desselben wahrhaft befähigte Aristokraten auch unter den heutigen Verhältnissen stets bereitwilliges Entgegenkommen und rasche Förderung finden.

Die mehr als bloss zurücktretende Stellung der Aristokratie in unserem öffentlichen Leben kann demnach nicht die Folge einer ihrer Wirksamkeit abträglichen Entwickelung unserer öffentlichen Verhältnisse sein. Der Grund hievon kann vielmehr in nichts anderem liegen, als in der Unfähigkeit unseres Adels, von der ihm durch die naturgemässe Entwickelung unserer staatlichen Verhältnisse zuteil gewordenen neuen Machtposition Besitz zu ergreifen.

Nun hat es auf den ersten Blick allerdings den Anschein, als wäre die Passivität des Adels in allen politischen Dingen für unsere öffentlichen Zustände ohne Bedeutung und lediglich eine die Aristokratie und ihre Interessen berührende Angelegenheit. Ja es mag selbst solche geben, welche sich über die Theilnahmslosigkeit geradezu freuen, welche ein grosser Theil unseres Adels den öffentlichen Angelegenheiten entgegenbringt. Es liegt in dieser Anschauung indess eine grosse Kurzsichtigkeit.

Kein gesundes Staatswesen, was immer auch seine geschichtliche Entwickelung gewesen sein mag, kann für die Dauer ohne die Wirksamkeit einer conservativen Partei bestehen, denn eine solche ist die nothwendige Ergänzung und in gewissem Sinne geradezu die

Voraussetzung der freien Entfaltung aller übrigen Parteien im Staate.

Das Problem, den conservativen Gedanken in dem öffentlichen Leben zum wirksamen Ausdrucke zu bringen, mag nun immerhin auch auf anderem Wege möglich sein, als durch die Heranziehung der Adelsgeschlechter eines Landes zur Legislation, wenn gleich auch eine weitgehende Politik dort, wo eine durch Grundbesitz hervorragende Aristokratie besteht, dies wichtige conservative Element nicht leicht wird eingehen können. Aber diese Möglichkeit zugestanden, für Oesterreich ist die Frage durch die Verfassung gelöst, welche in deutlich hervortretenden Zügen dem grundbesitzenden Adel die Vertretung des conservativen Gedankens in erster Linie überantwortet.

Die Theilnahmslosigkeit unserer Aristokratie an dem öffentlichen Leben und die sichtbar hervortretende Unfähigkeit eines nicht geringen Theiles derselben, den ihr durch die Verfassung und ihre besondere Stellung im politischen Organismus zugewiesenen öffentlichen Aufgaben zu genügen, ist demnach keine lediglich deren eigene Interessen berührende Angelegenheit. Allerdings kann keine Gesellschaftsklasse sich für die Dauer ihren staatlichen Pflichten, ihrem, wenn ich so sagen darf, öffentlichen Berufe entziehen, ohne schliesslich die politische Macht, die sie nicht zu handhaben versteht, schwer zu compromittiren. Es liegt in der gegenwärtigen ruhmlosen Thatenlosigkeit unseres Adels eine augenfällige Gefahr für seine Zukunft. Aber die Passivität eines so wichtigen Factors unseres politischen Lebens, wie der Adel in Oesterreich, lähmt zugleich die Functionen des politischen Organismus überhaupt und verschiebt geradezu den Schwerpunkt der Verfassung. Sie ist die Ursache jener den Bedürfnissen der Gegenwart nicht selten voraneilenden Gesetzgebung, jener Unterschätzung noch lebendiger Interessen, welche in unserer Legislation leider nicht gar selten zu Tage tritt, zugleich aber auch jener Mattherzigkeit unserer liberalen Parteien, welche aus dem Bewusstsein derselben entspringt, dass sie die *ganze* Verantwortung für die Thätigkeit des Parlamentes tragen, dass ihnen auch der Schutz des von der Aristokratie im öffentlichen Leben preisgegebenen conservativen Gedankens obliegt. Wenn der österreichische Parlamentarismus überall eine lediglich von staatlichen Interessen geleitete, zielbewusste conservative Partei vermissen lässt und hiedurch die öffentlichen Interessen nicht selten auf das empfindlichste berührt werden, so trägt hieran ohne Zweifel nicht die Entwickelung unserer staatlichen Verhältnisse, sondern unser Adel den Hauptheil der Schuld.

Dass der Grund dieser bedauerlichen Erscheinung im Grossen und Ganzen nicht in einem Mangel an Patriotismus Seitens der österreichischen Aristokratie liegt, braucht wohl nicht erst hervorgehoben zu werden. An Beispielen ausgezeichneter Vaterlandsliebe hat es unser österreichischer Adel nie fehlen lassen. Der Grund der für die Interessen des Standes, wie der Gesammtheit gleich verderblichen Passivität unseres Adels in öffentlichen Dingen, liegt vielmehr sichtbar in dem Umstande, dass derselbe seiner Mehrzahl nach vorläufig weder die Befähigung, noch auch das Verständniss für seine öffentliche Aufgabe besitzt. Unsere Aristokratie hält sich vom Civildienste fern, weil sie die zum Eintritte in denselben gegenwärtig erforderlichen Kenntnisse zumeist nicht besitzt; sie perhorrescirt den Militärdienst, seitdem die Erreichung höherer militärischer Stellen umfangreiche Studien voraussetzt; sie spielt in unserem parlamentarischen Leben eine beispiellos zurücktretende Rolle, weil sie im Grossen und Ganzen die für eine wirksame parlamentarische Thätigkeit erforderliche Befähigung nicht besitzt. Sie bietet in allen obigen Richtungen, wie auch der freundlichste Beurtheiler zugestehen muss, herzlich wenig, weil ein sehr grosser Theil derselben an der dem Adel im modernen Staate zugefallenen Aufgabe nicht arbeiten will und Mangels der hiezu nothwendigen Vorbildung in Wahrheit mit Erfolg nicht arbeiten kann.

Es ist desshalb auch klar, von welchem Punkte aus eine Besserung der gegenwärtigen Stellung unseres Adels im öffentlichen Leben angestrebt werden muss. Die Frage, wie unsere Aristokratie zu jener bedeutenden Stellung emporgehoben werden kann, welche unser verjüngtes Vaterland derselben bereitwillig eingeräumt hat, ist im eigentlichsten Sinne des Wortes eine Bildungsfrage. Und weil sie eine solche ist, so wende ich mich mit dieser Schrift an die aristokratische Jugend Oesterreichs. Sie an ihre dereinstigen Pflichten ge-

gen das Vaterland und gegen ihren eigenen Stand zu erinnern und an ihre gegenwärtige Pflicht, sich für die ersteren zu befähigen, ist der einzige Zweck dieser im patriotischen Sinne intendirten Schrift. Ich wende mich aber an die Jugend, denn die höheren Lebensalter haben bereits ihre bestimmten Richtungen, ihre nicht mehr gut zu machenden Versäumnisse und Gewohnheiten; der Jugend aber gehört der Fortschritt und damit die Zukunft.
Und so übergebe ich diese Schrift der Oeffentlichkeit in der, wie ich glaube, berechtigten Ueberzeugung, dass sie in der Aristokratie nur von den Untüchtigsten des Standes als ein gegen diesen letztern gerichteten Act der Feindseligkeit, von liberaler Seite aber nur von den Kurzsichtigsten als eine Apologie der einseitigen Interessen des Adels aufgefasst werden wird.

DER VERFASSER.

## DER ÖSTERREICHISCHE ADEL UND DER STAATSDIENST.

Was den Werth eines Standes für das Gemeinwesen bildet, sind die Dienste, die er ihm leistet. Eine Bevölkerungsklasse, in welcher nicht der Ehrgeiz lebt: im Dienste des Vaterlandes es den andern, zum mindesten in irgend einer Beziehung, zuvor zu thun, kann für die Dauer unmöglich eine hervorragende Stellung im Staatswesen für sich in Anspruch nehmen. Es gehört denn auch überall zu den beachtenswerthesten Symptomen der politischen Untüchtigkeit eines Standes, wenn die höheren Berufe, welche seinen Mitgliedern im Dienste des Gemeinwesens offen stehen, von der Mehrzahl derselben gemieden werden, und welch' ein Symptom ist die überaus geringe Zahl von begüterten österreichischen Aristokraten, welche sich in neuerer Zeit in ernstlicher Weise dem Staatsdienste widmen. Nicht ohne Verwunderung wird der unbefangene Beobachter wahrnehmen, wie sehr der österreichische Civildienst von den Mitgliedern der begüterten Aristokratie vernachlässigt wird. Insbesondere muss es aber berechtigtes Staunen erregen, wenn wir die Nachkommen der alten kriegerischen Adelsgeschlechter Oesterreichs sich immer mehr von der Militär-Laufbahn abwenden sehen, wo doch zu allen Zeiten die Aristokratie für sich das Vorrecht in Anspruch nahm, ein bevorzugter Träger ritterlicher Gesinnung zu sein, und der Militärstand thatsächlich der Sammelplatz der adeligen Jugend war. Die Erklärung dieser bedauerlichen Thatsache liegt in Umständen, welche für unsern heutigen Adel keineswegs rühmlich sind.

Bekanntlich wurde unser Heerwesen in Folge höchst bitterer Erfahrungen während des letzten Decenniums einer vollständigen Reform unterzogen. Es ist hier nicht meine Absicht, Recriminationen irgend welcher Art zu erheben; aber es lebt in unser Aller Erinnerung, dass die für unser Heerwesen verderbliche, in ihren Consequenzen so verhängnissvolle Epoche, welche den erwähnten Reformen vorausging, eben jene war, in welcher der Adel in den Reihen unseres Heeres die Mehrzahl aller höhern Posten bekleidete und eine geradezu dominirende Stellung einnahm. Vollständiger Mangel an ernstem militärischen Wissen und an jedem Streben, durch Intelligenz Hervorragendes zu leisten, kennzeichnete damals fast durchwegs die Adeligen im Heere. Was sie auszeichnete, war eine ungewöhnliche Fertigkeit im Reiten, eine liebevolle Pflege des von ihnen hochgehaltenen Reitergeistes und eine geradezu ausserordentliche Tapferkeit vor dem Feinde. In den untern Stellen sprengten sie bei Reiterangriffen todesmuthig in das feindliche Feuer und in ihren alten Tagen, wenn sie höhere Commanden inne hatten, stellten sie sich in die vordersten Reihen ihrer Brigaden, um durch diese Beweise persönlichen Muthes der Verantwortung für die Führung, der sie sich meist nicht gewachsen fühlten und die sie auf das ängstlichste scheuten, zu entgehen. Zahllose Adelige blieben solcherart auf den österreichischen Schlachtfeldern, während Brigaden, Divisionen, ja ganze Armee-Corps ohne Leitung dem unzureichenden und oft nicht respectirten Willen junger Generalstabs-Officiere überlassen blieben und geschlagen wurden.

Im Frieden war die Sache noch schlechter. Im Kriege blendeten die Aristokraten durch ihren wahrhaft heroischen Muth. Doch in den Zeiten der Ruhe, wo im Heere gearbeitet, die Truppen in schwierigen Manövern geübt und geschult, das Officiers-Corps an der Hand der Militär-Wissenschaften technisch ausgebildet werden sollte, geschah in allen diesen Richtungen so gut wie nichts – es fehlte der Antrieb der höhern Commanden. Im Gegentheile suchten diese ihre Aufgabe darin, durch spöttelnde Bemerkungen über jeden wie immer gearteten Fortschritt die unhaltbar gewordenen Zustände dennoch festzuhalten. Das ganze Sinnen und Trachten der adeligen Commandanten ging nur dahin, einen leichten, ritterlichen Ton in das Officiers-Corps zu bringen und vortreffliche Reiter heranzubilden. Alle organisatorischen Reformen wurden dagegen ängstlich vermieden und selbstbewusst verliess man sich darauf, dass das aus alten Soldaten bestehende Heer durch seinen grossen Muth und die Bravour seiner Führer unbezwingbar bleiben werde. Die wackersten Söhne Oesterreichs verbluteten auf den böhmischen Schlachtfeldern als Opfer dieser Verblendung!

Doch die bittern Erfahrungen, welche Oesterreich aus diesen Schicksalsschlägen gezogen hatte, trugen segensreiche Früchte. Auch im Heere begann sich der Fortschritt geltend zu machen. Mit eisernem Fleisse wurde an der Organisation, der Bewaffnung und Ausbildung des Heeres gearbeitet, ein strenges Prüfungswesen säuberte allmälig alle Rangsklassen von ungebildeten Elementen, die allgemeine Wehrpflicht rief alle Stände ohne Unterschied unter die Waffen, und nach einer mehr als zehnjährigen, wirklich bewunderungswürdigen Arbeit steht jetzt Oesterreich-Ungarns Kriegsmacht ebenbürtig allen andern Armeen, als Muster eines modernen Heeres vor unsern Augen.

Aber mit dieser Umgestaltung schlichen auch die Aristokraten grösstentheils aus den Reihen der Armee. Die alten Herren hatten sich theils in dem letzten Kriege, theils in den Jahren der Neugestaltung des Heerwesens unmöglich gemacht – dass sie gingen, war begreiflich. Doch auch der jüngere Adel zog sich missmuthig vom Kriegsdienste zurück und die jetzt heranwachsende aristokratische Jugend trachtet in leider nur zu häufigen Fällen sogar nur darnach, das Freiwilligenjahr, gleich einer lästigen Störung, so rasch als möglich zu passiren und glaubt damit der Pflicht gegen das Vaterland Genüge geleistet zu haben. Nicht wenige sind sogar hocherfreut, wenn sie wegen irgend eines geringfügigen Fehlers für »untauglich« erklärt werden, bisweilen zum Staunen aller Welt; denn man kann

die kräftigsten adeligen Jünglinge durch die Prateralleen galoppieren sehen, die sich nicht schämen, für den Schutz ihre Vaterlandes untauglich erkannt zu sein. Nur verhältnismässig wenige junge Aristokraten – ehrenvolle Ausnahmen! – widmen sich der schweren Arbeit des modernen Berufs-Soldaten.
Allerdings fehlt es für eine solche Handlungsweise nicht an entschuldigenden Ausflüchten. Die Aristokraten heben gerne hervor, dass das moderne Heer nicht der rechte Platz für den Adel sei; denn dort, wo das Gesetz den Adel den übrigen Ständen völlig gleichstelle, könne der erstere nicht freudig dienen u. dgl. m. In Wahrheit liegt aber der Grund dieser unpatriotischen Abstinenz in ganz andern Dingen, vor allem in der gränzenlosen Trägheit der meisten adeligen jungen Herren und in ihrer Scheu vor jeder Art mühsamer Studien. Die Reihe von strengen Prüfungen, welche dem Trägen und Untüchtigen jetzt den Weg zu den höhern militärischen Stellungen verlegt, die angestrengte Arbeit bei der Truppe sowohl, als beim Generalstabe schreckt sie zurück. Auch die Cavallerie hat längst aufgehört eine Stätte privilegirten Nichtsthuns, damit aber auch der Sammelpunkt der aristokratischen Jugend zu sein. Dies sind die wahren Gründe, aus welchen unsere jungen Aristokraten das Heer meiden. Und welcher tiefe Mangel an wahrem Ehrgefühl liegt übrigens in der obigen Ausflucht. Man glaubt einen genügenden Grund dafür zu haben, sich vom Militärdienste zurückzuziehen, weil nicht mehr die Geburt, sondern die Tüchtigkeit, die Laufbahn des österreichischen Militärs entscheidet. Durch ernstes Streben und ausgezeichnete Leistungen den Bürgerlichen es zuvorzuthun, darauf lässt man sich gar nicht ein! Durch Pflege soldatischen Geistes und militärischer Bildung in den aristokratischen Familien den bürgerlichen Elementen einen Vorsprung abzugewinnen und solcherart auf eine ehrenvolle und gerechte Weise zu den höhern militärischen Würden zu gelangen, für solch' eine Forderung hat man in den Kreisen unserer jungen Aristokraten zumeist nur ein Lächeln! Die obige Ausflucht ist eine wahre Schmach für diejenigen, welche damit Regungen ihres Gewissens zu beschwichtigen meinen, wenn es sie daran mahnt, dass der Kriegsdienst eine alte unverjährbare Pflicht des *begüterten* Adels ist.

Und was will man gar von dem Verhalten jener Aristokraten sagen, welche im Heere ergrauen und aus Alter oder in Folge ihrer Unfähigkeit die Reihen der Armee verliessen, wenn man sieht, wie stolz sie bei jeder Gelegenheit ihr altes Soldatenthum hervorheben, aber nicht Patriotismus genug besitzen, ihre Söhne zu tüchtigen Officieren heranzubilden? Im Gegentheil sind es nicht selten eben diese alten Herren, welche immer wieder darauf zurückkommen, dass durch die Reformen des letzten Decenniums dem Adel der Eintritt in das Heer unmöglich gemacht worden sei.
Man wende uns gegen das hier Gesagte nicht ein, dass im Momente der Gefahr der junge Adel doch nach wie vor zu den Fahnen eilt – denn dies ist heute kein Verdienst mehr, sondern eine allgemeine Bürgerpflicht. Und wäre es selbst ein Verdienst, ein patriotisches Opfer, welchen Werth hat eine Anzahl mangelhaft geschulter und dabei höchst anspruchsvoller Officiere für eine dem Feinde entgegenrückende Armee? Sie sind ebenso oft eine Verlegenheit, als ein Vortheil für die Heeresleitung.
Nicht minder traurig ist es mit der Betheiligung der Aristokratie an dem Civildienste bestellt. Ich möchte nach keiner Seite hin bitter werden, aber es ist Niemand unbekannt, wie schwer es fällt, Posten, für welche nach den Exigenzen des Dienstes Aristokraten sich besonders eignen, mit *befähigten* für ihren Beruf wissenschaftlich wohl vorbereiteten Vertretern des höhern Adels zu besetzen. Dass auch hier der Adel seine Pflicht gegen das Vaterland nicht genügend erfüllt, wer vermöchte dies zu läugnen?

## Die österreichische Aristokratie und ihr parlamentarischer Beruf.

Ueber die Stellung, welche die österreichische Aristokratie in unserem parlamentarischen Leben einnimmt, mögen in vielen Beziehungen immerhin mannigfache Aeusserungen zulässig sein: über einen Punkt jedoch besteht kein irgendwie gearteter Dissens der Meinungen: über den Umstand, dass die dem österreichischen Adel durch die Verfassung rechtlich zugewiesene Stellung im parlamentarischen Leben eine ebenso hervorragende, als in der Praxis des Parlamentarismus unbedeutende ist.

Nach unserer Verfassung bilden die Häupter der durch Grundbesitz hervorragenden adeligen Familien den Kern des österreichischen Herrenhauses und es beherrschen dieselben somit die Beschlüsse einer der drei Factoren unserer Legislation. Dass dem grundbesitzenden Adel auch auf das Abgeordnetenhaus und die Landesvertretungen ein bedeutungsvoller Einfluss durch die Verfassung gesichert ist, verstärkt in nicht geringem Masse das Gewicht der obigen parlamentarischen Machtstellung.

Wenn wir aber nach dem wirklichen Einflusse unserer Aristokratie auf die Gesetzgebung fragen, so treten uns Verhältnisse entgegen, kaum günstiger als jene, welche wir im vorigen Abschnitte eines weiteren dargestellt haben.

Ein nicht geringer Theil unserer Aristokratie hält sich von unserem constitutionellen Leben aus staatsrechtlichen Gründen fern und verzichtet solcherart auf den ihm durch die Verfassung gewährten Einfluss auf die Gesetzgebung. Ein anderer Theil bringt dem Verfassungsleben eine vollständige Gleichgültigkeit entgegen; ob aus mangelndem Verständnisse für die Bedeutung der dem Adel verfassungsmässig zugewiesenen parlamentarischen Aufgabe, oder im Bewusstsein seiner geringen Befähigung, an der Lösung derselben mitzuwirken, mag unentschieden bleiben. Thatsache ist es, dass ein nicht geringer Theil der erblichen Mitglieder des Herrenhauses von dem Rechte, an den Verhandlungen des letztern Theil zu nehmen, nur in einzelnen Fällen bisweilen überhaupt nicht Gebrauch macht. Nur eine verhältnissmässig geringe Anzahl der verfassungsmässig in das Herrenhaus berufenen Häupter unserer Adelsfamilien nimmt an den Verhandlungen des Herrenhauses in regelmässiger Weise thätigen Antheil. Dass dieser letztere noch dazu nicht der hervorragendste ist und die eigentliche parlamentarische Arbeit des Herrenhauses der Hauptsache nach nicht von den erblichen, den aristokratischen Mitgliedern des Herrenhauses geleistet wird, ist übrigens wohl Niemandem unbekannt, der die parlamentarischen Verhandlungen der hohen Körperschaft, von welcher hier die Rede ist, auch nur einigermassen mit Aufmerksamkeit verfolgt.

Dass eine solche Lage der Dinge für unsere öffentlichen Zustände nichts weniger als erfreulich ist, bedarf für den Sachkundigen wohl kaum der Erwähnung. Unsere Verfassung hat der Aristokratie nicht zweck- und planlos eine so bedeutende Stellung in unserem constitutionellen Leben eingeräumt; nicht etwa um den Glanz einer gewissen Anzahl von Adelsgeschlechtern durch die erbliche Reichsrathswürde zu erhöhen, wurde der Aristokratie eine so überaus gewichtige Antheilnahme an der Legislation des Reichs und der Länder zugestanden. Indem man der Aristokratie in unserm verjüngten constitutionellen Staatswesen eine so unvergleichliche parlamentarische Macht in die Hände gab, wurde ihr eine öffentliche Mission übertragen, deren Erfüllung nunmehr ihr Recht, aber auch ihre *Pflicht* ist. Diese Mission ist die Vertretung des conservativen Gedankens in unserer Gesetzgebung.

Indem nun ein Theil der österreichischen Aristokratie die ihr überantwortete parlamentarische Aufgabe aus Feindseligkeit gegen unsere verfassungsmässigen Institutionen schlechthin zurückweist, ein anderer Theil dieselbe aus Gleichgültigkeit gegen den Parlamentarismus, häufiger noch aus mangelhafter Befähigung hierfür nur in höchst ungenügender Weise löst, befindet sich in unserer Legislation die Vertretung des conservativen Gedankens in unzureichenden Händen. Fortwährende Schwankungen in unserem parlamentarischen Leben, zahllose Schwierigkeiten, welchen jede Regierung in Oesterreich begegnet, und vor allem die Unmöglichkeit der freien Entfaltung unserer liberalen Parteien, sind die Folge der obigen Störung im Gleichgewichte der constitutionellen Mächte. Unser ganzes Verfassungsleben krankt an dem Mangel einer *sachkundigen* conservativen Partei, welche mit offenem Auge für die Bedürfnisse der Gegenwart und des Fortschrittes den Sinn für die Bedeutung des Bestehenden, des Historischgewordenen verbände und die Schuld hieran trägt, wenn nicht überhaupt, so doch in erster Linie unser Adel.

Nun bin ich allerdings ferne davon, den gegenwärtigen Häuptern der österreichischen Adelsfamilien hieraus einen persönlichen Vorwurf zu machen, insbesondere dort, wo lediglich die mangelhafte Befähigung, im Dienste des conservativen Gedankens zu wirken, die Schuld an den obigen Uebelständen trägt. Wer einigermassen die Zustände unseres Adels kennt, weiss, dass die heutigen Inhaber der erblichen Reichsrathswürde in dem Herrenhause ihre Jugend zum nicht geringen Theile mit andern Dingen verbracht haben, als mit der Vorbereitung für ein staatsmännisches Wirken. Als die österreichische Verfassung in das Leben trat, konnte sich kein mit den Verhältnissen einigermassen Vertrauter der Täuschung hingeben, dass die österreichischen Aristokraten im Grossen und Ganzen mehr als blosse Träger conservativer Interessen seien. An eine Befähigung zur sachkundigen Vertretung dieser letzteren, konnte zunächst füglich nicht gedacht werden.

Was indess allerdings erwartet werden konnte und was als ein unabweisbares Postulat unseres Verfassungslebens erwartet werden musste, war die allmälige Entstehung einer sachkundigen conservativen Partei im Schoose unseres Adels. Es konnte erwartet werden, dass die ältern Mitglieder der Aristokratie durch rege Betheiligung am parlamentarischen Leben, die jüngern durch ernste wissenschaftliche Arbeit sich für ihre bedeutungsvolle Mission in unserem staatlichen Leben zu befähigen, auf das Energischeste bemüht sein würden.

Dass dem nicht so ist, dass unsere Aristokratie weder durch eine erfassende Betheiligung an dem parlamentarischen Leben, noch auch, so weit dies ersichtlich ist, durch ernste wissenschaftliche Arbeit sich zu der ihr durch die Natur der Verhältnisse und durch die Verfassung übertragene Mission zu befähigen sucht, dass in dieser Beziehung bisher so gut wie nichts geschehen ist, dass nach mehr als 15jährigem Bestande der Verfassung auch nicht einmal der Anfang zur Bildung einer sachkundigen conservativen Partei gemacht ist: das ist ein Vorwurf, welcher der österreichischen Aristokratie selbst von ihren wärmsten Freunden nicht erspart bleiben kann.

## Die Lebensweise und die socialen Gewohnheiten unserer Aristokraten.

Für die Beurtheilung eines Standes werden stets nicht nur die an die Oeffentlichkeit tretenden Leistungen seiner Mitglieder, sondern in fast eben so hohem Masse seine socialen Gewohnheiten massgebend sein. Bedeutende Leistungen einzelner Mitglieder eines Standes sind nicht selten Symptome des Geistes, welcher den Stand überhaupt belebt, zunächst indess doch das Werk einzelner Individuen. Die socialen Gewohnheiten dagegen sind der unverfälschte Ausdruck des Ganzen, oder doch der herrschenden Mehrheit einer Gesellschaftsklasse.

Ich würde desshalb nur ein sehr unvollständiges Bild des gegenwärtigen Zustandes unserer Aristokratie entwerfen, würde ich nicht auch auf die obige für ihre Beurtheilung wichtige Seite derselben eingehen. Ich werde demnach zunächst versuchen, die ziemlich uniforme Lebensweise unseres Adels in so objectiver und nüchterner Weise zu schildern, als mir dies überhaupt möglich ist.

Im Frühjahre ziehen die verehelichten Aristokraten nach dem letzten Pferderennen, zumeist Ende Mai, auf das Land hinaus, um den Beginn der Saison mit etwas Jagen, Reiten und Besuchen bei Nachbarn zu verbringen. Dies dauert bis in den Hochsommer, wo ein nicht geringer Theil derselben Reisen in die Schweiz, in die Seebäder, oder auch in die österreichischen Hochländer unternimmt, wo sie unter grösster Langweile das Ende des Sommers abwarten. Kurz vor Anbruch des Herbstes beginnen endlich die Jagden auf Hochwild, und die Herren, welche theils Besitzer, meistens aber Theilnehmer von Jagdgesellschaften im Hochgebirge sind, können nunmehr ihre Zeit mit Gemsjagden ausfüllen. Inzwischen besuchen die Damen ihre Eltern und sonstigen Verwandten am Lande, wo sie ihre Zeit mit Plänen für die im nächsten Winter bevorstehenden Bälle und sonstigen Feste, mit einer zumeist unglaublich flachen Causerie verbringen. Ist der Adel in seine Schlösser zurückgekehrt, so beginnt im Herbste die Zeit der niedern Jagden; die Nachbarschaften versammeln sich zu denselben und auch die jüngern, noch unverehelichten Herren eilen herbei, sich an dem Jagdvergnügen zu betheiligen. Abends ist dann immer grosser Thee und bisweilen wird selbst Theater gespielt – natürlich französisch! In dieser Saison werden auch von den Damen Heiraten geplant und sicher gestellt, und es bilden diese Angelegenheiten den Gegenstand endloser Gespräche.

Im Spätherbste gehen dann viele Herren, auch wohl einige Damen, zu den Reitjagden nach Pardubitz, dem Hauptcentrum des Sports. Die bei gutem Wetter dort stattfindenden Thierhetzen werden von einem Theil des Adels als der ernstere Theil des Lebens aufgefasst. Ist dagegen die Witterung den Reitjagden ungünstig, so geht Alles bald wieder auf das Land zurück, wo wieder unter Jagd- und sonstigen Vergnügungen der December verbracht wird.

Nach Weihnachten wird die Reise nach Wien angetreten und es beginnt nunmehr der bedeutungsvollste Jahresabschnitt. Die Ereignisse dieser Epoche bestehen in Bällen, Soiréen von mannigfacher Abstufung, hie und da in Dilettanten-Vorstellungen, im Besuche der Theater, in Reiten, Prater-Fahrten, Schlittschuhlaufen und im Wettrennen: lauter Dinge, die mit dem grössten Ernste betrieben werden und um welche sich das Gespräch von Mittag, wo das Vergnügen des Schlittschuhlaufens im Schwarzenberg-Garten beginnt, bis tief in die Nacht in den Rauchsalons dreht. Dazwischen finden die Herren und Damen noch immer Zeit genug, auch an den sonstigen Vergnügungen des Stadtlebens, wie sie eben dem Geschmacke des Einzelnen entsprechen, Theil zu nehmen.

Dies Programm füllt, wenn wir von einigen Ausnahmen absehen, Jahr um Jahr das Leben unserer Aristokraten aus, absorbirt ihr Sinnen und Trachten und zwar in solchem Maase, dass in der Mehrzahl derselben kaum eine Ahnung von den grossen Bestrebungen, Kämpfen und Erfolgen der andern Stände auftaucht! Und wenn auch irgend ein grösseres Ereigniss diese Gesellschaft für ein Moment aufrüttelt, so lässt sie doch sicher schon das nächste Moment in die altgewohnte Lebensweise zurücksinken und bringt ihnen das Bewusstsein zurück, dass sie ein grosses bedeutungsvolles Leben führen, dass sie »die Gesellschaft« sind.

Und würde dieses Programm eines ebenso flachen als den grossen Zielen der Gegenwart entfremdeten Lebens doch zum mindesten mit Elegance und Anmuth durchgeführt! Aber auch in dieser Beziehung bieten sich in neuerer Zeit dem Beobachter sehr unerfreuliche Erscheinungen dar. Der österreichische Adel im Allgemeinen und insbesondere die Wiener Gesellschaft waren noch vor kurzem wegen ihres durchgängig vornehmen Wesens und des guten Tons, der in ihren Kreisen herrschte, allenthalben rühmlichst bekannt. Die Aristokraten der ältern Schule, von denen wir noch einige, wie Ueberreste aus einer andern Zeit, in der heutigen Gesellschaft herumwandeln sehen, waren zumeist oberflächliche, kenntnisslose, nicht selten leichtsinnige Leute; aber sie zeichnete durchwegs eine gewisse Noblesse im Benehmen aus. Von den jetzigen Aristokraten, insbesondere von dem jungen Nachwuchs kann man nun selbst dies nicht mehr so rückhaltlos sagen. Sie haben viele alte Gewohnheiten, tausend Rücksichten, die man früher für den Stand und für die Familie nahm, vor allem die guten Manieren der Vergangenheit als unbequem abgestreift, ohne an deren Stelle auch nur irgend welche andere Vorzüge zu setzen. Der unbefangene Beobachter wird sogar an einem Theile unserer jüngeren Adeligen mit Staunen ein Benehmen wahrnehmen, das mit keinem andern Ausdrucke als dem der vollendetsten Lümmelhaftigkeit bezeichnet werden kann, ein Benehmen, das dieselben überdies sichtbar nur mit der allergrössten Mühe sich aneignen und zu einer gewissen Virtuosität auszubilden suchen.

Die Ideale hiefür sind der sogenannte Fiakerton, oder gar die Sporting-Character-Manieren, deren eigentliches Wesen in nichts anderem, als in einer gränzenlosen Rücksichtslosigkeit und in der Nichtachtung jeder geselligen Form besteht, und deren einziger Vorzug es ist, über die Schwierigkeiten des gesellschaftlichen Lebens ohne Geist und Bildung sich hinaus zu helfen. Dank der grossen Mühe, welche manche junge Herren auf das Studium dieser Manieren verwenden, werden dieselben hierin nur selten noch von Stallburschen oder Jokeys übertroffen.

Merkwürdiger Weise hat diese Vergröberung der Manieren nicht nur unter den jungen Herren Terrain gewonnen, sondern in einer nicht ganz geringen Anzahl von Fällen sich auch unter den Damen Anhängerinnen verschafft. Es gibt in Wien aristokratische Damen-Rauchsalons, deren bis in die nächtlichen Stunden fortgesetzte Unterhaltungen, was den Ton betrifft, bisweilen an jene der Vorstadt-Theater- und Künstlerwelt, und zwar nicht eben im besten Sinne, erinnern. Ein fremder Prinz hat vor einiger Zeit bei seiner Abreise von Wien den jedenfalls viel zu weit gehenden, aber mit Rücksicht auf einzelne Fälle nicht ganz unberechtigten Ausspruch gethan: »Ich habe mich mit den Damen der Wiener Aristokratie vortrefflich unterhalten, doch suchte ich unter ihnen vergeblich nach einer Dame«. Ich wiederhole, der obige Ausspruch ist eine arge Uebertreibung; für manche aristokratischen Kreise mag es indess eine gute Charakteristik in wenigen Worten sein. Jedenfalls mag man ihn als ein beachtenswerthes Symptom dafür hinnehmen, dass der einst so renommierte gute Ton der Wiener Aristokratie sich in starkem Niedergange befindet.

Ein vollgiltiger Beweis hiefür, wenn es eines solchen für den Kenner der Verhältnisse noch bedürfte, war ein Ereigniss, welches aus dem engeren Kreise der aristokratischen Gesellschaft hinaus in die Oeffentlichkeit trat und solcherart die öffentliche Kritik geradezu herausforderte. Ich spreche von der Seitens der Aristokratie veranstalteten Theatervorstellung zu Gunsten der Ueberschwemmten im Frühlinge 1870, ein Unternehmen, dessen Zweck sicherlich edel war, dessen Mittel indess selbst durch den edelsten Zweck nicht hätten geadelt werden können.

Es erregt immer einiges Befremden, wenn in einer Stadt, in welcher an Theatern wahrlich kein Mangel besteht, auf der Bühne eines öffentlichen Schauspielhauses vor einem grossen zahlenden Publikum Personen auftreten, die nicht Berufsschauspieler sind, und sich zum Gegenstande des Gefallens oder Missfallens der Heiterkeit oder des Unwillens hergeben. Besonders muss diess bei Personen Wunder nehmen, die ihren Nebenmenschen gegenüber einen so grossen Stolz beweisen und sich zumeist besser dünken, als diese; doch, wie gesagt, das Unternehmen hatte einen menschenfreundlichen Zweck und es mag gegen dasselbe an und für sich nichts eingewendet werden. Wenn aber zu einem edlen Zwecke triviale, ja tief unter der blossen Trivialität stehende Mittel angewendet werden, dann frägt sich jeder Unbefangene überrascht, ob dergleichen die Aufgabe

einer aristokratischen Gesellschaft sein könne? Und diese Frage schwebte an dem Abende jener Vorstellung auf allen Lippen.
Die gewählten Stücke, sowie die Aufführung derselben hatten nichts, das Gemüth auch nur im entferntesten Erhebendes; ja sie hatten nicht einmal jenen leichten frivolen Charakter, der auf der Mehrzahl unserer Bühnen vorherrscht und zum mindesten zum Amusement des minder gebildeten Publikums beiträgt. Stücke und Aufführung waren nur plump und über alle Beschreibung – unedel. Hätte man sich mit der Darstellung der so gelungenen patriotischen Tableaux aus der österreichischen Geschichte genügen lassen und die etwa nothwendig erscheinenden sonstigen Aufführungen Berufsschauspielern überlassen und nur die richtige Wahl der Stücke überwacht, Niemand hätte Veranlassung zum Tadel gehabt. Welchen Eindruck machten aber diese Stücke und diese Aufführung! Die Herren spielten bloß schlecht und plump, einige der mitwirkenden Damen leisteten aber das denkbar Erstaunlichste, wie sie mit affectirter Ruhe und Sicherheit vor die vielköpfige Menge traten und die ungebundensten Worte und Lieder sprachen und sangen; das Ungewohnte der Situation machte ihre Bewegungen eckig und schwerfällig, die Darstellung verlor hiedurch jenen leichten Ton, welcher dergleichen Stücke, wenn sie von tüchtigen Künstlern dargestellt werden, trotz ihres trivialen Charakters, eben noch über dem Wasser hält. Es war ein peinliches Schauspiel. Dieser Abend hat dem Ansehen der aristokratischen Gesellschaft in Wien wesentlich Abbruch gethan, denn man hat gesehen, was dieselbe für einen Geschmack hat, was sie für interessant hält und mit was sie sich amusirt.
Und stünde all' diesen Thatsachen, welche die Flachheit des geselligen Lebens unserer Aristokratie bezeugen, auch nur eine kurze Reihe von solchen gegenüber, welche ein *allgemeineres* Interesse unseres Adels an den höhern geistigen Bestrebungen unserer Zeit bekunden würde, wir wollten schweigen. Aber wie vereinzelt im Kreise der Aristokraten stehen jene, welche nicht nur der Mund serviler Schmeichler, sondern das Urtheil der Sachkundigen als Förderer der geistigen Bestrebungen in unserem Vaterlande zu bezeichnen vermag?

## Ueber den gegenwärtig üblichen Bildungsgang unserer aristokratischen Jugend.

Ich habe in den vorangehenden Abschnitten auf die seinen grossen Traditionen keineswegs entsprechende Stellung hingewiesen, welche der österreichische Adel gegenwärtig in unserem öffentlichen und gesellschaftlichen Leben einnimmt. Ich habe gezeigt, welche überaus zurücktretende Rolle derselbe in dem österreichischen Civil- und Militärdienste, in unserem parlamentarischen Leben, ja in Wahrheit selbst in socialer Beziehung spielt. Ich habe auch keineswegs verhehlt, dass die obigen Uebelstände auf das im grossen und ganzen geringe Bildungsstreben unserer Aristokratie und ihre Scheu vor ernster consequenter Arbeit zurückzuführen sind. Es wird nunmehr meine Aufgabe sein, zunächst den gegenwärtigen Zustand des Bildungswesens in den Kreisen unserer Aristokratie darzustellen, um auf dieser Grundlage meine Vorschläge zur Besserung der bestehenden Zustände der Oeffentlichkeit vorlegen zu können.

Ein ziemlich grosser Theil der aristokratischen Jugend, insbesondere die Söhne clerical gesinnter Adeligen, wird in einem Alter von 8–9 Jahren nach Kalksburg in das Jesuitengymnasium gegeben, wo die jungen Herren durch acht Jahre verbleiben. Was die hier herrschende Unterrichtsweise anbetrifft, so ist dieselbe bereits so oft zum Gegenstande öffentlicher Erörterungen gemacht worden, dass ich mich füglich jeder weitern Bemerkung darüber enthalten kann. Aber auch was die Tendenz des Unterrichtes anbetrifft, ist es kein Geheimniss, dass in dieser Anstalt auf die Zöglinge eine dem modernen Zeitgeiste keineswegs freundliche Bildungsrichtung einwirkt. Anstatt hier mit Verständniss und Verehrung für die grossen Culturbestrebungen der Gegenwart, mit Liebe für ihr verjüngtes Vaterland und dessen Institutionen erfüllt und solcherart für die öffentliche Wirksamkeit im modernen Staate vorbereitet zu werden, lernen die jungen Adeligen hier die wesentlichsten culturellen Institutionen und Bestrebungen unserer Zeit missverstehen, vielleicht sogar verabscheuen, um dann in das Leben gleich Fremdlingen zu treten, nicht erfüllt etwa von conservativen Ideen und von Liebe zu dem historisch Gewordenen, sondern von Abneigung gegen bestehende, gesetzmässig gewordene Institutionen und jeden culturellen Fortschritt.

Von Kalksburg gehen die jungen Adeligen dann zumeist an die Innsbrucker Universität und hier, inmitten des Tyroler Volkes, von den ultramontanen Anschauungen der geselligen Kreise beeinflusst, in denen sie sich bewegen, werden jene eisernen Oppositions-Köpfe geschmiedet, welche in einer gewissen, leider culturfeindlichen Richtung Charakter und Willenskraft bethätigen.

Dieser Theil unseres Adels ist für den modernen Staat so gut, wie verloren. Er hat nur Groll, aber kein Verständniss für den letzteren und für seine Bedürfnisse. Er ist desshalb auch völlig unfähig, sich als ein nützliches Glied in den Organismus desselben einzuordnen: er ist nur ein Hemmschuh jeder naturgemässen Entwickelung unserer öffentlichen Institutionen.

Der andere, und zwar der von clericalen Anschauungen minder beeinflusste Theil unseres Adels, lässt seine Söhne einen nicht unwesentlich verschiedenen Bildungsgang verfolgen. Die jungen Leute werden, nachdem sie im Hause den Elementar-Unterricht genossen haben, zumeist in der Nebenabsicht, dieselben mit Altersgenossen anderer Stände in Contact zu setzen und ihre Ambition zu erwekken, an ein öffentliches Gymnasium gebracht, und der Unterricht beginnt hier stets mit den besten Hoffnungen. Seltsamerweise verlassen sie jedoch fast ausnahmslos nach sehr kurzer Zeit die öffentlichen Lehranstalten. Fast immer heisst es dann, die Gesellschaft der Mitschüler sei keine passende gewesen, die jungen Herren könnten verdorben werden und es bildet dies den Vorwand, sie wieder nach Hause zu nehmen und sie neuerdings dem Hofmeister zu übergeben. In Wahrheit ist dies indess nur eine Ausflucht und der Grund, warum die öffentlichen Studien von den jungen Adeligen mit solcher Regelmässigkeit nach kurzer Zeit verlassen werden, ein ganzer anderer.

An den österreichischen Gymnasien werden in neuerer Zeit sehr grosse Anforderungen an den Fleiss und das Talent der jungen Leute gestellt. Es gilt da, die Tagesstunden in den Lehrsälen, die Morgen- und Abendstunden am Studientische zuzubringen, will der junge Mann den Vorträgen mit vollem Verständnisse folgen.

Das Gymnasialstudium stellt heute grosse Anforderungen an den Fleiss und Lebensernst selbst der begabten Schüler und verlangt unbedingt eine ruhige wenig zerstreuende Lebensweise.
Die jungen Adeligen werden nun durch die socialen Gewohnheiten ihrer Familien von einer solchen Lebensweise absolut abgehalten. Sie müssen ohne Unterlass zu Hause, oder bei Verwandten zeitraubenden Festlichkeiten beiwohnen, mit ihren Eltern die Theater und im Carneval verschiedene speciell für die junge Welt arrangirte Tanzbelustigungen besuchen, Vettern und Freunden Besuche und Gegenbesuche machen bei Tableaux vivants, oder wohl gar bei Gesellschafts-Theatern mitwirken u. s. f. Selbstverständlich ist, dass bei einer solchen Lebensweise die Studien der jungen Leute schlecht von Statten gehen und diese letztern in der öffentlichen Schule unangenehme Mahnungen der Lehrer und den Spott der bürgerlichen Mitschüler erdulden müssen. In ihrem Stolz tief verletzt, klagen sie ihr Leid den Eltern, die zumeist selbst ohne jedes Verständniss der Bedingungen eines erfolgreichen Bildungsganges sind und natürlich die Partei ihrer Söhne ergreifen.
Im Sommer tritt noch der Umstand hinzu, dass der Schulbesuch den Eltern unbequem wird. Man muss wegen der Söhne unter Umständen zeitiger vom Lande heimkehren, später die heisse Stadt verlassen, als dies angenehm ist, und Opfer an Bequemlichkeit und Lebensgenuss für die Bildung seiner Kinder zu bringen, dazu fehlt es zumeist an Opferwilligkeit.
Selbstverständlich, dass unter solchen Umständen die erste Gelegenheit ergriffen wird, um den jungen Herrn, der sich auf den Schulbänken ohnehin höchst unbehaglich fühlt, unter irgend einem Vorwande aus der öffentlichen Schule herauszunehmen und neuerdings dem Hofmeister anzuvertrauen. In Wahrheit sind es aber die durch den geringen Eifer der adeligen jungen Leute und durch ihre zerstreuende Lebensweise herbeigeführten schlechten Fortschritte und die geringe Opferwilligkeit der Eltern, welche diesen Schritt herbeiführen.
Die ganze Anstrengung des weitern Unterrichtes ist nunmehr lediglich auf das eine Ziel gerichtet, die jungen Herren an irgend einem Gymnasium eben noch durch die Prüfungen zu bringen; der Weg

dazu ist ein geistloses Memoriren des nothdürftigsten Stoffes Seitens der Zöglinge, wobei der eigentliche Zweck des Gymnasialunterrichtes, die formale Schulung des Geistes für die schwierigen Probleme des weiteren Bildungsganges selbstverständlich völlig verloren geht.

Ist die Maturitätsprüfung überstanden, so besuchen die jungen Herren bisweilen eine Universität, entweder Wien, Prag oder Bonn, wo sie sich an der juridischen Facultät inscribiren lassen, selbstverständlich zumeist ohne die Vorlesungen zu besuchen, die sie wegen mangelhafter Vorbildung der Regel nach auch gar nicht aufzufassen vermögen. Dies dauert so lange, bis ein bevorstehendes Staatsexamen (zumeist nach Schluss des 4. Semesters) ihnen die Ueberzeugung verschafft, dass das Rechtsstudium nicht nur langweilig, sondern auch ganz unnütz und das Studium der Landwirthschaft für sie viel wichtiger sei. Das Studium der Landwirthschaft wird hierauf mit dem nämlichen Eifer betrieben, wie die Jurisprudenz, vor der ersten Prüfung gleichfalls aufgegeben und der ganze Studienplan pflegt mit »landwirthschaftlichen Privatstudien« zu enden.

Dies ist der Bildungsgang der Söhne jener aristokratischen Familien, welche vom Ultramontanismus minder angehaucht sind, und zwar keineswegs der untüchtigsten dieser jungen Leute; denn diese letzteren gelangen der Regel nach gar nicht in das Stadium der Universitätsstudien. Fälle, wo junge begüterte Aristokraten ihr juridisches Quadriennium in normaler Weise absolviren und wohl gar akademische Grade erwerben, sind ehrenvolle, aber nicht allzu häufige Ausnahmen.

Dass ein solcher Bildungsgang, wie wir ihn eben geschildert haben, für das Leben und insbesondere für die dereinstige praktische Wirksamkeit unserer jungen Aristokraten völlig werthlos ist, bedarf kaum der Erwähnung. Ja es kann sogar kein Zweifel darüber bestehen, dass derselbe auf den Geist und den Charakter der jungen Leute einen geradezu verderblichen Einfluss übt. Er gewöhnt die Adeligen schon in ihrer Jugend daran, ihre Pflichten nicht ernst zu nehmen, dieselben als eine den gesellschaftlichen Rücksichten untergeordnete Angelegenheit zu betrachten und darin keine Schande

zu erkennen, wenn sie Andern an Fleiss und Tüchtigkeit nachstehen. Sie lernen schon frühzeitig allerhand Mittel kennen, wie man sich mit seinen Pflichten am bequemsten abfindet. Sie gewöhnen sich ihre Studien nur bis zu den Prüfungen und so jede andere Pflichterfüllung nur bis zu dem entscheidenden Punkte zu betreiben, und entbehren solcherart nicht nur des aus ernsten Studien geschöpften Wissens, sondern auch jener Schulung des Geistes und des Charakters, welche ein ernstlich durchgeführter Bildungsgang in denjenigen, die ihn durchschritten haben, für das ganze Leben zurücklässt.
Diese Mängel im Bildungsgange unserer jungen Aristokraten sind es denn auch, welche in der spätern öffentlichen Wirksamkeit dieser letzteren so deutlich zu Tage treten, wenn sie dieselben von einer solchen nicht überhaupt ausschliessen. Es fehlt unseren Aristokraten nicht an natürlicher Begabung, aber wohl an jener Schulung des Geistes, durch welche das Talent erst seinen Werth erhält, es fehlt ihnen an jenem Fonds von positivem Wissen, ohne welchen heutzutage eine erfolgreiche Betheiligung an den Staats-Geschäften unmöglich ist, es fehlt ihnen vor allem an jenem Ernst, jenem Fleiss und jener zähen Consequenz des Willens, welche allein zu bedeutenden Erfolgen im öffentlichen Leben führen. Der mangelhafte Bildungsgang unserer aristokratischen Jugend ist die Grundursache jener unbedeutenden Rolle, welche unser Adel im öffentlichen Leben spielt und hier ohne Zweifel der Punkt, wo der Hebel zur Besserung der oben dargelegten Zustände angesetzt werden muss.

## Wie unsere Aristokraten ihre Söhne erziehen lassen sollten.

Ich habe in dem vorangehenden Abschnitte die Uebelstände im Bildungswesen unserer aristokratischen Jugend und die verderbliche Rückwirkung desselben auf die öffentliche Wirksamkeit des Adels dargelegt. Ich werde nun in dem nachfolgenden die Mittel zur Besserung der obigen Zustände besprechen und den Bildungsweg kennzeichnen, welcher mit Rücksicht auf den öffentlichen Beruf des

Adels, bei Erziehung der aristokratischen Jugend eingeschlagen werden sollte.

Ob der Elementarunterricht – um bei diesem zu beginnen – in öffentlichen Schulen, oder aber auf privatem Wege genossen werden soll, halte ich im Allgemeinen für eine Frage von geringer Bedeutung. Beide Unterrichtsarten haben ihre besonderen Vorzüge und Nachteile, und das Ueberwiegen der einen oder der anderen wird zumeist von den besonderen Verhältnissen abhängig sein, unter welchen der Unterricht erfolgt.

Für den Privatunterricht in den Elementarfächern sind zumeist ausreichende, genügend vorgebildete Lehrkräfte vorhanden, von den Knaben, welche Privatunterricht geniessen, bleiben manche verderbliche physische und psychische Einflüsse fern, ja ein energisch geleiteter Privatunterricht in den Elementar-Gegenständen pflegt im Grossen und Ganzen sogar zu intensiveren Resultaten zu führen, als der Besuch öffentlicher Volks- oder Bürgerschulen. Ueberdies legt er der Familie geringere Opfer an Bequemlichkeit auf, indem derselbe nicht so streng wie jener an bestimmte Tages- und Jahresperioden geknüpft ist. Die Nachtheile des Privatunterrichtes in der ersten Bildungsepoche: der Mangel an Wetteifer mit Altersgenossen, der Mangel an strenger Zucht u. s. f., sind unzweifelhaft beachtenswerthe Momente; sie können durch eine kluge Pädagogik indess leicht umgangen werden. Wo die Erzieher so viel Autorität, oder die Eltern so viel Verständniss der Sache und guten Willen haben, um von den Zöglingen während der dem Unterrichte gewidmeten Zeit alle zerstreuenden dem Bildungszwecke hinderlichen Einflüsse mit zähester Consequenz fernzuhalten, wo in einer Familie der Unterricht als eine ernste, für die Zukunft der jungen Leute wichtige Angelegenheit gilt, der sich alle übrigen Rücksichten unterordnen müssen, dort wird es zweckmässig gewählten Privatlehrern sicherlich gelingen, auf dem Gebiete des Elementarunterrichts befriedigende Resultate zu erzielen. Wo dies nicht der Fall ist, und der Unterricht von vornherein als eine Nebensache betrachtet wird, dort wird auch der öffentliche Unterricht sich als nutzlos erweisen.

Ein Anderes gilt von dem Privatstudium an Gymnasien und sonstigen Mittelschulen. Hier ist das Privatstudium, von seltenen, weiter unten zu erörternden Ausnahmen abgesehen, durchaus verwerflich.

Zunächst fehlt es für ein solches Studium absolut an tauglichen Lehrkräften; denn wo findet sich ein Privatlehrer, welcher in allen Gymnasialfächern Unterricht zu ertheilen auch nur einigermassen befähigt wäre? Der Umstand, dass dergleichen universelle Talente im Unterrichtsfache nicht vorhanden sind, hat in allen Ländern mit fortgeschrittenem Unterrichtswesen zu dem sogenannten Fachlehrer-Systeme in Mittelschulen geführt, nach welchem jeder Mittelschullehrer nur ein bestimmtes Fach, oder höchstens zwei verwandte Fächer vorträgt. Dass *Ein* Lehrer seinen Schülern in allen Gymnasial-Gegenständen erfolgreich Unterricht ertheilen könne, ist ein von erfahrenen Pädagogen längst überwundener Standpunkt. Die Meinung nun gar, dass ein Hofmeister – zumeist eine in der Gymnasiallehrer-Carriere gescheiterte, oder für diese Laufbahn sich erst vorbereitende Persönlichkeit – den obigen Erfolg erzielen könne, ist geradezu absurd.

Der Unterricht in den Gymnasialfächern, wie ihn Privatschüler von ihren Hofmeistern erhalten, ist dann auch im Grossen und Ganzen der denkbar kläglichste. Der Regel nach werden die Zöglinge nur in dem Lieblingsfache des Lehrers – wofern er überhaupt ein solches hat – einigermassen mit Gründlichkeit unterrichtet; in allen übrigen Fächern beschränkt sich der Unterricht auf das oberflächlichste Memoriren des vom Lehrer oft selbst nicht genügend verstandenen Lehrstoffes. Die ganze geistige Arbeit der Fachlehrer mit ihrer tiefgehenden Einwirkung auf den Bildungsgang der Studirenden an öffentlichen Gymnasien geht für die Privatschüler völlig verloren. Sie memoriren bestenfalls so viel, dass sie die Prüfungen nothdürftig bestehen, das eigentlich bildende Element, der geistige Inhalt der Lehrfächer, bleibt ihnen indess fremd. Das Privatstudium ist von vornherein ein Verzicht auf den wesentlichsten Theil des an Gymnasien angestrebten Bildungserfolges und könnte höchstens in jenen jedenfalls äusserst seltenen Ausnahmsfällen als statthaft angesehen werden, wo der Unterricht durch eine Reihe befähigter Fachlehrer unter der Leitung eines hiezu berufenen Erziehers stattfindet. Von diesem, mit Rücksicht auf die beschränkte Anzahl der disponiblen Lehrkräfte und die bedeutenden Kosten des Unterrichtes, sicherlich höchst seltenen Ausnahmsfalle abgesehen, ist das Privatstudium an Mittelschulen schon wegen des Mangels an befähigten Privatlehrern durchaus verwerflich.

Dazu tritt noch der Umstand, dass das Privat-Studium, wie es der Regel nach von unsern jungen Aristokraten betrieben wird, auch dem Ernste und der Consequenz ihres Bildungsganges im höchsten Grade abträglich ist. Die Gymnasialbildung und die Jugend-Erziehung überhaupt hat keineswegs, wie dies leider in aristokratischen Kreisen so häufig angenommen wird, nur den Zweck, die jungen Leute mit Kenntnissen anzufüllen; dies ist nur einer der vielen Zwecke derselben und zwar überdies noch keineswegs der wichtigste. Der wesentliche Zweck der Erziehung junger Leute besteht in der Schulung und Ausbildung ihrer Fähigkeiten und ihres Charakters. Die einzelnen Wissensfächer und das ganze System derselben sind nur ein Mittel hiefür. Das Privatstudium mag nun im besten Falle immerhin den Zöglingen jene Kenntnisse verschaffen, welche für Prüfungen eben noch ausreichen; aber jene geistige Schulung und jene strenge Disciplin des Willens, welche der gemeinsame, unter Leitung von Fachlehrern stehende Wettkampf der jungen Geister und der Ernst des öffentlichen Unterrichtes im Gefolge haben, lassen sich auf dem Wege des Privatunterrichtes nie erreichen. Namentlich von diesem Standpunkte aus halte ich das Privatstudium an Gymnasien für höchst verderblich. Würden sich unsere Aristokraten entschliessen, ihre Söhne durchweg an renommirte öffentliche Gymnasien zu senden, so wäre, wie ich glaube, schon damit ein sehr wichtiger Schritt zur Besserung des Bildungswesens in unsern aristokratischen Kreisen gethan.

Allerdings wäre damit noch nicht Alles gethan. Damit die jungen Adeligen in den öffentlichen Schulen nicht eine geradezu klägliche Rolle spielen, müsste ihnen auch die Möglichkeit geboten werden, ihre Pflichten zu erfüllen. Es müssten vor allem die älteren Mitglieder der aristokratischen Familien mit der nämlichen Opferwilligkeit und mit dem gleichen Verständnisse darüber wachen, dass von den jüngern Familienmitgliedern alle Störungen ihres Bildungsganges fern gehalten werden, wie dies in den bürgerlichen Familien der Fall ist. Sie müssten namentlich ihr Aufsichtsrecht in strenger Weise üben und ihre Autorität in der Richtung geltend machen, dass die durch den Lehrplan an Gymnasien angestrebten Unterrichtszwecke auch thatsächlich *vollständig* erreicht werden, während gegenwärtig leider nur zu oft das gerade Gegentheil der Fall ist. Damit gelange ich aber zu einem Punkte, über welchen ich mich, mit Rücksicht auf das unglaublich geringe Verständniss, welches in aristokratischen Familien über den eigentlichen Zweck der Studien überhaupt und der Gymnasialstudien insbesondere herrscht, in eingehender Weise aussprechen muss.

Nirgends ist man mehr geneigt, nach dem »*Nutzen*« eines Studiums zu fragen, als in aristokratischen Familien. Geschichte, Geographie, die Elemente der Mathematik, Naturwissenschaften, Literaturstudien und einiges mehr lässt man allenfalls gelten. Aber wozu das Latein? Wozu das Studium der verwickelteren, im Leben nie verwendbaren Probleme der Mathematik? Wozu nun gar das so mühselige Studium des Griechischen? Es gibt sicherlich nur wenige aristokratische Familien, in welchen nicht die Eltern selbst die Lehrfächer des Gymnasiums in nützliche, in allenfalls noch einen entfernten Nutzen gewährende und in ganz nutzlose, lediglich auf die Qual der jungen Leute berechnete, theilen und ihre Söhne nicht selbst in der Meinung bestärken würden, ein grosser und zwar der schwierigste Theil der Unterrichtsfächer sei für das Leben gänzlich werthlos und lediglich das Steckenpferd pedantischer Professoren.

Diejenigen, welche solche Ansichten theilen, scheinen nicht einmal zu wissen, dass der Studienplan der Gymnasien und insbesondere die jedem Gegenstande zugewiesene Stundenzahl nicht von den Gymnasiallehrern, sondern von den obersten Unterrichtsbehörden festgestellt wird. Dass aber diese letztern und zwar im Einklange mit den legislativen Körpern aller civilisirten Nationen das Studium der alten Sprachen und namentlich auch des Griechischen in den Lehrplan der Gymnasien aufgenommen haben, hat seinen Grund in dem richtig verstandenen Zwecke dieser Lehranstalten. Die Gymnasien sollen, wie bereits erwähnt, den jungen Leuten, die sie besuchen, allerdings auch für das Leben nützliche positive Kenntnisse vermitteln – dies ist indess nicht ihr einziger Zweck. Sie sollen vielmehr –

und zwar in erster Reihe – den jungen Geistern eine formale Bildung gewähren und sie für die schwierigen Aufgaben ihres weitern Bildungsganges *schulen*. Eine viel hundertjährige Erfahrung hat nun gelehrt, dass für diesen Unterrichtszweck kein Studium sich als wirksamer erweist, als jenes der alten Sprachen und zwar eben wegen der unvergleichlichen Schwierigkeit derselben und der Vielseitigkeit, mit welcher das Studium derselben die Geisteskräfte der jungen Leute in Bewegung setzt. So kommt es, dass das Studium der alten Sprachen in demjenigen, welcher die Schwierigkeiten desselben vollends überwunden hat, als Frucht seiner Mühen eine Schulung des Geistes zurücklässt, welche den verschiedenartigsten und schwierigsten Problemen der Wissenschaft und des praktischen Lebens gewachsen ist.

Das Studium der antiken Sprachen, der verwickelteren Probleme der Mathematik u. s. f. sind demnach von einer geradezu entscheidenden Bedeutung für den weiteren Bildungsgang der jungen Leute und endlich für ihre dereinstige praktische Wirksamkeit.

Freilich, um sich zierlich in einem Ballsaale zu bewegen, um einen Auerhahn gut anzuspringen, oder auf einer Fasanjagd einem Nachbar ein aufmunterndes »tirez-haut« zuzurufen, für diese und ähnliche Situationen des praktischen Lebens bedarf es weder einer geschulten Denkkraft, noch auch des Studiums der alten Sprachen. Um aber das Studium der Rechts- und Staatswissenschaften mit Erfolg betreiben, um als Mitglied eines gesetzgebenden Körpers oder als Staatsmann die schwierigen, die höchste formale Ausbildung des Geistes erfordernden Probleme der Gesetzgebung und Verwaltung lösen, um mitten in den sich durchkreuzenden Rücksichten des praktischen Lebens die höchsten Ziele der Menschheit festhalten zu können – dazu bedarf man allerdings jener hohen Schulung des Geistes und jenes idealen Sinnes, für welche es nach dem Urtheile aller Sachkundigen kein besseres Mittel gibt, als das Studium der alten Sprachen und jener ausgezeichneten Werke, welche in denselben niedergelegt sind.

So lange diese Einsicht in unsern aristokratischen Kreisen mangelt und zwischen nützlichen und unnützen Gegenständen des Gymnasialstudiums in bisheriger Weise unterschieden wird, so lange die jungen Leute in ihrem leicht begreiflichen Streben den schwierigsten Gebieten des obern Studiums auszuweichen, Seitens ihrer Angehörigen noch Unterstützung finden: so lange wird ihre Gymnasialbildung nothwendig eine höchst mangelhafte und ihre Vorbereitung für die Universitätsstudien und mittelbar für ihren dereinstigen Beruf eine durchaus ungenügende sein. Nur wenn die Angehörigen aristokratischer Jünglinge diese letztern in öffentliche Gymnasien senden, hier aber von denselben eine ausnahmslos strenge Pflichterfüllung in der Weise beanspruchen werden, in welcher der bürgerliche Familienvater diese von seinen Söhnen verlangt, erst dann werden die jungen Adeligen an der Universität und später im praktischen Leben den an sie herantretenden schwierigen Aufgaben gewachsen sein.

Ich glaube, es sollten den obigen Bildungsgang mit gleichem Ernste auch jene aristokratischen Jünglinge vollständig durchschreiten, welche sich dem Militärstande widmen; der Verlust des einen oder andern Dienstjahres würde durch die höhere Befähigung derselben mehr als aufgewogen. Auch diejenigen, welche ohne das Studium der Rechts- und Staatswissenschaften im Auge zu haben, sich der Landwirthschaft zuzuwenden gedenken, können, bevor sie eine höhere landwirthschaftliche Lehranstalt betreten, keine zweckmässigere Vorbereitung hiefür, so wie keine bessere Gelegenheit zur Aneignung allgemeiner Bildung finden als durch den Besuch eines tüchtigen öffentlichen Gymnasiums. Diejenigen jungen Aristokraten aber, welche zu einer parlamentarischen Thätigkeit berufen sind, oder sich dem Civildienste zu widmen gedenken, werden ganz selbstverständlich diesen Weg einzuschlagen und hierauf eine Universität zu besuchen haben, um sich an der rechts- und staatswissenschaftlichen Facultät die ihnen für den künftigen Beruf erforderliche Fachbildung zu erwerben.

An der Universität selbst ist der Bildungsgang der Natur der Sache nach ein so freier, dass eine in die Details gehende strenge Ueberwachung desselben durch die Eltern oder durch Erzieher kaum ohne grossen Nachtheil für das Bildungsstreben der jungen Leute durchführbar ist. Das einfachste, aber auch das zweckmässigste ist hier, den jungen Männern eine möglichst umfassende Freiheit in der

Wahl der Bildungsmittel und der Verwendung ihrer Zeit zu gestatten, dagegen von ihnen mit aller Strenge die rechtzeitige Ablegung der Staatsexamina zu verlangen.

Die jungen Leute müssen wissen, dass sie daheim das Schlimmste zu gewärtigen haben, falls sie ohne Staatsprüfungen heimkehren. Die bekannte Schwierigkeit dieser letztern wird, falls nur die jungen adeligen Herren sich des vollen Ernstes der Situation bewusst sind, dieselben zu einer nützlichen Verwendung ihrer Universitätszeit von selbst veranlassen. Gut abgelegte Staatsprüfungen sind nämlich im Grossen und Ganzen stets ein Zeugniss einer ausreichend guten Verwendung der Universitätszeit, während das Zurücktreten junger Leute von den juridischen Studien knapp von denselben etwa unter dem Vorwande, dass die juridischen Studien unnütz seien u. dgl. m., für die Angehörigen als der beste Beweis gelten kann, dass die jungen Leute die Universitätszeit vergeudet haben. Damit soll keineswegs gesagt sein, dass ausgezeichnet begabte junge Leute in ihrem Bildungsstreben nicht über das bei den Prüfungen verlangte Mass von Wissen hinauszuschreiten bemüht sein werden; es soll hier nur constatirt werden, dass die Ablegung der obigen Examina das Geringste ist, was Eltern von ihren die Universität besuchenden Söhnen, selbst bei mässiger Begabung der letzteren, verlangen können und alle Versuche der jungen Leute, diese Klippen der Trägheit zu umgehen, nichts anders als leere Ausflüchte sind. Von begabteren jungen Leuten wird ohne Gefahr der Ueberbürdung derselben, zu verlangen sein, dass sie sich neben ihren Berufsstudien, nach Massgabe ihres Talentes, auch mit allgemeinen, historischen und philosophischen Studien befassen.

Wenn ich hier die Forderung aufstelle, dass die jungen Aristokraten an der Universität den durch das Gesetz vorgeschriebenen und durch Examen controllirten Studiengang genau einhalten sollen, so geschieht es, weil ich glaube, dass dies unter den gegenwärtigen Verhältnissen das weitaus zweckmässigste Mittel ist, um dieselben vor der vollständigen Vergeudung ihrer Universitätszeit zu bewahren. Daneben verkenne ich indess keineswegs, dass die Einrichtungen unserer rechts- und staatswissenschaftlichen Facultäten den Verhältnissen der Gegenwart überhaupt und den speciellen Bedürfnis-

sen der aristokratischen Jugend insbesondere lange nicht mehr vollständig entsprechen.
Diejenigen jungen Aristokraten, welche sich weder dem Militärstande, noch auch ausschliesslich der Landwirthschaft zu widmen gedenken, beabsichtigen mit dem Besuche einer Universität, zunächst die ihnen für ihren künftigen Beruf als Parlamentsmitglieder oder Staatsbeamte nöthigen rechts- und staatswissenschaftlichen Kenntnisse sich anzueigenen. Ueberdies hätten die meisten dieser jungen Leute auch noch den Wunsch, sich zum mindesten einige Kenntnisse in den verschiedenen Zweigen der Bodenkultur zu verschaffen, um dereinst die Verwaltung ihrer Güter mit Verständniss überwachen zu können. Der Umstand, dass an unseren Universitäten die landwirthschaftlichen Fächer nicht gelehrt werden, nöthigt sie indess auf die Realisirung dieses letztern Wunsches entweder zu verzichten, oder nach Absolvirung ihrer Universitätsstudien noch eine höhere landwirthschaftliche Lehranstalt zu besuchen. Der Regel nach hat dieser Umstand zur Folge, dass sie weder ihre rechts- und staatswissenschaftlichen, noch auch ihre landwirthschaftlichen Studien zu einem Ziele führen, da der aufeinander folgende Besuch zweier Hochschulen doch füglich nur den Wenigsten zugemuthet werden kann. Aber selbst diejenigen jungen Adeligen, welche auf die ihnen so dringend nöthige Ausbildung in den Hauptzweigen der Bodenkultur-Wissenschaft verzichten und an der Universität lediglich eine gründliche Ausbildung in den juridischen und politischen Wissenschaften anstreben, finden sich bei der gegenwärtigen Einrichtung unserer Hochschulen in mehr als einer Beziehung enttäuscht ...

Die hier ausgelassenen fünf Seiten behandeln die Notwendigkeit einer Reform der rechts- und staatswissenschaftlichen Studien in Österreich-Ungarn. Sie wurden eindeutig von Carl Menger verfaßt und können deshalb übergangen werden.

# Schlusswort.

Fassen wir das Gesagte noch einmal zusammen und vergegenwärtigen wir uns die Uebelstände in der öffentlichen Stellung des österreichischen Adels, so ergibt sich als Grundzug derselben die mangelhafte, weit hinter den politischen und socialen Pflichten zurückbleibende Betheiligung des Adels an den öffentlichen Angelegenheiten.

Wir sehen den begüterten Adel, weder in der Civilverwaltung, noch im Heere dem Staate seine Dienste in jenem Umfange entgegenbringen, in welchem dies in andern Ländern, die eine Aristokratie haben, der Fall ist; wir sehen den Adel weder seiner parlamentarischen Aufgabe vollends genügen, noch auch den sonstigen ihm zufallenden socialen Pflichten irgend wie in hervorragender Weise gerecht werden. Der österreichische Adel füllt den ihm durch seine sociale Stellung und die Verfassung zugewiesenen Platz in unserem verjüngten Staatswesen nicht in dem Maasse aus, als dies in seinem und im allgemeinen Interesse gewünscht werden muss.

Als Grund dieser tief bedauerlichen Thatsache haben wir das im Grossen und Ganzen zu Tage tretende geringe Bildungsstreben des Adels, seine hauptsächlich auf die Erwerbung gesellschaftlicher Vorzüge und auf den Genuss hinzielende Lebensrichtung, in welcher ihm das Bewusstsein seiner öffentlichen Aufgaben und das Verständniss für seine höhern Pflichten verloren geht, vor allem aber jene oberflächliche zweckwidrige Erziehung der aristokratischen Jugend kennen gelernt, welche dieselbe weder mit nützlichen Kenntnissen erfüllt, noch auch Geist und Charakter derselben für die Lösung der schwierigen Aufgaben des öffentlichen Lebens ernstlich schult und vorbereitet. Vor eine grosse politische Aufgabe gestellt, fehlt es solcherart dem Adel offenbar an den geistigen Mitteln, ihr gerecht zu werden.

Dass dem im Momente so ist, mag allerdings durch den Umstand entschuldigt werden, dass sich der Adel gegenwärtig in einem Uebergangsstadium befindet und wie überall an alten Gewohnheiten und Vorurtheilen festhält. Der absolute Staat bot dem Adel gleichsam als Ersatz für die ihm entzogenen alten politischen Rechte

eine bevorzugte Stellung, ohne indess seine Mitwirkung an den öffentlichen Angelegenheiten als eine ernste Pflicht zu fordern.
Die neue Stellung des Adels im modernen Staate ist eine in Wahrheit viel bedeutendere, als jene, welche derselbe in der Zeit einnahm, welche der Verfassungs-Epoche voranging; aber sie ist eine solche, welche die eifrige und sachkundige Mitwirkung des Adels an der Lösung der staatlichen Aufgaben zur Voraussetzung hat. Der österreichische Adel muss, um jene grosse Stellung zu behaupten, welche ihm die Verfassung einräumt, sich den Interessen der Gesamtheit und vor allem den modernen Culturbestrebungen dienstbar machen, und damit er dies könne, muss er durch rege Betheiligung am öffentlichen Leben und durch einen tief gehenden Bildungsgang die hiefür nöthige Befähigung sich aneignen.
Man mag hiegegen einwenden, dass hier an die Opferwilligkeit und die Thatkraft des Adels Ansprüche gestellt werden, welche bei den Mitgliedern dieses Standes um so mehr ein ungewöhnliches Mass von Vaterlandsliebe und idealem Sinn voraussetzen, als dem begüterten Adel – und nur dieser kommt hier in erster Reihe in Betracht – jener mächtige Impuls zu aussergewöhnlichen Anstrengungen fehle, welche die Sorge für die Sicherstellung der Zukunft und für die sociale Stellung den Mitgliedern der andern Stände bietet.
Dieser Entschuldigungsgrund für die bequeme Passivität unseres Adels in allen öffentlichen Dingen ist indess in keiner Weise stichhaltig. Die Verfassung verleiht dem Adel eine eminent bevorzugte Stellung in unserem politischen Leben, eine Summe von besonderen Rechten, denen naturgemäss auch besondere Pflichten gegenüber stehen, vor allem aber sicherlich die Pflicht jedes Einzelnen, sich für die Mission, welche ihm in dem Verfassungsleben Oesterreichs anvertraut ist, zu befähigen. Die zur Theilnahme an der Gesetzgebung berufenen Mitglieder des Adels haben nicht das Recht, sich gleich andern wohlhabenden Privaten lediglich dem Lebensgenusse zu widmen. Sie haben die allgemein patriotische und die specielle Standes-Pflicht, die ihnen anvertrauten staatlichen Aufgaben als Männer zu erfüllen, als Jünglinge aber sich für dieselbe gebührend vorzubereiten.
So lange das Bewußtsein dieser Pflicht nicht in dem österreichischen

Adel und jedem Mitgliede desselben lebt, so lange es nicht für eine Ehre gilt, dieser Pflicht nachzukommen und für eine Schmach, sich derselben zu entziehen, so lange ist eine Besserung der gegenwärtigen Zustände unseres Adels nicht zu erwarten und die heutige Stellung desselben im hohen Grade bedroht; denn nichts ist sicherer im modernen politischen Leben, als dass öffentliche Gewalten für die Dauer nur dann behauptet werden können, wenn ihre Träger nicht nur die Rechte, sondern auch die Pflichten derselben üben.

## *Entwurf zu einer Flugschrift über die Slawen in der Monarchie (1880)*[9]

1878 bis 1883 lebte der Kronprinz als k. u. k. Offizier in Prag. Hier war er hautnah mit der Nationalitätenfrage konfrontiert – Schlägereien zwischen Deutschen und Tschechen waren an der Tagesordnung. Rudolf befaßte sich – von seinen Tschechischlehrern Jireček und Gindely bestens vorbereitet – in dieser Zeit intensiv mit der slawischen Frage und ihrer Bedeutung für die Monarchie. Zwar befürwortete er die Ausbreitung der deutschen Kultur bei den Slawen, trat aber andererseits leidenschaftlich dafür ein, daß die Slawen mehr wirtschaftliche und politische Hilfe erhalten und den Deutschen und Ungarn unbedingt gleichgestellt werden müßten. Rudolf führte nicht nur die Gerechtigkeit als Argument für seine Meinung an, sondern auch ein politisches Motiv: Die Ausbreitung Österreich-Ungarns auf der Balkanhalbinsel sei nur mit Hilfe der Slawen möglich. Deshalb sei die gute oder schlechte Behandlung der Slawen eine Lebensfrage für Österreich-Ungarn – in Konkurrenz zum slawischen Staat Rußland.

Die Slawen, welch immer Volksstamm sie auch angehören mögen, haben ihrer Selbst willen dank ihres Characters eine große, eine mächtige Zukunft vor sich und Wahnsinn wäre es in einem Staate wie Österreich, eine die Slaven nicht berücksichtigende Politik zu führen. In wie weit diese unseelige Richtung doch eingeschlagen ist und was für Gefahren und zu welch ungeheuren Kämpfen sie das österreichische Staatsschiff bringen wird, das sei in kurzen Umrissen skizzirt, die Aufgabe dieser Flugschrift.

Oesterreich ist seit dem düsteren Jahre 1866 durch Unglücke in die traurige Lage gedrängt worden, seine Macht im Dualismus zu theilen und zu gefährden. Das deutsche Element kam in Cisleithanien, das Ungarische in Transleithanien zu einer Macht, die diesen beiden Völkern im Concerte der gesamten österreichischen Völker nicht gebührt.

Ob diese Flugschrift jemals fertiggestellt wurde, ist ungewiß. Im Nachlaß des Kronprinzen hat sich leider nur eine Gliederung erhalten:

I. Das deutsche Volk mächtig. Nie wäre es den Slaven ohne Dualismus eingefallen, mehr als gewiße Rechte zu *verlangen*.
II. Ungarn hat nicht mehr Recht als die anderen Völker, alle gleich mit gewißen gleichen Rechten, deutschen Gesetzen, deutscher Sprache, in Amt und Armee.
III. Ungarn, ungarische Wirthschaft. Die Fehler Österreichs, man speculirt immer mit Cadavern, Ungarn, Albanesen, Türken.
IV. Man soll wißen was man will.
V. Man stütze sich auf die Slaven.
VI. Nur so wird der rußische Einfluß paralisirt.
VII. Das Donaureich muß bis ans Meer, nach Saloniki, das ist nur vom slavischen Standpunkt zu erreichen.

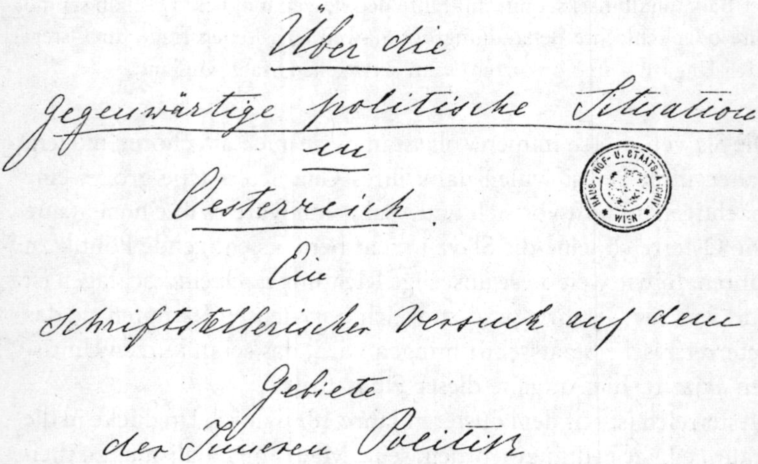
Über die gegenwärtige politische Situation in Oesterreich.
Ein schriftstellerischer Versuch auf dem Gebiete der Inneren Politik

*Die erste politische Denkschrift 1881:*

# Über die gegenwärtige politische Situation in Österreich

## Ein schriftstellerischer Versuch auf dem Gebiete der Inneren Politik

1879 kam es zu einem folgenschweren Umschwung der österreichischen Innenpolitik. Die deutsch-liberale »Verfassungspartei« stürzte unter ihrem Führer Dr. Eduard Herbst ihre eigene Regierung des Fürsten Adolf Auersperg, weil sie nicht bereit war, die Gelder für die 1878 erfolgte Okkupation Bosniens und der Herzegowina zu bewilligen. Nach langem Hin und Her wurde Graf Eduard Taaffe, ein Jugendfreund des Kaisers, neuer Ministerpräsident und Innenminister. Er regierte fortan mit dem »eisernen Ring« der Klerikalen, Bauern, Feudalen, Tschechen und Polen gegen die Liberalen und erkaufte sich die Unterstützung seiner Regierung durch ständige Konzessionen. Die Taaffe-Regierung, von den Liberalen und auch vom Kronprinzen erbittert bekämpft, überdauerte Rudolfs Ende: Taaffe hielt sich, vom Kaiser unterstützt, bis 1893.

In dieser ersten politischen Denkschrift, die er 1881 in Prag verfaßte, zog Kronprinz Rudolf die Bilanz der liberalen Ära, deren Schwächen er deutlich sah, die er aber nach wie vor jeder anderen Regierung vorzog. Rudolf bekannte sich als Zentralist, vor allem, was die Schule, die Armee und das Beamtentum anging. Die Föderalisierung unter Taaffe sah er als Schwächung des Reichsgedankens an.

Er setzte seine Hoffnung auf die »Verständigung der liberalen deutschen Elemente mit den liberalen Čechen über die Köpfe der Clericalen und Feudalen hinweg«. Wie wir aus Briefen an den liberalen Abgeordneten Chlumecky wissen, setzte er sich für diese deutsch-tschechische Verständigung auf liberaler Ebene persönlich sehr engagiert ein, freilich ohne Erfolg[10].

Aktueller Anlaß für diese Denkschrift waren die Straßenkämpfe zwischen Deutschen und Tschechen im böhmischen Ort Kuchelbad. Rudolf widmete die Schrift seinem ehemaligen Erzieher Latour, der sich ebenfalls für den Liberalismus engagierte.

## Vorrede:

Die Wogen der Parteikämpfe schlagen hoch auf. Die Vertreter verschiedener Nationalitäten stehen sich von Tag zu Tag schroffer gegenüber; durch ihre Kämpfe dringt Unruhe, Unsicherheit und eine das Gesammtwohl des Reiches schädigende Erregtheit in alle Schichten der Bevölkerung.

Die Journale nützen die Stimmungen für ihre Zwecke aus, und unwillkürlich bemächtigen sich jedes treuen Oesterreichers ernste Gedanken, die ihm aufgedrungen werden durch das sich von Tag zu Tag wilder gestaltende Treiben des politischen Lebens.

Solche Gedanken sind es, die in letzterer Zeit oft durchgedacht und allmählig gesammelt, endlich zu Papier gebracht, diese kleine politische Studie entstehen ließen.

Ein treuer, dankbarer Schüler unterbreitet sie gehorsamst seinem erhabenen, vielerfahrenen Meister zur gnädigen, nachsichtigen Prüfung.

## I.

### Über den Ursprung der gegenwärtigen politischen Situation.

Um die gegenwärtige Lage der Dinge richtig beurtheilen zu können, muß man vor allem jene Faktoren in Betracht ziehen, welche sie herbeigeführt haben und ihr vorangegangen waren. Selbstverständlich fällt da zuerst unser Augenmerk auf die Regierung und die Partei, die vor dem jetzigen Regime am Ruder standen. Seit einer Reihe von Jahren hatte die sogenannte deutsche, verfaßungstreue Partei die Majorität.

Als sie fiel, war ihre Niederlage eine unabwendbare Nothwendigkeit, herbeigeführt durch eine Reihe von Thatsachen, die jetzt besprochen werden müssen.

Die Verfaßungspartei, als sie in ihrer vollen Macht dastand, hatte weder eine feste Organisation, noch Einigkeit unter ihren Vertretern und war in mehrere Fraktionen gespalten, die sich oft und besonders anläßlich der Wahlen hart bekämpften. Dieser Mangel in der Organisation wurde noch fühlbarer durch den vollkommenen Mangel eines Führers.

Herbst maßt sich die Stellung eines Führers der deutschen liberalen Partei an, und eben er ist es, der von ihr sich herumführen läßt, statt sie zu leiten.
Er ist ein brillanter Kritiker, ein gewandter, geistreicher Sprecher, ein ehrgeiziger Mensch, der alles einsetzt, um den Nimbus und den falschen Schein der Führerschaft zu wahren. Mit äußerst feiner Empfindung versteht er es, immer früher die jeweilige Stimmung der Mehrheit der Partei zu sondiren und ihr dann auf schlagende Weise Ausdruck zu geben; doch die Stimmung zu machen, die Meinung zu leiten, sich und seine Popularität einzusetzen, das ist er nicht im Stande; und darum kann er unmöglich für den geringsten Beschluß der Partei eine Bürgschaft übernehmen, denn er würde Gefahr laufen, desavouirt zu werden und seinen Nimbus einzubüßen.
Herbst ist der Geführte, und zwar von der momentanen Stimmung der Partei, und nur das Talent, stets die Wünsche der Mehrheit vorauszufühlen und ein Geschick, seine Ansichten dem Nutzen des Augenblickes anzupaßen, gepaart mit einer hervorragenden Rednergabe, verschafften ihm seine Stellung und sein Ansehen.
Diese Schäden in der großen Organisation der Partei wirken auf jedes einzelne Mitglied zurück. Keiner fühlt den sicheren Halt innerhalb der Partei, niemand kann von ihr Schutz erwarten, und so muß ein jeder ängstlich die Stimmung seiner Wähler verfolgen und um ihre Popularität buhlen. Daher kommt die unabläßige Angst des Dr. Herbst und der anderen sogenannten Führer dieser Partei, von ihren Parteigenoßen und letztere wieder von ihren Wählern im Stiche gelaßen zu werden.
Und diese Wähler deutschen Stammes sind geleitet und beeinflußt von einer Preße, die technisch ebenso brillant und vollendet ist, wie sie andererseits jeder höheren Führung der parlamentarischen Parteien entbehrt. Und so kommt es, daß die liberale Partei in Österreich wie keine andere unabläßig von der Journalistik abhängt, ängstlich nach ihr schielend, statt derselben ihre Impulse zu geben, sie politisch zu dominiren. Darum kann man es unverholen aussprechen, daß es weit zweckmäßiger ist, die Journale zu gewinnen, wenn man die deutsche Partei für irgend eine Maßregel benöthigt,

als mit den sogenannten Führern derselben zu verhandeln. Die früher schon erwähnte, unselige Theilung in Fraktionen erhöht selbstverständlich noch diese Abhängigkeit der Abgeordneten von ihren Wählern und der Journalistik.

Dieser Zustand der Zerfahrenheit hat es mit sich gebracht, daß sogar eine Regierung, die aus dieser Partei hervorgegangen ist, sich nicht mit einiger Sicherheit auf dieselbe stützen konnte, und demzufolge wurde ein confidentieller Verkehr mit den sogenannten Führern unmöglich, da diese, durch Mißerfolge gewitzigt, stets vermieden, eine Verantwortung oder bindende Verpflichtung zu übernehmen. Sie konnten nicht dominiren, nicht nach der Sachlage handeln, und um ihre ängstlich gepflegte Popularität so wie das zweifelhafte Prestige zu wahren, mußten sie durch glänzende Reden, radicalen Liberalismus und geradezu sinnlose Opposition selbst gegen die Regierung ihrer Farbe auftreten, nur um ihren Wählern zu gefallen.

Die deutsche Partei ist, mit ihrem jetzigen Organisationsmangel, mit dem vollkommenen Entbehren jener Gliederung und Gruppirung, welche parlamentarischen Parteien allein practische und nicht bloß oratorische Erfolge sichert, vollkommen regierungs- und actionsunfähig.

Doch trotzdem sei es frei erwähnt, daß diese Partei durch die Begabung und das Wißen ihrer Männer, durch die unwandelbare Hingebung an die österreichische Staatsidee, die Vertretung der wichtigsten Cultur-Bestrebungen und Volksintereßen, allen anderen Parteien in unserem Parlamente weit voraus ist.

Leider bilden die deutschen Abgeordneten bloß eine Gruppe von Männern, die theilweise höchst geniale Sprecher, treue Anhänger der Dynastie und des österreichischen Staatsgedankens, begeisterte Förderer jedes Fortschrittes sind, aber nicht eine Partei, die gewachsen ist, actionsfähig im Wechsel der politischen Situation zu wirken, und mit einer Regierung dauernd in gesicherter Weise die parlamentarischen Geschäfte zu erledigen. Demzufolge ist es auch nur den Deutschen möglich, was keine andere Partei je gethan, in den Tagen, wo sie an der Regierung sind, zugleich gegen dieselbe Opposition zu machen, also eigentlich ihre eigenen Ansichten, ihre eigene

Farbe selbst zu bekämpfen. Selbstverständlich läßt dieses unsinnige Vorgehen die ganze Partei in einem eigenthümlichen Lichte erscheinen, raubt ihr die Achtung im In und Auslande und discreditirt ihre beßten Männer nach kurzer Zeit.

Eine weitere Folge dieser Desorganisation, der unausgesetzten Abhängigkeit von den momentanen Einflüßen der Wähler und noch mehr der Journalisten und der daraus entspringenden Unmöglichkeit, eine Verantwortung zu übernehmen, eigene Ansichten mit Kraft zu vertreten, erkennen wir in dem vollkommenen Mangel jeder Fühlung mit dem Hofe, der Aristokratie und den maßgebenden, conservativen Elementen. Keiner der sogenannten Führer dieser Partei wird eine Annäherung nach den höheren Kreisen suchen, denn er muß fürchten, stets von seinen Genoßen, den Wählern und der Preße desavouirt zu werden und sich somit nach Oben und Unten compromitirt zu sehen; andererseits verschafften diese Zustände der Deutschen Partei, besonders bei Hofe, den Ruf der Unverläßlichkeit, des Haschens nach Popularität, eines radicalen Liberalismuses, und in der That leiden die deutschen Abgeordneten daran; doch in der Mehrheit nicht aus Überzeugung, sondern aus Mangel an Organisation.

Alle diese bisher geschilderten Zustände bereiteten die Unmöglichkeit der sogenannten Verfaßungspartei als Regierungspartei vor; jetzt müßen wir noch jene Umstände in Betracht ziehen, welche den Systemwechsel endgiltig und rasch herbeiführten.

Der erste Grund war die immer fühlbarer werdende Schwierigkeit, mit einer so wenig organisirten Partei als Parlamentsmajorität zu regieren; den zweiten und Hauptgrund bildete die Stellung, welche die deutsche Partei der neuen Orientpolitik gegenüber einnahm.

Die Ziele, welche Österreich seit einigen Jahren im Oriente verfolgt, sind für den Staat eine Nothwendigkeit, man könnte fast sagen ein Naturgesetz, ein Lebensbedürfniß für unsere Monarchie, und so war es geboten, diese Zwecke mit aller Macht und Consequenz zu verfolgen und die Schwierigkeiten, die sich dagegen in den Weg stellen wollten, hinwegzuräumen.

Die Deutschen hatten damals die Parlamentsmajorität, und ihr Streben gieng vor allem dahin, das Gleichgewicht im Staatshaushalte wiederherzustellen. Das Ziel war ein Gutes und Löbliches, denn nichts ist wichtiger für einen Staat als gute Finanzen, sie begründen das Ansehen nach Außen und die wahrhaft solide Machtstellung; sie sind ebenso unerläßlich als eine gute Armee, denn nur mit der Vereinigung dieser beiden Faktoren führt man große politische Ziele wirksam und ohne allzu bedeutende Schädigung des inneren Wohles durch. Die Deutschen arbeiteten an der Regelung der Finanzen und verfolgten mit vollem Eifer diesen Plan, als die Orientpolitik kam und alle ihre Berechnungen plötzlich zerstörte; daher wußten sie nichts beßeres zu thun, als dieser Politik zu opponiren. Um billig zu sein, muß eingestanden werden, daß es bis zu einem gewissen Grad begreiflich und menschlich war, daß sie sich anfänglich gegen diese Richtung, die ihre Absichten durchkreuzte, stemmten, doch diese Art, wie sie ihre Gefühle zum Ausdruck brachten, entsprach vollkommen dem organisationslosen unpractischen Wesen dieser Partei. Da sie an der Regierung waren, mußte es ihre Aufgabe sein, zu trachten, die Krone und das Herrenhaus für ihre Politik zu gewinnen; dies erwies sich aus höheren, gewichtigen Gründen für unmöglich, die Orientpolitik war eine fest beschloßene Thatsache, mit der eine Partei, die am Ruder bleiben wollte, rechnen mußte; ihre Aufgabe wäre es nun gewesen, die Mittel hiefür zu bewilligen und andererseits zu trachten, die Geld-Opfer innerhalb der nothwendigen Schranken zu mäßigen. Statt deßen stellte die deutsche Partei die financielle Frage einseitig in den Vordergrund, ohne die wichtigen politischen Momente begreifen und berücksichtigen zu wollen. Mit allen Mitteln wollten sie gegen die Richtung der äußeren Politik ankämpfen, sich in letztere einmengend.

Und wohin käme ein Staat, wenn nicht der Monarch und seine Minister in der Lage sind, in Fragen der auswärtigen Politik die letzte Entscheidung zu treffen? Besonders, wenn die heicklichsten, brennendsten Intereßen im Oriente ruhen, in der Heimathstätte der Schlauheit und der gewandten diplomatischen Thätigkeit!

In diese Politik wollten die guten Deutschen sich in derber Weise einmengen, über den Gang derselben unausgesetzt Bericht erhalten! Sie versuchten trotz alles Entgegenkommens von hoher Seite dennoch, eigene Politik ohne, ja gegen die Krone zu treiben, und das war ein so schwerwiegender Fehler, daß er, da die in der That nothwendige Orientpolitik beschloßen war, zu einem Wechsel des parlamentarischen Schwerpunktes führen mußte. Trotz alledem wurde nochmals versucht, die deutsche Parlamentsmajorität zu erhalten und ein neues Cabinet abermals aus ihr hervorgehen zu laßen.

Herbst, der sich als der Führer der Partei ausgab, wurde Allerhöchsten Ortes zu einer vertraulichen Unterredung gerufen, zu einem Act, der nur der Krone zusteht, zur Wahl von Ministern nähmlich, wurde ihm ein Einblick und eine Meinungsäußerung gestattet. Er rieth zu einem Cabinet de Pretis, versprach zu unterstützen und nicht zu bekämpfen. Wenige Tage darauf lieferte er den deutlichsten Beweis, nicht der Führer, sondern nur der Sprecher der Partei zu sein, und daß er es nicht vermöge, seine Ansicht durchzusetzen und zu vertreten. Er brach nach Oben sein Wort, und das Cabinet Pretis wurde unmöglich. Nun war die deutsche Parlamentsmajorität länger nicht haltbar; sie mußte fallen.

Die Partei hatte eine strenge Lehre sich selbst verdient und sollte sie auch gründlich bekommen; man konnte ihr zu Gefallen nicht die Politik des Reiches im Oriente zum stehen bringen.

## II.

## Über die gegenwärtige politische Situation.

Graf Taaffe wurde berufen, und seine erste Sorge mußte es sein, nicht etwa Völker zu versöhnen, sondern eine Parlamentsmajorität herzustellen, welche bereit war, für die Orientpolitik die nöthigen Mittel zu bewilligen und das Wehrgesetz zu votieren. Diese Aufgabe wurde in der That gelöst; ein constitutionelles Fortregieren ohne Aufgeben der Orientpolitik ermöglicht. Ein Name mußte diesen Bestrebungen gegeben werden, ein idealer Hintergrund für diese Politik geschaffen werden, und so entstand die sogenannte Versöhnungsidee, um die Aufmerksamkeit der öffentlichen Meinung von den reellen, nüchternen Zielen, die dabei verfolgt wurden, abzulenken.

Anfänglich hoffte man, die gemäßigten Elemente aller Parteien, auch jene der Deutschen, für die neu zu bildende Majorität zu gewinnen, und in dieser Beziehung war das Schlagwort »Versöhnung« sogar sehr gut gewählt.
Doch auf die Deutschen konnte man nicht rechnen, bei ihrem Mangel an Organisation, bei der Fortdauer aller im früheren Abschnitte besprochenen Gründe sah man bald ein, daß jene Männer, die in blinder Oppositionslust gegen die Regierung ihrer Partei zerstörend kämpften, nicht für eine Regierung zu gewinnen seien, der sie vom ersten Augenblick an Mißtrauen und Argwohn gezeigt hatten. Aus diesen Gründen konnte Taaffe vielleicht vorübergehend auf einige Naive und Überläufer, aber niemals auf die dauernde Unterstützung der Deutschen rechnen. Daher blieb nichts anderes übrig, als nach den nichtdeutschen Fraktionen zu greifen, um eine Parlamentsmajorität zu gründen, dieselben zu vereinigen und eventuell zu verstärken. Und so ergieng der Ruf an die Polen, Čechen, Clerikalen und Reaktionären verschiedenen Stammes.
Mit den Čechen mußte man sich eilen, denn Herbst, als er der jetzigen Aera erste Spuren fühlte, ließ seine Lockstimme an die Liberalen čechischer Nation ergehen. Es war dies das erste Auftauchen des Gedankens einer Versöhnung der liberalen čechischen und deutschen Elemente. Herbst erkannte wohl mit Seherblick, daß die Čechen, als die unter allen slawischen Völkern der Erde in der Cultur am höchsten stehenden, nicht für immer in der Alianz und unter dem Drucke der Clerikalen und des feudalen Adels bleiben werden. Solange sie unter der Herrschaft der deutschen Partei die Rolle der Verfolgten spielten, hielten sie alle zusammen, zum großen Kampf; doch niemals waren noch so heterogene Elemente durch momentane Utilitätsgründe in ein Fahrwaßer gebracht, als es eben unter den Čechen der Fall war und noch ist. Taaffe kam Herbst zuvor, und so war die Trennung unter den Čechen, und was sich dazu rechnet, für einige Jahre hinausgeschoben. Auf diese Weise entstand die Taaffische Parlamentsmajorität, gebildet aus den reactionärsten Elementen und den verschiedenen Nationalitäten, alle ausgerüstet mit Wünschen und Bestrebungen jeder Art.
Taaffe wußte wohl, daß diese nun in einer Partei vereinigten Ele-

mente zum Theile weder an der Orientpolitik noch an seinem Ministerium ein besonderes Intereße hatten, und so mußte und muß er ihre Unterstützung durch fortwährende Conceßionen, fast von Fall zu Fall erkaufen.
Besonders die Polen benützen die Situation sehr gut und verstehen mit feinem politischen Tact, sich stets unbedingt unentbehrlich zu machen und erlangen dafür schwerwiegende Gegenleistungen. Die Čechen müßen auf dieselbe Art behandelt werden. Die feudalen Herrn stehen auf ihrer Seite, trotzdem große Verschiedenheit der Ansichten zwischen den sogenannt feudalen Aristokraten Böhmens und den Čechen der unteren Stände herrscht, doch letztere schließen sich an sie, auch nur um ihre Sonderzwecke zu erreichen; der Augenblick, in dem sie die Herrn fallen laßen und die liberale Fahne, der sie in mancher Hinsicht noch radicaler angehören als manche deutsche Verfaßungstreue, ihren Bestrebungen vorantragen werden, dürfte nicht in so weiter Ferne sein.
Auch die deutsch-Clericalen traten wieder energisch in den Vordergrund und wurden zur Verstärkung der ohnedieß so gemischten Partei auf alle Weise, sogar zum Theil mit nicht ganz correcten Mitteln, wie z. B. bei den Wahlen im Oberösterreichischen Großgrundbesitz, unterstützt.
Diese große Ernte an Conceßionen von Seite der Nationalitäten und besonders die Bundesgenoßenschaft der Regierungspartei mit den Feudalen und Clericalen erschreckt die Deutsche Partei.
Die Minorität wird gründlich ausgebeutet, um ihre oppositionellen und oratorischen Talente so viel als nur möglich auszunützen. Der an die Parlamentsmajorität und die Herrschaft so lange gewöhnte Volksstamm kann die Minorität nicht geduldig ertragen; und Gefährdung der Nationalität sowie Reaction sind die Schlagworte, welche das Volk aufrütteln und gegen das jetzige Regime hetzen sollen.
Die Abgeordneten fürchten ihre Popularität zu verlieren und müßen sprechen, energischer als es ihnen oft selbst lieb wäre. Für Herbst und die anderen Sprecher ist es ein gefundener Handel, und ihre Reden, so wie die tagtäglichen kampfeskühnen Artikel der gesammten liberalen, deutsch-österreichischen Journalisten beginnen

in allen Ständen Wurzeln zu schlagen. Mit allen Mitteln wird gekämpft; die Deutschen Parteitage, die Herbst-Feier, Kaiser-Josephs-Feier, verschiedenartige Studentendemonstrationen, so wie auch die unzähligen Vertrauens- und Belobungsadreßen an die sogenannten Vorkämpfer des Deutschthums im Parlament können dafür Zeugenschaft ablegen.

Die Regierung, durch diese Vorgänge zu Repreßalien verleitet, begann Elemente des deutschen Stammes gegen die Verfaßungspartei und ihre Anhänger auszuspielen, die man beßer gethan hätte, nicht zum Eingriff in das politische Leben aufzureizen. Als Antwort auf den deutschen Parteitag kam in Prag eine Versammlung zu Stande, in welcher Männer, wie der Herr Saller, also von ganz socialistischen Tendenzen eine große Rolle spielten; sie sprachen gegen die Liberalen, weil nichts ihnen verhaßter ist, als die solide Macht der gebildeten Mittelstände, und es ihnen gleichgiltig ist, wer sie zur Theilnahme auffordert; sie streben nur nach dem ersten Schritt zur Mitwirkung. Die Versammlung in Wien in den Schwender-Localitäten hatte denselben Character, desgleichen jene der neuesten Zeit, des 29ten Mai, nur gieng diese, wie zu erwarten war, weiter als man es wünschte. Die Bürgerversammlung, die gegen den Lienbacherischen Antrag* zusammentrat, sollte unmöglich gemacht werden; man ließ die Arbeiter daran Theil nehmen, da man hoffte, die Bürger würden dann die Versammlung absagen; doch diese hielten sie dennoch. Es ist wahr, daß sie ihren Antrag ändern mußten, doch die Arbeiter, einmal erschienen, giengen weiter und erlaubten sich, Dinge zu sprechen wie früher niemals, ohne daß die Versammlung aufgelöst worden wäre. Der Polizei-Beamte, der zugegen war, wagte nicht, sein Machtwort zu gebrauchen, da er wohl wußte, daß anfänglich die Arbeiter, als unwillkommene Gäste der Bürger, der Regierung nicht unangenehm seien. Das sind gefährliche Mächte, die man ein-, zweimal für sich verwenden kann, doch einmal aufgereizt, sind sie unberechenbar!

* Der konservativ-katholische Abgeordnete Lienbacher beantragte die Beschränkung der allgemeinen Schulpflicht von acht auf sechs Jahre und opponierte damit gegen die liberalen Schulgesetze des Jahres 1869.

Ein ähnliches, doch für die Regierung gleich im Beginn sich ungünstig gestaltendes Maneuver war der Versuch, die conservativ-clericalen deutschen Bauern gegen die liberale deutsche Partei auszuspielen; der Mißerfolg war ein selbstverständlicher, denn die Verfaßungstreuen hatten wirksamere Waffen in Händen. Wo es sich um das Zahlen handelt, hört die Gesinnungstüchtigkeit der Bauern meistens auf, und als die deutschen Abgeordneten das Landvolk über die Grundsteuer-Frage aufklärten, wendete sich die Bauernbewegung gegen statt für die Regierung. Natürlich hat auch diese Grundsteuer-Angelegenheit ihre zwei Seiten.

Die deutschen Länder sind bisher zu wenig belastet und sollen nach dem neuen Grundsteuer-Gesetz nun mehr zahlen, denn Böhmen war überbürdet und hat ein gutes Recht auf Entlastung.

Dies würden die deutschen Bauern auch endlich, trotzdem durch die deutsche Partei, die das als erwünschtes Mittel zum agitiren betrachtet, aufgereizt, einsehen; wenn nicht jetzt die Erbitterung durch den Umstand im Wachsen wäre, daß seit der Ministerschaft Dunajewskis vielleicht nicht ganz unbegründete Angst herrscht, Galizien, welches nach Recht und Gesetz ganz insbesonders mehr belastet werden sollte, werde auf Unkosten der anderen, besonders der Deutschen Länder im status quo belaßen, oder nicht verhältnißmäßig mehr belastet. Und diese Sorge, wie gesagt, macht viel böses Blut und erzeugt eine gedrückte Stimmung.

Alle diese erwähnten Umstände haben in den deutschen Provinzen Ärgerniß hervorgerufen und der jetzigen Minoritäts-Partei ein reiches Feld oratorischer Thätigkeit im Parlament und den Journalen Gelegenheit zu aufreizenden Artikeln gegeben, die mehr oder weniger ihre Wirkung nicht verfehlen. Dadurch wurde die deutsche nationale Frage, die eine Reihe von Jahren hindurch fast ganz eingeschlummert war, wieder stark aufgerüttelt und läßt sich nun in ziemlich bedeutendem Maße bei jeder Gelegenheit fühlen, selbstverständlich erwachten auch bei den Slaven die nationalen Gefühle schon um des Gegensatzes willen recht sehr, und so stehen sich jetzt besonders in den Ländern, wo zweierlei Stämme nebeneinander wohnen, die Nationalitäten schroffer als je gegeneinander.

Diese Gegensätze werden deutlicher, je mehr die Regierung, um re-

gieren zu können, der Majorität und ihrem Willen angehört. Die Farbe wurde immer prononcirter, und das Cabinet gestaltete sich in dem gleichen Verhältniß mehr der Partei entsprechend. Jene Reßort-Minister, mit denen Taaffe begonnen hatte, die noch liberal angehaucht, Fühlung mit der jetzigen Minorität des Hauses erhielten, schieden einer nach dem anderen aus diesem Cabinet.
Die Conceßionen, die anfangs zur Bildung einer Parlamentsmajorität und später noch bei wichtigen Anläßen in der That geboten waren, sind jetzt so zu sagen chronisch geworden, besonders seitdem die Deutschen das Budget verweigerten und in allem in eine so schroffe, principielle Opposition gegen die Regierung traten. Momentan sind Conceßionen aller Art für jede Action nothwendig, ohne sie könnten nicht einmal die laufenden Regierungsgeschäfte besorgt werden, und das Cabinet wäre nicht im Stande, sich ohne dieselben durch eine kurze Spanne Zeit im Amte zu erhalten.
Diese Conceßionen bedeuten aber nicht nur eine Gefährdung der Intereßen der Deutschen, sondern auch einen allgemeinen culturellen Rückschritt, eine Lockerung des staatlichen Zusammenhanges und dadurch eine Schwächung Österreichs. Eine tiefe und dauernde Verbitterung des deutschen Stammes wird geschaffen, und schroff stehen sich Völker gegeneinander, die vereint leben und arbeiten sollten. Mit den Conceßionen wachsen die Wünsche, und die volle Befriedigung der nationalen Bestrebungen kann im Rahmen eines Reiches, das mächtig bleiben soll, nie geboten werden.
Dazu hängen sich an die jetzige Parlamentsmajorität die reactionären Parteien, deren heutzutage durch ihre Sinnlosigkeit staatsgefährlichen Ziele auf kein gewaltiges Österreich deuten, wie es sein und bleiben muß.
Die deutsche Partei machte, wie früher es besprochen wurde, viele Fehler; sie war in Opposition, wo dieselbe nicht am Platze war; dies läßt sich die jetzt herrschende Partei nicht zu Schulden kommen; dafür aber muß ihnen die Regierung jede Unterstützung durch Conceßionen abkaufen, und dadurch ist der Beweis geliefert, daß nur Parteizwecke, aber keine staatlichen Ziele verfolgt werden.
Den Deutschen kann man viele berechtigte Vorwürfe machen, doch eines ist niemand im Stande, ihnen abzusprechen: Auf die Er-

haltung und Kräftigung Österreichs und das Verfolgen wahrer Culturzwecke haben sie mit Überzeugung und Eifer hingearbeitet, auch waren sie bestrebt, die Finanzen zu ordnen; nur in der Methode der Durchführung ihrer Pläne haben sie sich geirrt. Der Preis, den jetzt Österreich als Staat allmonatlich zahlen muß, um die Fortexistenz des Ministeriums zu ermöglichen, ist ein sehr großer und zwar ein solcher, der für die Dauer nicht gezahlt werden kann, ohne das feste Gefüge Österreichs und seinen Rang unter den Culturstaaten auf das Spiel zu setzen.

In den gebildeten Ständen besonders Wiens ist eine schwermüthige Apathie eingerißen, und man fragt sich, wohin soll das noch führen? Das Ministerium wird arg angegriffen, da man sieht, daß alle Zeit in politischen Kämpfen verloren geht und unter diesen Verhältnißen für die Verwaltung und wirthschaftlichen Fragen so gut wie gar nichts geschehen kann; auch läßt es sich genau verfolgen, wie der Regierung und Graf Taaffe, seiner Erhaltung willen, das Heft immer mehr und mehr aus den Händen gleitet. Ein Executiv-Comité, gebildet von Clericalen, Feudalen, Čechen und Polen herrscht und macht untereinander Geschäfte. Ohne ihrer Erlaubniß ist Graf Taaffe eben so wenig verantwortungs- und actionsfähig, als der Sprecher Herbst vis à vis seiner liberalen Partei.

Die Geschäfte, welche die jetzige Majorität unter einander verabredet und die Conceßionen, die sie dem Ministerium dictirt, discreditiren das Ansehen der Regierung, und die Ausdrücke »politische Simonie« und »alles ist feil« des Abgeordneten Süß, sind ebenso unparlamentarisch und frech als sie andererseits unmöglich als Lüge hingestellt werden können.

Ein weiterer erschwerender Umstand liegt in dem abermaligen Auferstehen und Emporblühen der Clericalen und Reactionären, dieser Gespenster Österreichs, die dem Staat schon so viel geschadet haben und die, wenn sie in der Nähe der Regierung auftauchen, nur durch ihr bloßes Erscheinen Schrecken, Erbitterung und fast lächerlich viel böses Blut verbreiten.

Durch den Lienbacherischen Antrag haben sie ihre Thätigkeit bekundet; die Folgen desselben waren vorauszusehen; nicht nur in den gebildeten deutschen Kreisen, sondern auch bei den hochentwickelten und die Culturfragen würdigenden Čechen rief diese Kundgebung aus jenem Lager Widerspruch hervor; nicht nur die deutschen Schulmänner, sondern auch die čechischen Pädagogen haben, wie wir fest überzeugt sind, nach den Trauerfahnen gegriffen, wenn auch vorläufig nur nach solchen – – im zusammengerollten Zustande.

Nun sind wir in eine neue Phase getreten; vielleicht dämmert abermals, wenn auch noch in der Ferne, die Verständigung der liberalen deutschen Elemente mit den liberalen Čechen über die Köpfe der Clericalen und Feudalen hinweg.

## III.

### Voraussichtliche Entwickelung der gegenwärtigen Situation.

Um in die Zukunft blicken zu können, um die wahrscheinliche Entwickelung der gegenwärtigen Sachlage zu verstehen, müßen der bisherige Verlauf, die Tendenzen der leitenden Persönlichkeiten und die Umwandlungsstadien, welche dieselben durchgemacht haben, gründlich in das Auge gefaßt werden.

Darum ist es nöthig, einen, man könnte sagen geschichtlichen Rückblick auf das Ministerium Taaffe zu werfen.

Am 15ten Februar 1879 erhielten der damalige Minister-Präsident Fürst Auersperg und der Sprech-Minister Dr. Unger ihre längst erbetene Demißion. Vorsitzender im Ministerium wurde nun Cultus-Minister Dr. Stremayr, und Graf Taaffe trat als Minister des Inneren in das Cabinet, die übrigen Minister verblieben auf ihren Posten. Taaffe trat mithin zunächst in ein seiner Zusammensetzung nach vollkommen der liberalen, deutschen Partei angehöriges Ministerium.

Nachdem das Finanzgesetz pro 1879 erledigt worden war, wurde der Reichsrath nach Ablauf seiner sechsjährigen Wahlperiode am 17. Mai 1879 geschloßen. Die Neuwahlen begannen am 24ten Mai.

Nun sind wir bei dem ersten Beginn der neuen Phase angelangt: wo Taaffe, noch einem liberalen Ministerium angehörend, doch für die Erfüllung diametral entgegengesetzter Zwecke hinarbeitete. Der

Minister des Inneren wußte derart zu operiren, daß die Liberalen ihre Majorität verloren und in dem neu gewählten Hause in die Minorität kamen. 190 Conservative, Polen, Čechen, Clericale standen nun 160 Liberalen gegenüber. Erst jetzt erkannten die anderen Mitglieder des Cabinets, daß der Minister des Inneren eine verschiedene Richtung verfolge als wie sie und reichten ihre Entlaßung ein.

Taaffe wurde nun Minister-Präsident, blieb zugleich Minister des Inneren, Ziemialkowski Minister ohne Portefeuille, Falkenhayn Ackerbau-Minister, Korb-Weidenheim Handels-Minister, Prazak Minister ohne Portefeuille, Chertek Leiter des Finanzministeriums. Stremayr als Justiz-Minister und Leiter des Unterrichts-Ministeriums sowie Herbst als Landesvertheidigungs-Minister waren die einzigen, der früheren Färbung, die noch in diesem Cabinet verblieben.

Wir haben also Taaffe in seiner ersten Phase, als Mitglied eines aus verfaßungstreuen liberalen Elementen zusammengesetzten Ministeriums gesehen; in seiner zweiten Phase tritt er uns als Präsident eines aus allen Parteien zusammengesetzten Coalitionsministeriums entgegen, in dem die Verfaßungstreuen durch Stremayr und Horst, die Clericalen durch Falkenhayn, die Čechen durch Prazak, die Polen durch Ziemialkowski repräsentirt wurden.

Nun begann der Widerspruch seitens der verfaßungstreuen Partei, deren weiterblickende Mitglieder schon jetzt von tiefem Mißtrauen erfüllt waren. Diesen Gefühlen wurde in Linz am 31ten August 1879 in einem Parteitage Ausdruck gegeben, an dem sich die Liberalen aller Schattirungen betheiligten und beschloßen, an allen ihren Principien fest zu halten und von nun an dem Ministerium Taaffe in einer einheitlichen und energischen Oposition entgegenzutreten.

Als Antwort auf diese Demonstration verbanden sich am 18ten September alle Fraktionen der sogenannten Rechten, die Alt- und Jung-Čechen, Polen, Slovenen, Süd-Slaven, die Feudalen und Ultramontanen. Den Vorsitz bei der Conferenz führte Graf Hohenwart, deßen Name schon wie eine düstere Vorbedeutung klang. Es wurde beschloßen, das Cabinet Taaffe, solange es conservativ bleibe, beßer gesagt, den Willen der verbündeten Parteien vollziehe, zu unterstützen. Ferner bestimmte man, daß die drei Hauptfraktionen der Partei, die böhmisch-mährische, die polnische und die clerical-feudale gesondert bleiben und ständige Comités einsetzen sollen, welche von Fall zu Fall das gemeinsame Vorgehen vereinbaren und Delegirte in den großen Ausschuß, das sogenannte Executiv-Comité senden sollten.

Taaffe hatte somit die einfache, aber nicht die zweidrittel Majorität im Abgeordnetenhause, die er zur Votirung des Wehrgesetzes benöthigte. Darum blieben noch Stremayr und Horst im Amte, und durch geschicktes Operiren gelang es, das Wehrgesetz in beiden Häusern durchzubringen.

Abermals war es die Verfaßungs-Partei, die sich durch ihren Mangel an Tactgefühl und Geschick sehr schadete und ein jämmerliches Bild darbot. Sie hatten weder die politische Klugheit, für das Gesetz zu stimmen, noch die parlamentarische Einheit und Kraft, seine Votirung zu verhindern.

Nachdem Stremayr in gutem Glauben und ohne zu ahnen, welche unnöthigen Bewegungen und Kämpfe es hervorrufen werde, das Sprachengesetz erlassen hatte, wurde er am 17ten Februar 1880 von der Leitung des Unterrichtsministeriums enthoben, und Konrad von Eybesfeld trat an seine Stelle; Chertek wurde durch Kriegsau ersetzt. Ersteres wurde als eine Conceßion für die Čechen und Clericalen, letzteres für die Polen in Angelegenheiten der Grundsteuer-Regulierung betrachtet.

Am 26ten Juni 1880 schied Stremayr vollkommen auch als Justiz-Minister, und Kriegsau sowie Herbst und Korb-Weidenheim traten desgleichen aus dem Cabinet. Streit, Dunajewski, Welsersheimb und Kremer gelangten in das Ministerium, was zur Folge hatte, daß kein der Verfaßungspartei angehörendes Element mehr im Cabinet war.

Als dann in letzterer Zeit an Stelle Streits Prazak und an jene Kremers Pino kamen, hatten das Ministerium eine vollkommen antideutsche und föderalistische Färbung angenommen; und wir wären somit bei der dritten Phase des Ministeriums Taaffe angelangt. Als Mitglied eines liberal-deutschen Ministeriums begann er und

wurde systematisch, aber rasch immer mehr nach rechts in das föderalistische Lager geschoben.
Weitere Metamorphosen in dieser Richtung können wohl kaum mehr vor sich gehen; das Einzige, was noch zu erreichen wäre, ist eine Umgestaltung der Herrenhaus-Majorität in eine feudal-clericale-nationale, wozu die Regierung wohl noch gedrängt werden dürfte. Mit kleinen Mitteln wurde das Herrenhaus schon beeinflußt, denn öfters ergiengen auf verschiedenen Wegen Aufforderungen an Mitglieder, für oder garnicht zu stimmen, was so oft es bekannt wurde, viel böses Blut erzeugte, da das erste und wichtigste Recht eines Pairs ist, nach beßter, eigener Meinung zu votiren.
Um gerecht zu sein, muß zugestanden werden, daß Taaffe die meisten der erwähnten Maßregeln gegen seinen Willen ergriff, von der Partei stets geschoben wurde, und in dieser Weise handeln mußte, um mit der Parlamentsmajorität und formell verfaßungsmäßig zu regieren. Es blieb ihm nur die Wahl zwischen diesem System und dem Rücktritt aus dem Cabinet.
Nachdem als Einleitung der Gang der Ereigniße während des Ministeriums Taaffe bis zum heutigen Tage gezeigt wurde, können wir erst jetzt die voraussichtliche Entwickelung der gegenwärtigen Situation besprechen.
Wenn das jetzige Regime sich erhält, dürfte die mißliche wirthschaftliche Lage zunehmen; die Reaktionären mit ihren, wenn auch manchmal gut gemeinten, aber heutzutage absolut undurchführbaren und daher staatsgefährlichen Zwecken werden immer mehr und mehr in den Vordergrund treten und die wichtigsten Culturaufgaben und Bestrebungen zurückzudrängen versuchen. Die jetzt schon tiefgehende Erbitterung der Deutschen kann einen geradezu gefahrdrohenden Charakter annehmen und nicht ohne üble Rückwirkung auf unser Verhältniß zu Deutschland bleiben.
Die durch die Grundsteuerregulirung in den unteren Ständen der deutschen Bevölkerung und in den Städten durch die Lienbacherischen Antrag erzeugte unleugbar gereizte Stimmung bietet ein günstiges Feld für socialistische Propaganda. Das Ministerium wird immer schwächer, die Parteien, die es schieben, gewinnen immer mehr an Macht; daher in Folge von Conceßionen eine die Macht-

stellung des Reiches gefährdende Decentralisation, welche auch für Verwaltung und Armee von ungünstiger Wirkung sein wird.
Das Beamtenthum erhält eine stark nationale Färbung, und schon jetzt kann man Staats-Beamte in manchen Provinzen finden, die der deutschen Sprache nicht mehr mächtig sind. Die deutsche Sprache verschwindet immer mehr und mehr; die Schwierigkeiten bei den Officiersprüfungen beginnen sich zu zeigen, der Beamten- und Officiersnachwuchs dürfte einen arg nationalen Anstrich bekommen, letzteres durch die jetzige Organisation des Heeres noch erleichtert. Eine centralistische Armee ist bei föderalistischer Gestaltung des Reiches und besonders der Schule auf die Dauer nicht denkbar.
In der diesseitigen Reichshälfte ist bis jetzt für Armee und Beamtenthum die Gefahr am größten in Galizien; im speciellen für das Heer in Ungarn, wo schon oft Stimmen laut wurden, die auch zu einer Theilung der Wehrkraft riethen; die königlich ungarische Landwehr sollte den ersten Schritt dazu bilden. Unverholen kann es ausgesprochen werden: die Armee muß eine centralistische, eine echt alt-österreichische bleiben, sonst verliert sie ihren Gehalt und Werth.
Ferners führt das gegenwärtige Regime mit seinen Conceßionen eine allmählige Herstellung und unwiderrufliche Befestigung der Slavenherrschaft in Österreich her.
Gerechte Conceßionen an die slavischen Stämme waren nicht nur löblich, sondern practisch nothwendig; doch ein Ende muß gemacht werden, denn sonst entsteht ein Slavenreich, das in der jetzigen Form mit den Deutschen-Provinzen rechnen muß und daher als solches eine Utopie ist. Anders wäre es, wenn man ein slavisches Donaureich gründen wollte und durch liberale milde Regierung zum Gegensatz der brutalen, rußischen Willkürherrschaft alle südlichen Slaven um die eigene Fahne versammeln wollte; dann kann man slavisch regieren, Deutschenverfolgung ins Programm aufnehmen, denn dann hätte man mit den deutschen Ländern ohnedieß nichts mehr zu thun. Doch im jetzigen Österreich kann ein vollkommen slavisches Reich nicht von Nutzen sein.
Eine weitere Eventualität, die kommen muß, ist eine Intervention Ungarns, denn das jetzige magyarische Ungarn kann bei dem leb-

haften Zusammenhang der österreichischen und ungarischen Slaven nur mit ernster Besorgniß den Vorgängen in Österreich zusehen.
Die tiefgehende innere Verwirrung in Österreich wird immer mehr und mehr die Überzeugung wachrufen, daß es im jetzigen Österreich ohne die Deutschen, dem wohlhabendsten und intelligentesten Theil der Bevölkerung, auf die Dauer doch nicht geht, daher werden Versuche gemacht werden, die deutsche Partei wieder zu gewinnen, welche je größer die Verbitterung und je drastischer die Zwangslage der Regierung sich gestalten wird, desto schwieriger sein werden.
Auch in financieller Beziehung könnten leicht unangenehme Erfahrungen mit der Länderbank gemacht werden, über die nichts weniger als erbauliche Gerüchte cirkulieren.
Doch ohne einen sicheren Einblick hat niemand das Recht, über so delikate Gegenstände zu sprechen, bei welchen die Wahrheit so schwer von böswilliger Verläumdung getrennt werden kann.

## IV.

## Zunächst zu ergreifende Mittel.

Nach einer Auseinandersetzung und Kritik vergangener und momentaner Zustände ist man verpflichtet zu sagen, welche Erscheinungen und Umgestaltungen von der Zukunft erhofft werden müßen. Denn ein bloßes Kritisiren ist leicht, aber nicht berechtigt, wenn es nicht begleitet wird von einem positiven Gedanken.
Mehr als je wäre jetzt die Auflösung des Parlamentes und das Ausschreiben von Neuwahlen am Platze. Doch zugleich sollte ausgesprochen und verbreitet werden, daß die Absicht herrscht, ein Stadium der Ruhe zu schaffen, welches dazu dienen soll, die jetzt so arg aufgereizten Parteien, die sich schroff entgegenstehenden Nationalitätsgedanken zu beruhigen. Manche Männer freuen sich über den gegenwärtigen Zustand, jene, die dadurch gewinnen, die im Parteikampfe, in welch immer Rolle sie spielen, eine Genugtuung finden; doch die große Maße jedweden Stammes sehnt sich nach Ruhe, nach einem Regime, das nicht vom Kampf der Parteien vollkom-

men absorbiert wird und sich der inneren Verwaltung, dem Volkswohle widmen kann.

Daher wäre ein Parteiministerium zu vermeiden und ein Beamtenministerium, zusammengesetzt aus politisch farblosen, aber administrativ tüchtigen und renomirten Männern sehr erwünscht.

Beruhigung der Gemüther, fleißige Arbeit in der Inneren Verwaltung, Hebung des Volkswohlstandes, Regelung der wirthschaftlichen Verhältniße und Ersparungen so viel als nur thunlich sollte zum Programm dieses Cabinets erhoben werden.

Ferners müßte man frei bekennen, diese Maßregeln seien nur als ein Übergangsstadium zu betrachten, zur späteren echt parlamentarischen Herrschaft der stärkeren, aber bis dahin geordneten politischen Parteien; doch so lange muß dieses Interregnum währen, bis sich feste, solide Parteien gegründet haben und die jetzige erregte Stimmung, der dem Volkswohl schädliche Parteihaß und die auflodernden nationalen Gefühle gewichen sind.

Selbstverständlich müßte dieses Beamtenministerium mit feinem Tact nationalen Streitigkeiten aus dem Wege gehen und durch keine Maßregeln Anlaß zu solchen geben. Auch wäre der streng centralistische Character, in den viele besonders ältere und hochstehende Beamte so leicht verfallen, nicht hervorzukehren. Man laße den slavischen Stämmen jene billigen Conceßionen, die sie erlangten und in der That benöthigten, doch hüte man sich, ihnen neue zu geben, denn einer Gabe folgen zehn Wünsche, die dann zum Theil ganz unmöglich erfüllt werden können.

Eine gute, politisch nicht prononcirte, für alle gerechte Verwaltung würde einem solchen Cabinet alle Symathien der jetzt des Parteizwistes müden Bevölkerung sichern.

Vor Experimenten und kühnen Unternehmungen müßte man sich in jeder Richtung hüten, besonders nicht den Wünschen reaktionärer Elemente folgen, denn dies würde die großen Maßen mit Mißtrauen erfüllen, und der Gedanke könnte auftauchen, daß dieses Beamtenministerium nur einen Übergang zum Absolutismus bilden solle, und hiemit wäre die ganze ersprießliche Thätigkeit eines derartigen Cabinets mit einem Male untergraben.

## V.

### Ziele der Inneren Politik Österreichs.

Nachdem wir das nächste Stadium in den kurzen Umrißen eines flüchtigen Planes besprochen haben, folgt naturgemäß die Frage: Was sind die weiteren Ziele der inneren Politik Österreichs?

Vor allem drängt sich wieder das Losungswort »Herstellung der Ordnung im Staatshaushalt« mächtig auf. Reichthum ist Glück und Macht, geordnete Finanzen, weise Fürsorge für die Volkswirthschaft und insbesondere Schutz und Pflege dem Handel, auch dem bei uns so darniederliegenden Seehandel, sind Bestrebungen, die einer Regierung Dankbarkeit und Zufriedenheit der Bürger sichern und dem Staat Ansehen verschaffen. Auch dem Steuersysteme müßte große Aufmerksamkeit geschenkt und dasselbe vielleicht ohne systematische Umwandlungen durch practische Maßregeln verbeßert werden.

Der Mangel unseres Steuersystems liegt nicht darin, daß es uns, wie es oft von verschiedener Seite behauptet wurde, an einer progreßiven Einkommensteuer gebricht. Wir besitzen eine solche seit dem Jahre 1849. Hingegen besteht die Schwäche in der nicht annähernd genügenden Besteuerung des beweglichen Vermögens. So kommt es, daß eine große Menge Menschen, wie Börsianer, Banquiers etc. etc. ein großes Einkommen besitzen, das luxuriöseste Leben führen und dennoch, theils in Folge mangelhafter Gesetze, mehr noch wegen mangelhafter Durchführung der bestehenden, keine oder nur ganz unverhältnißmäßig geringe direkte Steuern zahlen. Daher wäre die Aufgabe einer practischen und nicht bloß theoretischen Steuerreform, nicht etwa die Grund- und Hausbesitzer, die ohnedieß viel leisten, noch höher zu belasten oder ihnen gar neben den Ertragssteuern, die sie bereits bezahlen, eine neue Personaleinkommenssteuer aufzuerlegen, sondern die bisherigen Steuern auf Grund und Boden und auf Hausrealitäten gerechter als bisher unter die einzelnen Länder und in diesen unter die einzelnen Steuerträger zu vertheilen und dagegen alle jene Stände und Berufsclaßen, welche bisher in Folge der mangelhaften Erwerb- und Einkommenssteuer-Gesetze und der nicht genügenden Durchführung derselben

unverhältnißmäßig zu wenig zur Deckung der Staatsbedürfniße beitragen, hiezu heranzuziehen. Auf diese Weise könnte man jährlich ohne jeden Druck viele Millionen für den Staat gewinnen; selbstverständlich müßte man sich auf das Geschrei der dadurch zu ihrer Pflicht gezwungenen gefaßt machen.
Die Einführung solcher Special-Steuern, welche unmittelbar die nicht genügend besteuerten Stände treffen und eine strenge Handhabung der bisherigen Steuergesetze, die den Steuerdefraudanten ihr Geschäft fühlbar erschweren würde, könnten als Maßregeln, welche nicht der grauen Theorie, sondern der wahren Praxis angehören, dem Staat von großem Nutzen sein.
Ein ferneres Ziel der Politik müßte die Vermeidung aller Maßregeln und Kundgebungen sein, aus deren Durchführung ein abermaliger nationaler Zwiespalt entstehen könnte. Und oft sind es eben die best gemeintesten, zur Versöhnung bestimmten Entschlüße, welche Widerspruch und darauf nationale Leidenschaften erwecken. Eine vollkommene Versöhnung aller Parteien ist undurchführbar; diese Erfahrung haben wir gewonnen. Eine Partei muß im constitutionellen Leben immer mit aller Macht am Ruder sein; nur ist es wichtig zu wißen, aus welchen Elementen sie zusammengesetzt, wie geleitet, wie organisirt und von was für Principien getragen ist, damit sie mit Kraft und Erfolg eine Regierung unterstützen könne. Hier ist es wichtig, der von uns früher mit allen ihren Mängeln geschilderten deutsch-liberalen Partei einige Worte zu widmen.
Die Deutschen sind durch ihre letzten Mißerfolge gewitzigt und vielleicht jetzt schon bereit, staatsmännischen Gründen nachzugeben. Die in mancherlei Beziehung vom Ministerium Taaffe unleugbar errungenen Erfolge haben ihnen zur bitteren Lehre gedient. Andererseits sind, man sage, was man wolle, die Deutschen eine durch und durch österreichische und staatserhaltende Partei, von einer im Laufe der Jahrhunderte bewiesenen, unwandelbaren Treue an die Dynastie beseelt. Zugleich der intelligenteste und wohlhabendste Theil der Bevölkerung. Ihr einziger Fehler liegt in ihrer mangelhaften Organisation; dies ist überall hier und im Auslande, wo Deutsche wohnen, der Fall; wegen kleiner Meinungsverschiedenheiten und Sonderintereßen verlieren sie die wichtigsten Ziele aus dem

Auge. Da es aber im jetzigen Österreich für die Dauer ohne die Deutschen doch nicht geht und mit ihnen bei ihrer gegenwärtigen Desorganisation erfahrungsgemäß nicht zu regieren ist, müßte die Krone und Regierung die schwierige, aber unumgänglich nothwendige Aufgabe übernehmen, aus den deutschen Elementen im Parlamente eine Regierungspartei zu organisiren, mit welcher eine geregelte, von Zufälligkeiten unabhängige Erledigung der parlamentarischen Geschäfte möglich wäre.
In keinem anderen Staate könnte diese Bürde der Dynastie und der Regierung zugemutet werden; doch in Österreich ist durch seine Zusammensetzung und Entwickelung gar manches mit anderen Ländern nicht vergleichbar; und darum kann es ausgesprochen werden, daß diese paradox klingende Maßregel sich über kurz oder lang zur unabweislichen Nothwendigkeit im Intereße der Erhaltung des Staates gestalten wird. Falls dies einmal geschieht und diese neu organisirte deutsche Partei die Majorität hat, müßten die Krone und Regierung trachten, in steter Fühlung mit ihr zu bleiben. Da der deutsche Stamm durch Jahrhunderte hindurch der herrschende war, die ganze Regierung und alle Würden und Ämter den deutschen Charakter an sich trugen, verabsäumten dieses Volk und seine Vertreter im Parlament, sich ihre Stellung zu sichern. Dadurch hörte jede Fühlung zwischen dem Hofe und der deutsch-liberalen Partei auf. Dazu gesellt sich noch der Umstand, daß den Deutschen eine national fühlende Aristokratie fehlt; während die anderen Nationen des Reiches an ihrer Spitze einen dem Hofe durch seine Position nahestehenden Adel haben, der zugleich an allen nationalen Tendenzen theilnimmt und unterstützend mitwirkt; nebstdem kennzeichnet die Parteien der jetzigen Majorität ein großes Geschick im Benehmen und berechnende Klugheit in den Beziehungen zu hohen Kreisen, Eigenschaften, die den Deutschen vollkommen fehlen. Wenn daher in den Angelegenheiten der Partei-Organisation und der Fühlung mit derselben den Deutschen etwas unter die Arme gegriffen würde, hätte man bald den Beweis, wie leicht es mit diesem Stamme zu regieren ist und welches Vertrauen dieselben einer echt österreichischen, volksfreundlichen Regierung entgegenbringen und wie geringe Schwierigkeiten sie ihr bereiten würden.

Die bisherigen Übelstände ergaben sich mehr aus der Methode, als aus der Sache.
Was die andere Partei, die jetzige Parlamentsmajorität betrifft, wäre es ein sehr geschicktes und von weittragendem Erfolg gekröntes Mittel, wenn es gelingen würde, alle Clerikalen und überhaupt reaktionären Elemente von den slavisch-Liberalen zu trennen; dann wäre endlich zu erhoffen, daß die Parteien im Parlamente sich nicht vom nationalen, sondern vom politischen Standpunkt aus bekämpfen; und als Sieg könnte man begrüßen die Gründung einer großen liberalen und einer conservativen Partei, die dann, wie überall in anderen Staaten, im parlamentarischen Wettkampf um die Herrschaft ringen würden.
Als ein weiteres Princip muß für jede Regierung in der dießseitigen Reichshälfte die Erhaltung des guten Einverständnißes mit Ungarn gelten. Ein Rütteln an diesem staatsrechtlichen Verhältniße wäre erstens uncorrect, da Ungarns gegenwärtige Stellung auf verbürgten Rechten ruht und zweitens unklug, da man nicht die Macht hat, da dauernd einen Conflict wirksam durchzuführen und mißglückte Versuche nur erfolglos die innere Ruhe stören.
Eine Änderung der jetzigen Zustände Österreichs wird über ein kurzes eintreten müßen und nicht bloß der inneren, in den früheren Abschnitten geschilderten Lage wegen, sondern auch in Anbetracht der allzusehr wachsenden Präponderanz Ungarns. Eine Fortsetzung der gegenwärtigen, die Machtstellung der diesseitigen Reichshälfte so sehr untergrabenden Verhältniße könnte von Ungarn zur Erlangung von noch größerer Selbstverständlichkeit und dadurch Gefährdung der Kraft des Gesammt-Reiches ausgenüzt werden.
Ungarn wird trachten, von dem Österreich in seinem jetzigen Zustande immer mehr sich loszuschälen und wird schließlich an den Grenzen seine Zollschranken errichten.

Gar manches könnte anders und beßer sein, doch der alte, gute Stern Österreichs und die richtige Politik im richtigen Augenblick, Vertrauen in sein Glück und seine Zukunft sind die sichersten Garantien für den Erfolg.

Rudolf

*Politischer Bericht:*

## Eine Unterredung mit Bismarck im Februar 1883

Das deutsch-österreichische Bündnis von 1879 war einer der Grundpfeiler der Bismarck-Politik. Um auch den Thronfolger von Österreich-Ungarn an diese Politik zu binden, führte der deutsche Reichskanzler schon früh politische Gespräche mit ihm. Der folgende Bericht Rudolfs behandelt das dritte dieser Gespräche, die Aufzeichnungen über die ersten beiden sind nicht erhalten.

Im Februar 1883 waren das Dreikaiserbündnis und der Ausbau des Zweibundes aktuell. Außenminister Kálnoky ebenso wie Erzherzog Albrecht versorgten den 24jährigen Kronprinzen mit langen politischen Exposés, damit der ansonsten von offizieller Seite kaum informierte Prinz der Diskussion gewachsen war. Im Gegensatz zu dem ausgesprochen deutschfreundlichen Kálnoky warnte Albrecht seinen Großneffen vor Bismarck und opponierte auch gegen Bismarcks Plan, den Zweibund zum Staatsgesetz zu machen. Man müsse bedenken, »daß in Österreich-Ungarn ... zwei Parlamente bestehen, welche oft verschiedene Interessen haben; daraus ergebe sich, daß es das deutsche Parlament und die Regierung Deutschlands wären, welche bei einer solchen Form der Allianz dominierten. Die Österreicher würden ganz gewiß zu Preußen zweiter Klasse herabsinken, denn die Erblande würden sehr bald unter die Souveränität Deutschlands kommen; dann wäre auch der Moment gegeben, wo der Wunsch vieler Ungarn nach einer direkten Personal-Union in Erfüllung gehen müßte. Was alsdann mit unserer alten Monarchie geschehen würde, das bedenke wohl! ... Du bist der Thronfolger und Dich gehen deshalb diese Dinge ganz besonders an. Sei daher sehr vorsichtig; es wäre am besten, wenn Du überhaupt Dich von der Angelegenheit fernhalten und nicht als Unterhändler nach Berlin gehen würdest [11]«.

Trotz seiner sonstigen Meinungsverschiedenheiten mit Erzherzog Albrecht beherzigte der Kronprinz die Ratschläge. Er blieb abwartend und zeigte Bismarck, daß er keineswegs in allem seiner Meinung war. Bismarck an den österreichischen Botschafter Széchenyi: »Wir waren nicht stets einerlei Meinung, doch wußte er seinen Standpunkt ganz vortrefflich zu vertreten[12]«.

Berlin, 1. März 1883

Am 28ten Februar nachmittags besuchte ich den Reichskanzler und fand ihn sehr verändert; er sieht übel aus, trägt einen Vollbart und kann infolge heftiger Schmerzen in den Beinen nur ganz langsam, auf einen Stock gestützt, gehen. Er empfing mich auf das zuvorkommendste, und nach einigen ganz gewöhnlichen Phrasen über seine Gesundheit, die hiesigen Feste etc. etc. kam er auf die Politik zu sprechen. Vor allem betonte der Fürst seine Freude über das Immer-kräftiger-Werden der österr.-deutschen Allianz und wie sehr dieselbe nicht nur in den Überzeugungen der beiden Kaiser und ihrer Staatsmänner, sondern auch in jenen der Bevölkerung beider Reiche und in deren Wunsche beruhe. Er meinte, der Friede und die Zukunft beider Staaten sei auf dieser Allianz begründet, welche die einzige Garantie gibt, wirksamen Widerstand gegen die auswärtigen Feinde und die im Inneren aller Länder so stark auftauchenden republikanischen Tendenzen leisten zu können.

Die Worte ziemlich scharf betonend, sprach er beiläufig folgendes: »Ich bin froh, daß wir wieder das Bündnis verlängert haben; ich bin alt und will dieses Werk über jeden Zweifel und jede Ankämpfung erhaben sehen; in diesem Bündnis liegt die Zukunft Europas; es muß für alle Zeiten vor allenfallsigem Unverstand oder vor jedwedem Zwischenfall gesichert sein; und wenn auch so für den Moment unser Verhältnis ein genügend festes ist, wird doch die Zukunft meinen Gedanken eines noch engeren Anschlusses verwirklichen müssen.« Nun folgte eine lange Auseinandersetzung der Allianz mit Gesetzeskraft, deren Lösung nur durch einen gemeinschaftlichen Beschluß beider Monarchen und beider Parlamente – bei uns nannte er die Delegationen – möglich sei. Er gebrauchte fast dieselben Worte, die ich über denselben Punkt schon in zwei Unterredungen zu hören bekam und schon zweimal nach Wien berichtet habe.

In derselben Weise kam er auf die engere handelspolitische Verbindung zu sprechen und betonte, dies sei ebenso nothwendig; doch sehe er ein, daß man damit nicht rasch fertig werden könne, und schloß mit den Worten: »Es ist ein Lieblingsgedanke von mir, auch in dieser Beziehung die beiden mitteleuropäischen Großmächte fest aneinander zu knüpfen.«

Dieser Gegenstand brachte Fürst Bismarck auf die innere Politik Österreich-Ungarns zu sprechen, und da entnahm ich seinen Reden die Ansicht, in Ungarn liege das Hindernis für den engeren Anschluß der beiden Reiche in jeder Beziehung; doch, fügte er hinzu, sind es eben die Magyaren, die immer die treuesten Anhänger sein sollten dieser Allianz, und darum ärgere er sich oft über die Taktlosigkeiten deutscher Professoren und Journale, die über die Unterdrückungen der Sachsen in Siebenbürgen und der Deutschen in Ungarn so viel jammern und auch dagegen hetzen; und doch sollten seine Landsleute im Reiche glücklich sein, wenn es gelingt, den magyarischen Stamm und den ungarischen Staat zu stärken, denn in ihm kann man nun einen sicheren Bundesgenossen sehen.

Über unsere Slawen sagte Bismarck, er hätte die Überzeugung, der gebildete und einsichtsvolle Theil derselben müsse in Erkenntnis der eigenen Interessen an dem österreichisch-deutschen Bündnis halten.

Die Deutschen in Österreich scheinen dem Reichskanzler in ihrer politischen Aufführung gar nicht zu gefallen. Er betonte, Österreich könne nur mit deutschem Einfluß, Bildung, Cultur und deutscher Sprache bestehen; darum ist es Aufgabe der Deutschen, den Staatsgedanken zu vertreten, sich absolut nothwendig zu zeigen, nützliche Arbeiter zu sein, die dem Kaiser helfen; nicht aber in »constitutionellen Spitzfindigkeiten, in Jammergeschrei und Opposition gegen den Kaiser sich zu gefallen«. Dies sind seine Worte, die ich mir wohl gemerkt habe. Die Deutschen fassen ihre Aufgabe gar nicht auf, schaden sich immer selbst und verfolgten die unklugste Politik; doch da es auf die Länge ohne diesen Stamm doch nicht geht, muß man trachten, sie zu erziehen. Daß dies leichter gesagt als getan ist, fügte er hinzu, wisse niemand besser als er selbst, denn sein Parlament verschaffe ihm auch kein besonderes Vergnügen. Nun reihten sich an diese Bemerkungen noch einige recht scharfe Worte über seine Gegner; speziell Eugen Richter kam dabei schlecht weg.

Auf ein anderes Thema übergehend, sagte mir der Reichskanzler, es sei der Wunsch seines Kaisers, eingedenk alter russischer Traditionen, die Spitze unseres Bündnisses nicht nur gegen Rußland zu kehren, sondern allgemeiner zu formulieren. Ihm, Fürst Bismarck, liege nicht viel daran, denn, wie er sich wörtlich ausdrückte, »sind Sie ja gegen Italien allein genug stark und wir auch gegen Frankreich, und wenn wir im Westen engagiert sind, dürften Sie im Osten zu Ihrem und unserem Schutze vollauf zu thun haben. Werden wir aber von allen Seiten zugleich angegriffen, so dürften wir in eine mehr defensive Rolle gedrängt werden; an unserer Westgrenze sind wir für einen Defensivkrieg vollkommen eingerichtet. Wenn auch die verbündeten Armeen sehr gut sind, so darf doch die Schwierigkeit unserer Situation keineswegs unterschätzt werden, England muß für uns freundlich gesinnt sein; ich trachte auch, dieses Land durch Höflichkeit zu gewinnen, ihnen zu schmeicheln, denn im richtigen Moment gibt nicht die Vernunft, sondern eine Abstimmung im Parlament die Entscheidung ab«.
Auch auf Italien kam Fürst Bismarck zu sprechen und meinte, man könne auf dessen Freundschaftsversicherungen nicht viel halten; wenn selbst der gute Wille vorhanden ist, so fehlt doch die Kraft, ihn auszuführen; und leicht kann es geschehen, daß der König gezwungen wird, zu wählen zwischen dem Platz an der Spitze einer Volksbewegung – doch auch da nur für kurze Zeit – oder dem treuen Festhalten an seinen Verpflichtungen uns gegenüber und dem offenen Widerstand gegen den Willen seiner Nation. Mit voller Beruhigung dürfte man doch nie, wenn gegen eine andere Seite Front gemacht wird, den unbedeckten Rücken Italien zu frei lassen. Immerhin ist es gut, im Frieden zu trachten, sie an uns zu schließen, vielleicht kann es doch von Nutzen sein.
Zum Schlusse kam Fürst Bismarck auch auf die Enthüllungen der »Kölnischen Zeitung« Ende 1882 zu sprechen und meinte, es sei eine große Baisse-Spekulation des Hauses Rothschild gewesen, die auch in Verbindung war mit einer Finanzoperation in Frankreich, die den Orléans hätte nützen sollen. Wie die Details über unser Bündnis in die Öffentlichkeit gelangen konnten, wäre bis jetzt nicht zu ermitteln gewesen. Im ganzen berührte er diese Angelegenheit

nur mit wenig Worten und sagte beim Abschied: »Das Eine ist sicher, unser Bündnis steht fest, und hierin sehe ich das größte Glück und werde immer daran arbeiten, es für alle Zukunft dauernd zu befestigen.«

In den weiteren Verhandlungen zwischen Außenminister Kálnoky und dem deutschen Botschafter Prinz Reuß ließ Bismarck seine Pläne zur Erweiterung des Bündnisses fallen. Am 22. März 1883 wurde ein Protokoll für die einfache Erneuerung des Vertrages unterzeichnet.

*Karikatur über Moriz Szeps nach seinem Krach mit dem »Neuen Wiener Tagblatt« und der Gründung des »Wiener Tagblatt« 1886.*

*Ungedruckter und gedruckter Zeitungsartikel:*

## a) Die Katholisierung Bosniens

Getreu seiner liberalen Überzeugung setzte sich der Kronprinz stets für die Gleichwertigkeit aller Religionen und Konfessionen ein. Er hielt die unbedingte Toleranz in Glaubensdingen für einen der Grundpfeiler für das Wohlergehen der Völker im Vielreligionenstaat Österreich-Ungarn. Mit diesen Ideen stand er im Gegensatz zur höfischen Politik, die, in diesem Fall angeführt von Erzherzog Albrecht und dem Bruder des Kaisers, Erzherzog Karl Ludwig, eine betont katholische Haltung einnahm. Das bedeutete, daß zum Beispiel die 1878 okkupierten Provinzen Bosnien und Herzegowina mit ihrem hohen Anteil an Griechisch-Orthodoxen und Mohammedanern das Ziel katholischer Missionen wurden.
Über dieses Thema gab es seit 1880 erbitterte schriftliche und mündliche Diskussionen vor allem zwischen Erzherzog Albrecht und dem Kronprinzen. Als alle Appelle Rudolfs, doch wenigstens die Griechisch-Orthodoxen bei ihrem Glauben zu lassen, nichts nützten, ging er zu Zeitungsartikeln über dieses Thema über. Rudolf an seinen Freund, den liberalen Journalisten Moriz Szeps, in einem chiffrierten Brief: »Es besteht ein geheimer Bund zur Katholisierung Bosniens. An der Spitze der jetzt oft genannte Herr [womit Erzherzog Albrecht gemeint war]. Für Pester Lloid könnten Sie Artikel schicken, den ich ihnen senden will. Aus P. L. könnten Sie in Ihr Blatt übernehmen.« (Wegen der milderen Pressegesetze in Ungarn ließ Szeps oft heikle Themen zuerst im Pester Lloyd drucken, die er dann zitieren konnte.) Szeps sah sich außerstande, diese Meldung zu bringen. Rudolf: »Schade, daß man diese kurze Notiz ... nicht in das Blatt aufnehmen kann. Doch begreife ich, daß bei der jetzt herrschenden Richtung und Art des Vorgehens gegen die Journale derlei etwas scharfe Dinge unzulässig sind[13].
Der Kronprinz schrieb nun einen längeren Artikel, dessen Manuskript erhalten ist:

Unsere trübe Zeit, die in allen Ländern anticulturelle, reactionäre Tendenzen entstehen lässt, zwingt uns hier in Oesterreich, speciell den clericalen Umtrieben besondere Aufmerksamkeit zu schenken. Wohl ist es bekannt, wie sehr sich cosmopolitische, besonders Rom, das katholische Deutschland und Oesterreich verbindende Vereine, geheime Bünde und dergleichen finsteres Zeug in unseren Tagen mehr rühren und mehr Einfluss und Herrschaft entwickeln, als seit langen Jahren es nicht mehr der Fall war. Ein Theil des Adels, Frauen aus verschiedenen Ständen, eine gewisse Anzahl Weltpriester und insbesondere die Jesuiten als der Generalstab dieser, die edelsten Bestrebungen der Cultur und Aufklärung bedrohenden Verbindung können wir nennen, doch wo und in welcher Art die Versammlungen abgehalten werden, wer zu diesen Vereinen gehört, wie weit die Macht derselben reicht, wie gross ihre Geldmittel sind und wo sich die eigentliche Centrale befindet, dies alles ist schwer zu sagen, denn eine besseren Zwecken würdige Disciplin herrscht in jenen Kreisen. Ohne diese Geheimbünde zu kennen, wissen wir, dass sie bestehen, wie ein Alp drücken sie auf uns, und die Folgen ihres Einflusses lernen wir nur zu gut kennen.

Kampf gegen die Volksaufklärung, Vernichtung der liberalen Schule, Untergrabung aller freiheitlichen Institutionen, Verläumdung, Einmischung in die Privat- und Familienverhältnisse und rücksichtsloses Handeln nach dem alten Dogma dieser Partei:

Der Zweck heiligt die Mittel;

das sind in kurzen Worten die Ziele und die Kampfweise einer für uns gefährlichen, weil ungemein schlauen und geschickten Verbindung. Wie wir hören, hat sich jetzt ein geheimer Bund gebildet zur Katholisierung Bosniens.

Abgesehen davon, daß es in keiner Weise den Grundsätzen des 19ten Jahrhunderts entspricht, einer Bevölkerung, und insbesondere einer christlichen, denn es handelt sich hier um die orthodoxen Griechen, anderen Glauben und andere Dogmen aufzudrängen, liegt auch in diesem Fall die specielle Gefahr vor, die geringen Fortschritte, die Oesterreich in der Eroberung der Herzen seiner neuesten Staatsbürger gemacht, ganz und für immer zu verlieren. Zwischen Katholiken und Griechen bestehen grosse Gegensätze, die niemals beglichen werden können, und nur eine confessionslose Regierung hat Aussicht, durch gleiche Milde und Toleranz für alle,

in jenen Ländern Erfolge zur erringen. Kein Staat Europas ist so gezwungen, diese Politik zu verfolgen als das aus verschiedenen Religionen und Nationen zusammengesetzte Oesterreich.
Wenn wieder die staatlichen Interessen mit jenen des Katholicismuses identificirt werden, wenn wir abermals in den altoesterreichischen Fehler verfallen, dann dürften unsere ohnehin nicht allzu großen Fortschritte in der Balkanhalbinsel ein für allemal vernichtet sein.
Die Jesuiten als Pionniere oesterreichischer Politik, die Ansichten und Launen einer römischen und katholisch deutschen Einflüssen unterworfenen Partei vertretend und verbreitend, werden uns unabsehbaren Schaden bereiten.
Der Verein, der schon besteht, soll unter der Leitung eines hohen Militairs, einiger Kirchenfürsten u. clericaler oesterreichischer Aristokraten seine Zwecke in geheimster Weise verfolgen.
Das interessante Factum sei noch erwähnt, dass active Militärs, wahrscheinlich nach dem Geist der Armee zu schliessen, nur ungemein wenige, diesem Geheimbund angehören – und doch ist es jedem Officier streng verboten, in was immer für einen Verein einzutreten –!
Der Zweck heiligt die Mittel!

Auch diesen Artikel mußte Szeps ablehnen. Rudolf: »Sehr schade, daß dieser bewußte Aufsatz in keinem Blatte Aufnahme finden kann; er hätte eine gute Wirkung; ich kenne ja genau die Kreise und Personen, für welche er berechnet ist, und da läßt sich bestimmt voraussagen, daß dieses Aufdecken ihrer geheimsten Aspirationen und Geheimbündeleien viel Effekt gemacht hätte; ich sehe ein, daß Sie in Pest unter den vorwaltenden Umständen nichts beginnen wollen und in Wien, da ist es absolut unmöglich; das muß selbst ich eingestehen[14].«
Nach langem Hin und Her erschien schließlich ein Artikel über dieses heikle Thema im »Neuen Wiener Tagblatt«. Freilich hatte Szeps Rudolfs Vorlage bis zur Unkenntlichkeit entschärft:

## b) Der stille Bund.

Original-Korrespondenz des »Neuen Wiener Tagblatt«

Ragusa, 21. März (1883)

In den kirchlichen Kreisen des Südostens unserer Monarchie gibt sich seit einiger Zeit eine eigenthümliche Bewegung kund, und zwar in dem römisch-katholischen sowohl, als in dem griechisch-orientalischen. In dem ersten sind große, frohe Erwartungen erwacht, in dem zweiten ist eine gewisse Depression fühlbar. Woher rührt diese Erscheinung, die von dem benachbarten *Bosnien* bis zu uns, in die Bischofssitze der beiden Riten ihre Schatten hinüberwirft, und was ist es, was namentlich in den katholisch-ultramontanen Kreisen jene Hoffnungsstimmungen erweckt?

Gehört das zu den klerikalen Umtrieben, wie sie sich in anderen Ländern manifestiren, zu diesen Umtrieben reaktionärer und antikultureller Art, welche die Signatur dieser trüben Zeit bilden? Steht das in Verbindung mit der kosmopolitischen Thätigkeit gewisser Vereine und Geheimbünde, die in unseren Tagen mehr Einfluß und Herrschsucht entwickeln, als das seit Jahren der Fall war, und die von Rom aus über Frankreich und Österreich hinweg ihr Netz bis nach dem katholischen Deutschland spannen? Oder ist das, was in Bosnien sich vorbereitet und geschieht, eine originale Erscheinung eigener Art und selbständiger Natur? Also gar nicht im Zusammenhange mit jenen Verbindungen und Bruderschaften, die aus adeligen Persönlichkeiten, Priestern und Frauen verschiedener Stände zusammengesetzt, von den Jesuiten als Generalstab geleitet werden, um den modernen Bestrebungen der Kultur und der Aufklärung bedrohend entgegen zu treten? Wohl sind die Namen vieler dieser Verbindungen und Bruderschaften bekannt, allein wer vermag zu sagen, wo sich die Zentrale derselben eigentlich befindet, in welcher Art die entscheidenden Versammlungen abgehalten werden, wie groß die Geldmittel sind, welche verwendet werden, und wie weit eigentlich die Macht derselben reicht, die man wie einen Alp fühlt, deren Wirkungen man empfindet, und die sich doch der genauen Beobachtung, dank der eisernen Disziplin, die in diesen Verbindungen herrscht, entziehen? Und wer vermag auch das Detail eines Programmes aufzuzeichnen, dessen *Grundzüge* doch so deutlich in dem Kampfe gegen die Volksaufklärung, gegen die liberale Schule, in der Untergrabung aller freiheitlichen Institutionen und in dem rücksichtslosen Handeln sich manifestiren, das bis in die Einmischung in Privat- und Familienverhältnisse sich erstreckt?

Doch wir haben nicht von französischen oder rheinisch-westphälichen Verhältnissen zu sprechen, sondern von der Bewegung in den kirchlichen Kreisen Südösterreichs. In der katholischen Minorität *Bosniens* und der *Herzegowina* herrscht jetzt eine große Regsamkeit, die sich nach Außen in der Anschaffung neuer Kirchenparamente, in dem schönen Aufputze von Altären und ähnlichen Dingen zeigt. Offenbar sind da *bedeutende Geldmittel* in Verwendung, die *planmäßig* gesammelt, *planmäßig* verwendet werden, also aus einer Organisation kommen müssen. Und diese Organisation kann keinen anderen Zweck verfolgen als die *Katholisierung* Bosniens. Zwischen Katholiken und Griechen bestehen im Oriente große Gegensätze, die aufzurühren bedenklich wären, und es wäre sonderbar, wenn man sich bestreben würde, einer *christlichen* Bevölkerung (es handelt sich ja da um orthodoxe Griechen) andere Dogmen und eine andere Liturgie aufzudrängen, auf die Gefahr hin, jene Eroberungen, die wir schon in den Herzen unserer neuesten Staatsbürger gemacht haben, wieder zu verlieren. Nur eine unbedingt liberale Verwaltung, die sich in die religiösen Zwistigkeiten Neu-Österreichs gar nicht einmischt, hat Aussicht, dort dauernde Erfolge zu erringen, und wahrlich, kein Staat Europas ist so sehr gezwungen, diese Politik unbedingter Toleranz zu verfolgen, als das aus verschiedenen Religionen und Nationen zusammengesetzte Österreich.

Existirt nun also eine solche Organisation zur Katholisierung Bosniens wirklich, wie verschiedene Anzeichen dafür sprechen? Soll man annehmen, daß wieder die staatlichen Interessen mit dem Fortschritte des Katholizismus identifiziert werden; daß wir auch auf der Balkanhalbinsel in den traditionellen Fehler der altösterreichischen Politik verfallen sollen, wodurch unsere ohnehin nicht allzu großen Fortschritte im Orient ganz in Frage gestellt werden wür-

den; daß Jesuiten wieder, wie dereinst, als Pioniere der Politik auftreten? Würde eine solche Organisation wirklich bestehen, ein derartiger Verein wirklich existieren, dann wären allerdings die bezeichneten Folgen zu befürchten. Es gibt Personen in dem südösterreichischen Klerus, welche thatsächlich behaupten, daß ein solcher stiller Bund zur Katholisirung Bosniens wirklich besteht, ja, die Behauptung geht sogar so weit, daß dieser stille Bund, dem Kirchenfürsten, hohe Aristokraten und Privatpersonen angehören, unter der Leitung eines hohen Militärs steht.
Die geistlichen Herren jedoch, die derartiges sagen, scheinen offenbar nicht zu wissen, daß aktive Militärs keinem wie immer gearteten stillen Bunde angehören können, und deshalb ist es gar nicht anzunehmen, daß Militärs an demselben theilnehmen, wenn das auch seitens von Kirchenfürsten, Aristokraten und Privatpersonen der Fall wäre. Der »stille Bund« ist ein stehendes Gespräch in den kirchlichen Kreisen Südösterreichs geworden und bis in die entferntesten Klöster der Franziskaner ist die Kunde von einem Unternehmen gedrungen, das diesen in Neu-Österreich einst so hochgeschätzten Patres schwere Kümmernisse zu bereiten scheint. Die Orthodoxen jedoch verschanzen sich hinter ihre dogmatischen Bollwerke, und die Zivilverwaltung Bosniens wird gut daran thun, diesen Erscheinungen die entsprechende Aufmerksamkeit zu widmen.

Über den Unterschied zwischen Rudolfs Manuskript und dem schließlich im »Neuen Wiener Tagblatt« erschienenen Artikel »Der stille Bund« schrieb Moriz Szeps an den Kronprinzen: »Das Original voller Kraft, Bestimmtheit und Entschiedenheit, die Kopie verschwommen, matt, unbestimmt. Der Staatsanwalt konnte die Kopie nicht konfiszieren mit ihren Dämmerlichtern, ihren Zaghaftigkeiten und Reserven, und so ist es auch geschehen.«
Einen wie großen Wert der Kronprinz und Szeps gerade auf diese weltanschaulichen Fragen legten (es war ja dieselbe Zeit, in der auch die liberalen Schulgesetze zugunsten der Katholiken und zum Schaden der Nichtkatholiken geändert wurden), ersieht man aus dem Brief, den Szeps wenig später aus Venedig an den Kronprinzen schrieb: »Verschiedene Journale haben ... den ›stillen Bund‹ übernommen. Und es ist wahrscheinlich, dass die Linke die Angelegenheit in den Delegationen zur Sprache bringen wird. Bis dahin ist es allerdings noch recht lange. Ich werde aber für die Auffrischung

schon sorgen. Und vielleicht sogar von Venedig aus, denn ich bekomme vergleichsweise hier Daten über die katholisch-jesuitische Propaganda im Orient, und das wird der willkommene Anlaß zu einem ›Nachguß‹ sein[32]«. Dieser »Nachguß« erschien zwei Monate später (17.5.1883) unter dem Titel »Der Hilfsverein für Bosnien«.

Pränumerationspreise:
Für Wien.
Morgen- und Abendblatt in unserer Expedition, I., Schulerstraße 17 abzuholen.
Monatlich . . . . . 1 fl. 50 kr.
Vierteljährig . . . . 4 fl. 30 kr.
Mit täglich einmaliger Zustellung in's Haus:
Monatlich . . . . . 1 fl. 60 kr.
Vierteljährig . . . . 4 fl. 60 kr.
Mit täglich zweimaliger Zustellung in's Haus:
Monatlich . . . . . 1 fl. 75 kr.
Vierteljährig . . . . 5 fl. — kr.
Einzelne Exemplare in Wien:
Morgenblatt . . . . . . . . 4 kr.
Abendblatt . . . . . . . . . 2 kr.
Redaktion:
I., Stehrerhof Nr. 3, 1. Stock, (Eingang Rothenthurmstraße).
Expedition, Administration, Inseraten-Bureau:
I., Schulerstraße Nr. 17.
Manuskripte werden nicht zurückgestellt.

# Neues Wiener Tagblatt.

Demokratisches Organ.

Nr. 223. Mittwoch, den 15. August 1883.

## Der Jubilar vom Hradschin.

In der fromm-düstern, mystisch-grauen, alten Landeshauptstadt Böhmens, am hochragenden Hradschin, feiert heute der älteste Kardinal der katholischen Kirche sein fünfzigjähriges Priesterjubiläum . . . . .

Haben wir von unserem Standpunkte aus einen Grund, an diesem Tage mit besonders warmen Sympathien eines Mannes zu gedenken, dessen Namen für den Fortschritt, dessen Namen für die großösterreichische Idee keinen goldenen Klang hat?

Kardinal Fürst Schwarzenberg erklomm, dank seiner aristokratischen Abstammung, gar rasch die höchsten Stufen der hierarchischen Würden und kam bald auf Posten, auf denen kluge und wahrhaft wohlwollende Priester manchen guten Dienst dem Staate leisten können. Aber, neben dem alten, staatsstrengen Rauscher und dem treuen und edlen großösterreichischen Kirchenfürsten Kutschker spielte Schwarzenberg eine wesentlich andere Rolle. Und trotzdem wird man an ihn in der Zukunft wohl öfter denken, als an jene beiden Männer, denn Einflüsse von dieser Art, wie Kardinal Schwarzenberg ausübte, pflegen dauerndere Wirkungen auszuüben, als jene Einflüsse, wie sie von den genannten beiden Kirchenfürsten ausgingen.

Die hochragende Gestalt, die feinen Züge, das noble, abgemessene Benehmen, die wohlklingende Stimme und die langsame und stets bedachte Redeweise haben dem Fürsterzbischof von Prag den Ruf eines bedeutenden, ja überlegenen Mannes verschafft. Auf dem ruhigen Posten von Salzburg hätte Kardinal Fürst Schwarzenberg, der dieses Gebirgsland als großer Natur- und besonders Alpenfreund, sehr liebte, in stillnützlicher Weise wirken können: Prag aber, welches mit nationalen Streitigkeiten einer großen klerikalen Partei und jener finsteren, aus der Hussitenzeit stammenden religiösen Richtung des niederen Klerus einen großösterreichischen, friedliebenden und dabei doch konsequent vorgehenden Kirchenfürsten brauchte, war ein gar schwieriges Feld für einen Mann von der Begabung und von den Ansichten, wie sie eben dem Kardinal Schwarzenberg eigen sind.

In Prag kam er denn auch bald in eine eigenthümliche Richtung; oft czechenfreundlich, ohne slavisch zu fühlen, unterstützte er, gewiß mehr unbewußt, die Tendenzen jener Priester, welche die katholische Kirche in Böhmen slavisiren wollen. Er kam dadurch mit seinen sonst streng papalen Ueberzeugungen in Widerspruch. Von den Folgen dieser Strömung erschreckt, kehrte er dann wieder seine streng klerikalen und nach Rom gravitirenden Anschauungen hervor. Und dieses Verhältniß erklärt auch die Abschwächung des Geistes der Disziplin, erklärt auch die scharf prononcirten kirchlichen und politischen Parteibildungen innerhalb des unteren Klerus seiner Diözese.

Nur in zwei Richtungen blieb Kardinal Schwarzenberg sich immer gleich: in seiner feudal-föderalistischen Gesinnung und in seiner Gegnerschaft gegen die bedeutenden österreichischen Kirchenfürsten, wie Rauscher und Kutschker. In den großen politischen Fragen fand man ihn immer an der Spitze der kampflustigen Bischöfe, fand man ihn immer in dem Lager, wo Rauscher und Kutschker nicht standen. Die Macht des konstitutionellen Staates, die moderne Schule, liberale Gesinnung und Fortschritt in Bildung, Wissenschaft und Gesetzgebung sind ihm niemals homogen gewesen. Aus seinem politischen Wirken, aus seinen Reden im Herrenhause ist diese seine Richtung zur Genüge bekannt.

Und noch ein Punkt ist es, in welchem Kardinal Schwarzenberg immer beständig und konsequent geblieben ist. Es ist das seine aristokratische Gesinnung. Die „angeboren ererbte Noblesse" des böhmischen Hochadels, sie sitzt auch ihm tief im Blute, und seine Untergebenen, selbst seine kirchlichen Kollegen können viel darüber erzählen. Man darf es wohl sagen, daß er solche Anschauungen in der sogenannten „Welt" von Prag nicht blos zu erhalten, sondern auch wo-

möglich zu verstärken vers
wandtschaftliche Bande mi
Adelsgeschlechtern in Berl
Aristokratie um sich zu s
intimste Rathgeber in al
heiten, beeinflußte er in
Erziehung der heranwachsen
gend und wurde er ein best
und Ordner in einer Men
innerhalb der böhmischen
Allerdings fand der Kardi
Gebiete an den Jesuite
schickte Rivalen, und dahe
auch die interessante Tha
diesen Orden mit eifersü
achtet. Indessen, die Stell
Fürsten Schwarzenber
seiner Aristokratie, eine wei
ist sein Einfluß auf die g
des dortigen Adels ein ho
Aber dieser Einfluß, er 
jetzt heranwachsende Gener
und es ist unmöglich, vora
flikte daraus entstehen kön
Zusammenstoß zwischen den
Jahrhunderte und denen de
einmal erfolgt.

Am Abende seines L
Kirchenfürst nach vielen,
Tagen, in denen der Lib
und Festigung gewann, sein
gehen. Die reaktionäre,
Strömung ist nicht blos i
ist in ganz Mitteleuropa
kommen, und in Oesterreich
immer mehr die föderalistisch
adel, insbesondere der böh
maßgebender Faktor der Po
blickt der Kardinal in seinem
wenigen Jahren noch fi
worden sind und die he
dauernde, ja als unerschütter

*Ungedruckter und gedruckter Zeitungsartikel zum 50. Priesterjubiläum des Kardinals Fürst Schwarzenberg:*

## Der Jubilar vom Hradschin

Rudolfs Antipathie gegen den Adel verstärkte sich während seines Aufenthaltes in Prag bis zu offenen Streitigkeiten. Mehrmals informierte der Kronprinz seinen Freund Szeps über Skandale in der böhmischen Aristokratie mit der Bitte, dies doch in das »Neue Wiener Tagblatt« aufzunehmen.

In Friedrich Fürst Schwarzenberg, dem Kardinalerzbischof von Prag, sah der Kronprinz seinen Hauptfeind. Schwarzenberg war es gewesen, der 1880 gegen den »verderblichen« Umgang des Kronprinzen mit dem »Freimaurer« Alfred Brehm protestiert und beim Kaiser bewirkt hatte, jedes neuerliche Treffen der beiden Freunde zu verhindern. Schwarzenberg hatte den Kronprinzen auch mehrere Male wegen zu spärlicher Kirchenbesuche gerügt. Neben diesen persönlichen Gründen gab es aber auch allgemein politische Gründe. Denn der Kardinal war einer der führenden feudal-katholischen Politiker, die gegen die liberalen Schulgesetze und andere Gesetze aus der liberalen Zeit opponierten. Der böhmische Adel nahm geschlossen Partei für den Kardinal in seinen Differenzen mit dem jungen Kronprinzen.

Szeps konnte Rudolfs Manuskript selbstverständlich nur nach erheblichen Milderungen drucken – schließlich war es aus Anlaß des fünfzigjährigen Priesterjubiläums des Kardinals geschrieben[15]:

*Original*

In der fromm-düsteren, mystisch-grauen alten Landeshauptstadt, am hochragenden Hradšin feiert heute der älteste Kardinal der katholischen Kirche sein 50jähriges Priesterjubiläum.

Wir von unserem Standpunkte aus haben keinen Grund, an diesem Tage mit besonderen Sympathien eines Mannes zu gedenken, dessen Namen für Fortschritt, Cultur und Grossoesterreicherthum eben keinen guten Klang hat.

Kardinal Fürst Schwarzenberg erklomm dank seiner aristokratischen Abstammung gar rasch die höchsten Stufen der hierarchischen Würden und kam bald auf Posten, an denen wahrhaft kluge Priester manch guten Dienst dem Staate hätten leisten können. Dies aber unterliess er stets. Neben dem alten Josefiner Rauscher und dem tüchtigen Gross-Oesterreicher und edlen patriotischen Kirchenfürsten Kutschker spielte Schwarzenberg eine weniger erfreuliche Rolle; und trotzdem wird man in der Zukunft öfter an ihn als an jene edlen Männer denken müssen, denn schädliche Einflüsse sind dauernder als gute.

Die hochragende Gestalt, die feinen Züge des Gesichtes, das vornehm abgemessene Benehmen, die wohlklingende Stimme und die langsame, aber stets bedachte Redeweise verschafften dem Fürsterzbischof von Prag den Ruf eines gescheidten, bedeutenden Mannes. Und eben dies ist er nicht. Charakterschwäche, Unklarheit und Nichterkennen seiner Ziele sind seine größten Fehler.

An dem ruhigen Posten von Salzburg hätte Schwarzenberg, der dies Gebirgsland als grosser Natur- und besonders Alpenfreund sehr liebte, gut gewirkt; Prag aber, welches mit nationalen Streitigkeiten, einer grossen clericalen Partei und jene finsteren, aus der Hussitenzeit stammenden Richtung des niederen Clerus einen gross-

*»Neues Wiener Tagblatt« 15.8.1883*

In der fromm-düstern, mystisch-grauen, alten Landeshauptstadt Böhmens, am hochragenden Hradschin, feiert heute der älteste Kardinal der katholischen Kirche sein fünfzigjähriges Priesterjubiläum ...

Haben wir von unserem Standpunkte aus einen Grund, an diesem Tage mit besonders warmen Sympathien eines Mannes zu gedenken, dessen Namen für den Fortschritt, dessen Namen für die großösterreichische Idee keinen goldenen Klang hat?

Kardinal Fürst Schwarzenberg erklomm, dank seiner aristokratischen Abstammung, gar rasch die höchsten Stufen der hierarchischen Würden und kam bald auf Posten, auf denen kluge und wahrhaft wohlwollende Priester manchen guten Dienst dem Staate leisten können. Aber, neben dem alten, staatsstrengen Rauscher und dem treuen und edlen großösterreichischen Kirchenfürsten Kutschker spielte Schwarzenberg eine wesentlich andere Rolle. Und trotzdem wird man an ihn in der Zukunft wohl öfter denken, als an jene beiden Männer, denn Einflüsse von dieser Art, wie Kardinal Schwarzenberg ausübte, pflegen dauerndere Wirkungen auszuüben, als jene Einflüsse, wie sie von den genannten beiden Kirchenfürsten ausgingen.

Die hochragende Gestalt, die feinen Züge, das noble, abgemessene Benehmen, die wohlklingende Stimme und die langsame und stets bedachte Redeweise haben dem Fürsterzbischof von Prag den Ruf eines bedeutenden, ja überlegenen Mannes verschafft.

Auf dem ruhigen Posten von Salzburg hätte Kardinal Fürst Schwarzenberg, der dieses Gebirgsland als großer Natur- und besonders Alpenfreund, sehr liebte, in stillnützlicher Weise wirken können; Prag aber, welches mit nationalen Streitigkeiten einer großen klerikalen Partei und jener finsteren, aus der Hussitenzeit stammenden oesterreichisch denkenden, dem Staate nützlichen, friedenliebenden Kirchenfürst brauchte, war keineswegs der Platz für den schwankenden, unsicheren Kardinal Schwarzenberg.

Hier gelangte er auch bald in eine eigenthümliche Richtung; oft čechenfreundlich, ohne slavisch zu fühlen, unterstützte er mehr unbewusst die Richtung jener Priester, welche die böhmische Kirche slavisiren wollen, und kam dadurch mit seinen sonst papalen Überzeugungen in Widerspruch; nun häufig vor den Folgen dieser Richtung erschreckend, kehrte er wieder die streng clericalen, nur nach Rom gravitirenden Anschauungen hervor; dies erklärt auch den Mangel an Disciplin und die politischen Parteibildungen im unteren Klerus seiner Diecöse.

Nur in zwei Richtungen blieb sich Schwarzenberg immer gleich; den grossen Staatsgedanken erstens wusste er niemals zu schätzen; feudal-foederalistisch war er stets gesinnt, und in den grossen politischen Fragen stand er immer auf Seite der kampflustigen Bischöfe, und die klugen, oesterreichisch denkenden Kirchenfürsten, wie es ein Rauscher und ein Kutschker waren, zählten zu seinen Gegnern. Die Macht des constitutionellen Staates, die moderne Schule, liberale Gesinnung und Fortschritt in Bildung, Wissenschaft und Gesetzgebung sind ihm niemals homogen gewesen. Aus seinem Wirken im Herrenhause ist uns diese seine Richtung schon lange zur Genüge bekannt.

Der zweite Punkt, in dem wir bei ihm eiserne Consequenz finden, ist sein aristokratischer Stolz. Er ist vor allem Aristokrat, dann erst Priester, und seine Untergebenen, selbst seine kirchlichen Collegen können darüber viel erzählen.

religiösen Richtung des niederen Klerus einen großösterreichischen, friedliebenden und dabei doch konsequent vorgehenden Kirchenfürsten brauchte, war ein gar schwieriges Feld für einen Mann von der Begabung und von den Ansichten, wie sie eben dem Kardinal Schwarzenberg eigen sind.

In Prag kam er denn auch bald in eine eigenthümliche Richtung; oft czechenfreundlich, ohne slavisch zu fühlen, unterstützte er, gewiß mehr unbewußt, die Tendenzen jener Priester, welche die katholische Kirche in Böhmen slavisiren wollen. Er kam dadurch mit seinen sonst streng papalen Ueberzeugungen in Widerspruch. Von den Folgen dieser Strömung erschreckt, kehrte er dann wieder seine streng klerikalen und nach Rom gravitirenden Anschauungen hervor. Und dieses Verhältniß erklärt auch die Abschwächung des Geistes der Disziplin, erklärt auch die scharf prononcirten kirchlichen und politischen Parteibildungen innerhalb des unteren Klerus seiner Diözese.

Nur in zwei Richtungen blieb Kardinal Schwarzenberg sich immer gleich: in seiner feudal-föderalistischen Gesinnung und in seiner Gegnerschaft gegen die bedeutenden österreichischen Kirchenfürsten, wie Rauscher und Kutschker. In den großen politischen Fragen fand man ihn immer an der Spitze der kampflustigen Bischöfe, fand man ihn immer in dem Lager, wo Rauscher und Kutschker nicht standen. Die Macht des konstitutionellen Staates, die moderne Schule, liberale Gesinnung und Fortschritt in Bildung, Wissenschaft und Gesetzgebung sind ihm niemals homogen gewesen. Aus seinem politischen Wirken, aus seinen Reden im Herrenhause ist diese seine Richtung zur Genüge bekannt.

Und noch ein Punkt ist es, in welchem Kardinal Schwarzenberg immer beständig und konsequent geblieben ist. Es ist das seine aristokratische Gesinnung.

*Original*

Der volle, lächerliche Dünkel, das sich für etwas besseres halten, die »angeborene und ererbte« Noblesse des böhmischen Adels steckt auch vollends in seinen Gliedern. Diese Anschauungen wusste er in der sogenannten Welt von Prag noch zu vergrössern und anzufachen. Durch verwandtschaftliche Bande mit den meisten Häusern in Verbindung, verstand er es, den Adel um sich zu schaaren, bei allen Familienereignissen die Hand im Spiele zu haben, die Erziehung der Jugend zu beeinflussen, und sich in alle Privatangelegenheiten zu mengen.

In diesen Dingen findet er an den Jesuiten Rivalen, und daher kann man sich die merkwürdige Thatsache erklären, dass er diesen Orden nicht nur nicht liebt, sondern mit eifersüchtigen Gefühlen beobachtet.

Die böhmische Aristokratie hat der Kardinal um sich geschaart, und an den für das 19te Jahrhundert unmöglichen Ansichten der blaublütigen Jugend, an den Unglücken, denen sie ebendeshalb unfehlbar entgegengehen müssen und sollen, wird er viel Schuld zu tragen haben.

Am Abend seines Lebens sieht der greise Kirchenfürst nach vielen für ihn bösen, für uns guten Zeiten seine Wünsche in Erfüllung gehen. Eine reaktionäre, föderalistische, clericale, feudale Strömung herrscht in Oesterreich, und der Hochadel, insbesondere der böhmische ist ein massgebender Factor der Politik geworden.

*Neues Wiener Tagblatt*

Die »angeboren ererbte Noblesse« des böhmischen Hochadels, sie sitzt auch ihm tief im Blute, und seine Untergebenen, selbst seine kirchlichen Kollegen können viel darüber erzählen. Man darf es wohl sagen, daß er solche Anschauungen in der sogenannten »Welt« von Prag nicht blos zu erhalten, sondern auch womöglich zu verstärken verstanden hat. Durch verwandtschaftliche Bande mit den meisten großen Adelsgeschlechtern in Verbindung, wußte er die Aristokratie um sich zu schaaren, wurde er der intimste Rathgeber in allen Familienangelegenheiten, beeinflußte er in maßgebender Weise die Erziehung der heranwachsenden aristokratischen Jugend und wurde er ein bestimmender Schiedsrichter und Ordner in einer Menge von Fragen, welche innerhalb der böhmischen Aristokratie auftauchten.

Allerdings fand der Kardinal gerade auf diesem Gebiete an den Jesuiten einflußreiche und geschickte Rivalen, und daher mag sich denn wohl auch die interessante Thatsache erklären, daß er diesen Orden mit eifersüchtigen Gefühlen beobachtet. Indessen, die Stellung des Kardinals und Fürsten Schwarzenberg ist in Böhmen, in seiner Aristokratie, eine weitaus überlegene, und so ist sein Einfluß auf die gegenwärtige Generation des dortigen Adels ein hochbedeutsamer geworden. Aber dieser Einfluß, er wird sich noch über die jetzt heranwachsende Generation hinaus erstrecken, und es ist unmöglich, vorauszusehen, welche Konflikte daraus entstehen könnten, wenn ein harter Zusammenstoß zwischen den Prinzipien vergangener Jahrhunderte und denen der modernen Zeit wieder einmal erfolgt.

Am Abende seines Lebens sieht der greise Kirchenfürst nach vielen, vielen kummervollen Tagen, in denen der Liberalismus Ausbreitung und Festigung gewann, seine Wünsche in Erfüllung gehen. Die reaktionäre, klerikale und feudale Strömung ist nicht blos in Oesterreich allein, sie ist in ganz Mitteleuropa zum Durchbruche gekommen, und in Oesterreich akzentuirt sich außerdem immer mehr die föderalistische Richtung. Der Hochadel, insbesondere der

Ein Strom lässt sich stauen, zurückdrängen aber nicht; andere Zeiten, andere Männer werden kommen, und schweren Enttäuschungen geht der alte Kardinal entgegen.

So sehr wir wünschen, dass so bald als möglich unsere Anschauungen in Oesterreich zum vollen Durchbruch kommen, wollen wir doch heute diese Zeilen nicht mit bitteren Worten schliessen. Möge es dem greisen Jubilar beschieden sein, noch aus der seinen Überzeugungen entsprechenden Epoche friedlich in eine bessere Welt zu scheiden.

böhmische, ist wieder ein maßgebender Faktor der Politik geworden. So erblickt der Kardinal in seinem Alter Erfolge, die vor wenigen Jahren noch für unmöglich erachtet worden sind und die heute von Vielen als dauernde, ja als unerschütterliche angesehen werden. Und unter den vielen Dingen, die am heutigen Tage sein Herz rühren, wird ihn das Bewußtsein dieser Erfolge gewiß am meisten mit Freude erfüllen.

Doch der Strom der Zeit läßt sich wohl stauen, zurückdrängen aber nicht …

Wir wollen diese Betrachtungen, die sich an eine überaus seltene Jubelfeier knüpfen, nicht mit einem bitteren Worte schließen. Möge es also dem greisen Jubilar beschieden sein, noch recht lange in einer anderen Epoche zu wirken; möge es ihm beschieden sein, noch eine andere, der heutigen entgegengesetzte Wendung zu erleben; möge es ihm noch beschieden sein, seine hohe Würde und Stellung viele Jahre lang in einer wahrhaft liberalen Epoche zu genießen.

1895 Aug. 15

1.

‹Ernste Zeiten sind über ~~uns~~ Europa hereingebrochen, und speciell auf Oesterreich-Ungarn lagern düstere Schatten, die kaum so bald wieder verschwinden dürften.

Das Regime des Graf Taaffe wurde so oft besprochen, dessen unselige Folgen in unzähligen gesprochenen und geschriebenen Worten geschildert, dass es uns heute nicht am Platze scheint auf detaillirte Schilderungen zurückzukommen.

Einen ~~grossen~~ Blick wollen wir zurückwerfen auf die Vergangenheit um uns jene Thatsachen zu erklären, ~~die kaum ka~~ [zeitig] die zwingende Ursache bieten. In den jüngst abgehaltenen Ministerconferenzen, zwischen den Regierungsvertretern beider Reichshälften. Ungarn hat zum ersten male die ~~zwingende~~ [dringende] Notwendigkeit gefühlt ~~über die~~ seinen Slaven genaue Aufmerksamkeit zu schenken. Die Schilderstürmer von Agram, man betrachte die Sache, wie man wolle, sind die unselige Folge einer Politik und einer Richtung, die ihren Ursprung direkt in Wien, ~~gefunden~~, das heisst in hiesigen massgebenden Kreisen gefunden hat.› -

5a /.

Korresp. [illegible] – 15

*Zeitungsartikel zur Nationalitätenpolitik in Ungarn:*

## Alte Ursachen – neue Folgen

Im Sommer 1883 wurde Ungarn von Krisen geschüttelt. Im Schildersturm von Agram machte sich der Unmut der Kroaten gegen den magyarischen Nationalismus Luft. Immer aggressiver forderten die Kroaten mehr nationale Rechte und meldeten auch wieder ihren alten Anspruch auf ein Königreich Kroatien und eine Loslösung von Ungarn an. Der ungarische Ministerpräsident Graf Koloman Tisza brach seinen Urlaub in Ostende ab. In Wien tagten Ministerkonferenzen beider Reichshälften. Moriz Szeps schickte seinen engsten Mitarbeiter Berthold Frischauer nach Agram, weil ihm die Situation von »wilder Räthselhaftigkeit« war.

Am 24. August 1883 schrieb der Kronprinz an Moriz Szeps[16]: »Ich habe für Sie einen Aufsatz verfaßt, den ich Ihnen gern selbst übergeben möchte oder doch mit Ihnen durchzuberaten für notwendig halte. Der Schildersturm in Agram und die Ministerkonferenzen in Wien gaben mir die Veranlassung dazu; es ist ein Rückblick auf frühere Zeiten und ich trachte die jetzige verworrene Situation, so gut dies erlaubt ist, zu erklären aus all dem, was vorangegangen ist.«

Das Manuskript dieses Artikels ist erhalten:

Ernste Zeiten sind über Europa hereingebrochen, und speciell auf Oesterreich-Ungarn lagern düstere Schatten, die kaum so bald wieder verschwinden dürften.

Das Regime des Graf Taaffe wurde so oft besprochen, dessen unselige Folgen in unzähligen gesprochenen und geschriebenen Worten geschildert, dass es uns heute nicht am Platze scheint, auf detaillirte Schilderungen zurückzukommen. Einen Blick wollen wir zurückwerfen auf die Vergangenheit, um uns jene Tatsachen zu erklären, welche die zwingende Ursache bildeten zu den jüngst abgehaltenen Ministerconferenzen zwischen den Regierungsvertretern beider Reichshälften. Ungarn hat zum erstenmale die dringende

Notwendigkeit gefühlt, seinen Slaven genaue Aufmerksamkeit zu schenken. Die Schilderstürmer von Agram, man betrachte die Sache, wie man will, sind die unselige Folge einer Politik und einer Richtung, die ihren Ursprung direkt in Wien, das heißt in hiesigen maßgebenden Kreisen, gefunden hat.

Im Jahre 1875 war es, das Ministerium Auersperg saß noch fest im Sattel, als eine Partei, die gar hohe, maßgebende Persönlichkeiten aufzeigen konnte, angetrieben durch die Bitten und Lockrufe des damaligen Statthalters Baron Rodich, die Kaiserreise nach Dalmatien in Szene setzte. Durch diese Reise wurde dem Kabinet Auersperg und der politischen Richtung des Grafen Andrássy der erste Todesstoß versetzt. Gar lange schon hatte sich eine slavenfreundliche Strömung in maßgebenden Kreisen herangebildet. Slaventum und konservative Gesinnung hielt man stets für identische Begriffe, und diese im Grunde ganz falsche Auffasung datiert seit den Zeiten der russischen Invasion in Ungarn und der Jelačić-Epoche im Jahre 1848 und wurde immer frisch genährt durch die im Geheimen gebilligte Abstinenzpolitik der böhmischen Feudalherren und ihrer ganzen Partei. Das Kabinet Auersperg war, so lange es sich auch hielt, niemals in maßgebenden Kreisen recht beliebt, und während seines Bestandes bildete sich eine gar mächtige, größtenteils militärische Partei, die das Ministerium im Geheimen bekämpfte und zugleich auch die Politik des Grafen Andrássy wirksam genug anzufechten suchte.

Der Verlauf der Kaiserreise in Dalmatien ist genugsam bekannt; sie gestaltete sich zu einem Triumphzug durch slavische Lande und der Empfang von Deputationen aus der Herzegowina lieferte den Zündstoff zu Aufständen in dieser unter türkischem Joche schmachtenden Provinz.

Oesterreich hat damals die orientalische Frage ins Rollen gebracht. An die Revolution in der Herzegowina und in Bosnien reihten sich der serbische und montenegrinische Krieg, und Oesterreich, das jenen großen Brand durch die Macht geheimer Politik, nicht mit Wissen und Willen seiner offiziellen Staatsmänner, angelegt hatte, zog sich nun, durch inneren Zwiespalt zerklüftet, aus der Aktion, und Rußland nahm die Führerrolle auf, und so kam es endlich zum rus-

sisch-türkischen Krieg. Durch den Berliner Vertrag erhielten wir eine kleine Aufgabe auf der Balkan-Halbinsel, und Bosnien und die Herzegowina durften wir uns blutig erringen.
Damals, während der großen Umwälzungen im Oriente, kam so vollkommen deutlich der Gegensatz zwischen unserer geheimen slavenfreundlichen, und der offiziellen, auf dem Dualismus beruhenden österreichisch-ungarischen Politik zum Vorschein. Eine private Herzens- und Sympathie-Politik hatte den Sturm auf der Balkan-Halbinsel entfesselt; doch dann, als er tobte, sich an die Spitze zu stellen und das große Werk ohne, oder wenigstens mit Rußland durchzuführen, das konnte und durfte man nicht. Das uns feindlich gesinnte Zarenreich an dem für Österreich so schädlichen Kriege zu verhindern und das russische Heer nach der ersten verlorenen Schlacht zu einem schimpflichen Rückzuge zu zwingen, dies erlaubte man dem Grafen Andrássy nicht, das verhinderte die slavenfreundliche geheime Herzenspolitik.
Dieser Zwiespalt ragt bis in die Gegenwart in unsere Orientpolitik hinein und ist heute wie damals die Ursache, daß wir noch immer vor einer großen, ungelösten, blutigen Frage stehen, die einmal ausgetragen werden muß, die wir selbst heraufbeschworen, die wir selbst immer mehr verwickelt haben.
Das Ministerium Auersperg war unmöglich geworden, und an dessen Stelle trat die heute noch herrschende Richtung. Slavische Politik im Innern, Dezentralisation, föderalistische Umwälzungen und Auflösung der Reichsmacht in lose verbundene Königreiche und Länder. Die Slaven können ihre konservative, von so maßgebenden Kreisen lange ersehnte korrekte Politik unbeschränkt produziren! Die Polen bildeten sich, in Erwartung der Wiedergeburt ihres Königreiches, ein selbständiges Galizien; die Czechen verstanden es auch, die günstige Gelegenheit reichlich auszunützen, und selbst die Slovenen haben in der Erschaffung ihrer Nationalität gar Großes geleistet. Nur den eigentlichen Südslaven, kroatisch-serbischen Stammes, ist es innerhalb der Grenzen der österreichisch-ungarischen Monarchie nicht allzugut gegangen. In Dalmatien hält ein General die Zügel angespannt, so zwar, daß das Wiener Kabinett ihm über seine zentralistischen Gelüste eine Rüge ertheilen mußte.

Die neuen Länder, Bosnien und Herzegowina, sind in gar mancher Beziehung in militärischer Disziplin und von einem gemeinsamen Minister direkt abhängig, daher auch zentralistischer gehalten, als andere Provinzen. Und gar Kroatien und Slavonien, sie schmachten unter ungarischem Joche, und das Budapester Kabinett hat bis jetzt keinen großen Sinn gezeigt für Begünstigung slavischer Großmachtsträume.
Ja, das ist hart für diese armen Südslaven. Von Dalmatien aus ging der Sturm im Jahre 1875 los; was für Hoffnungen wurden damals erweckt, was für schöne Bilder alter Macht und alter Einigkeit umgaukelten damals die Phantasie der südslavischen Österreicher? Und Kroatien wie die alte Militärgrenze, haben sie nicht im Jahre 1848 einen Jellačić geliefert, der mit seinen Heldenschaaren Österreich gerettet zu haben wähnte? Das dreieinige Königreich und wo möglich dazu noch Bosnien und die Herzegowina, das sollte der Lohn sein. Und statt dessen ungarische Herrschaft, die, das geben wir zu, nicht ganz jener des Grafen Taaffe ähnelt. Über der Grenze drüben, da geht es den Czechen und Polen so herrlich gut, sie regieren Oesterreich und thun, was ihnen beliebt, und selbst die Slovenen, wie konnten sie sich aus ganzem Herzen bei der letzten Kaiserreise als große slovenische Nation geben und fühlen! Das sind Unterschiede, die man in Wien unmöglich gut heißen kann, und eingedenk der nicht offiziellen, geheimen Herzenspolitik, welche unsere Slaven in Tagen, in denen sie offiziell nicht gut behandelt wurden, durchzufühlen und aufzufinden gelernt hatten, rissen die braven Agramer jetzt in aller Treue, »Zivio!« dem Kaiser rufend, das Wappen des Königs von Ungarn herab. Und doch ist es nur Eine Monarchen-Person. Das sind Unerklärlichkeiten, die nur Oesterreich kennt.
Vollkommene Loslösung Kroatiens und Slavoniens von Ungarn und Bildung des langersehnten dreieinigen Königreiches, dazu wird man sich entschließen müssen, falls das jetzige Regime in Zisleithanien am Ruder bleibt. Will aber Ungarn sich zu einem die Macht unserer Slaven so sehr verstärkenden Schritte nicht bequemen, dann muß es in die offene Arena treten gegen das Ministerium Taaffe, dann endlich wird der Moment kommen, den Herr von

Tisza aus ganz falschem, allzu feinem, die ausschließliche Macht anstrebendem Kalkühl viel zu lange vermied, der Augenblick nämlich, wo Ungarn seinen vollen Einfluß in die Waagschale legen muß, um die Richtung der inneren Politik Oesterreichs zu verändern. Den österreichischen Staatsgedanken untergraben, Oesterreich durch föderalistische Politik schwächen, das heißt nicht, Ungarn stärken. Die magyarische Nation ist zu klein, um allein eine dominirende Rolle zu spielen, sie muß sich an ein mächtiges Oesterreich lehnen; doch ein dezentralisirtes, slavisirtes Oesterreich ist für Ungarn, eben als freier Staat, die größte Gefahr.

Agram war der Anfang; dem Beispiel der Kroaten werden bald Slovaken und Ruthenen folgen, und die Rumänen dürften auch in ihren nationalen Unabhängigkeitsträumen der magyarischen Herrschaft böse Stunden bereiten.

Solange in Österreich die jetzt herrschende Strömung beibehalten wird, muß sich Herr von Tisza auf ernste Zeiten gefaßt machen. Man kann nicht in Zisleithanien nach ganz anderen Prinzipien regieren, als in Transleithanien, und wenn auch der Dualismus Vieles geändert hat, so ist es [Oesterreich-Ungarn] doch in allen großen Fragen Ein Reich geblieben. Das sieht man jetzt deutlicher denn je, und wenn die Ungarn böse sind auf die Folgen, die sie theils selbst heraufbeschworen haben durch allzulange Apathie, so liefern sie nur den Beweis, wie sehr dieses Oesterreich[-Ungarn] als Ein Staat de facto zu existiren nicht aufgehört hat.

Einklang in den großen Prinzipien der Politik der beiden Reichshälften zu einander und der auswärtigen Politik zu beiden, besonders in den Beziehungen zum Orient, und weniger geheime Herzenspolitik, die der offiziellen Richtung zuwiderläuft, sind die Wünsche, zu denen uns der Schildersturm in Agram und die Ministerkonferenz in Wien Veranlassung geben.

Rückblicke muß man suchen, um sich über das Chaos der Gegenwart eine richtige Vorstellung bilden zu können.

Dieser Artikel erschien mit geringen Änderungen und einer neuen, ziemlich langen Einleitung im »Neuen Wiener Tagblatt« am 28.8. 1883 als Leitartikel.

Am Tag nach Erscheinen schrieb der Kronprinz an Szeps: »Gut, daß der bewußte Artikel anstandslos in die Hände des Publikums gelangen konnte. Er kam gerade im richtigen Moment.« Rudolf schloß daran in seinem Brief eine lange Passage über die schlechte Verwaltung und die Judenverfolgungen in Ungarn an, betonte aber trotzdem, daß »mir das in sich zerfallende, liberale Ungarn noch lieber als das Taaffische Österreich« sei[17].

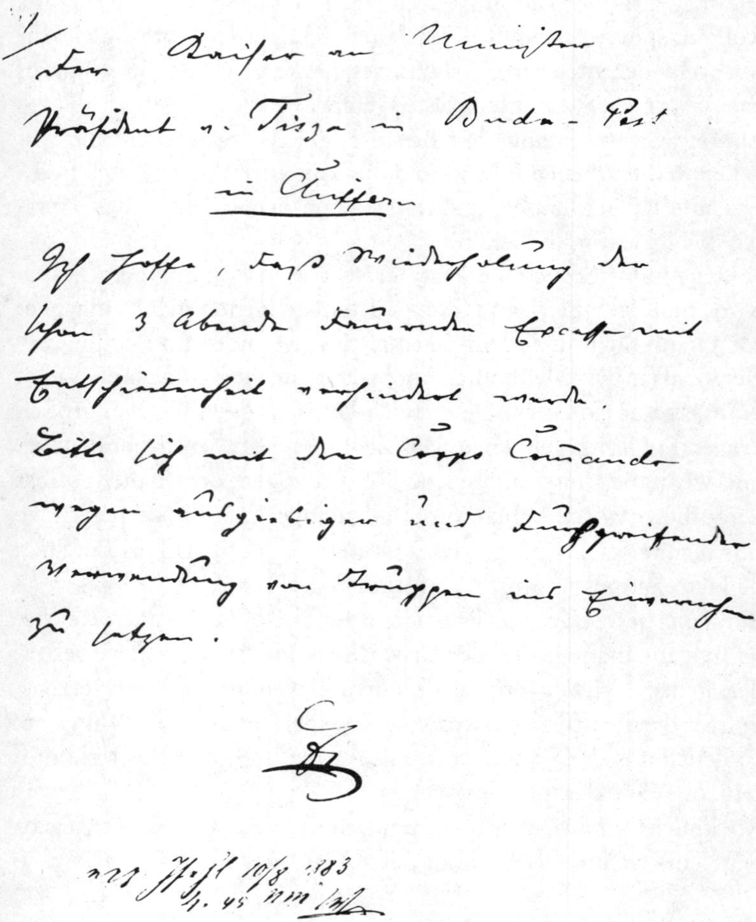
Der Kaiser an Minister Präsident v. Tisza in Buda-Pest

in Chiffern

Ich hoffe, daß Wiederholung der schon 3 Abende dauernden Excesse mit Entschiedenheit verhindert werde. Stelle sich mit dem Corps Commando wegen ausgiebiger und durchgreifender Verwendung von Truppen ins Einvernehmen zu setzen.

*Eigenhändige Weisung Kaiser Franz Josephs an Koloman Tisza während der Antisemiten-Unruhen in Ungarn im August 1883.*

*Zeitungsartikel über den Antisemitismus in Ungarn:*

## WACHSMASKE – MESSWECHSEL

Der Antisemitismus in Ungarn, der sich auch gegen die zu »judenfreundliche« Politik des liberalen Ministerpräsidenten Tisza wandte, hatte im Sommer 1883 einen traurigen Höhepunkt. Anfang August löste der Freispruch der jüdischen Angeklagten im Ritualmordprozeß von Tisza Eszlár eine Welle von Plünderungen, Grabschändungen und judenfeindlichen Unruhen in Ungarn aus. Die arme Dorfbevölkerung ging an vielen Orten gegen die jüdischen Händler los, nicht selten von adeligen Gutsbesitzern unterstützt. Die Bewegung sammelte sich im September 1883 mit der Gründung der Antisemitischen Partei Ungarns[18].
Der hier zitierte Artikel wurde von Julius Szeps dem Kronprinzen zugeschrieben. Ein Manuskript liegt jedoch nicht vor. Autor kann also auch Moriz Szeps, ein Vorkämpfer gegen den Antisemitismus, oder beide Freunde gemeinsam gewesen sein. Sicher ist, daß Rudolf und Szeps in ihrer Meinung über den Antisemitismus völlig übereinstimmten, daß sie sich in diesen Tagen mündlich und schriftlich gerade mit diesem Thema ausführlich auseinandersetzten.

30. August 1883

Neueste ungarische Dorfgeschichten, nicht von Jókai oder einem anderen berühmten Schriftsteller, sondern unmittelbar der Wahrheit entnommen. Sie sind sehr interessant, diese Dorfgeschichten, denn sie werden telegraphisch erzählt. Die Fiedel greint, um mit Lenau zu reden; der Zigeuner spielt vor dem Wirtshause zum Tanz auf. Es ist ein sehr schöner Sonntag und die Jugend des Dorfes weiß ihn zu benützen. Jetzt wird noch getanzt, abends wird geplündert, wird alles getan, was die Gesetze sonst nicht gestatten. Die Gesetze gelten nicht mehr, die Verbrechen werden nicht mehr bestraft. Ein Herr aus dem Schlosse ist gekommen und er hat's den Bauern verkündigt. Der Herr muß sehr vornehm sein, denn er hat eine wächserne Maske getragen. Der große Unbekannte ist sicher auch mit ausgedehnten Vollmachten ausgestattet. Wozu braucht man auch Gesetze? Die Herren haben die Gesetze nur gemacht, um die Bauern ausbeuten zu können. In der Horde Attilas gab es keine Gesetze. Dem Anführer mußte man gehorchen, aber sonst konnte man ganz nach Lust und Leidenschaft handeln. Die glückliche Zeit muß wiederkommen.

Auch der Jude hat Vorteil von den Gesetzen; er hat den Laden voll von Waren und verlangt auch Geld, wenn man ihm etwas abnehmen will. Im Wirtshause ist alles voll Lust und Fröhlichkeit, im Hause des Juden aber herrscht eine gedrückte Stimmung. Dunkle Gerüchte sind im Umlauf, die nichts Gutes ahnen lassen. Das Kind des Juden beschäftigt sich mit deutschen Sprach- und Sprechübungen. »Wachsmaske – Meßwechsel«; man kann diese Worte nicht zehnmal hintereinander aussprechen, ohne daß die Silben durcheinanderrollen, wie Erbsen, wenn man sie aus dem Sacke schüttet. Wie häßlich und schwer ist doch die deutsche Sprache, wie volltönend und angenehm klingt dagegen das Ungarische – wir wissen allerdings nicht, ob abends die ungarischen Rufe dem Kinde noch angenehm in die Ohren klingen werden.

Dem Vater aber, der am Ladentische steht, will's nicht aus dem Gehirne: »Wachsmaske – Meßwechsel.« Ein kleiner Dämon mit wächserner Maske sitzt unter dem Ladentische und schreit mit gelenkiger Zunge dem Kaufmanne immer diese Worte in die Ohren. Die Worte werden zur Pein für seine Nerven; er sagt dem Kinde, daß es einmal seine Sprechübungen einstellen solle; aber ein ungarisches Kind gehorcht nicht auf das erste Wort. Der Parlamentarismus ist dem Volke angeboren, er herrscht auch in den Familien. »Wachsmaske – Meßwechsel« schreit der Knabe erst jetzt recht laut, um gegen den Vater zu demonstrieren, und der Dämon unter dem Ladentisch wiederholt: »Wachsmaske – Meßwechsel.«

Man hat's auch dem Juden erzählt, daß ein Mann mit der Wachsmaske gekommen, um die Bauern zur Plünderung aufzuhetzen. Gleichzeitig denkt der Jude an seinen Kredit und an die Wechsel, die am nächsten Jahrmarkt fällig werden. Der Kaufmann fühlt, daß seine geschäftliche Existenz bedroht ist und das bedeutet ihm der Refrain: »Wachsmaske – Meßwechsel«.

Die Dorfgeschichte findet abends ihre Fortsetzung. Man darf nicht an kleine deutsche Dörfer denken, sondern an ungarische Dörfer, welche der Bevölkerung nach bedeutenden Städten gleichen. Es ist Nacht geworden und der Mann mit der Maske erscheint von neuem, um sein Versprechen einzulösen. Ein Wink und die Zigeuner stellen sich an die Spitze des Zuges, denn Musik braucht man in Ungarn auch bei der Judenhetze.

Nun beginnt eine scheußliche Orgie der Anarchie, der Plünderung und des Mordes. Man wütet, wie man nur wüten kann, wenn angeborene Barbarei, angeborene Gesetzlosigkeit mit Rassenhaß und Religionshaß in Verbindung treten. Endlich befinden sich die Bauern in Übereinstimmung mit den Herren, endlich haben die Herren etwas ausfindig gemacht, was auch den Bauern gefällt. Allerdings erscheint zuweilen Militär und dann gibt es einen blutigen Zusammenstoß, so daß Tote und Verwundete auf dem Platze bleiben. Die Welt ist eben nicht vollkommen und Mißverständnisse sind nicht immer zu vermeiden. Das hat auch der Mann mit der Maske gesagt.

Es würde ein sehr breites Kapitel entstehen, wenn man alle Konsequenzen dieser Dorfgeschichten erörtern wollte. Ordnung und Sicherheit sind notwendige Bedingungen des gesellschaftlichen und staatlichen Lebens, und wenn auf irgendeinem Gebiete bedeutende und dauernde Störungen der Ordnung und der Sicherheit eintreten, so muß der ganze Organismus darunter leiden. Der Fabrikant in der großen Stadt ist ein vornehmer Herr und beschäftigt tausend Arbeiter. Die Arbeiter denken nur an die Vorteile, welche die Produktion gewährt, und es ist nicht ihre Aufgabe, sich um die Bedingungen des Konsums zu kümmern. Der Großhändler, der dem Fabrikanten die Ware abnimmt, ist auch ein vornehmer Herr und der Handelsjude des Dorfes erscheint ihm als ein untergeordnetes Individuum.

Aber der Handelsjude ist notwendig, wenn die tausend Kanäle gangbar bleiben sollen, durch welche die Waren ihren Absatz finden. Sicherheit für seine Person und Eigentum, Sicherheit für seine Rechtsforderungen muß der Händler auf dem Dorfe haben, wenn ihm nicht jede Möglichkeit des Geschäftsbetriebes entzogen werden soll. Ist der Händler auf dem Dorfe vogelfrei, ist es nicht mehr möglich, die Schuldforderungen einzutreiben, dann werden die

Kanäle des Konsums und des Absatzes verstopft, dann klagt auch der Großhändler über eine Reduktion in seinem Geschäftsgange und dann muß auch der Fabrikant sich mit der Tatsache abfinden, daß bei ihm keine Bestellungen gemacht werden. Zuletzt kommen auch die Arbeiter zu Schaden, die nicht nur als Faktoren der Produktion, sondern auch als Faktoren des Konsums einen bedeutenden Platz ausfüllen. So pflanzen sich die Wirkungen fort und so werden immer weitere Kreise von denselben getroffen. Die blutigen Orgien des Dorfes sind Ursache, wenn die Not in den Städten wächst, die Not in den Städten aber ist eine neue Gefahr, wenn auch die draußen stehende Bewegung nicht gerade einen antisemitischen Charakter haben muß.

Damit ist nur ganz oberflächlich, in linearer Zeichnung ein Beispiel für die ökonomischen Wirkungen gegeben, welche mit der ungarischen Judenverfolgung verknüpft sind. Durch das hier durchgeführte Beispiel ist die ökonomische Bedeutung dieser Exzesse aber keineswegs erschöpft. Produktion und Handel kennen keinen Dualismus; wir sind mit unserem Absatze auf das ungarische Gebiet angewiesen und die Störungen in Ungarn müssen auch unsere ökonomischen Zustände in nachteiligster Weise beeinflussen. Durch Vorgänge, wie sie jetzt Ungarn zum Schauplatze haben, wird der Verkehr unterbunden, wird dem Handel Mut und Selbstvertrauen genommen, wird die ganze Gesundheit des ökonomischen Lebens untergraben, wird der Kredit vernichtet. So gehen aus den gegenwärtigen Störungen neue Störungen hervor, so bildet sich eine endlose Kette von Gefahren, und so wirken ökonomische und politische Störungen zusammen, um ein vollständiges Chaos zu schaffen. In Ungarn droht sich ein Abgrund zu bilden, und in diesen Krater kann vieles stürzen, was man jetzt noch für lebensfähig hält.

Sollen wir gegen Ungarn eine besondere Anklage erheben, heuchlerisch die Achseln zucken über die verderblichen ungarischen Zustände? Die Ungarn vollstrecken nur, was ihnen anderswo gepredigt wurde. Wir lassen hier die Frage von persönlichen Sympathien und Antipathien ganz aus dem Spiel, bilden uns auch nicht ein, herrschende Anschauungen beeinflussen zu können; aber wenn man sieht, wie selbst Juden, welche unbedingt nützliche Faktoren des ge-

schäftlichen Lebens sind, welche zur Hebung der gesellschaftlichen Wohlfahrt redlich das Ihrige beitragen, unter dem Religions- und Rassenhaß, unter unausrottbaren Vorurteilen leiden müssen; wenn man wahrnimmt, wie es den guten Ton und Anstand nicht verletzt, unaufhörlich in der Judenfrage herumzuwühlen, dann muß man sagen, daß Ungarn seine Verantwortlichkeit nicht allein trägt, daß viele Faktoren außerhalb Ungarns diese Verantwortlichkeit mit ihm teilen. Dem Judenhaß steht der Markt offen, die Juden sind schutzlos alle Angriffen preisgegeben, selbst in Staaten, wo man sonst die öffentliche Meinung streng bevormundet.
Ungarn allerdings ist jetzt in einer wirklich unglücklichen Lage. Ein Teil der ungarischen Bevölkerung ist wie vom Rausche erfaßt; eine Art von Geistesepidemie hat das Volk ergriffen, und es ist sehr traurig, wenn man zu Bajonetten und Flintenschüssen seine Zuflucht nehmen muß, um eine solche Epidemie zu beseitigen. Die Bewegung in Ungarn hat bereits großartige Dimensionen angenommen und das will nichts anderes sagen, als daß ein Teil Ungarns sich in Aufruhr, sich in gänzlicher Auflehnung gegen die gesetzliche Ordnung befindet. Dahin hat man es gebracht, daß der Mann mit der Wachsmaske auf offener Straße Raub und Mord predigen darf und daß das Herannahen einer ökonomischen und politischen Katastrophe befürchtet werden muß.
Wir werden nicht an die Gefühle der Humanität appellieren; aber schließlich wird man doch einsehen, daß es eine harte Sache ist, wenn Familienväter mit ihren Frauen und Kindern nachts aus ihrer Wohnung flüchten müssen, um nicht einer bestialischen Wut zum Opfer zu fallen, und wenn sie es nicht wagen dürfen, ihre zerstörten und geplünderten Wohnungen aufzusuchen. Das wird doch jeder wissen, daß es in der Pflicht eines geordneten Staates liegt, Leben und Eigentum zu schützen. Die Dinge in Ungarn wären nicht so weit gekommen, wenn alle dazu berufenen Faktoren von jeher ihre Pflicht getan hätten. Aber man hat von einflußreicher Seite den Rassenhaß unterstützt und gefördert und hat so das Verderben heraufbeschworen. Die Bewegung wird nicht bei den Juden stehen bleiben. Die Männer mit den Wachsmasken werden sich überzeugen, daß sie zum Schaden ihres Landes und zu ihrem eigenen Verderben

gearbeitet haben. Sind die Juden geplündert, dann werden die Schlösser der Herren dem Bauernkriege zum Opfer fallen. Das Feuer ist tolerant; es verzehrt die Häuser der Magnaten mit derselben Gier wie die Häuser der Juden. Dann wird die Wachsmaske einer Zivilisation zerfließen, welche nicht den Mut und den Willen hatte, Zustände abzuwehren, wie sie jetzt in Ungarn zur Schande des Jahrhunderts möglich geworden sind.

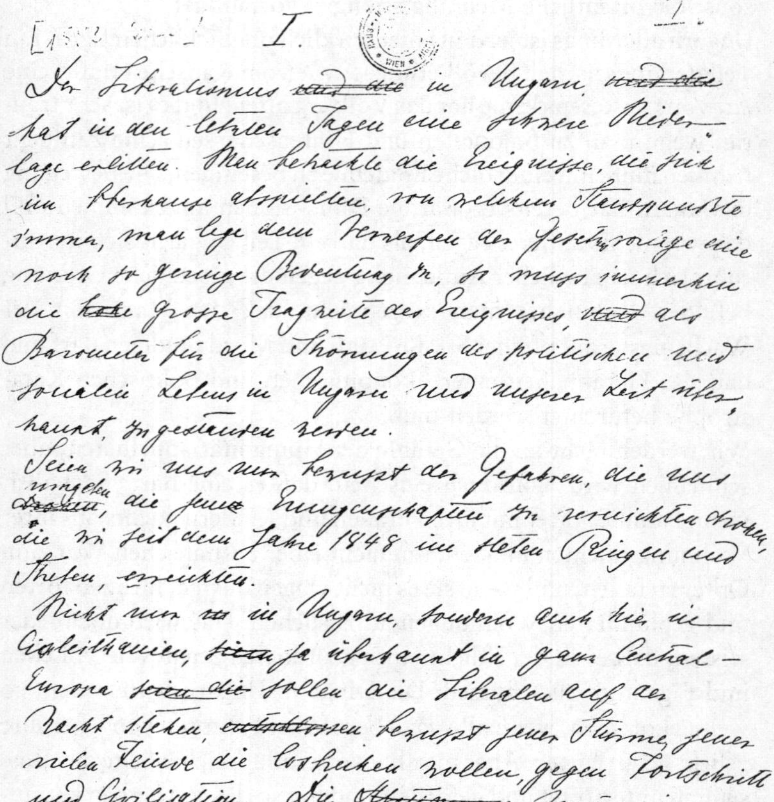

I.

Der Liberalismus in Ungarn hat in den letzten Tagen eine schwere Niederlage erlitten. Man betrachte die Ereignisse, die sich im Abgeordnetenhause abspielten, von welchem Standpunkte immer, man lege dem Verwerfen der Gesetzvorlage eine noch so geringe Bedeutung zu, so muss immerhin die grosse Tragweite des Ereignisses, als Barometer für die Strömungen des politischen und socialen Lebens in Ungarn und unserer Zeit überhaupt, zugestanden werden.

Seien wir uns nur bewusst der Gefahren, die uns umgeben, die jene Errungenschaften zu vernichten drohen, die wir seit dem Jahre 1848 im steten Ringen und Streben.

Nicht nur in Ungarn, sondern auch hier in Cisleithanien, ja überhaupt in ganz Central-Europa sollen die Liberalen auf der Wacht stehen, bewusst jener Stürme, jener vielen Feinde die losbrechen wollen, gegen Fortschritt und Civilisation. Die Vorgänge im

*Zeitungsartikel über Koloman Tisza:*

# Die Wacht an der Leitha

Die liberale Partei des ungarischen Ministerpräsidenten Koloman Tisza erlitt Ende 1883 eine empfindliche Niederlage gegen Antisemiten, Aristokraten und »Klerikale«, und zwar in der Frage der Zivilehe zwischen Christen und Juden, die die Liberalen befürworteten, ihre Gegner jedoch mit großem Fanatismus bekämpften. Tisza konnte sich zwar im Abgeordnetenhaus durchsetzen, die Abstimmung im Magnatenhaus brachte jedoch zweimal hintereinander seinen Gegnern den Sieg. Kardinal Schwarzenberg und Fürst Liechtenstein waren zum Beispiel extra für diese Abstimmung nach Budapest gefahren, um das Gewicht ihres Ansehens gegen die Liberalen in die Waagschale zu werfen. Kronprinz Rudolf bat Szeps mehrmals darum, sich für Tisza publizistisch einzusetzen. Nach Tiszas Niederlage jedoch schrieb er selbst einen langen Leitartikel, eine Hymne auf die Person und die Politik Tiszas, für das »Neue Wiener Tagblatt«. Das Manuskript ist erhalten und wurde nur ganz geringfügig für den Druck geändert.

## I

Der Liberalismus in Ungarn hat in den letzten Tagen eine schwere Niederlage erlitten. Man betrachte die Ereignisse, die sich im Oberhause abspielten, von welchem Standpunkte immer, man lege dem Verwerfen der Gesetzesvorlage eine noch so geringe Bedeutung zu, so muß immerhin die große Tragweite des Ereignisses, als Barometer für die Strömungen des politischen und sozialen Lebens in Ungarn und unserer Zeit überhaupt zugestanden werden.

Seien wir uns nur bewußt der Gefahren, die uns umgeben, die jene Errungenschaften zu vernichten drohen, die wir seit dem Jahre 1848 im steten Ringen und Streben erreichten.

Nicht nur in Ungarn, sondern auch hier in Cisleithanien, ja überhaupt in ganz Central-Europa sollen die Liberalen auf der Wacht stehen, bewußt jener Stürme, jener vielen Feinde, die losbrechen wollen gegen Fortschritt und Civilisation. Die Vorgänge im Oberhause, sie müssen jene Kreise, welche die solide, die geistige Macht jedes Staates repräsentiren, das Bürgerthum nämlich, den dritten Stand mit Wehmut und Besorgniß erfüllen ... (sic).

Wenden wir jetzt nach diesen einleitenden Bemerkungen unsere weiteren Ausführungen speziell den ungarischen Verhältnissen zu. Die Liberalen in Ungarn, an ihrer Spitze der Ministerpräsident, der bedeutendste Staatsmann des Landes, ein fortschrittlich gesinnter, auf der Höhe moderner Bildung stehender Mann sind geschlagen. Wer hat über sie den Sieg davongetragen?

Die konservativen Elemente, der clericale Adel und man gebe sich keiner Illusion hin, verbunden und gestützt größtentheils unwissentlich auch mit den untersten Schichten der Bevölkerung, mit Leuten, deren Tendenzen gewiß nicht conservativer Natur sind. Von den persönlichen Feindschaften und den Casino-Gegnern Tisza's wollen wir nicht sprechen, das sind kleinliche Gründe, die höchstens einige Stimmen mehr in die Reihen der Feinde brachten, doch verdienen sie keiner weiteren Beachtung.

Der Fanatismus der Reaktion und der Clericalismus hat sich über einen großen Theil des ungarischen Hochadels ausgebreitet, die Ideen der Neukonservativen in Oesterreich, die scheinbaren Erfolge dieser Richtung, und der Wahn, längst vergangene Zeiten und eine längst verstorbene Macht wieder von den Todten aufzuwecken, hat sich wie eine ansteckende Krankheit auch über die Leitha hinaus erstreckt.

Die Bundesgenossen sind überall, und insbesondere in Ungarn leicht gefunden. Die großen Massen, welche heutzutage antikulturellen Bewegungen, einer Verwilderung der Sitten zu neigen, boten ein geeignetes Material zu den Antisemiten-Hetzen, und der Antisemitismus wurde geschickt ausgenützt, um die unteren Volksschichten gegen die liberale Partei, gegen die Männer des Fortschrittes und der Bildung auszuspielen.

Nicht in den clericalen Gesinnungen des ungarischen Adels liegt die Gefahr für das Land, sondern in der Verbindung, die er eingegangen mit großen Theilen der Volksmassen, im gemeinsamen ungezügelten Verfolgen scheinbar gleicher, in der weiteren Zukunft aber grundverschiedener Tendenzen.

In einem Punkt sind sie dort, wie überall gleich, jene Faktoren der Reaktion und des Umsturzes, der Haß gegen das Bürgerthum, die blinde Wuth gegen Fortschritt, Liberalismus, Volksaufklärung und Cultur, der Ingrim gegen die geistige Überlegenheit des dritten Standes, dies vereinigt sie zum gleichen Ansturm.

Ungarn ist tiefgesunken! Dies muß jeder ernste Politiker einsehen. Das Land, das einem England des Ostens ähnlich in einer Zeit, wo jede freiheitliche Bewegung unterdrückt wurde, allein festhielt an den constitutionellen Grundsätzen, das ein Hort war der Aufklärung und des Fortschrittes und dessen beste Söhne unter unsäglichen Kämpfen, Qualen und Opfern unentwegt die Fahne der Freiheit hochhielt in schweren Tagen, muß jetzt, wo die Nation in voller Macht ihre Rechte genießt, so traurige Tage erleben.

Der ungarische Adel, der einst an allen Freiheitskämpfen des Volkes theilnahm, der für Bildung und Aufklärung sich hohe Verdienste erwarb, ist jetzt in großer Zahl übergegangen in das reactionäre Lager, das Land, welches der Schauplatz war von Freiheitskämpfen, ist nun das Feld geworden für clericale und conservative Experimente.

So wie vor Zeiten ein Sturm losbrach aus Kroatien, eine slawische antimagyarische Bewegung, welche Ungarn böse Tage bereitete, so ist auch jetzt in demselben Lande eine neue düstere Zukunft für Ungarn entrollt, neue, unabsehbare Schwierigkeiten beginnen sich der ungarischen Regierung entgegenzustellen, und so wie damals besteht auch jetzt zwischen den reactionären Elementen und den kroatisch-slawischen, Fühlung und Verwandtschaft in den Zielen und Mitteln.

Von Österreich kam damals die eiserne Macht der Reaktion, welche Ungarns Freiheitsraum in Fesseln warf, und auch diesmal erschienen aus Österreich bewährte Kämpen des Rückschrittes. Doch damals wurden sie gesendet, und ganz Ungarn erhob sich gegen sie zur Wehr wie ein Mann, und diesmal – rief man sie herein, aus Ungarn kam die Bitte um Hilfe. Alle Gegner des magyarischen Gedankens folgten dem Rufe verblendeter Söhne der Nation, um mit die-

sen vereint gegen die ungarischen Traditionen, gegen Fortschritt und Liberalismus zu kämpfen!
Die Reaktion ist mächtig: In Deutschland fühlt sie sich bei voller Kraft; in Oesterreich sind alle Männer aus maßgebenden Stellen verdrängt, die ihr in den Weg treten könnten; sie herrscht unbehindert! Ein Mann steht ihr im Wege, in Ungarn sich vollends auszubreiten; ein Mann läßt sie nicht das Gefühl beruhigten Besitzes der eroberten Position genießen, das ist der einzig liberale, bedeutende Staatsmann in Österreich-Ungarn, der einzige bedeutende überhaupt, den wir aufzeigen können, der überzeugungstreue Kämpfer für die Grundsätze der Cultur und modernen Fortschrittes, Koloman Tisza.
Gegen ihn mußten sie naturgemäß anstürmen die clericalen, reaktionären Elemente; Kroatien ist entfesselt, in Ungarn bereitete der Antisemitismus vor, und jetzt hat man im Herzen des Landes Ungarn Fuß gefaßt.
Der Schachzug ist bis jetzt gelungen!

## II

In der Fortsetzung unserer Betrachtungen müssen wir auf die Fehler zu sprechen kommen, welche die ungarische Regierung beging, ohne die all die jetzige Misere für das Land gar nicht, oder wenigstens in diesem Maße hereingebrochen wäre.
Die österreichischen Liberalen, die sogenannte Verfassungspartei, haben zur Zeit ihrer Herrschaft gewiß auch gar manche Fehler begangen, und nicht einer der geringsten war es, daß sie es nicht verstanden, sich mit den Ungarn auf einen dauernd guten Fuß zu stellen, und ihnen ihre absolute Notwendigkeit für sie zu beweisen. In guten Tagen hat man sich und die zahlreichen ganz gleichen Interessen und Lebensbedingungen nicht kennengelernt; im Gegentheile jene, deren Allianz eine Natur-Nothwendigkeit ist, haben sich arg verfeindet. Das war vom Ministerium Tisza nicht klug, dem Kabinett Taaffe ruhig zuzusehen, im Gegentheil schadenfroh zu glauben, man könne diese für Österreich an Kämpfen und Confusionen so reiche Area unbeschadet ausnützen, um für die Sonderstellung

und die Rechte des ungarischen Staates Fortschritte und Conzessionen zu erzwingen.
Tisza bekämpfte nicht nur nicht die immer mehr nach rechts abweichende Bahn des österreichischen Ministeriums, sondern unterstützte sie noch aus chauvinistischen ungarischen Gründen und vergaß dabei, daß es doch noch unmöglich ist, in Wien und Budapest nach diametral entgegengesetzten Prinzipien zu regieren.
Die Strafe für diesen Fehler, sie ist gefolgt.
Die österreichische Reaktion, die feudalen Bestrebungen des Adels, die antiliberalen und clericalen Strömungen, sie wurden hinübergespielt nach Ungarn.
Und unsere slavische Politik, sie hat als treue Bundesgenossin der Reaktion ihre Fühler nach Kroatien ausgestreckt; das Land steht in Aufruhr, und die Ungarn haben eine fast unlösbare Frage vor sich, die den Staatskörper schwer schädigen wird.
Ein conservatives Regime soll für Ungarn geplant werden; die clericalen Aristokraten gehen so weit, an die Bildung einer Partei und dann eines Ministeriums zu denken.
Sie werden unter den Magyaren nicht das Material dazu finden, und da muss sich die Regierung auf Romanen, Serben, Ruthenen und Slovaken stützen, – ein ungarisches Ministerium Taaffe – das ist unmöglich, da hört Ungarn auf das zu sein, was es ist, dann geht alles zu Grunde, was die Nation in jahrelangen Kämpfen und Leiden endlich errungen hat.
Doch jene Elemente, die zur Abstimmung des Oberhauses aus Wien nach Budapest fuhren, sind Männer aus einer Partei, die im Untergange des noch immer liberalen ungarischen Staatswesens ihren größten Sieg erblicken würden, und sie wurden von Ungarn hereingerufen! Das ist traurige Verblendung! Die Gefahren, welche wir eben schilderten, sie sind zum Theil schon hereingebrochen, zum Theile können sie noch kommen; sie zu bannen, liegt in der Gewalt der ungarischen Nation.
Die Liberalen in Ungarn und jene in Österreich sind in einer ähnlichen Lage, gegen dieselben Feinde müssen sie kämpfen, und wenn auch letztere momentan in einer scheinbar übleren Lage sind, so darf nicht vergessen werden, daß erstere einer der Zahl nach sehr

kleinen Nation angehören, welche den reaktionären und slavischen Stürmen schwerer Stand halten könnten als die Deutschen in Österreich, die doch einem großen Volke angehören, in dem der liberale Gedanke niemals unterdrückt werden kann.
Gleiche Gefahren, gleiche Feinde; dieses Gefühl sollte sie zum gemeinsamen Kampfe, zur gegenseitigen Unterstützung drängen, die Liberalen Österreichs und Ungarns. Wenn höhere Interessen, wenn Fragen des Fortschrittes und der Civilisation am Spiele stehen, dann vergesse man kleinliche Differenzen, alte verjährte Nergeleien. Mögen die Ungarn zur Besinnung kommen, ehe es zu spät ist, und mögen sie vor allem einen Mann halten und unterstützen, um den wir sie beneiden, den letzten liberalen Staatsmann in der österreichisch-ungarischen Monarchie, Koloman Tisza.
Die Reaktion hat momentan gesiegt. Die Männer des Fortschrittes müssen hüben und drüben der Leitha fest stehen und treu auf gemeinsamer Wacht!

*Empfang des Kronprinzenpaares in Konstantinopel 1884.*

# Politischer Bericht über die Orientreise 1884

Im Frühjahr 1884 machte der Kronprinz mit seiner Frau eine Repräsentationsreise an die Höfe der Türkei, Serbiens, Bulgariens und Rumäniens. Er hatte den Auftrag, den Sultan in Konstantinopel möglichst unauffällig, aber doch nachdrücklich auf seine Pflichten im Eisenbahnbau hinzuweisen. Die Türkei war mit ihren Verpflichtungen weit im Rückstand. Konkretes konnte der Kronprinz in seinen Gesprächen mit dem Sultan nicht erreichen. Er sah sich aber auf seiner Reise sehr genau um und verfaßte einen politischen Bericht – eine der wenigen seiner Schriften, die dem Kaiser ganz offiziell vorgelegt und von diesem sogar gelesen wurden – das beweist eine kaiserliche, sogar zustimmende Randglosse[19]. Eindeutig für den Kaiser bestimmt waren auch die vielen Bemerkungen Rudolfs über militärische Besonderheiten.

## 1. Konstantinopel

Alle Beschreibungen über das allmähliche Zugrundegehen und den Verfall des türkischen Reiches und insbesonders die Berichte über den Zustand des Sultans sind meiner Ansicht nach zu schwache und vor allem viel zu günstig gefärbte Schilderungen.
Der Sultan ist vollkommen geisteskrank, leidet an hochgradigem Verfolgungswahn; in seinem Wesen und Benehmen macht er den Eindruck eines physisch ganz herabgekommenen, ungebildeten und geistig unbedeutenden Mannes.
Die Angst vor Attentaten, welche ihn zwingt, sein Leben innerhalb der Mauern des Yildiz-Kioskes zu verträumen, sich mit Truppen zu umgeben, niemals vor Morgengrauen das Bett aufzusuchen und selbst im Garten nur umgeben von bewaffneten Dienern auszugehen, das Alles und viele andere ähnliche Geschichten sind in Wien längst bekannte Dinge.
Das Mißtrauen, welches der Sultan allen Türken entgegenbringt,

zwingt ihn, unter seiner Umgebung Feindschaft und Hader zu erhalten, denn dadurch glaubt er Parteibildungen zu verhindern.
In gewisser Beziehung ist es ihm auch gelungen, sowohl die Herren seines Hofes als auch die Großwürdenträger überhaupt dermaßen gegeneinanderzuhetzen, daß Keiner dem Anderen Vertrauen schenkt und alles im ärgsten Unfrieden lebt.
Um seine nächste Umgebung an sich zu fesseln, erhalten Herren wie auch Diener ganz unglaublich hohe Gagen, und einzelne sind in der That in der Lage, sich große Vermögen, ohne Diebstahl, nur durch kaiserliche Huld, zu erwerben.
Natürlich ist keine Stellung eine sichere; denn ein Wort, eine unvorsichtige Bewegung können genügen, um den Günstling in den Augen des ängstlichen Sultans als verdächtig erscheinen zu lassen, und so wechseln auch größte Macht mit elender Verbannung in endloser Wiederholung. Während meines Aufenthaltes in Konstantinopel wurden mehrere hohe Offiziere von einem Tag auf den anderen nach Asien verbannt. Am Tage vor meiner Ankunft gieng auch ein nicht geahnter Ministerwechsel vor sich.
Drei Männer sind jetzt, und wie es heißt, sehr dauerhaft im Vertrauen des Sultans. Osman Pascha wird mit Gnaden überhäuft; im Yildiz-Kiosk gibt man sich der falschen Meinung hin, dieser Marschall sei der Liebling der Armee, und darum knüpft ihn der Monarch mit engen Banden an sich; zwei Sultanstöchter sind mit seinen Söhnen verlobt, und außerdem wird er mit Geschenken überhäuft und darf stehlen, so viel es ihm beliebt. Der Munif Pascha erfreut sich auch der besonderen Gnade seines Herrn, doch schon im geringeren Maße, als Osman; aber auch er wird fürstlich gezahlt und muß dafür schwere Dienste leisten, von früh bis abends in unmittelbarer Nähe des Sultans sein. Der dritte von den Haupt-Günstlingen ist der preußische Offizier Hobe-Pascha; seine Stellung ist eine sehr eigenthümliche. Er soll die türkische Kavallerie reorganisieren, zugleich bekleidet er das Amt eines Oberststallmeisters und bringt ebenfalls den ganzen Tag in Gesellschaft des Sultans zu, der ihn um Alles frägt. Auch er wird, wie er es mir selbst erzählte, brillant bezahlt. Seine Frau, eine nichts weniger als distinguierte Person, sieht man ebenfalls viel im Yildiz, und Beide zusammen suchen sich

mit ängstlicher Zudringlichkeit in die Gunst des Sultans einzuschmeicheln. Mit allen anderen Türken sowohl, als auch mit der deutschen Botschaft stehen sie auf gespanntem Fuße.

Wenn vielleicht hie und da die Nachricht ausgesprengt wird, der Sultan sei im Gegensatz zu seinen Vorgängern ein sparsamer Herrscher, und dies glaubt auch Baron Calice, der Gesandte Österreich-Ungarns in der Türkei, so ist es ganz falsch. 1200 Frauen, 1200 Pferde werden gefüttert; die Günstlinge erhalten Unsummen, gestohlen wird nach Herzenslust; im Garten von Yildiz entstehen und werden wieder niedergerissen, um gleich wieder an anderer Stelle aufgebaut zu werden, riesige Pavillons, Volièren, Baumgruppen, Teiche für ausländische Thiere, eigene Diener müssen Tausende von Tauben, viele Hunde, Rehe, Hirsche, Fasanen etc., etc. füttern und erhalten. Der Sultan hat die Manie des Bauens und in seinem Cäsarenwahnsinn kennt er keine Hindernisse; was dabei, in einem Lande, wo es keine Kontrolle und keine Rechnungen gibt, gestohlen wird, läßt sich denken. Unmassen von Dienern und Eunuchen werden gezahlt, und nebst den neuen Bauten müssen alle die vielen alten Schlösser an beiden Ufern des Bosporus erhalten werden. Die vielen hohen Würdenträger haben auch alle ihre Paläste und leben in Saus und Braus. Woher nimmt man das Geld zu alledem?

Die Armee sieht elend aus, schmutzig und herabgekommen, die Offiziere sind kaum von der Mannschaft zu unterscheiden; Soldaten, so wie die kleinen Beamten, bekommen durch Monate keine Gagen. Während meines Aufenthaltes wurden theilweise die Löhnungen für den Monat August 1883 ausgezahlt.

Zwei Tage vor meiner Ankunft brauchte der Sultan oder einer seiner Leute Geld; es wurde zu allen Mauten in der Stadt und Umgebung gesendet und auf kaiserlichen Befehl das vorhandene Geld weggenommen.

Die Geschäfte in Konstantinopel gehen schlecht; die Europäer klagen sehr, und auch bei den Mohammedanern ist alles im Rückschritt begriffen; der einst so berühmte Bazar ist zu einer Trödelbude herabgesunken, und nicht einmal guten Tabak bekommt man in der Stadt.

Aegypten war im Jahre 1881, wenn ich mich zurückerinnere, im Vergleich zu dem, was ich jetzt in Konstantinopel sah, noch ein Kulturstaat. Es ist unfaßbar, wie das türkische Reich unter diesen Verhältnissen sich noch so lange Zeit erhalten und wie eine Staatsmaschine, die eigentlich gar nicht funktioniert, bestehen kann.
Über unsere Vertretung bei der hohen Pforte habe ich keinen günstigen Eindruck erhalten.
Baron Calice, ein außerordentlich braver und fleißiger Beamter, legte seine Laufbahn in der Konsulatsbranche im Orient zurück und kennt daher diese Länder sehr genau, doch eine ihm eigene Schwerfälligkeit und der Mangel an Entschlossenheit dürften ihn immer daran hindern, in seinem jetzigen Amt eine einflußreiche Stellung einzunehmen. In beständiger Sorge, seinen Posten zu verlieren, sucht er sich dort dadurch unentbehrlich zu machen, daß er auf die Gunst des Sultans hinweisen kann. Das ganze Sinnen und Trachten unseres Botschafters geht dahin, sich dem Sultan so angenehm als möglich zu machen, seine Gedanken förmlich zu errathen und ihm in jeder Weise zu huldigen. Da man den Sultan fast niemals sieht und im Yildiz-Kiosk tagtäglich andere Einflüsse geltend sind, hilft die manchmalige Sympathie für unseren Botschafter unseren Interessen so gut wie gar nichts. Baron Calice hat das Prinzip, dem Sultan nur Angenehmes zu sagen, Alles fallen zu lassen, was dessen Laune nur für einen Augenblick trüben könnte, und durch Complimente und schöne Phrasen Einfluß zu erringen. Kein Pascha hat so eine Angst vor dem Sultan als unser Botschafter, und man frägt sich unwillkürlich oft: ist das unser Botschafter oder ein türkischer Würdenträger; dies ist nicht allein meine Meinung, sondern auch die vieler anderer Oesterreicher.
Der Charakter des Sultans speziell und eigentlich das Wesen aller Orientalen bedingt ein gewisses Mißtrauen den Europäern gegenüber; vielleicht hatte man in Konstantinopel vor Zeiten Sympathien für Oesterreich; jetzt halte ich dieselben für ziemlich gering; seit der Okkupation Bosniens sind sie scheu geworden, und da dürften die tiefe Devotion Baron Calice's dem Sultan gegenüber und alle seine schönen Worte auch nichts helfen. Meiner Ansicht nach sollte man im Gegentheile mit der Ängstlichkeit der Staatsmänner dieses

schwer kranken Reiches rechnen; wenn sie sich fürchten, dann, glaube ich, ist viel zu erreichen; schmeichelnde Unterwürfigkeit halten sie für Schwäche.
Bei meiner Ankunft in Konstantinopel theilte ich dem Baron Calice den in Wien erhaltenen Befehl mit, die bewußte Eisenbahnangelegenheit beim Sultan zur Sprache zu bringen.
Unser Botschafter meinte, es wäre dies sehr wünschenswerth, nur müsse ich ungemein zart vorgehen und, falls der Sultan unangenehm berührt sei, lieber das Thema fallen lassen und ein anderesmal abermals einen Versuch wagen. Nachdem ich den Sultan gesehen und die ganzen Verhältnisse durch zwei Tage beobachtet hatte, richtete ich an ihn die Frage, ob er gesonnen sei, den Vertrag betreffs der Bahnen einzuhalten? Mit einer höchst unangenehmen Miene antwortete er mir, es sei noch ganz ungewiß und die Schwierigkeiten seien für ihn sehr groß etc. etc. Nun sagte ich: für uns seien die Bahnen von Bedeutung, das Hinausschleppen der ganzen Angelegenheit mache in Oesterreich einen schlechten Eindruck und mein Kaiser und Herr erwarte, daß die am 23. Oktober ratifizierte Konvention vom 9. Mai 1883 eingehalten werde. Auf das hin wurde der Sultan ungemein liebenswürdig und drückte wiederholt seine Gefühle unbegrenzter Anhänglichkeit an Österreich aus, versicherte, jeder Wunsch des Kaisers sei für ihn Befehl; er werde augenblicklich Befehle ertheilen zur Wiederaufnahme der Verhandlungen, damit man sobald als möglich bauen könne, und seine erste Fahrt müsse dann einem Besuch in Wien gelten, um dem Kaiser für alles zu danken; auch seinen Sohn empfahl er dem Schutze Seiner Majestät.
Von diesem Gespräch an datiert die fast überschwängliche Liebenswürdigkeit des Sultans mir gegenüber, und das bei den ersten Begegnungen zur Schau getragene herablassende Benehmen hörte momentan auf. Ob nun in der That für die Bahnen etwas geschehen wird, ist bei den in Konstantinopel obwaltenden Verhältnissen unberechenbar, doch wenn Baron Calice öfter und in ernster Weise daran erinnern würde, glaube ich, hätte dies jetzt einen guten Erfolg.
Vor Seiner Majestät dem Kaiser hat der Sultan einen großen Respekt, das hatte ich mehrmals Gelegenheit, wahrzunehmen.

Bei unserer Botschaft in Konstantinopel ist ein sehr geschickter und tüchtiger Mann der Dragoman Baron Call; meiner Ansicht nach der verwendbarste von Allen. Botschaftsrath von Webenau hat sich ganz das Wesen seines Chefs angeeignet und ist stets nur mit der Sultansgnade beschäftigt und scheint ängstlicher Natur zu sein. Hauptmann Manega soll ein sehr tüchtiger Berichterstatter sein, leider ist er übertrieben bescheiden und tritt immer in den Hintergrund zurück, auch hat er nicht die angenehme selbständige Stellung der anderen Militärbevollmächtigten, was wohl auf seine Thätigkeit von lähmendem Einfluß sein muß.

## 2. Bulgarien

Dieser Bericht ist besonders wichtig, da er die Verhältnisse knapp vor der Balkankrise schildert. Fürst Alexander von Bulgarien versuchte ja 1886, sich der russischen »Berater« zu entledigen und selbständig zu werden. Die Krise endete 1887 mit der Absetzung des Fürsten.

Wir wurden in Bulgarien von Seite des Fürsten sowohl als auch von der Bevölkerung ausnehmend herzlich empfangen. Das Benehmen des Fürsten Alexander war ein sehr korrektes, und es läßt sich nicht läugnen, daß bei den in diesem Lande obwaltenden Verhältnissen ein gewisser Muth dazu gehörte, die österreichischen Sympathien so deutlich zu bekunden, er konnte es aber auch nur deshalb thun, weil er wohl wußte, mit der großen Masse der Bevölkerung im Einklange zu handeln. Ich bin nicht genug Optimist, um glauben zu können, es gebe in Bulgarien wahrhaft österreichische Sympathien, doch man ist der russischen Herrschaft müde und benützte die Gelegenheit, um diesen Gefühlen Ausdruck zu geben.
Die Empfänge in Varna und Rustschuk waren wunderhübsch vorbereitet, und man sah deutlich, daß Alles vom Fürsten selbst geleitet worden war; Triumphbögen, Häuser, Bahnhöfe und Landungsplätze, alles war reizend dekoriert, und in Rustschuk prangten nicht weniger als 1200 österreichische Fahnen. Die Sache hatte dabei nicht den Typus einer künstlich angeordneten Feier, sondern ein

gewisser herzlicher Ton war vorherrschend. Der Fürst selbst benahm sich auf das liebenswürdigste; leider spricht er zu viel und unvorsichtig sowohl über das Land, das er keineswegs in sein Herz geschlossen hat, als auch über die russische Herrschaft, und die allzu markierte Aufrichtigkeit macht unwillkürlich mißtrauisch.
Über den Kaiser von Rußland sprach der Fürst in der wenigst höflichen Weise; theilweise halte ich diese Worte für den Ausdruck wahrer Erbitterung, denn die Russen haben es verstanden, ihm eine unleidliche Stellung zu verschaffen.
Er ist Fürst, eigentlich rechtlich von Rußland unabhängig und doch unter genauer russischer Kontrolle und oft fast brutaler Behandlung ausgesetzt. Er klagte sehr, daß Oesterreich und Deutschland ihm keine moralische Hilfe zu Theil werden lassen, und meinte, im verflossenen Jahre hätte er sich von Rußland bedeutend emanzipiert, wenn wir ihn nicht im Stiche gelassen hätten.
Ich sah ziemlich viel bulgarische Truppen, die mir sehr gut gefielen; sie sind durchweg hübsch und sauber adjustiert und haben eine stramme militärische Haltung. Es ist leicht zu erkennen, daß der Fürst sich am liebsten und erfolgreich mit seinen Truppen beschäftigt; aus Äußerungen, die er mir gegenüber fallen ließ, entnahm ich seinen Mißmuth über die dominierende Stellung, welche die Russen im bulgarischen Heere einnehmen; alle Generäle, Stabsoffiziere und selbst Kompagnie-Kommandanten sind russische Offiziere; Armee- und Kommandosprache ist ebenfalls russisch, sowie auch sämtliche Uniformen den Schnitt der neuen russischen Adjustierungen haben.
Mit eiserner Strenge und Konsequenz halten die Russen daran fest, die bulgarische Armee vollkommen unter ihrem direkten Einfluß, als einen Theil ihres eigenen Heeres zu lassen; und nur ein bedeutender Zwischenfall dürfte im Stande sein, diese Sachlage zu ändern; und doch, glaube ich, wird dieser unnatürliche militärische Zustand die erste Ursache sein zu ernsten Konflikten zwischen den Bulgaren und ihren sogenannten Wohlthätern.
Wie jedes noch in der ersten Kindheit stehende Volk, erblicken die Bulgaren in der Armee mit Stolz den Ausdruck ihrer staatlichen Würde und Selbständigkeit, und da noch fast keine anderen Lauf-

bahnen für die mehr gebildeten Elemente offen sind, drängt Alles zum Heere; nun kann kein Bulgare weiter avancieren, als bis zum Oberlieutenant; die höheren Stellen sind ausschließlich den Russen vorbehalten; das kann sich ein Volk nicht auf die Dauer gefallen lassen, und mit Freude darf konstatiert werden, daß die russische Regierung keine glückliche Hand hat in den bulgarischen Angelegenheiten.

Der neue Kriegsminister Fürst Kantakuzene, selbstverständlich ein Russe, soll nach Ausspruch des Fürsten Alexander besser und weniger schroff sein als seine Vorgänger.

Minister Zankoff, mit dem ich Gelegenheit hatte zu sprechen, ist, wie ich höre, ein ausgesprochener Gegner des russischen Einflusses und sehnt sich sehr nach einer vollen Unabhängigkeit Bulgariens; des vollen Vertrauens und der Zuneigung seines Herrn scheint er sich nicht zu erfreuen.

Über die sogenannten gebildeten Stände in Bulgarien beklagte sich der Fürst in bitteren Ausdrücken; es sollen dies ganz unbändige, dabei noch unzivilisierte, ultraradikale Leute sein, die durch die rohe zügellose Presse in Sofia noch mehr aufgehetzt werden; dazu gesellen sich noch allerhand verkommene Subjekte aus dem Ausland. Leider sendet Oesterreich, besonders dessen slawische Länder, einen reichen Zufluß derartiger Menschen. Unser Vertreter Baron Biegeleben scheint ein geschickter, verwendbarer Mann zu sein, der das dortige Terrain gut kennt und, was viel wert ist, das volle Vertrauen und die Freundschaft des Fürsten Alexander zu erringen verstand.

## 3. Rumänien

Der Empfang, der uns bei der Ankunft in Bukarest zu Theil wurde, übertraf die kühnsten Erwartungen. Im Ausland habe ich etwas derartiges noch niemals gesehen, und die Art der Ausschmückung der Häuser, die herausgehängten Bilder, die unzähligen Fahnen, die Triumphbögen und die freundlichen Zurufe der in allen Gassen dichtgedrängten und von der superben Beleuchtung fast taghell beleuchteten Menschenmenge erinnerten an einen feierlichen Einzug

in einer Provinzstadt der Monarchie, nicht aber an die Ankunft in einem fremden und früher eben nicht allzu gut gesinnten Staate.
Der König benahm sich uns gegenüber auf das liebenswürdigste. Er ist in seinem eigenen Hause ein ganz anderer Mensch als im Ausland auf Reisen, wo die Besorgniß, man könnte seine junge Königswürde nicht genügend berücksichtigen, immer einen großen Einfluß auf sein Wesen ausübte. Bei sich ist er ein sehr gastfreundlicher, herzlich guter Herr, in dessen Nähe und in dessen Hause man sich rasch ganz gemüthlich fühlt. Sein sonstiges, eher stolzes Benehmen schlug diesmal uns gegenüber fast in das Gegentheil um.
Auch, glaube ich, hält man im Allgemeinen König Karol für viel weniger begabt, als er es in der That ist. Der rumänische Staat und das rumänische Heer, beide in ihrem ganz modernen, tüchtigen und konsolidierten Wesen, sind doch zum großen Theile seine Schöpfung; und wenn er auch vielleicht im Lande weniger beliebt ist, als er es verdient, so wird ihm doch dankbare Verehrung und große Achtung entgegengebracht.
Die Königin Elisabeth, als Dichterin Carmen Sylva, ist eine geistvolle, angenehme, außerordenlich liebenswürdige Frau, die in ihrem Lande sich einer ungetheilten Beliebtheit, und mit vollem Rechte, erfreut. Sie ist eine tüchtige und sehr geschickte Königin, die ihrem Gemahl große Dienste leistet. Ihre Übersetzungen rumänischer Volkslieder, ihr Eifer an allen nationalen Literaturbestrebungen, ihr Interesse an dem Gedeihen der Bukarester Akademie der Wissenschaften, ihr Wohlthätigkeitssinn, das Wiedereinführen des National-Kostümes, die ernste und vom regsten Fleiß begleitete Durchführung ihrer schweren Stellung, das hat sie vielleicht mehr noch als den König befähigt, dem monarchischen Prinzip in diesem jungen Staate eine feste Basis zu geben. Ich hatte Gelegenheit, mit Königin Elisabeth einige längere Gespräche zu führen, aus denen ich entnahm, daß sie eine ungewöhnlich gebildete und viel weniger exaltiert künstlerische Frau ist, als man es immer bei uns erzählt, und daß ihre politischen Gedanken wohldurchdacht sind und auf langjähriger Beobachtung beruhen. Sie liebt keineswegs die Russen und sprach sich über das Benehmen derselben nach dem Kriege von 1877 den Rumänen gegenüber im gereiztesten Tone aus.

Auch von den Zuständen im Innern des russischen Reiches und über einzelne Mitglieder des Petersburger Hofes erzählte sie in sehr geringschätziger Weise.

Der König ließ desgleichen einige Bemerkungen über die Russen fallen, die eben nicht freundlich klangen, doch ist er reservierter als seine Gemahlin und, wenn er auch keine Ursache hat zu Sympathien für Rußland, so knüpfen sich doch viele Erinnerungen an den gemeinschaftlich durchlebten Feldzug und Alles, was Krieg und Armee betrifft, spielt bei König Karol eine große Rolle; er hält sich für einen bedeutenden Feldherrn, und die Thaten seines Heeres im Jahre 1877 bilden für ihn einen Lieblingsgesprächsstoff.

Das rumänische Armeekorps, welches ich sah, gefiel mir theilweise sehr gut. Die Offiziere, besonders die Generalität, lassen in ihrem Aussehen einiges zu wünschen übrig; die Kavallerie ist hervorragend schön, die Artillerie recht gut; die Fußtruppen nicht schlecht, doch in ihrem legeren, unstrammen Wesen an Italien oder Spanien erinnernd; ein Genre, der unser Auge verletzt. Der König gibt sich Mühe, sie preußisch zu drillen, doch, ich glaube, ohne viel Erfolg.

Die Armee, das Land, die hübsche, elegante, reiche Hauptstadt, der Hof, die Staatsmänner, die ich sah, Alles machte auf mich einen so konsolidierten und zivilisierten Eindruck. Unter den Balkanstaaten ist Rumänien unzweifelhaft in der Entwicklung am weitesten voraus.

Minister Bratianu, den ich längere Zeit sprach, war mir gegenüber von ausnehmender Liebenswürdigkeit, wie auch alle anderen maßgebenden Persönlichkeiten in Bukarest, dem Beispiele ihres Königs folgend, uns eine herzliche Freundlichkeit entgegenbrachten.

Die rumänische Presse, welche vor unserer Ankunft nicht allzu freundlich schrieb, war während unseres Aufenthaltes im Lande sehr höflich; einige Blätter benützten dennoch die Gelegenheit, um, inmitten loyaler Phrasen für uns, doch die Aufmerksamkeit zu lenken auf die armen Brüder in Siebenbürgen. Das ist überhaupt ein wunder Punkt, den man nicht berühren darf. Selbst im Gespräch mit den Majestäten konnte man eine gewisse Befangenheit bemerken, wenn von dem Grenzlande die Rede war.

Je mehr sich Rumänien staatlich entwickelt, desto lauter werden die

Schmerzensrufe in Siebenbürgen erschallen, und desto wirksamer dürften dann alle die Agenten aus dem Königreiche unter unseren Romanen arbeiten können.

Leider ist das Vorgehen der Ungarn den Rumänen gegenüber ein ebenso ungeschicktes, als unkluges; wir hätten doch so viel Interesse daran, mit dieser Nation auf gutem Fuß zu bleiben, sie soviel als möglich für uns zu gewinnen, und wenn es so fortgeht, werden die Ungarn uns in jenen Gebieten, innerhalb der Monarchie und auch außerhalb noch viel Unannehmlichkeiten verschaffen. [Hier machte Kaiser Franz Joseph die Randbemerkung: »Sehr richtig.«]

Vom russischen Einfluß haben sich die Rumänen ganz emanzipiert; es gibt noch eine kleine russische Partei im Lande, doch soll sie sich auf ein Minimum reduzieren. Hie und da werden russische Sympathien betont, doch dann geschieht dies meistens von Leuten, die dadurch der Regierung Verlegenheiten bereiten wollen, und nicht aus ernster politischer Überzeugung, sondern als momentanes Parteimittel.

Unser Gesandter Baron Mayr erfreut sich einer sehr guten Stellung bei Hofe in Bukarest; ich erhielt von ihm treffende Informationen, und es machte mir den Eindruck, als hätten wir an diesem Posten einen geschickten und tüchtigen Vertreter.

## 4. Serbien

In Belgrad wurden wir von den Majestäten sowohl als auch von Seite der Bevölkerung sehr schön und herzlich empfangen. Trotz strömenden Regens waren die Gassen dicht gefüllt mit Menschen, die ununterbrochen Zivio riefen; die Häuser prangten in Fahnenschmuck, und viele Triumphbögen in österreichischen Farben waren an den Hauptplätzen aufgestellt. Auch hier hätte man sich die Aufnahme nicht schöner und freundlicher denken können. Die Truppen, die ich sah, gefielen mir theilweise recht gut; die Kavallerie ist elend, die Artillerie nicht viel besser, doch die Infanterie sehr hübsch; größere Leute als in Rumänien, mit einer viel strammeren militärischen Haltung, auch die Offiziere machten einen besseren

Eindruck. Wenn man bedenkt, daß ein großer Teil der Infanterie, die ich zu sehen bekam, aus Rekruten bestand, die erst seit sechs Wochen eingerückt waren, muß man alle Achtung vor den serbischen Truppenoffizieren haben.
Der König zeigt der Armee ein viel geringeres Interesse, als König Karol. Während der Defilierung trat er ganz zurück und sprach mit einigen Herren, ohne die Truppen nur eines Blickes zu würdigen. Als die Kavallerie und die Artillerie vorbeikamen, äußerte er sich in sehr wegwerfendem Ton über diese Waffengattungen seines Heeres. Aus seinem ganzen Benehmen bei der Truppe sieht man, daß König Milan nie Soldat war und auch kein Herz und Verständnis für die Armee hat, was ihm noch viel schaden dürfte. Bei der großen Vorstellung des Offiziers-Corps gefiel mir die Art und Weise des Königs besser, und er nannte mir die Namen aller Stabsoffiziere in einer für dieselben freundlichen Weise. Die Offiziere machten einen vortheilhaften Eindruck auf mich; ich fand eine gute militärische Haltung, anständiges Benehmen; sehr viele sprachen gut Deutsch, und im ganzen Wesen liegt viel Übereinstimmendes mit unseren Truppenoffizieren.
Im Palais stellte mir der König auch eine Reihe hervorragender Persönlichkeiten Serbiens vor, darunter auch Herrn Ristić, der ein wohlerzogener, gebildeter Mensch zu sein scheint.
Das königliche Schloß ist ein schönes, gut montiertes Privathaus, doch eng und gar nicht im Genre einer Residenz. Der Hofstaat gefiel mir nicht allzu gut. Die Herren kennt man fast alle in Wien, doch die Damen zum Glück nicht. Eine falsche Elegance, parvenuehafte, überladene Toiletten, auffallendes Benehmen, etc. etc. lassen vermuthen, daß die vielen Gerüchte über die Liederlichkeit des serbischen Hofes nicht ganz aus der Luft gegriffen sind.
Auf die treue Anhänglichkeit des Königs Milan kann man meiner Ansicht nach zählen, auch in seinem Volk und besonders in der Armee hat er es verstanden, österreichische Gefühle zu hegen; sein moralischer Muth ist auch über jeden Zweifel erhaben; seine Sympathien für uns hat er schon in gefahrvollen Momenten bewiesen, und sein Benehmen bei meiner Anwesenheit in Belgrad war wieder ein deutlicher Ausdruck jener Ansichten, die ihn fest an Österreich

ketten; ich brauche nur auf den bekannten Toast hinzuweisen. Vom Momente angefangen, als wir in Belgrad ankamen, trat er bei jeder Gelegenheit demonstrativ in den Hintergrund zurück; als man sich vor der Defilierung der Truppen und abends beim Fackelzug am Fenster zeigen mußte, war er nicht zu bewegen, ebenfalls näher zu kommen, er betonte, daß alles uns gelten müsse, in diesem Momente sei er gar nichts; auch die Vorstellungen der Zivil- und Militärbehörden nahm er in einer Weise vor, die mehr an das Benehmen eines Statthalters im eigenen Lande erinnerte. Seine ganze Zukunft hat er an Oesterreich gekettet, doch mehr noch würde er uns helfen, wenn er es verstünde, sich in seinem Lande sehr fest zu setzen und die Liebe seines Volkes zu gewinnen.

Leider behandelt er seine Leute wegwerfend, zeigt nur allzu deutlich, wie wenig er sie achtet, betont bei jeder Gelegenheit seine Sehnsucht nach Wien und gab diesen Gefühlen uns gegenüber nur allzu viel Ausdruck in unvorsichtiger, lauter Weise. Er blieb ein Fremder im Lande, der auf seinem Posten unglücklich ist und dessen ganzes Sinnen und Trachten dahin geht, jedes Jahr einen recht langen und angenehmen Urlaub in Oesterreich zu verleben. Darin eben bekundet sich der große Unterschied mit Rumänien. König Karol ist mit Leib und Seele Rumäne geworden und hat dadurch eine ganz andere, viel festere Position. Dem König Milan dürften über kurz oder lang auch seine finanziellen Fehler, sein Hang zur Verschwendung und das unkorrekte Privatleben schaden. Sein Verhältniß mit der Tochter des Generals Catargi, der Hofdame der Königin, ist in Belgrad eine bekannte Sache, und es gehört nicht viel Beobachtungstalent dazu, um diese Neigung zu entdecken, wenn man den König mit dieser Dame, selbst bei Tische, Blicke wechseln sieht.

Wie immer in Wien, so auch diesmal in Belgrad jammerte der König mir gegenüber viel über seine schwere Stellung, über den Undank, die Roheit, Trägheit und die panslawistischen Anlagen in seinem Volke. Rußland ist für ihn ein Gespenst, das ihm niemals Ruhe läßt, und doch, glaube ich, hat sich unser Einfluß in Serbien und das Gefühl, von Oesterreich abzuhängen, schon sehr gefestigt.

Der Ausbau der Orientbahnen beschäftigt den König begreifli-

cherweise sehr, und er scheint auf den guten Willen der Türken mehr zu vertrauen als auf jenen Bulgariens; er meint, die Russen würden alles thun, um den Bahnbau in Bulgarien zu verhindern.
Die Königin Natalie hat weder das Wesen noch das Benehmen einer Königin; sie ist eine elegante Frau, die ungemein viel für Toiletten und Schmuck ausgibt und sich gerne gut unterhält; dabei aber gibt sie sich Mühe, im Lande beliebt zu sein, und vermeidet es, an den Gesprächen ihres Mannes über die Fehler der Serben theil zu nehmen; die Armee interessiert sie, und sie spricht gerne von derselben; man kann deutlich erkennen, daß sie Serbien mehr liebt als der König und daß sie sich auch mehr Mühe mit den Leuten gibt.
Unser Gesandter Graf Khevenhüller ist weitaus der geschickteste unter den Diplomaten, die ich auf dieser Reise sah. So gut und genau informiert wie in Belgrad wurde ich noch nie, weder diesmal noch auf früheren Reisen. Khevenhüller kennt Serbien und alle wichtigen Persönlichkeiten so wie die ganzen Verhältnisse des Landes durch und durch. Seine Stellung ist eine ganz exzeptionelle; er geht ein und aus im Palais, um alles wird er gefragt; seine Gewandtheit, sein Verstand und seine Energie haben es ihm ermöglicht, eine Rolle zu spielen, die ich früher leider noch niemals bei einem unserer Vertreter sah; diesen Eindruck gewannen wir alle in Belgrad. Die großen Fortschritte des österreichischen Einflusses in Serbien, die Sympathien des Königs sind gewiß zum großen Theile ein Verdienst unseres Gesandten, der es versteht, bei seinen Untergebenen, bei den Oesterreichern in Belgrad und bei den Serben sich einer großen Beliebtheit zu erfreuen. Auch unser Militärbevollmächtigter hat eine sehr gute Stellung*.
Bei dieser Gelegenheit möchte ich mir auch die Bemerkung erlauben, daß in den Ländern, die ich jetzt bereiste, sehr viele Diplomaten und auch Konsulatsbeamte in Militäruniform erschienen sind; ich glaube, sie würden einen besseren Eindruck in Diplomaten-Uniform machen; wer nur selten als Soldat angezogen ist, dessen militärische Haltung läßt dann viel zu wünschen übrig, und den Uniformen sieht man auch das Lange-im-Kasten-Liegen an; daher be-

* Der k.u.k. Militärattaché in Belgrad war H. Pinter.

kamen wir einige Offiziere zu sehen, die den Balkanvölkern keinen günstigen Begriff von unserer Armee geben dürften, und wilde Völker halten viel auf das Äußere des Menschen.

Unleugbar haben wir große Interessen im Oriente, und die Geschicke der Balkanländer sind für uns eine Lebensfrage. Im Ganzen fand ich den Boden besser vorbereitet, als ich es mir erwartet hätte; der Moment ist ein günstiger. Oesterreich, mit Deutschland eng alliiert, macht einen imposanten Eindruck auf jene Völker, und als nächster großer Kulturstaat, verbunden durch einen Strom, der doch vor allem eine österreichische Verkehrsstraße ist, drängt sich jedem der Gedanke auf, daß schon die geographische Lage es bedingt, unserem Reiche in der Balkanhalbinsel eine große zivilisatorische Rolle zuzuweisen.
Rußland ist weit, durch ein Meer getrennt, selbst noch ein unentwickelter Staat, nicht um Vieles kultivierter als die Völker des Balkans.
Aus Oesterreich und durch Oesterreich drängt die abendländische und mitteleuropäische Kultur nach jenen noch brachliegenden Gebieten; sie sucht sich dahin auszudehnen, sie schlägt die nächsten Wege ein, und diese sind in unseren Händen; finanziell, handelspolitisch und durch die Übertragung der Bildung müssen wir jene Länder unter unseren dominierenden direkten Einfluß stellen und sie für uns erringen.
In Konstantinopel, ebenso wie in Rumänien, Bulgarien und Serbien fühlt und ahnt man es, daß Österreich, dank seiner Stellung und geographischen Lage, berufen ist, im Oriente eine große Rolle zu spielen; ich glaube, man denkt dort mehr daran, als wir es in unserer Bescheidenheit jemals zu glauben wagen würden. Ich habe die Mission Oesterreichs im europäischen Orient immer für ein Naturgesetz gehalten und nun, nach dieser Reise, ist mein Glaube an unsere große Zukunft in diesen Gebieten noch fester geworden.
Eine Theilung des Wirkungskreises mit einer anderen Großmacht, zum Beispiel mit Rußland, war ein Gedanke, der früher oft auch in Österreich zur Sprache kam; ich halte dies für eine reine Unmöglichkeit, da die ganzen Balkanländer ein zusammenhängendes Ge-

biet bilden, und, statt Frieden dadurch zu stiften, würde man nur den Grund legen zu unaufhörlichen Streitigkeiten und Komplikationen.

Vor dem Kriege mit Rußland schreckt man zurück und sucht nach Mitteln, um die orientalische Frage in die Länge zu ziehen und den Frieden mit für uns unnatürlichen Konzessionen zu erkaufen. Doch nichts kann uns vor diesem Kampfe bewahren, als ein freiwilliges Aufgeben der jetzigen Orientpolitik von Seite Rußlands, eine Sache, die kaum in das Gebiet der Möglichkeiten gehört.

Der europäische Orient ist für uns besser vorbereitet, als man es hier glaubte; falls es uns gelingt, durch Eisenbahn und Schiffahrtsverbindungen, durch Unterstützung der ohnehin großen österreichischen Kolonien und durch alle zu Gebote stehenden Mittel, insbesondere durch die Wahl sehr geschickter und energischer Diplomaten an den Balkanhöfen, unentwegt auf das eine Ziel loszuarbeiten, unbekümmert darum, was Rußland dazu sagt, mit dem ohnedies, es geschehe was da wolle, einmal gekämpft werden muß, dann wird das geschehen, was in der Natur der Dinge liegt: wir werden Herren sein des europäischen Orientes!

Rudolf

*Ungedruckter Zeitungsartikel:*

## Die Kaiserzusammenkunft in Kremsier

Auf Anregung und in Gegenwart Bismarcks, der den deutschen Kaiser vertrat, fand im August 1885 im mährischen Städtchen Kremsier eine Zusammenkunft des Kaisers von Österreich mit dem russischen Zaren statt. Es sollten Balkanfragen einvernehmlich besprochen, ja ein Dreikaiserabkommen über die Balkanpolitik abgeschlossen werden.
Beide Monarchen erschienen mit zahlreichem Gefolge. Besonderes Gewicht gab dem Treffen auch das Beisein der Kaiserin Elisabeth und des Kronprinzen Rudolf. Selbst ein Ensemble der Hofoper und des Burgtheaters – mit Katharina Schratt – wurde mitgenommen für eine Galaveranstaltung des »Sommernachtstraums« im Park der erzbischöflichen Sommerresidenz. So groß auch der Glanz der Feierlichkeiten war, so mager war das Ergebnis. Zar Alexander ließ sich auf keine feste Vereinbarung ein und behielt sich die volle Freiheit in der Balkanpolitik vor.
Gar nicht anders hatte Kronprinz Rudolf das Ergebnis vorausgesehen. Schon am 4. August schrieb er an Szeps: »Während sich die Monarchen umarmen werden, schicken die Russen Gewehre und Munition in Mengen nach Serbien und selbst auch nach Bosnien, um einen Aufstand vorzubereiten; man sieht, wie nützlich die Politik unseres Staatsmannes am Ballplatz ist« (womit wieder Außenminister Kálnoky gemeint war)[20].
Diese seine feste Überzeugung, daß mit Rußland keine freundschaftliche Lösung über Balkanfragen möglich sei, solange Österreich-Ungarn eine aktive Balkanpolitik betreiben wolle, legte der Kronprinz auch in einem Manuskript für das »Neue Wiener Tagblatt« nieder[21]. Unter dem Manuskript steht als P. S. für Szeps: »Die Sache ist meiner Ansicht nach der Wahrheit treu entnommen; ich weiß, es dürfte zu deutlich sein, doch gehen Sie ich bitte Sie an die Grenze des Möglichen.«
Moriz Szeps sah sich außerstande, diesen Artikel abzudrucken, »der mit ätzendster Lauge geschrieben ist und die Wahrheit so scharf zeichnet, dass sie in unserer maskirten Zeit erschütternd wirkt. Nicht eines einzelnen Satzes wegen, sondern *aller* Sätze wegen wäre dieser Artikel beschlagnahmt wor-

den und es ist mir daher auch unmöglich, ihn durch Kürzungen ... und ähnliche Mittelchen durchrutschbar zu machen. ... nur ein englisches oder amerikanisches Blatt könnte ihn unverändert drucken[22]«.

Der österreichische Hof rüstet sich, mit althergebrachtem Glanz und Pomp den nordischen Kaiser zu empfangen, und am 25. wird das traute Städtchen Kremsier und die sonst so stille Residenz des greisen Kirchenfürsten Zeuge sein prächtiger Hoffeste und würdevollen, glanzstrahlenden Tuns und Treibens von Würdenträgern und hohen Diplomaten.
Zwischen all den rauschenden, das Auge blendenden Schauspielen grinst denn doch die nackte Wirklichkeit hie und da störend hervor, und wir Österreicher, unserer Stellung eingedenk, stellen uns die sehr reale Frage: was ist der Nutzen, was sind die Erfolge, welche unserem Vaterlande aus den Tagen von Kremsier erblühen werden? Und war diese Zusammenkunft, diese demonstrative Betätigung eines Bündnisses mit Rußland notwendig? Heute müssen wir mit einem Ja antworten. Kremsier ist die Folge von Skierniewice* und eine unausweichliche, ja selbst in unseren Interessen liegende Folge. Doch der Besuch unseres Kaisers in Skierniewice war keine in unserer Politik, keine in den österreichischen Tendenzen und in unserer Zukunft seine Ursache findende Aktion. Die Tage von Skierniewice haben uns nichts genützt, denn mit Rußland gibt es keine ehrliche Freundschaft, nicht einmal eine halbwegs dauerhafte Verständigung, solange wir auf Teile der Balkanhalbinsel Aspirationen hegen, Provinzen derselben besetzt halten und für unsere Zukunft eine Machtsphäre im Oriente anstreben. Unsere Interessen kreuzen sich. Die Zeiten von Reichstadt, wo noch Teilungen der Balkanländer in das Gebiet der Möglichkeit gehörten, sind lange vorüber. Der russisch-türkische Krieg, St. Stefano und dann der Berliner Vertrag haben alles gründlich geändert, und wie die Dinge heute stehen, gibt es nur die Wahl zwischen vollem Verzich-

* Bei ihrem Treffen in Skierniewice 1884 vereinbarten der Kaiser von Österreich-Ungarn und der Zar, sich vor jeder im Orient neu auftauchenden Frage zu besprechen.

ten auf jede Machtentfaltung im Orient oder Entscheidung durch die Waffen. Wie wenig daher bei solchen Zuständen auf derartigen Entrevuen überhaupt verhandelt werden kann und wie absolut wertlos das Gesprochene und Ausgekochte für uns ist, dürfte jedem klar sein, der die Politik des Orients zu betrachten in der Lage war. Schaden, absoluten Schaden hat uns Skiernewice gebracht, und zwar durch die Tatsache des Besuches des um vieles älteren Kaisers von Oesterreich beim jungen Zaren, was natürlich von den Russen den Balkanslawen gegenüber als ein Canossa oder doch zumindest als eine pflichtschuldige Aufwartung des schwachen Oesterreich beim mächtigen Rußland dargestellt wurde. Bei wilden Völkern machen derlei Äußerlichkeiten einen tiefen Eindruck, und so kann man dessen gewiß sein, daß die russischen Emissäre diese Tatsache gründlich ausgenützt haben. Ja selbst an unseren um so vieles gebildeteren österreichisch-ungarischen Slawen ist diese Erscheinung nicht spurlos vorübergegangen.

Aus diesen Gründen ist Kremsier von Wichtigkeit – nur leider zu spät; um den ungünstigen Eindruck von Skiernewice etwas zu mildern, hätte der Gegenbesuch des russischen Kaisers bald erfolgen müssen.

Skiernewice war unseres jetzigen, von den Russen so sehr gewonnenen Ministers des Äußern größter Fehler. Politisch hat man gesündigt, doch auch zugleich finanziell, denn die Folge von Skiernewice, die Entrevue von Kremsier, kostet Unsummen, welche auf der Balkanhalbinsel, in jenen Ländern, wo Minister, Militärs und Politiker aller Art um geringe Summen zu gewinnen sind, hätten besser und nutzbringender angelegt werden können.

Während die Kaiser sich Freundschaft betheuern und innig umarmen, benützen die Russen die Leichtgläubigkeit und Kurzsichtigkeit unserer Diplomaten, um gleichzeitig die Stellung des österreichtreuen Königs Milan zu unterwühlen, die Agitationsherde in Bulgarien und Montenegro reich zu dotieren, Emissäre zu schicken und Waffendepots an den serbischen und bosnischen Grenzen zu gründen, um den von ihnen geplanten Aufstand in unseren Okkupationsgebieten und in Serbien vorzubereiten.

In Kremsier werden rauschende Feste gefeiert, Alles prangt in

Freude und Feiertagskleid, die Staatsmänner werden verhandeln – über was, das wissen sie selbst nicht – und inmitten all des hohlen Glanzes bleibt es bei der alten Tatsache: wir Oesterreicher müssen entweder auf jeden Einfluß, jede Machtsphäre im Orient verzichten oder uns für den schweren, aber unausweichlichen Kampf vorbereiten.

[1885 Aug. 17]

Der oesterreichische Hof rüstet
sich mit allem hergebrachten
Glanz und Pomp den nordischen
Kaiser zu empfangen und am
25ten wird das kleine Städtchen
Kremsier und die sonst so
stille Residenz des greisen
Kirchenfürsten Zeugen seiner
prächtigen Hoffeste und wonne-
vollen, glanzstrahlenden Theater
und Feiern, von Würdenträgern
und hohen Diplomaten.
Zwischen all' den rauschenden
das Auge blendenden Schauspielen
grinst denn doch die nackte
Wirklichkeit hie und da störend
hervor und ~~das~~ in Oesterreichs
unserer Stellung eingedenkt. 27

## Notiz zur aktuellen Balkanpolitik

*(Anfang Dezember 1885)*

Schon drei Wochen nach dem Treffen in Kremsier brach in Rumelien ein Aufstand aus. Bulgarische Truppen annektierten das Land. Das wiederum löste den bulgarisch-serbischen Krieg aus, der wie jeder Balkankonflikt akute Kriegsgefahr für Rußland und Österreich bedeutete. Außenminister Kálnoky behielt eine unbedingte Friedenspolitik bei, vom ehemaligen Außenminister Gyula Andrássy heftig angegriffen. Andrássy trug dem Kaiser Ende November 1885 seine Meinung vor, der Zeitpunkt für eine kriegerische Auseinandersetzung mit Rußland sei günstig: »Um unsere Zwecke in Deutschland zu erreichen, gingen wir 1864 mit Preußen, dessen Interessen den unseren ganz entgegengesetzt waren und wurden 1866 aus Deutschland ausgeschlossen. Um unsere Interessen auf der Balkanhalbinsel zur Geltung zu bringen, schicken wir uns jetzt an, mit Rußland zu gehen, um uns demselben Resultate auszusetzen. Die vorsichtige Politik kann Fehler begehen, doch sollten es nicht immer die nämlichen sein[23].«

Auch der österreichisch-ungarische Gesandte in Belgrad, Graf Rudolf Khevenhüller betrieb offen Kriegspolitik. Sein Einfluß auf Rudolf ist bei der folgenden Notiz des Kronprinzen unübersehbar. Denn die Vermittlungsvorschläge: zwar Union Ostrumeliens mit Bulgarien, aber Abtretung des Kreises Widdin an Serbien, Genehmigung der Union durch Österreich, hatte Alexander von Bulgarien dem Grafen Khevenhüller gemacht, dieser hatte den Kronprinzen informiert und »auseinandergesetzt, daß in diesem Momente Österreich in der Lage sei, sowohl Bulgarien als auch Serbien dauernd für sich zu gewinnen und damit die Vormacht auf dem Balkan zu werden[24]«. Mit seiner »Notiz« an den Außenminister versuchte der Kronprinz zum erstenmal, sich in die Außenpolitik einzumischen. Er erhielt eine kräftige Abfuhr von Kálnoky: »unvergleichlich schwerer wiegend als die Sympathie dieser unverläßlichen Völker, die vor allem egoistischen Zwekken huldigen, fällt die Frage in die Waagschale, ob Deutschland mit Leib und Seele mit uns in den Krieg gegen Rußland zieht[25]« – das freilich stand damals für Andrássy, der ja 1879 selbst mit Bismarck den Zweibundvertrag geschlossen hatte, und auch für den Kronprinzen außer Frage.

Der Aufstand in Rumelien und noch mehr der ihm folgende serbisch-bulgarische Krieg zwingen uns, eine energische, zielbewußtere Politik im Orient zu führen.
Was auch jetzt geschehen mag, eines ist sicher, ein Konflikt zwischen Oesterreich-Ungarn und Rußland muß die notwendige Folge der Komplikationen am Balkan sein.
Unser energisches Auftreten durch die Mission des Grafen Khevenhüller hat die nur mühsam und mit großen Opfern an Ansehen und Würde hergestellte Annäherung an Rußland wieder gründlich zerstört.
Unsere Politik kann auch jetzt noch auf eine Erhaltung des Friedens und auf eine wenn möglich friedliche Lösung der schwebenden Fragen hinarbeiten, doch sie muß zugleich auf die Eventualität des Krieges gefaßt sein, und diese für uns auf das günstigste vorbereiten.
Unsere wichtigsten Fragen bestehen in der Erhaltung und Gewinnung des Einflusses, besser gesagt der Machtstellung im europäischen Oriente und in der Schaffung der denkbar günstigsten Situation für den Moment des Losschlagens.
Was den Balkan und dessen Staaten betrifft, können wir diese zwei Ziele durch dieselbe Politik erreichen.
Oesterreich-Ungarn muß auf das energischste eintreten für die Vereinigung Bulgariens und Rumeliens unter dem selbständigen Fürsten Alexander; dieser aber müßte angehalten werden, den Serben zur Wahrung ihrer Stellung einen Bezirk (:Kreis von Widdin:) abzutreten. Den Griechen müßte eine Gebietserweiterung im geheimen versprochen werden, welche sie erhalten, falls sie im gegebenen Moment auf unseren Wink gegen die Türkei losschlagen.
Den Rumänen kann, für den Fall der Bundesgenossenschaft mit uns gegen Rußland, Bessarabien in sichere Aussicht gestellt werden.
Mit England müßte Fühlung hergestellt werden; wie es scheint, kann man auf einen Sieg der Konservativen nicht mehr rechnen, daher wäre es am klügsten, sich mit Gladstone in geheime Verbindung zu setzen; ihn, unser energisches Auftreten für die bulgarisch-rumelische Union mitteilend, auffordern, ein bewaffnetes Eintreten der Türkei gegen Bulgarien in Schach zu halten.
Wir können dadurch die günstige Situation herstellen, daß wir die

Interessen und Wünsche der Balkanvölker vertreten, eventuell verfechten, und daß wir weiter Rußland in ein Fahrwasser mit der Türkei, also gegen die Selbständigkeit und Entwicklung dieser kleinen Staaten, drängen. Wir haben uns dann die Sache der Südslawen zu eigen gemacht, und wir spielen dann die viel angenehmere Rolle der Retter, als wie die leider bei uns durch Jahrzehnte übliche Rolle der Unterdrücker und Bekämpfer unausweichlicher Bestrebungen junger Völker.

Was aber militärisch und daher auch für das Ganze die Hauptsache ist, besteht in der Freihaltung unseres Rückens durch diese Politik. Serbien, Bulgarien, Rumänien und Griechenland, also Montenegro ausgenommen, alle diese Balkanstaaten, wären unsere naturgemäßen Alliierten und die ganze Armee bleibt erhalten für den Fall eines Krieges mit Rußland.

Wenn wir diese Politik nicht einschlagen, dann gehen wir, trotzdem eben so sicher, doch unter den denkbar ungünstigsten Verhältnissen dem Kriege mit Rußland entgegen. Bulgarien wird mit Rumelien vereinigt, doch nicht durch uns, sondern durch Rußland, was heute schon im Werden ist; und somit gelangt dieses Gebiet wieder ganz in die momentan verloren gegangene Sphäre des russischen Einflusses. Serbien zieht als geschlagen, gedemütigt, ohne eine Belohnung aus dem letzten Krieg; die österreichische Partei, an der Spitze König Milan, hat sich dort blamiert, unmöglich gemacht. Ristić und Konsorten kommen an das Ruder, und eine Herrschaft des russisch-montenegrinischen Hauses Kara-Georgević oder eine ebenso schlechte, schwache, unter der antiösterreichisch gesinnten Königin Natalie stehende Regentschaft gestalten ein uns direkt feindliches Serbien dicht an unserer Grenze*. Die Ruhe in Bosnien und der Herzegowina verdanken wir mit zum großen Teile der loyalen Haltung des Königs Milan und des von ihm regierten Serbiens; kommen andere Faktoren in Belgrad ans Ruder, dann werden auch die okkupierten Provinzen uns wieder zu schaffen geben, und wahrscheinlich auch, durch montenegrinischen Einfluß aufgehetzt, die Slawen in Süd-Dalmatien.

* Diese Situation trat bereits 1889 mit der Abdankung König Milans ein.

Dieser Zustand wird uns durch seine Unerträglichkeit zum Handeln drängen, ein Einmarsch in das uns dann feindlich gesinnte Serbien gibt den Anlaß zum Krieg mit Rußland, den wir beginnen werden mit einem durchwegs antiösterreichischen Balkan, vom Schwarzen Meer bis zur Adria; nach alter Tradition gibt es dann wieder militärische Aufmärsche nach zwei Richtungen, und daß dies nicht vorteilhaft ist, hätten wir schon zur Genüge erfahren können.
Die hiemit besprochene Frage ist jetzt akut. Von den nächsten Tagen, von der raschesten Entscheidung hängt viel ab; vielleicht Sein oder Nichtsein, gewiß aber unsere Machtstellung im Ganzen und besonders im Orient; viele Fehler der letzten Jahre können gutgemacht oder neue, diesmal entscheidende, hinzugefügt werden. Nicht allein die Gegenwart steht auf dem Spiel, doch vielmehr noch die ganze Zukunft, für die man auch den kommenden Generationen verantwortlich ist.

*Politische Denkschrift 1886:*

## Skizzen aus der österreichischen Politik der letzten Jahre

Aus Anlaß der Balkankrise, die er als Wende- und Entscheidungspunkt der österreichischen Außenpolitik ansah, verfaßte Rudolf diese streng geheimgehaltene Denkschrift[26], die eine prononcierte Parteinahme für die oppositionelle Politik Andrássys darstellte. Schon im Oktober 1885 hatte Rudolf an Szeps geschrieben: »Wenn es gelingen könnte, den Grafen Kálnoky jetzt aus dem Sattel zu heben, so wäre dies ein großes Glück. Eine entscheidende Zeit steht uns bevor; Graf Andrássy wäre besser am Platze, doch wie er mir es selbst gestern sagte, will ihn der Kaiser nicht; er scheint mir bereit zu sein, dem ersten Rufe zu folgen, weil er das richtige Gefühl hat, daß unser jetziges Auswärtiges Amt in einer sehr wichtigen, ernsten Zeit plan- und hilflos als Spielball von Berlin und Petersburg hin und her schwankt[27].«
Die Denkschrift bringt eine Rückschau auf die Außenpolitik Österreich-Ungarns ab 1871 und die Innenpolitik ab 1866. Zu beachten ist der schon sehr unfreundliche Kommentar zur Bismarck-Politik, der aggressive Ton über den Dreibundpartner Italien und der Rat (der von Rudolf Khevenhüller stammte), Bosnien an Serbien herauszugeben – also keine Gebietsausweitung Österreich-Ungarns am Balkan im imperialistischen Sinn zu wollen, sondern »hohe kulturgeschichtliche Mission im Namen des europäischen Fortschrittes« nach dem Rat des »Achtundvierzigers« Adolf Fischhof.

Gliederung:

»Vorwort.

I. Andrássy. Seine Stellung. Die offizielle Politik, die geheime Militärpolitik. Slawisch-russische Überbleibsel alter Zeit, vermischt mit neuen Ideen. Kaiserreise in Dalmatien. Der Stein kommt ins Rollen, Aufstand in der Herzegowina, Krieg mit Montenegro und Serbien. – Reichstadt. Was wollen die Russen? Russisch-türkischer Krieg.

Was hätten wir tun können? Zwei Möglichkeiten: mit den Russen, gegen die Russen. So gar nichts. Bosnien und Herzegowina. – Viel Geld.
II. Die Allianz mit Deutschland. Deutschlands Stellung. Die gemeinsamen Interessen. Deutschlands Allianzen. Unser Verhältnis zu Deutschland vor Skierniewice. Wert dieser Zusammenkunft für Deutschland – für uns? Unsere äußere Politik seit Rücktritt Andrássys bis Skiernewice. – Unsere Orientpolitik. Was muß kommen? Was kann uns ein glücklicher Krieg gegen Rußland eintragen? Rumänien. Was soll aus Serbien werden? Wie muß der Balkan dann aussehen? Wie sieht Deutschlands Macht aus? Seine innere und äußere Stellung, wenig Alliierte – viel Feinde – alle Romanen. – Spaniens und Italiens Allianz zu Deutschland, eine Monstruosität – dann alle republikanischen Elemente. Wie erhält sich Deutschland unter Kaiser Wilhelm? Wie unter seinem Sohne? – Unser Unglück, immer fest verbunden zu sein mit Mächten, die schon im Niedergang begriffen sind.
III. Innere Politik Österreichs in der Gegenwart: österreichische, ungarische – Absichten der einzelnen Nationen. – Alles ein Übergangsstadium, hängt von der äußeren Politik und von den Erfolgen derselben ab. – Antisemitismus, Ultramontanismus, Feudalismus. Sozial-Aristokraten. Sozialisten. – Antiliberale Strömung, Verrohung der Sitten – fehlt eine starke Hand. – Die Armee. Kann sie sich bei der jetzigen inneren Politik gut erhalten? Blick in die Zukunft. – Schluß.«

## Vorwort

Politische Skizzen, wie sie ein stiller Beobachter, der dem Treiben des politischen Lebens nahesteht, ohne in dasselbe tätig einzugreifen, sammeln kann, sind diese Blätter. Aus Tagebüchern und Notizen, selbsterlebten Momenten, selbstbeobachteten Situationen, auf eigener Anschauung beruhender Beobachtung der Monarchie und ihrer Völker, sowie der angrenzenden Gebiete des Orients, häufte sich allmählich das immerhin nicht unbedeutende Material zu dieser kleinen Schrift zusammen.

Die Entstehung derselben und ihr Zweck müssen als Entschuldigung dienen für den skizzen- und notizenhaften Typus, den die ganze Arbeit an sich trägt.

## I.

Die Schilderungen, welche ich nun meinen Lesern bieten möchte, haben teilweise, so sehr sie auch in die Gegenwart hereinragen, den historischen Anstrich erhalten, denn gar manches hat sich geändert und vieles, was vor zehn Jahren noch zu den schönsten Hoffnungen berechtigte, schuf uns nur Enttäuschungen, und lange schon hat Europa kein so wenig erfreuliches Bild dargeboten, als jetzt in diesem Zeitabschnitte, den wir nur für ein Übergangsstadium halten können und müssen. Politisch wie sozial, wohin wir blickten, nur düstere Zustände; ein heftiges Fieber rüttelt die alten Staatengebilde, die Verquickung der historischen Rechte, all des aus früheren Zeiten ererbten Gerümpels, mit neuen echt modernen Errungenschaften, jene Schöpfungen der großen Revolutionsjahre, sie haben sich nicht als lebensfähig erwiesen.

Die schönen Hoffnungen, die poetischen Träume, die Rettungsversuche des 1848er-Jahres, und vor allem der freiheitliche, großartige, jugendlich starke Drang nach geistigem Streben, nach Jagen und Ringen für hohe Ideale, all das ist erstorben und verdorben, es hat sich überlebt.

Die Heere wurden verzehnfacht, das Volk strotzt in Waffen, die Leistungen eines jeden für den Staat werden immer größer, an Stelle patriarchalischer Bevormundung hat sich rohe Gewalt gesetzt, der Parlamentarismus, von dessen bloßen Namen man schon Rettung und goldene Zeiten erwartete, ist zu einer läppischen Spielerei herabgesunken, aus dem Volke grinst der Sozialismus mit seinen utopischen Zerstörungsgedanken immer grauenvoller hervor, und im Wesen der äußeren Politik hat sich alles zu einer auf Bajonetten und möglichst guten Mobilisierungsplänen beruhenden sogenannten Freundschaft gestaltet; Allianzen bestehen, doch nicht immer die glücklichsten, und Angst vor den Nachbarn, Angst vor den unteren Klassen der Bevölkerung, Angst vor der Zukunft und das Bewußtsein, es könne in dieser Weise nicht lange mehr fort-

gehen, sind die Gefühle, welche die einzelnen Regierungen beherrschen.
Diese Worte der Einleitung mußte ich vorausschicken, um den Leser einzuführen in die Richtung, welche diese Aufsätze einschlagen sollen.

Die innere und noch mehr die äußere Politik Österreich-Ungarns erhielt eine neue Wendung, als Graf Andrássy die Leitung des Auswärtigen Amtes übernahm [1871]. Aus dem freien Ungarn, welches noch die Flitterwochen seines jungen Staatslebens genoß, im Rausche des Glücks und der liberalen Entwicklung nicht ahnen konnte, welch böse Enttäuschungen die Zukunft vorbereitet hatte, aus diesem damals so glücklichen Lande, wie gesagt, kam der magyarische Staatsmann, der gewesene Revolutionskämpfer, um die auswärtigen Geschäfte der Gesamtmonarchie zu leiten.
Das föderalistisch-klerikal-feudale Regime des Grafen Hohenwart mit seinen verhängnisvollen Plänen wurde vom jugendstarken Liberalismus eines Andrássy in den Staub getreten, und wer ein guter Oesterreicher, wer ein Patriot war, atmete auf, und stolz über den Sieg der fortschrittlichen Gesinnung, gab man sich der Hoffnung hin, zum letztenmal den giftigen Drachen der Reaktion über Österreichs Geschicke walten gesehen zu haben. Und jetzt! Lange gibt es keinen Andrássy mehr, und das entnervte Österreich leidet an langsamem, aber sicher zum Ende führenden Marasmus, der feudal-klerikal-föderalistischen Seuche!
Als Andrássy den Ballplatz bezog, mußte sich vieles ändern, denn ein Mann, wie er, duldete auch in Österreich keine ihm unliebsame Regierung. Für uns begann daher eine Ära des Aufschwungs, der fortschrittlichen Entwicklung und der Zufriedenheit, an die jeder heute noch mit Wehmut zurückdenkt.
Selbstverständlich fand aber der Minister des Äußern als liberaler Mann, als Ungar, als alter Achtundvierziger, an allen jenen Elementen, die, man kann sagen, durch Jahrhunderte der österreichischen Politik ihre unselige Richtung gegeben hatten, unversöhnliche Feinde und geschickte Widersacher. Oesterreich war immer die Brutstätte des Ultramontanismus und Jesuitismus, der reaktionären

Tendenzen, der polizeilichen Bevormundung und der Gefühlspolitik nach außen, der vollen Außerachtlassung der heiligsten Interessen des Staates und der eigenen Völker zugunsten klerikaler oder reaktionärer Prinzipien. Diesen Tendenzen mußte ein Andrássy verhängnisvoll werden.

Die Allianz mit Deutschland, die liberale Gestaltung Oesterreich-Ungarns und die ausgesprochen antirussische Politik nach außen und das Antislawische im Innern, das waren Punkte seines Programmes, die gewisse Leute zum erbittertsten Kampfe gegen ihn zwangen und die ihn auch endlich überwältigten. Niemals war Oesterreich so stark, glücklich und geachtet, wie während der Jahre, in denen Andrássy an der Spitze der Politik stand, und trotzdem mußte dieser hervorragende Mann fallen; denn der Kampf gegen unfaßbare, unsichtbare Gegner ist unmöglich.

Psychologisch interessant ist, daß die alte Kamarilla, welche schon im 16. Jahrhundert in so unglücklicher Weise die Geschicke Österreichs lenkte, diese undefinierbaren Einflüsse, welche später die Metternichische Ära, die düsteren Ungeschicklichkeiten der Jahre 1848 und 1849 und der 50er-Jahre herbeiführten, noch immer besteht; sie sind diesem Reiche, wie die Erbsünde oder wie der Jesuitismus dem Katholizismus, als untrennbarer Fluch angeklebt. Diesen Bestrebungen mußte Andrássy weichen. Bei uns herrscht seit langem in gewissen Kreisen der Glaube, in der auswärtigen Politik sei russisch gleichbedeutend mit konservativ und in der inneren slawisch mit gutgesinnt, ergo reaktionär und kirchlich – welch süßer Wahn! Daher läßt es sich leicht erklären, wie sehr Andrássy den sogenannten gut kaiserlichen Leuten der alten Militär-, Hof- und Adelspartei ein Dorn im Auge war.

Aus dem vergeblichen Ringen des Ministers und seiner damaligen Kollegen mit diesen Einflüssen kann man den Scheinparlamentarismus oder, besser gesagt, den mit einem sympathischeren Äußern hergerichteten Absolutismus, der immer in Wien herrschte, erkennen. Nach außen und vor dem Parlamente war Andrássy der konstitutionelle, mit den größten Beweisen kaiserlichen Vertrauens ausgestattete Premierminister, in Wesenheit aber doch nicht gewachsen den Intriguen der dunklen undefinierbaren Partei.

Durch einige Jahre, bevor noch die Allianz mit Deutschland so festen Fuß gefaßt hatte und Andrássy mit Rußland die lange abgebrochenen Beziehungen wieder aufnahm, eine Annäherung an diesen Staat suchte und die gegenseitigen Kaiserbesuche ermöglichte, schienen auch die bewußten Wiener Kreise mit dem Ungarn, »der unter dem Galgen gestanden war«, versöhnt zu sein, und er erfreute sich sogar gewisser Protektionen von Seite seiner früheren und späteren Feinde. Als er aber dann seine wahre, eine großartige Richtung anbahnende Politik begann, im Innern sich auf ein echt liberales Regime stützte, das enge Bündnis mit Deutschland schloß, die Kaiserreise nach Venedig erreichte, mit jenen Traditionen brach, die in Österreich nur den Beschützer des Papsttums und den Schleppträger katholischer Machtentfaltung sehen wollen, und endlich im Orient die Zukunft unseres Staates in schroffen Widerspruch gegen die russischen Aspirationen und Intriguen stellte – da waren seine Tage gezählt, denn der eiserne Ring seiner Feinde, der Verderber Österreichs, rüstete sich zum schleichenden Angriff.
Diese Erwägungen führen uns zu Andrássys Orientpolitik. Andrássy wollte die Machtentfaltung Österreichs im Orient, gestützt auf eine starke Allianz mit Deutschland, doch lag es nicht in seiner Absicht, die Sache zu übereilen; ihm war es vor allem zu tun, die innere Entwicklung des durch den Dualismus geschaffenen jungen Staatengebildes durchzuführen. Seine Gegner träumten von einer Vermehrung des slawischen Einflusses – da er ja sogenannt konservativ sein soll – von einer Katholisierung der Balkanländer, von einer Ausbreitung der von österreichischen Waffen beherrschten südslawischen Gebiete, sie wollten im trüben fischen, ohne sich klar zu sein über die Folgen.
In Dalmatien, das durch seinen Statthalter ganz slawisch und zugleich militärisch regiert wurde, bestand ein Terrain, das trotz Verfassung und liberalem Ministerium, trotzdem es eine österreichische Provinz ist, sich um die Herren Minister und ihre Absichten gar wenig kümmerte und direkt nur den geheimen Weisungen der Militärpartei gehorchte.
Das war der richtige Punkt, um die Hebel zu einer slawischen Politik anzusetzen; in Wien wußte man in jenen Kreisen nicht recht, was

man eigentlich tat. Andrássy und dem liberalen Ministerium einen Possen spielen und etwas Orientpolitik hinter dem Rücken des Ministers des Äußern spielen – ob mit oder gegen Rußland, gleichgültig –, nur herrschen, das war der Zweck. Ganz anders faßte der damalige Statthalter in Dalmatien, Baron Rodich, die Sache auf; als fanatischer Südslawe, als Türkenfeind, wollte er die Orientfrage in das Rollen bringen und hoffte, neue Gebiete sich erschließen zu sehen für die österreichisch-südslawische Politik und für seinen Einfluß. Er erreichte die Kaiserreise in Dalmatien [1875], er kannte die Folgen derselben, er sehnte sie herbei, doch in Wien ging man hinab, begeistert für die Sache – für welche, darüber war man ganz im Unklaren. Nur Andrássy und das Ministerium gaben sich keiner Täuschung hin, doch sie machten gute Miene zum bösen Spiel! Der Verlauf der Reise ist genugsam bekannt, wie der Monarch vom Statthalter in die kleinsten Dörfer geführt wurde, wie er unter unsäglichen Strapazen überall an die Grenze reiten mußte, wo die herübergelockten, unter dem Türkenjoche schmachtenden Hercegovzen sehen sollten das Benehmen eines christlichen Kaisers seinen ärmsten Untertanen gegenüber.

Die ganze Sache war abgekartet, es gelang, der Stein kam ins Rollen. Der Aufstand in der Herzegowina, dann der in Bosnien entbrannten, daran reihten sich die türkisch-montenegrinischen und serbischen Kriege, und Österreich stand erstaunt dem Brande gegenüber, den es selbst angelegt hatte.

Andrássy mußte nun mit Verhältnissen rechnen, die in Oesterreich hinter seinem Rücken geschaffen wurden, welche er also damals noch gar nicht für zeitgemäß hielt.

Rußland sah sich gedrängt, der Orientfrage gegenüber Stellung zu nehmen, ob mit Oesterreich oder allein, ob gegen dasselbe. Beide Staaten waren in ähnlicher Lage, beide nicht entzückt über die vorschnelle Entfesselung des Orientbrandes, doch gezwungen, etwas zu tun. Der Moment schien günstig für Oesterreich, die einmal durch Leichtsinn ins Rollen gekommene Frage für sich auszunützen und den Orientvölkern als Retter zu erscheinen, einen Krieg gegen die Türken zu provozieren. Daß Zeit dazu gewesen wäre, den Russen zuvorzukommen, bewies bald darauf die endlose Mobilisierung der russischen Armee – doch die verschiedenen Strömungen bei den einzelnen Nationen des österreichischen Kaiserstaates stellten sich einem so kühnen Plan entgegen.

So kam es zu der Kaiserentrevue in Reichstadt [1876]. Unter ungünstigen Auspizien verlief diese nur nach Stunden zählende Unterredung. Keiner meinte es mit dem andern ehrlich, keiner vergönnte dem andern, allein im Orient zu operieren. Karten wurden hervorgeholt, und die Balkanländer in westliche und östliche Gebiete geteilt, erstere bis an das Ägäische Meer hinab sollten Österreich, letztere Rußland zufallen. An die gemeinsame Operation, von welcher im langen und breiten verhandelt wurde, glaubte niemand, am allerwenigsten aber die paktierenden Teile.

In den beiden Monarchen lebte die Sehnsucht, nach langen Differenzen, eingedenk der alten Freundschaft aus den Tagen des Kaisers Nikolaus, jetzt endlich wieder in ehrlichem Bündnis als christliche Herrscher dem Islam und der Unterjochung der armen Balkanvölker entgegenzutreten. Die Höchsten waren vielleicht die Aufrichtigsten und ihre Absichten die reellsten, doch die Umgebung gab sich keinen Illusionen hin über die Komödie, die da gespielt wurde; besonders die beiden Minister standen sich mit Mißtrauen und vorsichtiger Berechnung gegenüber: der kluge, aber energische Andrássy, der Mann mit dem freien, klaren Blick, und der lüsterne ekelerregende Greis, der verschmitzte Gortschakoff.

Indessen rüsteten die russischen Heere zum Ausmarsch. Der schleichende Prozeß der Mobilisierung zeigte zum ersten Male diesen Staatskoloß dem beobachtenden Europa in seiner kolossalen Verkommenheit. Langsam sammelten sich die Regimenter in Rumänien, und riesig war nur das Stehlen und die anderweitigen Mißbräuche, zu denen dieser außergewöhnliche Zustand den ehrenwerten russischen Funktionären die gewünschte Gelegenheit gab.

Oesterreich stand nun wieder einer neuen, verwickelten Situation gegenüber, an seinen Südgrenzen tobte entweder wilder Aufstand, wie in der Herzegowina und in Bosnien, oder ein großer Krieg, wie in Rumänien. Als die russische Armee die Donau überschritten hatte und bald darauf bei Plewna die türkischen Waffen einen vollen Sieg davontrugen, welcher die Russen in eine höchst bedenkliche Lage brachte, da wäre für Oesterreich der Moment zu einem großen Entschluß gewesen, die Wahl stand frei zwischen zwei Möglichkeiten: entweder dem Zaren Alexander II., der die böse Situation, in welcher er sich befand, noch weit überschätzte, mit einem Heer zu Hilfe zu eilen und dadurch die Stellung eines Retters in ärgster Not den Russen und den Balkanvölkern gegenüber einzunehmen, oder aus Siebenbürgen über die Russen herzufallen, ihnen den Weg nach der Heimat abschneidend, wodurch eine Katastrophe für sie hereingebrochen wäre, wie die Weltgeschichte deren nur wenige kennt. Deutschland hätte kaum Zeit gehabt, dagegen Einsprache zu erheben, und es wäre dies auch gar nicht in dessen Intentionen gelegen. Frankreich zählte damals viel weniger als jetzt, und in England herrschte ein Ministerium Beaconsfield, welches während des ganzen Orientkrieges das Land in einer fieberhaften Wut gegen Rußland erhielt.

Leider geschah nichts bei uns, eine herrliche Gelegenheit ging unbenützt vorüber. Zur ersteren Möglichkeit konnte Andrássy sich als Ungar und Premier eines liberalen Ministeriums nicht entschließen, er hätte mit allen seinen Traditionen und Absichten brechen müssen; zu letzteren drängten ihn alle seine Instinkte und Neigungen, auch sein Ruhm und klarer Verstand. Wenn heute darüber befragt, warum er diese Gelegenheit unbenützt verstreichen ließ, dürfte man folgende Antwort erhalten: Ich wollte nicht als Ungar handeln, es hätte wie eine Rache für 1849 ausgesehen, als österreichischer Minister des Äußern mußte ich diese Gefahr vermeiden und auf den kolossalen Erfolg verzichten, der vielleicht mir durch dieses Hasardspiel blühen konnte. Andrássy ist schon zu viel Diplomat, um nicht alles lieber einzugestehen, als den Mangel an Macht und seine große Einflußlosigkeit in jener kritischen Zeit. Er wäre sehr gerne über die Russen nach dem ersten Plewna hergefallen, doch er kannte jene mächtige Partei, die in Wien selbst, nicht aus Mangel an Patriotismus, sondern in Folge angestammter Kurzsichtigkeit unsere Feinde stets besser bediente, als das Vaterland. Über den russischen Zaren meuchlings herfallen, den Sohn des unvergeßlichen Nikolaus – das ist unmöglich, das wäre nicht chevaleresque, so spra-

chen diese Herrschaften, als handelte es sich um ein aristokratisches Taubenschießen oder um eine Sitzliste bei einem Hofdiner. Und gegen diese Armee, an welcher die süßesten Erinnerungen von Ehrenkompanien und brillanten altertümlichen militärischen Spielereien hängen, und gegen diesen Staat, der noch der konservativste ist unter allen, in dem der Absolutismus blüht, der Galgen seine schönsten Früchte treibt und ein ganzes Sibirien, als Kerker hergerichtet, mit politischen sogenannten Verbrechern gespeist wird, dagegen sollten wir uns, den ungarischen Wünschen huldigend, mit pöbelhaftem Liberalismus versündigen! Das waren die Ideen, die sich stark genug erwiesen, die Pläne eines Andrássy, die schönste Gelegenheit zu großen Erfolgen für einen Staat, zu vernichten. Die Russen kannten gut die Macht ihrer alten Freunde in Wien, sie wußten, wie sehr sie auf die selbstmörderische Beschränktheit bauen konnten, sonst hätten sie den Marsch durch das Defilee zwischen Siebenbürgen und dem Schwarzen Meer niemals wagen dürfen.
Die Resultate des Berliner Kongresses sind zur Genüge bekannt. Österreich-Ungarn mußte eine Entschädigung für seine ruhige Haltung während des Krieges bekommen und, um den Einfluß und die Stellung Rußlands in den Balkanländern nicht allzusehr heranwachsen zu lassen, schien es den Mächtigen, insbesonders Deutschland, geeignet, unserer Monarchie eine Gebietserweiterung auf Rechnung der Türkei zu gestatten.
Bosnien und die Herzegowina fielen uns zu. Viel Blut und noch mehr Geld ließ Österreich in einer kurzen Reihe von Jahren in diesen neu erworbenen Gebieten, und der Nutzen, der uns aus dieser heldenmütig durchgeführten Eroberung bisher erblühte, ist ein rein ideeller und liegt nur in dem Beweise des Prinzipes, daß wir auf die Balkanhalbinsel einen ebenso berechtigten und vielleicht bei weitem größeren Anspruch haben als Rußland. Hätten wir die Orientpolitik, statt sie im stillen intrigenhaft nur in kleinem Maßstabe zu betreiben, einige Jahre früher in großen Zügen als eine eminent österreichische Frage aufgefaßt, dann wären uns wohl schönere Erfolge als das wilde, unbotmäßige Bosnien und die steinige Herzegowina zuteil geworden.
So wie die Dinge jetzt stehen, können wir die Akquisition dieser

Länder nur als das Festhalten an einem Prinzipe, als die erste Etappe zu weiteren Fortschritten und im großen und ganzen nur als ein Übergangsstadium auffassen.

Darum müssen alle jene, die an die österreichische Zukunft im Orient glauben, selbst diese nicht allzu glänzende Errungenschaft mit Freude begrüßen und nur bedauern, daß in Ungarn sowohl als auch in der österreichischen Reichshälfte so viele Parlamentarier die Okkupation mit allen Mitteln bekämpften und noch jetzt mit scheelen Augen betrachten; es kann dies nur wieder als Beweis gelten für die alte Wahrheit, daß nur sehr wenige Köpfe in einem Lande die große Politik aufzufassen imstande sind und daß nur sehr wenige ihren Geistesflug hinausleiten können aus dem kleinen Ideenkreise, der nur den Bedürfnissen des Momentes gilt, nach den Gefilden der Zukunft.

Jenen aber, denen es gefällt, in den neuen Ländern einflußreiche Stellen zu bekleiden und die Verwaltung zu führen, möge die wichtige Aufgabe nur immer vor Augen bleiben, den Balkanvölkern ein Stück österreichischer Ordnung, europäischer Kultur und vor allem moderner Toleranz zu zeigen. Die Katholisierungsversuche in Bosnien, für welche sich in Wien ein stiller Bund unglücklicher Römlinge schon zusammengefunden hat, gebe man gründlich auf. Die Jesuiten als österreichische Musterexemplare in die neuen Länder senden hieße, sich die Fortschritte in der Balkanhalbinsel ein für allemal untergraben. Mit den orthodoxen Griechen müssen wir rechnen, und sie an ihrer empfindlichsten Stelle, nämlich in den religiösen Gefühlen, verletzen, wäre ein grober Fehler.

## II.

Deutschland und Oesterreich standen bis vor wenigen Jahren allein in der Welt, mehr oder weniger mit allen Mächten auf recht gespreiztem Fuße, und so entstand diese enge Freundschaft, dieses auf vielen gemeinschaftlichen Interessen beruhende deutsch-österreichische Bündnis.

Deutschland bedarf mehr dieser Allianz als wir; es ist dies eine Wahrheit, die leicht nachgewiesen werden kann, wenn man sich die

Mühe nimmt, die Ereignisse der letzten Jahre genau zu durchprüfen, und doch glauben so wenige Menschen daran; und darin lag einer der größten Erfolge des Bismarckschen Genies, dieses Oesterreich immer mehr und mehr an sich zu fesseln und uns, vor allen anderen Mächten isolierend, von der Hilfe des Deutschen Reiches abhängig zu machen. Er lehrte uns an das Dogma glauben, daß Oesterreich ohne dieses innige deutsch-österreichische Bündnis nicht bestehen könne.

Und doch ist manches im deutschen Kolosse nicht so gut bestellt, als man es anzunehmen sich in Europa für verpflichtet fühlt. Nach den kolossalen Erfolgen der Jahre 1866 und 1870 bis 1871 brachte das kleine Preußen die scheinbare Einigung Deutschlands zustande und erreichte dadurch die erste und maßgebendste Stellung in Europa. Doch das Deutsche Reich ist nicht ein Einheitsstaat geworden: alle Siege, alle Macht, aller Kaisernimbus verliehen den Preußen denn doch nicht den Mut, die Staaten zu Provinzen zu verwandeln, mit den historischen Gebilden und Erinnerungen vollkommen zu brechen. Nach vierzehnjähriger Arbeit sind keine Fortschritte zu verzeichnen, denn auf die Zunahme des deutschen Einheitsgefühles im Volk kann man nicht viel bauen, im Glück ist es leicht, und im Unglück hat es sich noch nicht bewährt.

Die Könige und Fürsten sitzen noch fest auf ihren Thronen, die vielen kleinen Staaten bestehen, die Kluft zwischen Katholiken und Protestanten ist nicht überbrückt, und die Gegensätze zwischen Nord- und Süddeutschland sind noch keineswegs ausgemerzt. Preußen hat außer seinem eigenen Staat keine neuen Provinzen, auf die es unbedingt zählen kann, sondern bloß Vasallen, wie wir hoffen wollen, treue Verbündete; im Glück waren sie es, werden sie es aber auch immer sein? Im Unglück hat man nie auf die Treue deutscher Fürsten rechnen können; es ist dies eine höchst unmoralische, unpatriotische, selbstsüchtige Bande kleiner Potentaten, die durch Jahrhunderte auch die verschiedenen treuen Untertanen an diese schmähliche Opportunitätspolitik gewöhnten.

Die Berliner Staatsmänner haben seit 1866 ihr möglichstes getan, um Deutschland so sehr zu vereinigen als nur möglich, und unleugbar wurde viel erreicht, doch man ist jetzt an der Grenze angelangt, weiter können sie nicht gehen, der Versuch wäre ein zu gewagtes Spiel – eine Republik könnte ihn wagen, ein monarchischer Staat nicht. Und so ist Deutschland kein geeinigtes Reich, sondern nur ein Bund, der zusammengehalten wird durch die imponierende rücksichtslose Macht preußischer Bajonette. Das preußische Heer ist dasjenige, was man in Europa unter dem Namen Deutschland verehrt.

Ein Deutsches Reich unter hohenzollernscher Führung ist undenkbar. Die geistig hochstehenden, gebildetsten, reichsten Bevölkerungen leben nicht im eigentlichen Preußen, im Norden und Osten Deutschlands, doch die kriegstüchtigsten, rücksichtslosesten und brutalsten Leute, das sind die Preußen, und darum muß der preußische Staat trachten, so preußisch zu bleiben als nur möglich, um mit seinem Heer und seinem bewährten preußischen Staatsgedanken das übrige Deutschland zu beherrschen, aber nicht in demselben aufzugehen. Aus diesem Grunde halte ich es auch für wahrscheinlich, daß das jetzige Deutschland so lange in seiner gegenwärtigen Macht bestehen wird, als das preußische Heer so unverdorben erhalten bleibt.

In einer Entscheidungsschlacht darf es nicht geschlagen werden. Das hohenzollernsche Deutschland ist durch Bajonette begründet und ruht einzig und allein auf denselben; ein unglücklicher Feldzug muß dessen Ende sein.

Dies wissen auch die klugen Altpreußen ganz genau, und darin liegt der Hauptgrund, warum Kaiser Wilhelm ein weiteres Aufgehen Preußens in Deutschland stets verhinderte. Er ist Preuße geblieben, und solange er lebt, wird nicht gerüttelt werden an diesem Zustande der Beherrschung Deutschlands durch ein mächtiges Preußen. Sein Tod wird gar manches ändern; der jetzige Kronprinz dürfte in vagen, unklaren Absichten eine Verschmelzung der Begriffe Preußen und Deutschland anstreben und damit nur erreichen, daß das alte, starke Preußen und dessen herrliche Armee geschwächt und verdorben und ein einiges Deutschland denn doch nicht gegründet wird, denn diese Riesenarbeit der Vertreibung aller Monarchen, der Verwandlung souveräner Länder in einfache Provinzen bringt kein Hohenzoller, ebensowenig wie irgendein Monarch, zuwege. – Die wahre Einigung Deutschlands bleibt der Republik vorbehalten und auch keiner Einheits-Staats-Republik, wie Frankreich, sondern einem republikanischen Staatenbund nach dem Muster Nordamerikas, und für diese Zukunft vorzuarbeiten, scheint sich, zwar unbewußt, der deutsche Kronprinz anzuschicken.

Wie schon früher erwähnt, hat Deutschland wenig Freunde auf der Welt; abgesehen von den kleinen Gegnern, wie Dänen, depossedierten Potentaten mit ihrem Anhange, Ultramontanen usw. usw. steht ihm auch die ganze slawische Welt, mit Rußland an der Spitze, gegenüber; Eifersucht, der gewöhnliche Neid und der bei ungebildeten Völkern noch schärfer hervortretende Rassenhaß, sind die Ursachen dieser Abneigung.

Von Frankreich will ich gar nicht sprechen; wenn auch momentan die Beziehungen sich etwas gebessert haben, so ist doch das alte Rachegefühl bei der ganzen Nation in Fleisch und Blut übergegangen, um im rechten Augenblick mit der alten Vehemenz hervorzubrechen.

Italien und Spanien sind scheinbar an Deutschland durch Freundschaft gebunden, und doch beruht dies nur auf den Sympathien der Monarchen und einiger konservativer Leute. Der große Zug in den beiden Nationen weist nach dem Bündnis aller romanischen Völker hin, und die Freiheitsliebe und der republikanische Sinn, der unter ihnen herrscht, bringen mich nun auf einen der mächtigsten Gegner zu sprechen, nämlich auf die große Verbindung aller echt liberalfortschrittlich und republikanisch fühlenden Menschen, die mehr oder weniger Kosmopoliten sind und die, auf der ganzen Welt zerstreut lebend, doch einem und demselben Orden der Ritter vom Geiste angehören.

In Deutschland ist ihre Zahl keine geringe, und sie alle, die ganze große republikanische Liga, sie wissen die Hohenzollernmacht nicht mehr zu schätzen.

Mit diesem Deutschland, wie wir es jetzt schilderten, hat sich Oesterreich auf das engste verbunden; zwar wurden von Wien aus die Anträge Bismarcks, ein gesetzliches, vor die Parlamente gebrachtes Bündnis zu schließen, zurückgewiesen, doch ist das Verhältnis immerhin ein so intimes, daß die beiden Staaten in der nächsten Zukunft gar manche Freude, aber vielleicht auch manches Leid werden teilen müssen. Oesterreich hatte häufig das Unglück, sich mit Reichen zu alliieren, deren Macht schon im Niedergang begriffen war. Sollte es diesmal auch der Fall sein? Immerhin war eine Zeit da, in der sich die Wiener Politik hätte selbständiger stellen können, um das Bündnis auch teurer zu verkaufen; man ließ sich von Bismarck gar vieles einreden und vergaß darüber, daß Preußen keinen einzigen ehrlichen Alliierten finden kann, während wir von Frankreich durch keinen unbesiegbaren Haß getrennt sind und auch mit Rußland zu einer gemeinsamen Aktion im Orient passende Gelegenheiten gefunden hätten, wäre nicht immer Bismarck dazwischengetreten, um uns zu entzweien.

Wie die Dinge jetzt stehen, müssen wir an dem deutsch-österreichischen Bündnis festhalten und trachten, aus demselben soviel Gewinn für unsere Orientpolitik zu ziehen, als nur immer möglich.

Wir haben gemeinsame Interessen, das ist unleugbar – die Erhaltung des monarchischen Prinzipes und vor allem die Vorbereitung zu einem Kriege, der kommen muß, da es in der Natur der kommenden Ereignisse liegt, des Entscheidungskampfes nämlich zwischen den Verbündeten und Rußland.

Für uns Oesterreicher ist es daher unbedingt notwendig, für diesen Moment auf die sichere Hilfe des deutschen Heeres rechnen zu können.

Andrássys Politik hatte eine wahrhaft auf Glauben und Zuversicht basierende Freundschaft mit Berlin erreicht, und mit voller Ruhe blickten wir damals auf dieses feste, den Beitritt eines dritten Staates ausschließende Bündnis. Haymerle [Andrássys Nachfolger als Außenminister 1879–1881] wagte es nicht, neue Politik zu treiben, und trachtete nur, Italien enger an uns zu schließen. Es war dies ein unschuldiges Vergnügen, und er blieb darin treu den Traditionen aller österreichischen Diplomaten, welche ja immer ganz und gar in Sympathien aufgehen für das Land, in dem sie eben als Botschafter oder Gesandte dienen.

Ebenso treu diesen Traditionen war auch Graf Kálnoky, als er nach dem nur zu frühen Tode seines Vorgängers an die Spitze des Auswärtigen Amtes trat; doch diesmal waren diese Sympathien schon

viel gefährlicher, denn sie galten Rußland. Russisch und konservativ ist identisch in den Augen der alten Wiener Gesellschaft, und so fand Kálnoky genug Hilfe für seine russischen Tendenzen inmitten Wiens. Dies war um so bedenklicher, als ja unser jetziger Minister des Äußern sich eben nicht allzugut stellte mit den Ungarn und ja auch in Oesterreich den Verkehr mit nicht aristokratischen Kreisen, mit Männern des Fortschrittes und insbesondere mit der gesamten Presse auf das ängstlichste vermied.
Die alte Politik schien, soweit die Angst vor Bismarck es gestattete, wieder aufzublühen. Konservative Strömungen im Innern, das Erstarken der klerikalen Partei, das Kokettieren mit Rußland, denn mehr war es ja nicht, und allerlei kleine Symptome, die auf eine nicht ganz aufrichtige Richtung Deutschland gegenüber wiesen, erweckten Mißtrauen in Berlin. Der deutsche Reichskanzler drohte durch seine Blätter, erörterte die Natur des deutsch-österreichischen Bündnisses in höchst unliebsamer Weise und näherte sich seinerseits Rußland, um wie gewöhnlich das Prävenire zu spielen. Was war der Erfolg der kleinen Privatpolitik Kálnokys? Wir stehen mit Deutschland nicht mehr auf einem so aufrichtigen innigen Fuße, wie zu den Zeiten Andrássys, und Rußland hat sich in dieses sogenannte konservative Bündnis hineingeschlichen.
Die Kaiserzusammenkunft von Skierniewice hatte politisch gar keinen Zweck, einige gegen das Zunehmen des Sozialismus und Nihilismus gerichtetete akademische Erörterungen ausgenommen, wurde von Politik nicht einmal gesprochen, was hätte man sich auch sagen sollen? Wo ja jetzt die Gegensätze so groß sind, gibt es keine friedliche Lösung; für den Kaiser Wilhelm, der nur wenige slawische Untertanen hat, war es ein einfacher Familienbesuch und eine Verlängerung des Friedens, den er so sehnlich wünscht, doch für den Kaiser von Österreich und König von Ungarn, welcher über viele Millionen Slawen regiert, war es ein Canossa.
Als solches haben es ja doch unsere und auch die Balkan-Slawen aufgefaßt; und unsere Freunde, die Könige von Rumänien und Serbien, die sich ja schon so ehrlich an uns angeschlossen hatten, wurden plötzlich wieder mißtrauisch, denn sie sahen abermals ein Hin- und Herschwanken zwischen energischer, auf eigener Kraft basier-

ter Orientpolitik und schwächlichen Annäherungsversuchen an Rußland.

Skiernewice war ein Fehler; die Offiziösen können es darstellen, wie sie wollen, das gesunde richtige Gefühl in der Bevölkerung Österreichs, insbesondere aber Ungarns, hat diesen Mißgriff auch gleich ganz gut zu erkennen gewußt.

Unsere Politik hat ein großes Ziel, das sie verfolgen muß, und das ist die Suprematie im europäischen Orient; und dazu brauchen wir einen glücklichen Krieg mit Rußland und zu diesem wieder die treue Freundschaft Deutschlands.

Nachdem Rußland niedergeworfen wäre, müßte dasselbe vom Balkan für immer durch Rumänien getrennt werden. Eine Vereinigung aller Rumänen, wenn dies auch bei uns Veränderungen mit sich bringen würde, unter unserer Oberhoheit als eigenes Staatswesen, schließt Rußland und dem slawischen Strome den Weg ab. Hinter diesem Bollwerk kann sich dann auch in einem vollkommenen Unabhängigkeitsverhältnis zu Oesterreich ein durch Bosnien vergrößertes Serbien entwickeln, die Herzegowina muß Hinterland von Dalmatien bleiben; Albanien bilde ein kleines Fürstentum, desgleichen Bulgarien; beide durch Militärkonventionen eng an uns gebunden. Das griechische Element als ein unseren Bestrebungen sehr homogenes, muß von Oesterreich unterstützt werden, und man verhelfe diesem Lande zu bedeutenden Gebietserweiterungen gegen Norden.

Was die letzten Reste der türkischen Macht in Europa betrifft, so glaube ich, würde selbst dann noch ein zweiter Anlauf notwendig werden, um dort gründliche Veränderungen herbeizuführen.

In jedem Falle wäre Konstantinopel nicht in die Hände einer Großmacht zu geben, auch nicht in jene Oesterreichs, am ruhigsten ließe sich der Übergang durchführen, wenn das Goldene Horn in griechischen Besitz übergehen würde.

Wenn einmal, was kommen wird, weil es in der Natur der Dinge liegt, diese Veränderungen in der oben angeführten Reihe durchgeführt werden, dann blüht Oesterreich eine große Zukunft; denn zu Ende geht der jetzige Zustand, der nur als ein Übergangsstadium angenommen werden kann, und wir treten unsere eigentliche Aufgabe an, Träger zu sein der abendländischen Kultur nach dem Orient; für ganz Europa würde daraus ein großer finanzieller und kommerzieller Fortschritt erblühen, und die Länder der Balkanhalbinsel gingen ruhigen Zeiten und dem Beginn wahrer Kulturzustände entgegen.

Doch auch im Norden müßte die Grenze Rußlands von Deutschland und Oesterreich weiter weg nach Osten gerückt werden. Leider liegt aber da das politisch und sozial zur Staatenbildung vollkommen unfähige, in jeder Richtung unverläßliche polnische Element im Wege. So unangenehm es auch wäre, sowohl für Preußen als auch für Österreich, noch mehr Polentum in sich aufzunehmen, müßte doch wieder zu einer Teilung des sogenannten Kongreßpolens geschritten werden, denn immerhin ist es besser, dieses zur Korrektur der russischen Grenzen notwendige Gebiet unter eigener Herrschaft zu haben, als einen stets unruhigen, unberechenbaren, in seiner Entstehung schon an ererbten Sünden kranken Staatskörper zu bilden.

Was wir hier skizzierten, erscheint nur als Ziel und Zweck unserer Orientpolitik, das sei der rote Faden, den Oesterreich immer unentwegt verfolgen muß, und da ist jedes Abgehen, jedes Schwanken, alles Paktieren und Zaudern von Schaden, und wenn auch äußere und innere Strömungen sich hie und da gegen diese großen Richtungen auflehnen, so lasse man sich dadurch nicht abschrecken, die einmal betretene Bahn unaufhaltsam zu verfolgen.

Die Zeiten, in denen wir mit Rußland gemeinschaftlich im Orient hätten operieren können, sind unwiderruflich vorüber. Beide Mächte wollen ein Ziel verfolgen, beide ein großes Gebiet unter ihre Oberhoheit bekommen, keiner will und kann dem anderen nachgeben – da gibt es nur eine Lösung, und das ist der Kampf. Vergessen wir nicht, hinter uns drängt nach die abendländische Kultur, die sich neue Bahnen und Wege eröffnen, neue Gebiete in ihre Sphäre einbeziehen will, Rußland kann nur Asien in den europäischen Orient tragen, denn es ist ja selbst noch nicht kultiviert; wir aber arbeiten unter den Gesetzen einer hohen kulturgeschichtlichen Mission, im Namen des europäischen Fortschrittes.

## III.

Nachdem wir in mehreren Abschnitten die auswärtige Politik Oesterreich-Ungarns in den letzten Jahren besprachen, liegt der Gedanke nahe, einige Zeilen dem Gang der inneren Angelegenheiten und speziell der Stellung derselben zu den äußeren zu widmen.
Die inneren Zustände der Monarchie kann man nur begreifen, die Möglichkeit der Fortexistenz dieses Staatswesens nur dann für denkbar halten, wenn man sich darüber klar ist, daß wir in einem bloßen Übergangsstadium leben. Nachdem Oesterreich seine westeuropäische Stellung aufgeben mußte, nachdem es aus seiner italienischen Politik, aus seiner Machtstellung in Deutschland hinausgedrängt wurde, blieb es noch immer ein großes und mächtiges Reich, welches sich durch jahrhundertealte Traditionen, durch die Stellung der Dynastie, des Heeres und vor allem durch seine geographische Lage, welche schwer eine andere Gruppierung der Kräfte in demselben Raume ermöglichte, inmitten der traurigsten Zeiten und schwierigsten Wirren aufrecht erhielt. Ein gesunder, für die Dauer lebensfähiger Zustand ist aber der jetzige keineswegs; er kann als ein Übergangsstadium für kommende Zeiten betrachtet werden – und nur die Erlangung einer dominierenden Machtstellung im Oriente, verbunden mit der in den früheren Abschnitten angedeuteten Änderung der Landkarte der Balkanhalbinsel werden uns wieder die Basis zu einer mächtigen und auf richtigen Existenzbedingungen ruhenden Entwicklung geben.
Nach dem preußischen Kriege hörte unwillkürlich mit dem Ausscheiden aus Deutschland auch die Machtstellung des deutschen Elementes in Oesterreich auf, welches leider in reaktionären und ungeschickt durchgeführten Zeiten bei den anderen Nationalitäten ganz unverschuldeterweise in Mißkredit gekommen war. Die traurige Lage des Reiches und die Notwendigkeit der Aussöhnung mit Ungarn führten die in manchen Dingen überstürzt und unvorsichtig geschaffene Grundlage des Dualismus herbei: aus einem Staate wurden deren zwei; einer so wenig lebensfähig wie der andere. Ohne die jahrhundertealte Dynastie und ohne das Heer und ohne die Schwierigkeiten, die aus dem Zusammenbruch dieser Monar-

chie für die Nachbarn entstanden wären, hätte sich dieses komplizierte, konfuse, aus heterogenen Elementen zusammengesetzte Reich nicht zehn Jahre erhalten können.
Die Deutschen, denen die erste Rolle zufiel, solange Oesterreich ein zentralistisch regierter, zum Deutschen Bunde als größte Macht gehörender Staat war, die damals sich an Deutschland lehnen und den anderen, ihnen in Oesterreich an Zahl überlegenen Nationalitäten die übrigen vierzig Millionen Deutschen des Reiches als Landsleute, als Mitglieder desselben Bundes aufweisen konnten, hatten demzufolge eine ganz besondere Stellung; sie repräsentierten eine große Macht und Überlegenheit, nicht nur an Bildung und Kultur, sondern auch an numerischer Stärke und politischer Stellung.
Ganz anders wurde die Lage der Dinge nach dem Jahre 1866, der größte Stoß ward damals der Suprematie des Deutschtums in Oesterreich gegeben, doch dank der aus ihrer Mitte hervorgegangenen Ministerien, die nun bis zum Jahre 1879, eine kurze Unterbrechung ausgenommen, einander folgten, erhielten sich die Deutschen in Zisleithanien an der Spitze des Staatswesens, und so fanden sie in Oesterreich noch so gute Zeiten und noch eine derart befriedigende Stellung, daß selbst die Siege der Brüder im Reiche unter hohenzollernscher Führung spurlos vorübergingen. Ganz anders wurde es nun seit dem Ministerium Taaffe; die Deutschen sind zurückgedrängt, sie werden geneckt, geplagt, in ihren Gefühlen verletzt; die großen Massen sind unzufrieden, doch sie glauben noch an eine Zukunft in Oesterreich; aber dennoch, so treu der Deutsch-Oesterreicher auch ist, in den gebildeten und halbgebildeten Klassen, insbesondere in der heranreifenden Jugend, machen sich die Sympathien für das große Deutschland, für einen Anschluß an dasselbe, für ein Aufgeben des nicht lebensfähigen Oesterreichs, immer mehr geltend.
Solange wir nun mit Deutschland in der äußeren Politik so eng befreundet sind und solange Deutschland unsere Allianz notwendig braucht, liegt in der Unzufriedenheit unserer Deutschen keine akute Gefahr, ganz anders würden sich aber die Dinge im entgegengesetzten Falle gestalten: dann hätten unsere Feinde in unseren Deutschen einen mächtigen Bundesgenossen; daher sollten die Klugheit und

der gewöhnliche gesunde Menschenverstand den maßgebenden Kreisen eine baldige Schwenkung in der inneren Politik diktieren. Die Deutschen müssen zufriedengestellt werden, denn die Nachbarschaft des großen Deutschen Reiches gestaltet ihre Mißstimmung zu einer gefährlichen. Was schadet hingegen der Groll der Tschechen im Norden und der Slowenen im Süden? Ohnmächtige Wutausbrüche und kleine Schwierigkeiten in der inneren Politik, mehr ist es nicht.

Was sind ihre Wünsche und ihre politischen Träume? Darüber müssen wir uns vor allem klarwerden. Unter den Tschechen gibt es, wie unter allen Slawen, einzelne Schwärmer, die von einer Vereinigung aller Slawen, von einem Niederwerfen der deutschen Kultur und der deutschen Macht und dergleichen mehr vagen Phantasiegebilden träumen, die daher mit den Russen ähnlicher Gedankenrichtung sympathisieren, wohl hie und da auch mit panslawistischen Komitees in Verbindung stehen und im Grunde genommen ganz harmlose ungefährliche Leute sind. Die slawischen Stämme sind so getrennt in Sprache, Aussehen, Gebräuchen, Bildungsgrad und Wesen, daß eben in ihrem Hauptcharakterzug, dem Streben nach eigener kleiner Staatenbildung, das Hauptgegengewicht gegen den Panslawismus und gegen die hie und da von Rußland ausgehenden Ideen liegt. Daher ist es erklärlich, wenn die große Masse des tschechischen Volkes in Böhmen, Mähren und Schlesien ganz anderen, viel nüchternen Zielen nachstrebt.

Sie wollen rundweg eine Vereinigung dieser drei Provinzen und die Schaffung einer Stellung für die Länder der Wenzelskrone, wie sie den Ungarn für das Gebiet der Stephanskrone gegeben wurde, also mit anderen Worten eine Loslösung von Oesterreich, unter dem Kaiser von Oesterreich, der ja König von Böhmen ist; selbstverständlich gibt es auch einzelne, welche ein ganz selbständiges tschechisches Staatengebilde, auch unter einem anderen Herrscher oder gar mit republikanischer Verfassung, wünschen; doch die Zahl dieser Narren ist eine geringe, denn trotz stark ausgeprägten Größenwahnes sehen die denkenden Tschechen doch den Mangel an Lebensfähigkeit ihres erhofften Staatsgebildes ein. Die Slowenen wurden eigentlich erst durch das in seinen Kampfmitteln so leichtsinnige, jeden österreichischen Gefühles bare Ministerium Taaffe, als politisch berechtigte Nationalität erfunden und großgezogen. Der slowenische Stamm gehört nicht zu den Serbo-Kroaten; es ist eigentlich das zuerst nach Europa eingedrungene slawische Volk, welches von den Deutschen fast überall verdrängt, sich noch in einigen Gegenden Deutschlands, wie zum Beispiel in der Lausitz, und bei uns noch verhältnismäßig am kompaktesten in Krain, Kärnten und Südsteiermark zu erhalten wußte; es sind die alten Wenden; heutzutage sind sie infolge ihrer numerischen Schwäche in das politische Lager der Südslawen gewandert und träumen mit diesen vereint großkroatische Träume.

Die Dalmatiner und Istrianer Slawen, also echte südslawische Stämme, sie alle gravitieren aus dem jetzigen Oesterreich hinaus, doch ihre Wünsche lassen sich in verschiedene Gruppen teilen.

Die Katholiken ersehnen eine Vereinigung Dalmatiens, Kroatiens, manche auch der übrigen zur Monarchie gehörenden südslawischen Stämme unter habsburgischer Leitung; die Griechisch-Orthodoxen verfolgen teilweise dieselben Ziele, größtenteils aber, besonders dort, wo russisches Geld die Popen beeinflußt, erhoffen sie auch eine Vereinigung aller Südslawen, aber nicht unter österreichischer Leitung; manche neigen mehr zu einer montenegrinischen Suprematie, andere zu einer serbischen, die meisten zu einer vagen, groß-serbischen Träumerei unter russischer Protektion, mit russischem Gelde, hin. Die Polen sind heutzutage noch die alten. Die ganz polnisch und katholisch Fühlenden sind gern in Oesterreich, da es ihren Brüdern in Rußland und Preußen schlecht geht; hier bei uns spielen sie, dank ihrer politischen Käuflichkeit, eine entscheidende Rolle, und sie sehen mit dem Wachsen ihres Einflusses immer mehr die Zeit heranrücken, wo wir nach einem glücklichen Krieg mit Rußland das alte Königreich Polen herstellen müssen; für den Anfang unter der Herrschaft des Erzherzogs Karl Ludwig, dem sie seit jeher den Hof machen und der ihnen oft seine besonderen Sympathien bekundete, später, wenn sie sich für konsolidiert halten würden, dürften sie wohl den fremden König zu entfernen trachten, um unter einem nationalen Regenten die alte polnische Wirtschaft wieder zu beginnen.

Das, wie gesagt, sind die Gedanken des ganzen polnischen Adels und des größten Teiles der gebildeteren Bevölkerung Westgaliziens. Doch auch eine andere Richtung gibt es unter den Polen, welche in Russisch-Polen zuerst entstand; und zwar ein Versuchen, mit den Russen Fühlung herzustellen unter der Fahne des Slawentums, als Brudervolkes, von dem man, wenn gegenseitiges Achten und Kennenlernen zustande käme, doch mehr Rücksicht zu erwarten hat, als von den deutschen Nachbarn. Die Polen Galiziens erstreben vorderhand eine sehr selbständige Stellung, und dank ihrem Einflusse im Parlament und Ministerium haben sie es auch erreicht, daß Galizien ein Stück Polen und kaum mehr ein österreichisch regiertes Kronland zu nennen ist; und daß ihnen die Ruthenen ausgeliefert wurden, war einer der größten Fehler der jetzigen Aera. Denn ein dem österreichischen Staatsgedanken treueres und dem Kaiser ergebeneres Volk, als es diese armen Ruthenen waren, gibt es nicht. Durch polnische Überhebungen und schlechte Behandlung ist es gelungen, die intelligenteren Klassen der ruthenischen Bevölkerung in die Arme des russischen Einflusses, der russischen Kirche und der panslawistischen Bewegung zu drängen, was bei dem unmittelbaren Angrenzen an Rußland, besonders aber im Falle eines Krieges, eine tatsächliche Gefahr werden könnten.

Noch ein Volk und dessen politische Richtung wäre in Zisleithanien zu erwähnen, und das ist das italienische. Wenige Ausnahmen ausgenommen, sind unsere Italiener im Herzen keine Oesterreicher und sehnen sich mehr oder weniger energisch nach einer Vereinigung mit Italien. Das Einfachste wäre, im Falle einer großen Machtentfaltung und Gebietserweiterung nach anderer Richtung hin, den Südtirolern ihre Wünsche zu erfüllen und dieses Stück Land an Italien abzugeben, doch aus militärischen Rücksichten erscheint dies als untunlich; dabei wird es wohl dazu kommen müssen, daß dieses durch eigenes Verschulden italienisierte Gebiet einmal auf energische Weise mit allen Mitteln wieder germanisiert werde.

Was Triest betrifft, so war das einstens eine deutsche Stadt; jetzt ist sie ein von ganz italienisch sprechenden und fühlenden, aus Oesterreich hinausgravitierenden Leuten bewohnter Hafenplatz, unsere einzige große Seestadt, die für uns von hoher Bedeutung ist.

Den Italienern gegenüber haben wir keinen Grund zu besonderen Rücksichten, nur ganz unbedeutend ist die Zahl derselben in Oesterreich; sie zufriedenstellen können wir nicht, denn sie haben nur einen Wunsch und der ist die Vereinigung mit Italien; da wir aber Triest brauchen und kein italienisches, sondern ein österreichisches, so dürfte eine größere, konsolidiertere Zukunft einmal die Notwendigkeit mit sich bringen, über Triest Ausnahmszustände zu verhängen und diese Stadt auf alle denkbare Weise zu germanisieren.

Die Italiener in Dalmatien sind der Zahl nach zu gering und zu sehr von slawischen Elementen bedroht, als daß sie gefährlich werden könnten.

Nun erübrigt es uns noch, einen Blick zu werfen auf das Gebiet der heiligen Stephanskrone.

Die Folgen des Jahres 1866 haben den Dualismus geschaffen, sie haben der ungarischen Nation zu ihren alten Rechten verholfen; sie haben ihr Gelegenheit gegeben, den so lange ersehnten, den seit langem zu Grunde gegangenen ungarischen Staat wiederaufzubauen, sich in einer neuen Rolle als Kulturvolk zu zeigen und zu beweisen, ob sie in der Behandlung ihrer verschiedenen Nationalitäten glücklicher und geschickter sein werden, als es die Oesterreicher ihnen gegenüber waren.

Die kolossale Widerstandskraft, welche die ungarische Nation in den Revolutionskriegen entwickelte, der zähe, opferfreudige Patriotismus, der nationale Fanatismus, im offenen Kampfe sowohl als auch in den Zeiten des stillen, aber desto zäheren Entgegentretens in den fünfziger Jahren, der geistige Aufschwung der ungarischen Literatur im Anfang und in der Mitte des Jahrhunderts, die liberalen Gesinnungen des Adels und aller Volksschichten, das alles berechtigte im Moment des Ausgleiches zu den schönsten Hoffnungen.

In unglaublich kurzer Zeit verstanden es die Magyaren, sich ein eigenes Staatswesen mit allem, was dazugehört, auszubilden: sie erreichten ihre volle Selbständigkeit und wußten sich stetig immer mehr von Wien frei zu machen; sie haben ihr eigenes Meer, ihre eigene Armee; ihren ganz eingerichteten königlich ungarischen Staat: durch zielbewußtes zentralistisches Vorgehen ihrer sehr geschickten Regierungen wußten sie aus jeder Kleinigkeit einen großen Erfolg zu machen, nichts wurde ohne den entsprechenden Effekt, ohne Reklame unternommen. Für das Land geschah viel; Eisenbahnen, Schulen, Bureaus, Beamte, Universitäten, Akademien, Künstlerhaus etc. etc. Alles, was fehlte, wurde aus nichts geschaffen. Wenn man bedenkt, was in Ungarn gegründet, unternommen und versucht wurde in den letzten achtzehn Jahren, so schwindelt einem der Kopf. Juden und Deutsche wurden magyarisiert, willig schlossen sie sich dem aufblühenden Staate an, bei dem sie finanzielle Profite erwarteten; für das ungarische Gefühl aber lag in diesen Magyarisierungserfolgen die Annehmlichkeit, in den statistischen Nachweisen aus nicht ganz fünf Millionen Magyaren deren plötzlich acht machen zu können, wo notabene die ungarische Rasse im tatsächlichen Abnehmen begriffen ist. Durch das Zentralisieren und Vereinigen der ganzen Staatsgewalt an einem Punkte hob sich auch die Hauptstadt in unglaublich kurzer Zeit. Aus einem schmutzigen, orientalischen, verfallenen Provinzstädtchen wurde, was wenigstens die Hauptstraßen, Plätze, Theater und öffentlichen Gebäude betrifft, ein großer, echt moderner, ganz europäischer Mittelpunkt für ein aufblühendes Land. In dieser Beziehung tritt der Unterschied zwischen den beiden Reichshälften deutlich dem unbefangenen Beobachter entgegen; während das herrliche Wien unter dem gegenwärtigen dezentralisierenden föderalistischen, klerikalen Regime immer mehr und mehr verarmt und zurückgeht, gedeiht Budapest durch die Tätigkeit einer starken, zielbewußten Regierung zusehends und gewinnt immer mehr den Typus einer großen Hauptstadt.

Dieses Emporblühen des ungarischen Staates bietet auch für den österreichischen Gedanken großen Wert; die magyarische Nation ist die einzige, die außerhalb der Grenzen der Monarchie keine stammverwandten Völker aufweisen kann; sie lebt und stirbt mit Oesterreich und mit der Dynastie. An das Märchen einer Donaukonföderation, welches im Jahre 1849 und in den darauffolgenden Zeiten von der Emigration als letzter Trost und zugleich als Gespenst für Wien erfunden wurde, glaubt jetzt niemand mehr. Damals schon wäre ein selbständiges Ungarn nicht möglich gewesen, jetzt noch um vieles weniger; denn die magyarische Nation ist im eigenen Lande sehr zersplittert, nur in wenigen Gegenden lebt sie in kompakteren Massen und die dazwischen- und herumliegenden Völker würden bei einem Zusammenbruch Oesterreichs alles eher dulden, als das in diesem Moment zu einem Kleinstaat zusammenschmelzende Ungarn als selbständigen Staat. Daher gibt es in der ganzen Monarchie keine so ungefährliche Partei als die extremen Ungarn; die äußerste Linke im Budapester Parlamente verdient höchstens ein mitleidiges Lächeln, doch, sie ernst zu nehmen, hieße selbst eine Posse als Wirklichkeit auffassen.

Ein Unglück ist es vielleicht, daß wir so wenig Ungarn haben. Wäre das ganze Gebiet der Stephanskrone von Magyaren bewohnt, stünde vieles anders, doch, wie die Dinge einmal stehen, können wir nur mit Tatsachen rechnen. Und da ist es für die Interessen der Gesamtmonarchie sehr bedauerlich, daß die magyarische Nation, statt sich eng an Oesterreich anzuschließen, um die Gesamtmacht zu verstärken, statt die Armee soviel als möglich zu unterstützen, in selbstmörderischem Chauvinismus und in grenzenlosem Größenwahn von einem ungarischen Großstaat, von einer ungarischen Mission in Europa und von einem Beherrschen aller anderen Nationalitäten träumt.

Die Energie der ungarischen Staatsmänner hat in unglaublich kurzer Zeit viel geschaffen, sie hat, was viel sagen will, den Glauben an die eigene Macht anderen aufgedrängt, sie hat alle, selbst die ungesündesten Wünsche durchgesetzt und verstand die maßgebenden Kreise der anderen Reichshälfte gründlich einzuschüchtern, und so hat man sich und andere gar häufig angelogen, denn vieles ist in Ungarn hohl, man tanzt auf einem Vulkan; kein reeller Beamtenstand wurde geschaffen, die Korruption ist eine schreckliche, die Wählbarkeit vieler Funktionäre kommt der Käuflichkeit gleich, die Bildung soll eine ungarische sein, doch, da es eine solche nicht in einem allzu großen Maßstabe gibt, wird Schwindel und Humbug von halbgebildeten Professoren an den Gymnasien und Universitäten getrieben.

Die große parlamentarische Geschicklichkeit und Klugheit im Verfolgen der eigenen Interessen gegenüber der anderen Reichshälfte nimmt sich gar eigentümlich aus neben der Regierungsunfähigkeit zu Hause, den einzelnen Nationalitäten gegenüber. Durch Gewalt, durch ein unleugbar großes Talent, als Herren in einem von anderen Völkern bewohnten Gebiete aufzutreten, und durch das in ruhigen Zeiten sich mit dem Gefühl begnügen, daß magyarische Funktionäre in allen Teilen des Landes sitzen und ungarisch amtieren, entsteht die leider nur allzu große Ähnlichkeit mit der Stellung der stammverwandten Türken im europäischen Orient.

Was hat Ungarn seit 1867 den anderen Nationalitäten gegenüber erreicht? Die Slowaken im Norden, sie sind noch ein unkultiviertes Volk; der magyarische Obergespan, die Beamten, also die königlichen Leute, behandeln sie mit Geringschätzung; es wird magyarisch amtiert, willkürlich, unordentlich. Der Adel betrachtet den Slowaken auch als ein halbes Tier; und so hat er nur Kränkung und zugleich wenig staatliche Ordnung zu erdulden, denn, um die Tätigkeit der panslawistischen Komitees, die Propaganda der russischen sowohl als der Prager Vereine, das Hereinrollen des Rubels und des Guldens zu überwachen und dem entgegenzutreten, dazu ist der magyarische Beamte zu indolent und auch ein zu großer Herr, gerade so wie heute noch sein türkischer Kollege in Albanien oder früher in Bulgarien und Serbien. Die gebildeteren Klassen in Nordungarn unter den Slowaken sind in geringer Zahl Panslawisten unter russischem Einfluß; in großer Menge aber suchen sie Anlehnung an Böhmen und Mähren, von wo sie ihre Anfangsgründe einer Literatur durch das Band der fast gleichen Sprache erhalten und von wo auch Zeitungen, Flugschriften, Proklamationen und Geld in Menge hereinwandert; alle Slowaken ohne Unterschied hassen die Ungarn und die ungarische Verwaltung.

Die Ruthenen sind bessere Ungarn; es liegt im Charakter dieses Volkes, die einmal eingesetzte Regierung zu achten und ihr gerne zu gehorchen; doch auch unter ihnen gibt es panslawistische Strömungen, bei den halbgebildeten Popen und Advokaten, und im Volke Sehnsucht nach den früheren Beamten und Richtern, die man nicht zu zahlen brauchte, damit sie ihre Pflicht erfüllten, und die gerecht waren und auch bessere Straßen und mehr Ordnung in das Land brachten.

Die Kroaten, sie träumen von einem Großkroatien, von einer Lostrennung von Ungarn, und Magyarenhaß ist heute mehr denn je in diesem Lande das einzige Motiv, welches alle Handlungen beeinflußt. Die Ungarn haben dort das Terrain durch ungeschickte Politik ganz verloren, und es dürfte nur eine Frage der Zeit sein, wie lange noch dieser scheinbare Zusammenhang zwischen Ungarn und Kroatien fortbestehen kann. In Slavonien und Südungarn träumen die orthodoxen Griechen nur von einem großen Südslawenreich, von einer Emanzipation von der ungarischen Herrschaft. Die Aufhebung der alten Militärgrenze war einer der größten Fehler, welche Ungarn jemals beging. Ein militärisch gedrilltes Gebiet mit guten deutschen Schulen, folgsamen Leuten, wohlhabenden Gegenden, guten Straßen, reinlichen Dörfern, zerstörte man, um an dessen Stelle ein Chaos zu setzen; das verwilderte, ungebildet gewordene Volk, verarmt, gibt den Ungarn die Schuld an dieser Mißwirtschaft und haßt sie daher.

Die Rumänen in Ungarn und Siebenbürgen, sie sind vielleicht unter allen den anderen Nationalitäten die ärgsten Feinde des ungarischen Staates; der Haß zwischen Magyaren und Rumänen in Siebenbürgen ist eine jahrhundertealte Tatsache, welche jetzt, wo sich die Ungarn in voller Macht fühlen, durch Geringschätzung und Nörgeleien aller Art noch mehr zum Ausdruck kommt.

Selbst die ruhigen Sachsen, die seit so langer Zeit Siebenbürgen bewohnen, sind oft des Druckes müde, und gar häufig dringen die Schmerzensrufe bis in das entfernte Deutschland hinaus.

Das Traurige für Ungarn ist das Nichteinsehenwollen und Nichtbegreifenwollen aller Magyaren, daß man mit schlechter Behandlung, mit Verachtung und mit momentanen vehementen Maßregeln nichts erreicht Nationalitäten gegenüber, die an Zahl überlegen sind und die man absolut braucht, um den ungarischen Staat so zu erhalten, in derselben Größe, die er heute noch besitzt; denn wie schon früher erwähnt wurde, gibt es nur wenige Gebiete in Ungarn, wo Magyaren kompakter auf weitere Strecken nebeneinander

wohnen, sonst sind es nur einzelne Inseln und in vielen, fast den meisten Teilen der Länder der Stephanskrone sind nur der Adel, die Beamten und die Juden Ungarn, das Volk aber gehört anderen Stämmen an.
In ihrer grenzenlosen Verblendung vergessen auch die maßgebenden ungarischen Kreise die Tatsache, daß noch im Jahre 1849 Serbien und Rumänien zur Türkei gehörten, noch ganz unkultivierte und politisch unreife Länder waren, während jetzt die Königreiche Serbien und Rumänien sowie das nahe Bulgarien auch in die Reihe der europäischen Staaten eingetreten sind und in Bildung, Kultur und Wohlhabenheit große Fortschritte gemacht haben; mit diesen Ländern sind die ungarischen Rumänen und Slawen, welche sich selbst auch um vieles weiterentwickelten, in steter Berührung; das ist für Ungarn heute eine große Schwierigkeit, von der das alte Ungarn noch keine Ahnung hatte, welches auch daher mit diesen unterjochten Völkern damals ganz anders umgehen konnte.

Wir sehen somit in Zis- und Transleithanien nirgends erfreuliche Verhältnisse, Haß der Völker untereinander, Hinausgravitieren, Ungeschicklichkeit in der Leitung der Politik, das sind die alltäglichen Erscheinungen, und doch hält sich diese Monarchie, dieses unerklärliche Chaos, dieses Ragout von Nationen, mit Sonderwünschen und Bestrebungen, es geht trotz aller Zeichen der Lebensunfähigkeit nicht zugrunde; warum? Weil eine große Mission dieses Staates noch harrt: er muß im europäischen Orient noch eine große Rolle spielen, die ihn selbst dann auch in seiner jetzigen Zusammensetzung in Allem von Grund aus umgestalten wird.
Daher ist jedes Zaudern, jeder Fehler, der uns von der Erfüllung unserer Mission im Orient abbringt, ein Mißgriff, denn je früher wir zur Lösung dieser schwebenden Aufgaben schreiten, desto besser für uns; denn der Zersetzungsprozeß der inneren Mißwirtschaft zehrt immer mehr an unserer Lebenskraft. Die Armee, die sich so lange intakt und vorzüglich erhalten hat und den altösterreichischen Geist zu bewahren verstand, sie beginnt auch schon von den politischen und nationalen Strömungen angegriffen zu werden; was kein Wunder ist, wenn man die Schulen betrachtet, die national

sind, aber keineswegs österreichisch; schon jetzt begegnen wir nicht allzu selten Offizieren, die sich kaum deutsch auszudrücken imstande sind. Um eine gute Armee zu erhalten, muß dieselbe eine Armeesprache besitzen und zentralistisch-großösterreichisch geleitet sein und, so gut es ist, manchmal in anderen Dingen berechtigten Wünschen der Nationalitäten nachzukommen; was das Heer und die beiderseitigen Landwehren betrifft, sollte da eine einheitliche Leitung und eine einheitliche Sprache eingeführt werden – nicht aus politischen, sondern aus Utilitätsgründen; wo es sich um Sein oder Nichtsein handelt, wird man nicht aus Höflichkeit für beschränkte Leute mit ihnen zusammen das Vergnügen haben, zugrunde zu gehen.

Ich gehe so weit zu behaupten, daß ein großer Krieg, der uns zwingt, die Orientfrage auszukämpfen, für unsere inneren Verhältnisse, für unsere ganze Existenzberechtigung von großem Vorteil wäre.

Nach einer glücklichen Lösung der Orientfrage, nach einem Zurückdrängen Rußlands, kann hinter dem großen Schutzdamm aller unter unserer Herrschaft vereinigten Rumänen der Balkan, der dadurch von dem Einflusse des Panslawismus und Rußlands abgeschnitten ist, nach unserem Gutdünken mit Berücksichtigung der Wünsche der einzelnen Völker umgestaltet werden; wie es in diesem Falle keinen südslawischen Panslawismus mehr geben könnte, würde auch bei unseren Nordslawen durch das Niederwerfen Rußlands die großslawische Idee aufhören, und sie müßten sich dazu bequemen, innerhalb der Grenzen der Monarchie ihre Zukunft zu suchen; dann erst würde endlich der Moment kommen, in dem alle diese jungen Völker, welche bisher, seitdem sie zu einer gewissen geistigen Reife gelangten, nur den Kampf, die große Politik, Fanatismus und Größenwahn kannten, zur ernsten Kulturarbeit, zum Streben nach wahrer Bildung, zum Aufschwung im materiellen Wohlbefinden sich anschicken müßten.

Dem deutschen Stamm in Österreich, als dem gebildetsten, reichsten und intelligentesten, würde die neue, ihm in der alten Monarchie entschwundene Aufgabe wieder blühen, Bildung und Reichtum in den europäischen Orient zu tragen, ihn durch Handel und Geldwesen zu dominieren, ihn dem europäischen Kulturleben anzuschließen. Ein ungebeugtes Rußland, mit dem Panslawismus als Evangelium, verwehrt den Deutschen jeden kulturellen Fortschritt nach Osten.

Um aber der Europäisierung und Kultivierung aller dieser Gebiete wirksam zu helfen, müßte eine Sprache, die allen verständlich, als Armeesprache und als obligater Lehrgegenstand in den höheren Schulen eingeführt werden. Falls bis dahin eine Weltsprache erfunden wäre und sich Eingang unter den gebildeten Völkern verschafft hätte, würde man wohl daran tun, diese zu wählen, um Niemanden zu bevorzugen, doch wenn dies nicht der Fall ist, dann hat wohl die deutsche Sprache, als die wortreichste, kultivierteste, die eine Fülle von Wissen und Literatur aufzuweisen imstande ist, am meisten recht, diesen Platz als Armee- und Kultursprache in der alten Monarchie und in dem von ihr abhängigen Oriente einzunehmen.

Und ein Verständigungsmittel ist zur Ausbreitung geistiger und materieller Kultur unbedingt notwendig, denn es kann sich nicht der Verkehr, den die aufblühende Bildung und die Handelsverbindungen mit sich bringen, in wenigstens elf verschiedenen Sprachen durchführen lassen.

So notwendig das allgemeinverständliche Verkehrsmittel für die Verbreitung der Bildung ist, ebenso unerläßlich erscheint mir die Pflege des Wohlstandes, des geistigen Aufblühens, der materiellen Fortschritte, der vollen religiösen Toleranz für Oesterreich, wenn es in seinem Innern und vor allem im Orient in der Dominierung der jungen Völker erstarken will.

Nur durch das Wohlbehagen, welches Ordnung, liberale Zustände und Reichtum hervorbringen, gelangen wir in den Besitz des europäischen Ostens. Die Kultur und deren Vorteile, die wir bieten können, müssen größer sein, als der Zauber des Rassenhasses, der uns entgegentritt.

## IV.

Während diese flüchtigen Aufzeichnungen zu Papier gebracht wurden, ging manches im europäischen Orient und in unserer Orientpolitik vor sich, das ich als Anhang zu meinen Aufsätzen behandeln

muß, weil der Beginn der jetzt sich entspinnenden neuen Phasen schon in die früher geschilderten Zustände zurückreicht.
Als notwendige Folge der Zusammenkunft in Skierniewice kam jene von Kremsier; war das erste ein grober Fehler, so liegt im zweiten das Ungeschickte nur in der so späten Durchführung der Entrevue. Um unseren Slawen den Eindruck eines Canossa, den Skierniewice unleugbar hervorbrachte, abzuschwächen, hätte man darauf dringen sollen, daß der Kaiser Alexander sobald als möglich dem Kaiser von Oesterreich seinen Besuch abstatte. In Kremsier wurde wichtig getan: die Minister konferierten. Worüber? Das läßt sich kaum denken; ich glaube, sie sperrten sich in ein Zimmer ein und sprachen vom schönen Wetter und rauchten dazu Zigaretten.
Der Friede wurde wieder konsolidiert, die Ruhe am Balkan dauernd begründet; man umarmte sich, war gerührt und ging in treuer Freundschaft auseinander. Drei Wochen darauf bricht der Aufstand in Rumelien aus; der Balkan steht in Flammen! Für uns bietet sich eine Gelegenheit zu großer Politik, zu großen Erfolgen. Der Kaiser Alexander, der sich für allein berechtigt hält, die Landkarte der Balkanländer zu verändern, und der es sich wahrscheinlich schon vorgenommen hatte, in der Zukunft den Bulgaren als neues Geschenk und wieder als alleiniger Retter Rumelien zu geben, ist im höchsten Grade gegen den Fürsten von Bulgarien und sein Volk aufgebracht; die russischen Offiziere werden abberufen, der Fürst aus der Liste der Armee gestrichen; diese höchst unklugen Beleidigungen bringen die bekannten Differenzen zwischen Rußland und Bulgarien mit sich, wodurch nun der Zar auf der ganzen übrigen Balkanhalbinsel, Montenegro ausgenommen, abgewirtschaftet hatte.
Für uns konnte sich keine günstigere Situation von selbst, ohne alles Zutun bieten; der serbisch-bulgarische Krieg stand vor der Tür, nun wäre es eine Politik gewesen, ihn um jeden Preis zu verhindern. Ich hätte dieselbe nicht für richtig gehalten. Was tat der Ballplatz? Wie immer, gar nichts – halbe Maßregeln, offiziell wurde wohl die serbische Regierung vom Kriege abgehalten, vertraulich aber zu demselben gedrängt; durch dieses Wechselspiel so lange aufgehalten, bis der günstige Moment vorübergegangen war und der Fürst von Bul-

garien Zeit gewonnen hatte, seine Truppen aus Rumelien auf den Kriegsschauplatz zu bringen. Nach den Niederlagen der Serben retteten wir sie durch die energische, ganz Europa verblüffende Mission Khevenhüllers. Nun standen die Dinge für uns noch immer gut; Rußland war mit Bulgarien und Serbien verfeindet und jene Großmacht, welche in diesem Momente der beiden kleinen Staaten sich angenommen hätte, wäre zu einer großen Rolle im Oriente berufen gewesen. Als erste unter allen Mächten mit aller Energie für die Vereinigung Bulgariens mit Rumelien und für eine Gebietserweiterung Serbiens eintreten, wäre gleichbedeutend mit einem großen Erfolge.
Doch es geschah, wie immer, nichts. Die Bulgaren, welche Anlehnung an eine Großmacht brauchen, suchen sich wieder Rußland zu nähern, welches sie mit offenen Armen empfangen dürfte; die Serben sind gegen uns aufgebracht, weil wir sie bisher, ohne einen Ersatz für sie zu erringen, in der Schmach sitzen ließen, und wieder haben die Balkanvölker das Vertrauen zu Oesterreich verloren, das sie für einen Staat halten, der sich wohl hie und da in fremde Angelegenheiten mengt, doch zu einer großen energischen Politik nicht berufen erscheint, da er sie selbst nicht wagt. Und warum spielten wir auch diesmal diese traurige Rolle? Weil es unmoralisch ist, dem rumelischen Aufstand zum Sieg zu verhelfen; revolutionären Tendenzen darf man niemals zur Seite stehen; ferner weil Graf Kálnoky vor Rußland eine heilige Scheu hat und es vorzieht, mit dieser konservativen Macht und an dem Heil der Welt, dem konservativen Drei-Kaiser-Bündnis festzuhalten, koste es, was es wolle.
Immer braver sein wollen, als die anderen und dabei sich die schönsten Gelegenheiten zu Erfolgen vor der Nase wegfischen lassen – das ist die alte österreichische Politik. Jetzt haben wir einen außerordentlich günstigen Moment unbenützt vorübergehen lassen, haben uns die Sympathien der Serben und Bulgaren verscherzt, zwischen den Griechen und Türken stehen blutige Auseinandersetzungen bevor. Der Fürst von Montenegro lauert auf den passenden Moment, um nach Serbien und von da unter alle Südslawen Aufstand und Unruhe zu bringen. Die ganze Balkanhalbinsel gleicht einem Vulkan. Und wir? Wie gehen wir den bewegten Zeiten, die

uns erwarten, entgegen: mit schlecht vorbereiteten Situationen in den Balkanstaaten, nachdem Gelegenheit gewesen wäre, uns nach dieser Seite hin volle Ruhe zu verschaffen; und warum? Weil unsere Diplomatie vom Ballplatz angefangen bis hinab zu den kleinsten auswärtigen Missionen keine tüchtigen Kräfte und daher auch keine leitenden, großen Gedanken hat.

Schließlich sei es mir noch gestattet, auf einen nicht ungefährlichen Punkt hinzuweisen; nämlich auf die Stellung zu Italien. Als wir durch die Zustände am Balkan vor wenigen Wochen scheinbar vor große Komplikationen gestellt wurden, gingen den heißblütigen Italienern die lange vorbereiteten Alarmschüsse zu früh los; sie glaubten uns schon vor Beginn eines Krieges im Osten, der uns nach Westen hin lähmen müßte.

In Zeitungen, Broschüren und irredentistischen Versammlungen erneuerte sich der alte Lärm und die alte Oesterreich-Hetze.

Wir können daraus ersehen, was wir im Falle eines Krieges von Italien zu erwarten hätten, wie schlecht nach dieser Richtung hin unser Rücken gedeckt ist.

Wenn man auch noch so sehr an die guten Absichten des Königs Umberto glaubt, läßt es sich dennoch schwer annehmen, daß derselbe, falls ihn eine Situation vor die Wahl stellt, uns zu Ehren gegen den Willen des italienischen Volkes aufzutreten oder an der Spitze des italienischen Volkswillens gegen uns loszugehen, lange zweifeln würde. Er ist in den Traditionen des savoyischen Hauses aufgewachsen, welches durch striktes Eingehen in alle Wünsche des Volkes zu einer so großen Stellung in unglaublich kurzer Zeit gelangte. Würde er sich auch aus treuer Freundschaft zu uns seinen Landsleuten entgegenstellen, so müßte ihm dies augenblicklich den Thron kosten; und uns kann es gleichgültig sein, ob wir in einem kritischen Moment von einem italienischen Königreiche oder von einer Republik angegriffen würden. Ein großer Fehler war es daher von Graf Andrássy und von Baron Haymerle, daß sie beide während ihrer Ministerschaft günstige Gelegenheiten unbenützt vorübergehen ließen, wo wir, von allen anderen Mächten unbehelligt, einen kurzen, aber entscheidenden Krieg gegen Italien hätten führen können.

Keine Ländereroberung wäre der Zweck dieses Kampfes gewesen, sondern das Erbeuten einer Kriegsentschädigung von mehreren Milliarden, Schleifung der Festungen, Wegnahme der Flotte, Vernichtung der Armee und ein Aktionsunfähigmachen Italiens für eine Reihe von Jahren.
Und selbst jetzt, falls, was ich nicht glaube, ruhige Zeiten noch vor dem Entscheidungskampf im Osten kommen sollten, müßte man dieselben rasch benützen, um mit dem lauernden Feind in unserem Rücken, mit Italien, abzurechnen.

Mit diesem Wunsch seien diese kurzen notizenartigen Schilderungen geschlossen. So düster auch oft der politische Horizont zu sein scheint, an der Zukunft darf man nicht zweifeln; wer sich selbst aufgibt, ist verloren, und wer an die Mission seiner Heimat glaubt, trägt einen Schatz in sich, den er anderen mitzuteilen verpflichtet ist.

*Presseinformation Mai 1886:*

## Bismarck lernt reiten

Während der Orientkrise war Bismarck bemüht, Österreich-Ungarn zu einem Übereinkommen mit Rußland zu bewegen. Anfang 1886 sagte er zum österreichisch-ungarischen Botschafter: »Wenn Rußland Österreich-Ungarn angreift, wird Deutschland Österreich-Ungarn mit seiner ganzen Macht beistehen; aber unmöglich ist es, die deutsche Regierung die Rolle der Hilfstruppen zur Erweiterung des österreichisch-ungarischen Einflusses an der Donau spielen zu lassen. Nicht ein einziger Abgeordneter würde sich finden, um auch nur eine Mark Hilfsgeld zu bewilligen[28].«
In Frankreich wurde zur selben Zeit die Kriegspartei immer stärker. In seinem ständigen Mißtrauen gegen Bismarck meinte der Kronprinz, daß das Deutsche Reich nur deshalb im Osten Ruhe hielt, um selber in einem immer wahrscheinlicher werdenden deutsch-französischen Krieg freie Hand zu haben. Bei einem Berlinbesuch im Mai 1886 glaubte Rudolf, daß Bismarck bereits zum Krieg gegen Frankreich rüste. Er schickte aus Berlin folgende Notiz an Moriz Szeps nach Wien[29]:

*Briefbeilage* Berlin, den 17. Mai 1886

An die Redaktion des »Neuen Wiener Tagblatt«, Wien!
Sie werden einem alten Freunde Ihres Blattes Dank wissen, wenn er Ihnen über die Stimmung hierselbst, über die furchtbare Gewitterschwüle sein Herz ausschüttet.
*Bismarck lernt reiten,* so tönt es hier leise, ganz leise von Mund zu Mund. An jedem Nachmittage übt er seine alten Glieder an die zukünftigen Strapazen eines Krieges. Ich sah ihn vor fünf Tagen auf der Straße nach dem Grunewald im scharfen Trabe, dem zujubelnden Volke dankend, indem er die Kürassiermütze zweimal über dem Kopfe schwang. Die denkenden Leute wittern Morgenluft. Was ist los? Bismarck, der sich so viele Jahre lang absentierte. An al-

len Stammtischen spricht man von Krieg. Das Volk hat den Frieden satt, namentlich einen Frieden in solcher Rüstung. Alle Welt klagt über schlechte Zeiten und hofft nur vom Kriege Befreiung. Ich habe häufig Gelegenheit zu beobachten, wie in Bierhäusern die Gläser zusammenklingen unter dem Rufe: Es lebe der Krieg! Das können Sie versichert sein, wenn Deutschland, wenn Bismarck die Zeit für gekommen hält zum Kriege, dann werden wir ihn haben und Seine Majestät der Deutsche Kaiser wird trotz seines Alters an der Spitze stehen. Für einen Hohenzollern gibt es keine Schwäche, kein Alter. Und Bismarck hält die Zeit für gekommen. Jeder Aufschub würde Nachteil bringen.
Die Konstellation der Mächte ist äußerst günstig. Frankreich und Rußland sich anfühlend. Das genügt. Im Orient blitzt es und bald wird man an unseren Grenzen den Donner hören.
Sie kennen doch den Monat, den man am liebsten zum Loshauen wählt? Wenn die Saaten reif und des Feindes Land Mann und Roß mit Leichtigkeit zu verproviantieren vermag. Im Juli wirds durch alle deutschen Gauen hallen: Fest steht und treu die Wacht am Rhein und an der Memel. Wolle Gott, daß die Brüder von der Donau mit uns Schulter an Schulter stehen! Inzwischen arbeiten die königl. Gewehrfabriken Tag und Nacht an der Einführung des Repetiergewehres. Und tausend andere Zeichen deuten auf Sturm.

Szeps machte aus Rudolfs Notiz einen aufsehenerregenden Leitartikel: »Zwei Gewitter« (23. 5. 1886), in dem er auf die Wahrscheinlichkeit eines nahen Bündnisses zwischen Frankreich und Rußland hinwies und die Kriegsbereitschaft Deutschlands hervorhob. Zwei Tage nach Erscheinen des Artikels sprach der Kronprinz gegenüber dem deutschen Militärattaché Wedel dieselbe Meinung aus, und dieser vergaß nicht, in seinem Bericht an Bismarck dieses eigenartige Zusammentreffen der Meinungen des Kronprinzen und des Neuen Wiener Tagblattes hervorzuheben[30]. Bismarcks Mißtrauen gegen den österreichischen Kronprinzen wurde dadurch noch stärker.

*Politischer Bericht:*

## Eine Unterredung mit Bismarck im März 1887

Als der Kronprinz im März 1887 wieder nach Berlin geschickt wurde – diesmal zum 90. Geburtstag Kaiser Wilhelms I. –, war die politische Lage in Europa, besonders aber das Verhältnis Österreich-Ungarns zu Deutschland, äußerst schwierig. Im Februar war der Dreibund mit Italien verlängert worden: Italien hatte mit Hilfe Bismarcks Kompensationszusicherungen bei jeder Veränderung auf der Balkanhalbinsel durchgesetzt – eine noch im Ersten Weltkrieg für Österreich-Ungarn verhängnisvolle Abmachung. Alexander von Bulgarien war inzwischen abgesetzt, und in Bulgarien herrschten russische Militärs. Der russische Einfluß auf der Balkanhalbinsel war bedeutend verstärkt.

Bismarck suchte in dieser großen Kriegsgefahr zu vermitteln und Österreich-Ungarn zu einer Teilung der Interessenssphären am Balkan zu überreden. Als er damit keinen Erfolg hatte, erklärte er offen, daß Deutschland keinesfalls Österreich-Ungarn wegen Bulgarien unterstützen würde: »Wir werden uns in dieser Frage von niemand das Leitseil um den Hals werfen lassen, um uns mit den Russen zu brouillieren[31].« Hinter dem Rücken des österreichischen Bündnispartners und seiner eigenen Militärs bereitete Bismarck zu dieser Zeit ein Geheimabkommen mit Rußland vor, den Rückversicherungsvertrag.

Wieder war Rudolfs Berlinbesuch rein privater Natur, sein Gespräch mit Bismarck ebenfalls[32]. Doch immerhin hatte er zwei politische Denkschriften aus Wien mitbekommen, die sich allerdings in vielem widersprachen – die Kálnokys riet, der Politik des Deutschen Reiches zu vertrauen, die des Erzherzogs Albrecht dagegen sprach die ganze Enttäuschung und den Unmut Wiens gegenüber dem deutschen Bündnispartner offen aus: »Wir werden also trotz Allianz-Vertrag oder vielleicht wegen dessen unrichtiger Auslegung preisgegeben.« Rudolf zeigte sich bei seinen Gesprächen in Berlin als Anhänger der Meinung des sonst so wenig geliebten Großonkels Albrecht[33].

Der Reichskanzler empfing mich auf das herzlichste. Ich fand ihn recht wohl, gut aussehend, nur ziemlich mager, bei längerem Sprechen scheint er etwas mit Athemnoth zu kämpfen.
Nach einigen einleitenden Worten wendete sich das Gespräch gleich der momentanen politischen Situation zu. Der Fürst betonte, er sei trotz aller falschen Zeitungsnachrichten vor allem friedlich gesinnt; er ärgert sich, daß man von einer zum Kriege drängenden Militärpartei spricht; das gibt es in Preußen nicht. Immerhin scheint es ihm bedauerlich, daß die ganze Armee stets nur vom Kriege und von der Nothwendigkeit desselben spricht und daß selbst so hochgestellte Militärs wie Feldmarschall Graf Moltke und Graf Waldersee in ihren Reden nicht immer die nöthige Ruhe und Vorsicht bewahren. »Sie wollen mich in den Krieg drängen, und ich will den Frieden; einen Krieg vom Zaun brechen, wäre frivol; wir sind kein Raubstaat, der Krieg führt, nur weil es eben einigen convenirt.« Das waren seine Worte, durch die er eigentlich seinen früheren Ausspruch betreffs des Nichtvorhandenseins einer Militärpartei selbst desavouirte. Deutschland wird niemanden angreifen, und wenn Rußland oder Frankreich nicht den Krieg beginnen, wird es in diesem Jahre ruhig bleiben. Was Frankreich betrifft, meinte der Fürst, daß alles von der Regierung abhängen werde; erhält sich die jetzige oder eine ähnliche – »verjudete Geldmenschen« wie er sich ausdrückte –, dann bleibt alles ruhig. Gewinnt der jetzige Kriegsminister [Georges Boulanger] noch mehr Einfluß, oder wenn er es erreicht, Präsident zu werden, dann gibt es Krieg, denn er sowohl wie die Orléans, falls sie zur Macht gelangen würden, brauchen militärische Erfolge, um sich halten zu können. In diesem Falle aber braucht Deutschland sehr viele Truppen gegen Frankreich, weit mehr, als wie das letztemal, denn Frankreichs Wehrkraft ist eine enorme; der Sieg immerhin kein so sicherer; deshalb ist es nothwendig, eine feste Coalition zu gründen, für Deutschland ebenso sehr wie für uns; und wir müssen, um uns für den eventuellen Doppelkrieg vorzubereiten, mit England und Italien ein sicheres Abkommen treffen, welches Oesterreich in die Lage setzt, auch ohne allzu bedeutende deutsche Hilfe einen Krieg mit Rußland aufnehmen zu können. Auf die österreichisch-englisch-italienischen

Vereinbarungen kam der Kanzler mehrmals und mit Nachdruck zu sprechen.

Was Rußland betrifft, meinte der Fürst, sei es gar nicht sicher, wie es sich im Falle eines deutsch-französischen Krieges benehmen würde. Im Anfang dürfte es ruhig bleiben, solange der Kaiser seinen vollen Einfluß behält ; falls es den Franzosen schlecht geht, würden wohl die panslawistischen Parteien dahin drängen, Frankreich vor völliger Niederwerfung zu schützen. Möglich ist es aber auch, daß sich ein russischer Angriff gleich nach Beginn des französischen Krieges gegen Oesterreich wenden könnte; und noch wahrscheinlicher scheint es dem Fürsten, daß Rußland den günstigen Moment nur dazu benützen würde, im Oriente Fortschritte zu machen, Bulgarien zu besetzen, eventuell sich Konstantinopel zu nähern. In diesem Falle gibt er uns den Rath, zuzusehen; sie in die Mausfalle hineinzulassen; sie sollen sich mit Bulgaren und Rumänen herumraufen; auch die Türken können dann nicht ruhig bleiben, und England müßte, ob es will oder nicht, sich rühren, um seine Interessen zu vertheidigen; denn jene Engländer, die da glauben, das Schwarze Meer gehe sie nichts an, sind in der Minderzahl und auch jetzt nicht am Ruder. In so einem Moment würde man schon in England es einsehen, daß über das Schicksal Indiens im Schwarzen Meer die Entscheidung fallen muß. Wir sollten, wohl vorbereitet und versammelt, warten, bis die Engländer den ersten Schuß gethan haben; dann ist für uns der günstige Moment zur Aktion gekommen; beginnen wir vor England, so liegt immer die Gefahr nahe, daß diese dann bloß zusehen und durch uns ihre Interessen auskämpfen lassen.

Auf Italien hat der Fürst zwar Vertrauen, doch kein allzu großes. Robilant [der italienische Außenminister] enttäuschte ihn: »Er hat die Flinte gleich ins Korn geworfen; das ist echt italienisch, doch ist er immerhin noch der Beste.« Das waren des Kanzlers Worte. Italien muß durch Geschenke, wie man sie in Form von Nizza, Corsica, Albanien, nordafrikanische Küste ihnen anbieten kann, soweit es geht, verläßlich gemacht und an uns gefesselt werden.

Über Rußland sprach der Fürst sehr lange und ausführlich. Er hat keine sehr hohe Meinung von den inneren Zuständen dieses Reiches. Die Armee, soweit es sich um die Mannschaft handelt, ist gut; die Offiziere sind zum großen Theil politisch und financiell corrumpirt, die innere Mißwirthschaft und die Unsolidität im Heere dürften sich seit 1877 nicht stark geändert haben. Im Ganzen hält der Kanzler Rußland für viel democratischer, als man es sonst anzunehmen gesonnen ist, und meint, daß Revolutionen und in Folge dessen eine russische Republik Dinge sind, die, wenn die Gelegenheit sich dazu bietet, auch sehr bald eintreten könnten; er meint, daß viele Leute in Rußland nur auf den Moment eines unglücklichen Krieges hoffen, um sich dann der Dynastie zu entledigen. In neuester Zeit soll man Verschwörungen entdeckt haben, die einen politischen und keinen sozialnihilistischen Charakter hatten; auch soll der Großfürst Constantin abermals nicht ganz rein dastehen. Rußland sich anfühlend. Das genügt. Im Orient blitzt es und bald

Mehrmals betonte der Kanzler seine Ansicht, es sei für Oesterreich am klügsten, im Falle eines deutsch-französischen Krieges so lange als nur möglich ruhig zu bleiben, sich gut vorzubereiten, aber die Russen nicht zu provociren, um womöglich mit voller Kraft einen nach dem anderen, zuerst Frankreich und dann Rußland, und nicht Beide zugleich, zu bekämpfen. Fürst Bismarck äußerte sich mit großer Achtung und Wärme über unsere Armee, die er, wie er sagte, 1866 kämpfen sah und welche damals den preußischen Truppen so zähen Widerstand leistete. Er hält unser Menschen- und Officiers-Material, unsere militärische Bildung, den Ernst in der Pflichterfüllung, die Ehrlichkeit in der Verwaltung, den Russen für weit überlegen; nur ist bei uns die Zahl der Combattanten eine zu geringe. Wir haben mit Bosnien und der Herzegowina 41 Millionen Einwohner, Frankreich hat deren nur 37; daher sollten wir, wenn schon keine größere, so doch eine ebenso große Armee wie die Franzosen aufzustellen im Stande sein.

Im Verlauf des Gespräches erkundigte sich der Fürst um unsere inneren Zustände; speziell frug er, ob wir im Falle eines Confliktes mit Rußland mit voller Sicherheit auf die Verläßlichkeit unserer Slaven, insbesonders auf jene der orthodoxen Bevölkerungen,

zählen könnten, und ob es zu erwarten sei, daß die slawischen Landsturmbataillone ihre Schuldigkeit thun würden.
Auf seine vorjährigen Reden übergehend, meinte er, er hätte sich darüber gewundert und gekränkt, daß man sie in Oesterreich-Ungarn so falsch aufgefaßt habe. Seine Absicht war, die Russen zu beschwichtigen, die Ungarn zu calmiren und ihnen zu zeigen, daß Deutschland sich durch ihre chauvinistischen Reden in keinen Krieg hineinschwätzen lassen wolle, und endlich die durch die ungarische Russenhetze [eine Anspielung auf die Kriegspolitik Gyula Andrássys während der Orientkrise] entstandene imminente Kriegsgefahr zu bannen.
Über die politischen Strömungen bei uns scheint er sich für sehr informiert zu halten und meinte, unter mißliebigen Ausfällen gegen unsere Journale, daß es in Wien Leute gebe, die ihn wegen Russenfreundschaft nur deshalb verdächtigen, um womöglich das deutsch-österreichische Bündnis zu lockern oder gar zu sprengen [eine deutliche Anspielung auf Szeps].
Zum Schlusse meines Besuches sagte noch der Kanzler, er glaube an den Frieden für 1887; schon das Alter des Kaisers zwinge ihn, alles zu thun, um den Frieden zu erhalten; nur bat er mich, ihn ja nicht mißzuverstehen. Gefahr ist immer da; wir müssen sehr arbeiten, uns vorbereiten, die Armee vergrößern, die Bewaffnung vermehren; denn in dem Gerüstetsein liegt mit eine Friedensbürgschaft, und der Grundsatz, die Völker würden nicht mehr lange diesen bewaffneten Frieden aushalten, sei nur leeres Geschwätz. Und, wenn es los geht, dann sollen wir unter »schneidiger Führung« so schnell als möglich vorgehen, denn im Anfang sind wir stärker, später nicht. Auf deutsche Hülfe können wir immer rechnen; im Falle des Doppelkrieges auf nicht allzu viel; wenn aber Rußland allein am Kampfplatz erscheinen sollte, dann würden sehr viele deutsche Truppen neben uns kämpfen.
Unser Bündnis bezeichnete der Kanzler als so fest wie nur möglich; es muß ein Bollwerk des Friedens bilden und im Falle des Krieges auch für große Angriffe ausreichen.

In der eineinhalbstündigen Unterredung hatte ich Gelegenheit zu beobachten, daß Fürst Bismarck weniger heiter war als sonst; er schien mir ernst gestimmt, dabei unruhig und leicht erregbar. Ich vermißte die Ruhe und Sicherheit, die ich andere Male an ihm bewundern mußte.

Rudolf

Was er selber dem deutschen Reichskanzler gesagt hatte, schrieb der Kronprinz freilich nicht in diesen Bericht. Laut Lucius von Ballhausen machte er – gegen Kálnokys Anweisungen und eher der Denkschrift Albrechts entsprechend – deutliche Vorhaltungen wegen zu geringer Unterstützung: »Der Erzherzog habe sehr bedauert, daß Bismarck so entschieden betont hat, der Orient ginge uns nichts an. Sie würden von Rußland allein geschlagen, denn das habe einen enormen Nachschub, während Österreichs Kräfte schnell erschöpft seien. Bismarck entgegnete: Hunderttausend Österreicher seien ebensoviel wert wie hunderttausend Russen und ihr Offizierskorps sei besser. Man müsse nur energisch vorgehen.«

Wenn er auch im diplomatischen Gespräch höflichere Worte fand, so machte sich Bismarck doch gegenüber Vertrauten über die Angst des österreichischen Kronprinzen vor einem Krieg gegen Rußland lustig: »Der Erzherzog Rudolf habe ihm einen schwächlichen, ängstlichen Eindruck gemacht, wie ein Mann, der sich überall umsieht, ob ihm nicht ein Stein auf den Kopf von irgendwoher fällt! Gott meine es mit den Monarchen nicht gut, welchen er so schwächliche, ›chétive‹ Sprößlinge gebe, wie jetzt in Österreich und Rußland[34].«

Mit welcher Sensibilität der Kronprinz die Vorgänge in Berlin erkannt hatte, zeigt ein Zitat des damals (wegen der Krankheit des Reichskanzlers) wichtigsten Berliner Politikers, des Grafen Herbert Bismarck. Der Plan sei, »daß wir uns gegen Frankreich schlagen, und daß Rußland als Preis seiner Neutralität freie Hand im Orient bekommt, gleichviel ob Österreich dabei zugrunde geht oder nicht. ›Wir machen uns mit Frankreich zu tun und sehen mal eine Zeitlang nicht hin nach dem, was hinter unserem Rücken vorgeht‹, meint Herbert[35].«

Rudolfs Vertrauen in die Bismarck-Politik war nach diesem Besuch in Berlin zerstört. Fortan änderte er seine politische Meinung radikal: ein Krieg gegen Rußland ohne deutsche Unterstützung war seiner Meinung nach aussichtslos und würde das Ende Österreich-Ungarns sein. Rudolfs Konsequenz: das Ende einer aktiven österreichischen Balkanpolitik und eine Verständigung mit Rußland selbst um den Preis, daß Österreich-Ungarn seine Großmachtstellung verliere.

Das war eine Schwenkung, die auch Rudolfs politischer Mentor Gyula Andrássy vollzog.

Noch gab es freilich eine Hoffnung: Daß Kronprinz Friedrich bald auf den Thron kommen, Bismarck entlassen, die erhoffte Versöhnung mit dem Erbfeind Frankreich erreichen würde und Deutschland unter einem liberalen, englandfreundlichen Herrscher eine völlig neue Politik machen würde. Kronprinz Rudolf führte in Berlin besonders ausführliche und sehr herzlich-familiäre Gespräche mit dem deutschen Kronprinzenpaar, vor allem mit der Kronprinzessin Viktoria, die ja die Tochter der englischen Queen Victoria war.

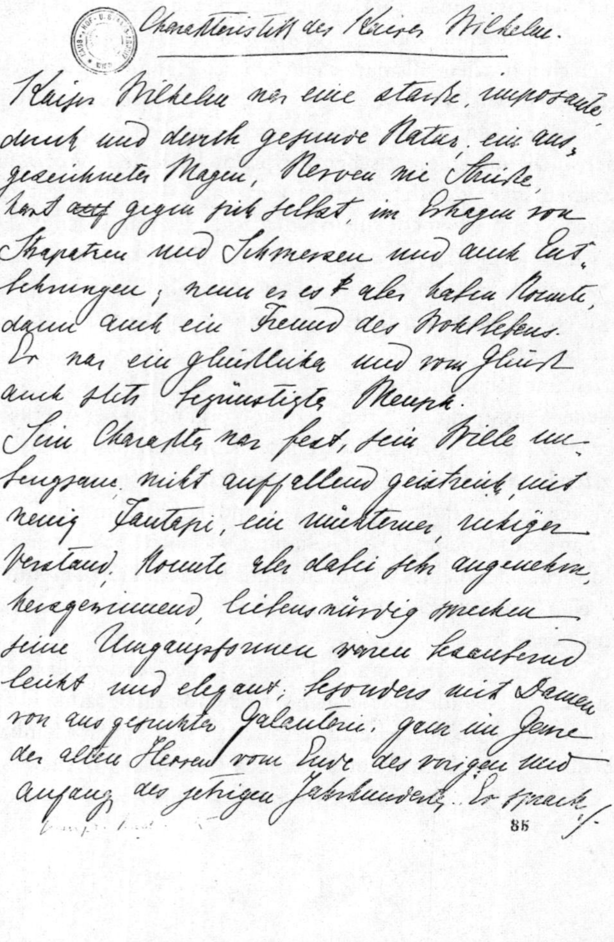

Charakteristik des Kaiser Wilhelm.

Kaiser Wilhelm war eine starke, imposante
durch und durch gesunde Natur, ein aus-
gezeichneter Magen, Nerven wie Stricke,
hart ~~auf~~ gegen sich selbst, im Ertragen von
Strapatzen und Schmerzen und auch Ent-
behrungen; wenn er es aber haben konnte,
dann auch ein Freund des Wohllebens.
Er war ein glücklicher und vom Glück
auch stets begünstigter Mensch.
Sein Charakter war fest, sein Wille un-
beugsam, nicht auffallend geistreich, mit
wenig Fantasie, ein nüchterner, ruhiger
Verstand. Konnte aber dabei sehr angenehm,
herzgewinnend, liebenswürdig sprechen
seine Umgangsformen waren bezaubernd
leicht und elegant; besonders mit Damen
von ausgesuchter Galanterie, ganz im Genre
der alten Herren vom Ende des vorigen und
Anfang des jetzigen Jahrhunderts. Er sprach
85

*Zeitungsnachruf auf Kaiser Wilhelm I.:*

## Ein geschriebenes Portrait

Nach dem Tod Kaiser Wilhelms I. erschien im »Wiener Tagblatt« (11. 3. 1888) ein Nachruf aus der Feder des Kronprinzen. Er hatte ihn schon Anfang 1885 verfaßt, als man mit Wilhelms Ableben gerechnet hatte[36]. Hier wird der Artikel nach dem erhaltenen Manuskript zitiert, Szeps änderte ihn für den Abdruck nur unwesentlich.

Kaiser Wilhelm war eine starke, imposante, durch und durch gesunde Natur. Ein ausgezeichneter Magen, Nerven wie Stricke, hart gegen sich selbst im Ertragen von Strapazen und Schmerzen und auch Entbehrungen; wenn er es aber haben konnte, dann auch ein Freund des Wohllebens.

Er war ein glücklicher und vom Glück auch stets begünstigter Mensch.

Sein Charakter war fest, sein Wille unbeugsam; nicht auffallend geistreich, mit wenig Fantasie, ein nüchterner, ruhiger Verstand, konnte aber dabei sehr angenehm, herzgewinnend, liebenswürdig sprechen. Seine Umgangsformen waren bezaubernd leicht und elegant, besonders mit Damen von ausgesuchter Galanterie, ganz im Genre der alten Herren vom Ende des vorigen und Anfang des jetzigen Jahrhunderts. Er sprach ausgezeichnet gut Französisch. Er hatte das Talent, sich mit Allem zu unterhalten: die kleinste Jagd, jedes Diner, jedes Hoffest, das Theater, Alles unterhielt ihn. Der Umgang mit Menschen, das Sprechen mit denselben bereitete ihm Freude, und darin lag ein großer Reiz für seine Gäste.

Er war sehr religiös, gottesfürchtig und gottvertrauend, und hatte das Talent, selbst immer davon durchdrungen zu sein, daß alle seine Taten, wenn sie auch noch so unrecht waren, der Wille Gottes seien, er war immer das Werkzeug, dessen Gott sich bediente! Pflichttreu

und arbeitsam, pünktlich und genau, eine geistig und körperlich stramm gedrillte Natur.
Soldat von Jugend auf, mit Leib und Seele preußischer Offizier, hing er mit ganzem Herzen an seiner Armee. Er erkannte sehr genau, daß die Hohenzollernmacht nur auf der Tüchtigkeit der preußischen Armee beruhe, und so hegte und pflegte er sein Heer mit größter Fürsorge. Als Soldat war er eine schöne, mutige, ritterliche Erscheinung, er wußte sehr gut mit Soldaten umzugehen, väterlich, ohne nach Popularität zu streben.
Er war nie stolz auf seine großen Taten, sondern hielt dieselben für die selbstverständliche, von Gott gewollte historische Entwicklung der Hohenzollernmacht.
Er war konservativ, mehr als das: absolutistisch, und hielt an allem Althergebrachten, ließ seine Ratgeber dem Zeitgeist folgend modernisieren, verlangte aber, daß die äußere Form in der althergebrachten Weise bis in das kleinste Detail aufrechterhalten werde.
Er hielt sich für den Schutzherrn aller guten konservativen Ideen, stahl aber dabei seinen Nachbarn die Länder weg. Er war ländergierig, entthronte Könige und Fürsten, doch nicht gerne, immer unter dem Zwang des göttlichen Willens, der ein mächtiges Preußen zum Schutz alles Guten und Alten in Europa brauchte. Diese Ideenverwirrungen waren bei ihm nicht Komödie, es sind das die echten, alten Hohenzollerntraditionen.
Für alles Konservative und Historische hatte er große Sympathien, daher die Liebe zu Rußland, eingedenk der Person des Czaren Nikolaus, und auch eine geradezu respektvolle Verehrung für das Haus Habsburg, in dem er immer noch die alte erste Herrscherfamilie Deutschlands sah. Über das Jahr 1866 hatte ich gelegentlich einer Jagd einmal lange mit ihm gesprochen, er tat dies nicht gerne. Der Krieg in Böhmen lebte in seiner Erinnerung als ein Unglück, wir haben ihn durch eine falsche Politik gezwungen, das Schwert zu ergreifen. Gott hat es zugelassen und gewollt, daß Preußen siegt. Nun aber hat er – und das forderte er auch von uns – dieses Duell ganz vergessen und knüpft seine alten Gefühle für Österreich an die Zeiten der heiligen Allianz wieder an.
In der Wahl seiner Ratgeber hatte er immer Glück und Geschick,

und wen er einmal gewählt, den hielt er und unterstützte ihn unter jeder Bedingung, auch vergaß er nie geleistete Dienste und hatte in dieser Beziehung auch für Kleinigkeiten ein außerordentliches Gedächtnis.

Er hatte kein hartes Herz, aber ebensowenig ein empfindsames Gemüt. Familienunglücke griffen ihn nur auf kurze Zeit an, was man ja häufig bei religiösen Menschen findet. Mit dem Willen Gottes, dem Vertrauen auf Gott, seinen guten Nerven und seiner felsenfesten Überzeugung, die Macht und die Waffen Preußens können nicht unterliegen, half er sich über alle Emotionen hinaus. Vor und nach Schlachttagen aß und schlief er so gut, wie in seinem Palais in Berlin, und auch die Greuel des Krieges gingen ziemlich spurlos an ihm vorüber.

Er war ein Preuße durch und durch, für die großdeutsche Idee und selbst für die deutsche Kaiserkrone hatte er keine allzu großen Sympathien. Er war der echte Preußenkönig, der mittels der Macht der preußischen Bajonette Deutschland in Ordnung halten, aber nicht in dem selben aufgehen wollte. Bezeichnend ist, daß er, von seiner Gemahlin sprechend, niemals »die Kaiserin«, sondern immer »die Königin« sagte.

Weder sein Sohn noch sein Enkel haben Ähnlichkeit mit ihm. Mit Kaiser Wilhelm stirbt ein Typus aus.

Der Tod Kaiser Wilhelms I. brachte, entgegen Rudolfs Hoffnungen, keine entscheidenden Änderungen in der europäischen Politik. Denn der von den Liberalen herbeigesehnte Kaiser Friedrich III. war ein todkranker Mann, dessen Regierung schließlich nur 99 Tage dauerte. Es war keine Zeit für neue politische Initiativen. Bismarck blieb Reichskanzler. Der neue Stern war der junge Kronprinz Wilhelm, der spätere Wilhelm II., nicht nur Altersgenosse, sondern auch persönlicher Antipode des Kronprinzen Rudolf.

# Oesterreich-Ungarn
und
# seine Alliancen.

---

## Offener Brief
an
## S. M. Kaiser Franz Joseph I.

von

Julius Felix.

PARIS
AUGUSTE GHIO, ÉDITEUR
PALAIS-ROYAL, 1, 2, 5 ET 7, GALERIE D'ORLÉANS

1888

*Die letzte politische Denkschrift:*

## Österreich-Ungarn und seine Alliancen.

Offener Brief an S. M. Kaiser Franz Joseph I.
von Julius Felix. Paris 1888

Durch die mannigfachen politischen Enttäuschungen seit der Orientkrise, persönliche und berufliche Mißerfolge, eine schwere, unheilbare Krankheit und tiefste Depressionen, vor allem aber durch die Angst vor einem drohenden europäischen Krieg, entfacht durch den deutsch-französischen Gegensatz, steigerte sich der Kronprinz im Frühjahr 1888 in eine hysterische Untergangsstimmung. Als Zeichen höchster Verzweiflung über die Unbeweglichkeit der österreichischen Bündnispolitik, die seiner Meinung nach direkt dem Untergang – das heißt einem aussichtslosen Krieg allein gegen Rußland – zusteuerte, verfaßte der Kronprinz folgende Broschüre, einen »offenen Brief« an seinen kaiserlichen Vater, der nicht bereit war, mit seinem Sohn ein Wort über Politik zu sprechen. Die Schrift erschien im April 1888 in deutscher Sprache in Paris.

Das Manuskript dieser Broschüre ist nicht erhalten. Ein zweifelsfreier Beweis fehlt also. Doch stimmen manche Passagen der Schrift mit anderen Äußerungen des Kronprinzen überein, auch eine Ähnlichkeit mit den Aussagen der Großen Politischen Denkschrift von 1886 ist nicht zu verkennen (obwohl diese ja noch vor Rudolfs großer politischer Schwenkung verfaßt worden war[37]).

Diese mit so viel Herzblut, mit so viel Verzweiflung geschriebene Broschüre blieb in Österreich-Ungarn unbekannt. Sie wurde gleich nach ihrem Erscheinen in Österreich konfisziert. Der Kaiser hat sie aller Wahrscheinlichkeit nach ebensowenig in die Hand bekommen wie die österreichischen Politiker, für die sie gedacht war. Wenige Monate nach dem Erscheinen dieser Broschüre faßte Kronprinz Rudolf erste Selbstmordpläne.

## Majestät!

Man glaubt, man sagt, man zittert, daß der kommende Frühling, diese vielersehnte Jahreszeit, jenen Kampf entfesseln wird, zu welchem man sich in meinem theueren Vaterlande, wie bei Ihrem furchtbaren Nachbar seit Jahren rüstet, jenen Kampf, den man für unvermeidlich hält, weil man stündlich davon spricht, jenen Kampf, der, von keiner Seite gewünscht, von allen Unbetheiligten und Aufrichtigen verdammt, nur von *einem* Manne herbeigeführt wird, der allein von demselben Nutzen ziehen will!

Bei diesen bitteren Aussichten und traurigen Vorhersagungen ist mir die Idee gekommen, an meinen Kaiser zu schreiben. Ich bin Oesterreicher wie Sie, Majestät, liebe mein Vaterland wie Sie, und denke, daß einige Zeilen, die ein Unterthan an seinen Fürsten richtet, nicht ohne Interesse sein können.

Uebrigens ist das Briefschreiben an der Tagesordnung: Die gekrönten Häupter thun dies untereinander oder an ihre Minister, wenn sie Grund zu haben glauben, mit diesen zufrieden zu sein. Auch die Minister untereinander thun dasselbe, auch die Politiker, selbst die Frauen von Politikern! Warum sollte ich mir da Schweigen auferlegen, wo ich Ihnen so viel zu sagen hätte und von der Wahrheit, wie von der Nützlichkeit meiner Worte so im Innersten überzeugt bin?! … [sic]

Dann ist es auch an der Mode das Geschriebene mit größerer oder geringerer Diskretion zu veröffentlichen, und da auch ich meinerseits nicht die Geduld habe, einen Brief an meinen Kaiser erst nach meinem Tode veröffentlicht zu sehen, so will ich keck der Mode folgen, und das Voranstehende wie das Nachfolgende in Druckerschwärze verewigen lassen. – Ich will!? – Werden diese Zeilen das Licht der Welt erblicken, und wenn, werden dieselben bis an die Stufen Ihres durch Jahrhunderte festgegründeten Thrones gelangen, den Sie selbst, Majestät, durch Ihr Vertrauen in unselbständige Rathgeber und falsche Freunde erschüttern wollen!? – Wird mein schwaches Wort Hörer finden, die es anerkennend verbreiten, Feinde genug, die es laut bekämpfen, bis das Geschrei auf dem politischen Markte die Aufmerksamkeit der öffentlichen Meinung zu fesseln und das Urtheil der öffentlichen Gerechtigkeit herauszufordern im Stande ist?!

Erlauben Sie mir, Majestät, offen zu sprechen, in Ausdrücken, die umso einfacher die politische Lage bezeichnen, die Absichten der Betheiligten klar legen und die wahren und scheinbaren Interessen aller Parteien in's rechte Licht stellen werden, als ich sie nicht der heuchlerischen Diplomatensprache entnehmen will noch kann, sondern sie mir von meinem gesunden Menschenverstande diktiren lasse; Ausdrücke, hinter deren Freimüthigkeit und Aufrichtigkeit man kein eigennütziges Motiv suchen wird, da mir dieselben wahrscheinlich von der einen Seite den Haß des aufgedeckten Spieles und von der andern die Mißgunst eines unangenehmen Mahners einbringen werden. – Beides wird mich weder überraschen noch berühren, denn ich weiß, daß nebst denen, die mich vielleicht offiziell verurtheilen werden, noch Millionen existiren, die so denken wie ich, und deren stiller Beifall und geheime Zustimmung mir leise in die Ohren klingen wird: –

Was suchen Sie, Majestät, in einer Alliance mit Deutschland und was verfolgen Sie mit einem Kriege gegen Rußland?

Ich will zuerst von Ihren Interessen sprechen, um praktisch zu sein, und dann, in zweiter Linie, an Ihre Ehre, die Ihres Hauses und Ihrer Vorfahren appelliren, um nicht, mit Gefühlssachen beginnend, im Vorneherein als politischer Schwärmer verurtheilt und ohne weiteren, gründlicheren Richtspruch verdammt zu werden.

Preußen, das heißt der Fürst Bismarck, hatte Oesterreich zuerst moralisch aus Deutschland hinausgedrängt und sich dann mit einem von dem, was man »Europa« nennt, unbeachteten Sprunge über Ihre Schultern und Kopf hinweg an jenen Platz geschwungen, den Ihre Vorfahren, Majestät, Ihr schönes Reich seit Jahrhunderten fest besessen und den sie nach einer gewaltigen Erschütterung der Verhältnisse am Anfange unseres Jahrhundertes nach Anstrengungen wiedergewonnen hatten.

Vielleicht sind Sie Fatalist, Majestät, und werden in der Zurückdrängung Oesterreichs ein von der force de choses begründetes Ereigniß erblicken, vielleicht werden Sie mir antworten, daß, wie die Dinge in der Natur sich neuen Existenzbedingungen anbequemen und den Samen ändern, wenn der Boden eine Aenderung erfahren, so auch in der Geschichte der Menschheit die Macht von einem Volke in den Besitz des andern kommt, wenn der letzte Innhaber dieses gefährlichen Spielzeuges einer Erfrischung bedarf, um wieder auf der europäischen Bühne auftreten zu können, – denn kein Volk ist noch zu Grunde gegangen: In Egypten hausen die Soldaten Alt-England's, das gesalzene Attika wird von einem nordischen Prinzen beglückt, in Rom hat ein edler Republikaner seinen Mantel an den Zacken einer Königskrone aufgehängt und Phönizien, sagt man, ist überall.

Gut! Sie waren Fatalist, Majestät, Sie haben die Rechnung von 66 ruhig beglichen und, indem Sie sich sagten, daß in Oesterreich so manches zu thun sei, wovon eine Beschäftigung außer Hause nur abhalten könne, wandten Sie sich in Ihr Reich zurück und machten sich an's Werk.

Von der innern Politik Oesterreichs, welches vom Jahre 67 an Ungarn offiziell in die Firma aufgenommen, will ich nicht sprechen, noch den unglücklichen und nutzlosen Streit berühren, welcher zwischen den deutschen Oesterreichern und ihren slavischen Mitbürgern, in der Minorität zuerst, jetzt siegreich, thörichter Weise ausgebrochen ist.

Auch von den finanziellen Stürmen, die Oesterreich heimgesucht und bei uns schwerer als bei allen andern Völkern wüthen, will ich schweigen, und nur, wie ich es mir in meinem ergebenen Schreiben an Sie, Majestät, vornahm, nachweisen, daß, wenn Sie sich theilweise Ruhe und Schweigen auferlegten, um innerlich zu erstarken, die österreichische Politik sich jetzt desto sicherer einer Katastrophe zubewegt, als dieselbe sich mit Dingen beschäftigt, welche alle Welt oder niemand bekümmern.

In dem ebenso denkwürdigen, wie furchtbaren Kriege zwischen Frankreich und Deutschland, von dem ich im Folgenden noch sprechen will, zögerten Sie zu lange, um mittelst Ihrer Hülfe das Kriegsglück auf französische Seite neigen zu machen, und waren nach den ersten Siegen Deutschlands zu eingeschüchtert, um noch im letzten Augenblicke eine andere, als es die Entscheidung des Krieges war, herbeizuführen.

Oesterreich ließ diese einzige Gelegenheit vorübergehen, die sich darbot, alle Treulosigkeiten, moralische Schlappen und Niederlagen, die uns Bismarck seit 10 Jahren beigebracht hatte, im Interesse Aller zu rächen!
Jetzt war der Kanzler groß genug, um seine Freundschaft an den Mann zu bringen, und machte in der Erwartung, daß ihm die Zukunft genauer den Weg weise, die beiden Mächte, Oesterreich und Rußland zu seinen Bundesgenossen, von welchen ihm der eine, später wie vorher, gegen den andern dienen sollte!
Fünf Jahre nach dem großen Kriege gedachte er auf's Neue auszuziehen, um dem zu schnell wiedererstandenen Frankreich für lange Zeit Kraft und jeden Athem zu benehmen. Doch dem widersetzte sich der Czar, welchem langsam die Augen aufzugehen schienen.
Bismarck nahm dies alsbald wahr und beim Berliner-Kongresse vom Jahre 78 machte er den ersten Winkelzug, um für die Zukunft vorzubauen. Sie wurden mit der Pazifizierung Bosniens, der Herzegowina und Novibazars betraut und das Schlagwort vom Marsche Oesterreichs nach Salonichi ward erfunden. Der Weg dahin wurde mit Rosen bewachsen und mit orientalischen Düften besprengt dargestellt, und Oesterreich machte sich mit einem Uriasbriefe in der Tasche auf die Reise nach dem Orient, ohne zu bedenken, daß der Weg über Steinfelsen in's Wasser führe!
Die Geschichte der Besetzung Bosniens und der Herzegowina ist bekannt.
Zuerst gewaltige Opposition aller vorsichtigen und denkenden Politiker, welche Bismarck durchschauten, dann die schrecklichen Mühsale, um sich des widerstrebenden Landes zu bemächtigen, wo jeder Bürger Patriot und jeder Schafdieb Freischaarenführer wurde.
Was der Guerillakrieg an Menschen- und Geldopfern gekostet hat und noch kostet, ist schwer zu berechnen und nur mit Schmerz zu überdenken. Wahre Schlachten wurden geschlagen, in welchem die Bosniaken vom Klima, von der Ortskenntniß und von den Nachbarn auf's beste unterstützt wurden.
Was diese Unternehmung unseren Truppen *nur an Nasen und Ohren gekostet hat, ist auch schon schrecklich!*
Und ist denn wenigstens die Besetzung zu Ende – denn die Geld-

und Menschenopfer werden es nie sein – ist das Land eine Besitzung Oesterreichs geworden? Und zu welcher der beiden Reichshälften wird es geschlagen werden?
Sie haben eingewilligt, Majestät, eine Rolle im Balkan spielen zu wollen; haben Sie aber auch bedacht, was es für eine Rolle ist, und zu wessen Benefiz die Vorstellung gegeben wird?
Die Balkanfrage ist in Fluß gerathen. Das durchaus nicht beneidenswerthe Bulgarien scheint die Rolle der brennenden Lunte unter dem Pulverfasse spielen zu wollen! Der Prinz Ferdinand hat den gefährlichen Ehrgeiz, seinen Namen im Stammbaume der Coburger roth unterstreichen zu lassen, was aber nur mit Blut geschehen würde!
Für den nächsten Frühling sagt man also Schauerdinge voraus, und ganz Europa steht mit eingezogenem Athem da. Will man es denn ersticken lassen? Dazu noch der Tod des Kaisers Wilhelm, dessen hohes Greisenalter wie ein Briefbeschwerer auf so manchen Friedensdocumenten lag, die jetzt beim ersten Windstoße nach allen Himmelsgegenden auseinanderfliegen werden. Kaiser Friedrich, der Dritte, der sehnsüchtig Erwartete, kann auch nicht mehr thun, als den Unglücksweg verfolgen, auf welchem sich die Geschichte Deutschlands fortbewegt. Seine Tage sind gezählt, und schon heute, wenige Wochen, nachdem die Hülle des alten Kaisers mit ungeheuerem Pompe aber unter der cynischsten Gleichgültigkeit seiner getreuen Berliner in die Gruft hinabgelassen worden war, hört man von einer stillen, hartnäckigen Opposition, welche den friedlichen Absichten des kranken Kaisers mit allen Mitteln entgegen zu treten bereit ist. An der Spitze dieser Gegenpartei, die aus ungeduldigen, blutrünstigen Offizieren und dem hochnasigen Feodaladel zusammengesetzt ist, steht der eigene Sohn Friedrichs III., der im Ohre nicht nur ein skrophulöses Absceß, sondern noch einen Ehrgeizfloh trägt, welchen ihm der Fürst Bismarck hineingesetzt hat. Und wenn der jetzige Kaiser mit dem Tode abgeht, was dann? Ein unerfahrener preußischer Offizier, ein Hitzkopf der Chef der deutschen Kaserne, und weiß der liebe Himmel, was dann kommen wird!
Und allenthalben wird gerüstet, in den Arsenalen Kanonen gegossen, Flinten fabrizirt, Säbel geschliffen, in den Häfen Schiffe gebaut

und ausgerüstet; die fieberhafteste Thätigkeit überall! Militäranleihen und Wehrgesetze in den Parlamenten Europa's an der Tagesordnung; man athmet nicht mehr, man lebt kaum!
Wer denkt an den Bauer, den Kaufmann, den Arbeiter, den Gelehrten! Bismarck braucht noch Blut, um sein wackeliges Werk fester zu kitten, und sein würdiger Schüler möchte bald Kaiser werden!
Und die Mutter, die sich des Nachts unter Thränen schlafen legt und in ihren Träumen ihr Kind auf schaurigen Schlachtfeldern verfaulen sieht!
Und der Vater, der sich des Morgens erhebt, mit bangem Herzen, seinen Sohn fortziehen zu sehen, die Stütze der Familie, den Leiter der Geschäfte, den Stolz, die Seele des Hauses!
Lächerlich! Was kann all' das dem Fürsten Bismarck und seinem ungeduldigen Lieutenant machen! Die Kinder des Kanzlers sind gut verheirathet und der jetzige Kronprinz weiß nicht, was Familienliebe bedeutet!
So stehen die Dinge in Europa, Majestät, man wartet nur auf eine Gelegenheit und den warmen Frühling, um loszuschlagen!
Doch welch' wunderbares Bild die Natur darbietet!
Winter, bitterkalter Winter mit Schnee und Eis überall, selbst in Ländern, die sonst nur blauen Himmel und warmen Sonnenschein kennen. Ist das ein Fingerzeig Gottes, der uns verrückten Menschen eine Weile zur Ueberlegung lassen will, indem er die schönere, zum Kriegführen bessere Jahreszeit später eintreten läßt?
Jedenfalls aber nahm ich mir, und auch aus schon früher erwähnten Gründen, vor, Ihnen, Majestät, meine Ideen über den Balkan, unsere Alliance mit Deutschland und unsere wahre Stellung in Europa betreffend, zu unterbreiten.
Meine Auseinandersetzungen will ich als logische Interpretation von Daten und Ereignissen vorbringen, die Begründungen meiner Worte durch Beispiele, die uns die Vergangenheit liefert, bekräftigen, und in meinen Schlußfolgerungen will ich ein Zusammenwirken dessen hervortreten lassen, was ich den unaufhaltsamen Lauf der Geschichte und den ernst fortschreitenden Erziehungsgang der Menschheit nenne.

Rußland, und nur Rußland hat die Mission, den Cadaver des türkischen Reiches, der schon seit zu langer Zeit Europa verpestet, aus unserem Continente hinauszuschaffen. Sie nicht, Majestät, nicht Oesterreich! Das lehrt Geographie und Geschichte!
Derjenige, der an der Nordseite den Bäumen Moos aus der Rinde sprießen läßt, damit sie im Winter nicht zu kalt hätten, hat Ihnen, Majestät, im Süden Ihres Reichs ein Hindernis in den Weg gelegt und ein Warnungszeichen aufgerichtet, nicht in den Balkan zu gehen, und alle Kriege, welche Ihre Vorfahren gegen die Türken führten, waren nur dann glücklich, die Errungenschaften nur dann von Dauer, solange sich dieselben nicht über die angedeuteten Linien hinauserstreckten: Das Hindernis sind die transsylvanischen Alpen, das Warnungszeichen die Donau und die Sau.
Alp! das klingt wie, Halt! Donau, Drau, Sau wie: Trau, Schau! – Wem?
Wollen Sie schönere Grenzen haben, Majestät, oder würden Sie jeden Monat einen Grenzstreit vorziehen?
Rußland also hat die Mission, die ich angedeutet!
Ob nun die Vorgänger des heutigen Representanten und dieser selbst diese Mission übernahmen und so eifersüchtig daran festhalten, weil sie Selbstlosigkeit zu einer schönen, aber undankbaren Handlung, in sich fühlen, oder weil sie in der Erweiterung ihres kolossalen Reichs nach Süden eine Befriedigung ihres Ehrgeizes finden, das thut im Grunde nichts zur Sache! Denn das Resultat wird dasselbe sein.
Die Völker kommen von Osten nach Westen, ihre Geschichte aber, finde ich, geht von Westen nach Osten. In der Allgemeinheit ist das etwas bekanntes, für den speciellen Fall jedoch will ich ihnen, Majestät, meinen Ideengang kurz entwickeln.
Italien sehen wir heute endlich vereinigt und unabhängig. Wie hatten sich aber in vergangenen Jahrhunderten die Völker darum geschlagen, wie hatte, bis vor kurzer Zeit noch jeder Fürst Europas in der inneren Geschichte der Halbinsel seine Rolle spielen wollen! Frankreich, Spanien, Italien, Deutschland und Oesterreich, jeder hatte ein Stück haben und dauernd besitzen wollen – denn früher gab es weder Missionen noch Commissionen. – Die Goldminen Ca-

liforniens, durch hundert Jahre hindurch ausgebeutet, würden mit ihren Schätzen nicht die Zinsen des Geldes decken, das Italien dem übrigen Europa gekostet hat, der Po wälzt nicht so viele murmelnde Wellen in die Adria, als das edle Land Blut getrunken und Thränen vergießen machte – und was ist geblieben?
Sie, Majestät, haben noch die Ehre gehabt, uneinnehmbare Festungen und schöne Brücken zu bezahlen, als Ihnen die kurzsichtige Großmuth Frankreichs die Lombardei und die weitsichtige Politik Preußens Venezien entriß, und der Befreier und Einiger Italiens hat das Vergnügen, sich von seinem Protectionskinde auf die Füße treten zu lassen, nachdem die letzte Illusion über den Werth der italienischen Dankbarkeit schwinden mußte! Das ist alles ... doch daß ich nicht vergesse, das heilige Römisch-Protestantische Reich hat doch Profit gezogen! Bismarck hat die Freundschaft des großen Crispi gewonnen: *Parturiunt montes, nascetur ridiculus ... mus!*
Was wir von Italien gesehen haben, werden wir oder unsere Kinder von dem Balkan erleben, an welcher Halbinsel jetzt die Reihe ist, ganz Europa zu äffen.
England will nicht, daß Rußland nach Constantinopel gehe, weil es selbst dort sein und herrschen will; Rußland will weder das sehen, noch daß jetzt Oesterreich hinuntersteige; Oesterreich will von beiden das Gegentheil; Italien spricht, eingedenk seiner eigenen Vergangenheit, von der Unabhängigkeit der Balkanstaaten, u., u...
Und es ist ein Jammer zu sehen, wie die Völker die Geschichte vergessen, und die Herrscher aus Blindheit, Ehrgeiz oder Eifersucht, die Beispiele, welche ihnen die Vergangenheit liefert, nicht zum Wohle derer studieren, für deren Zukunft sie zu sorgen und zu leben vorgeben!
Was in Italien Jahrhunderte und Jahrhunderte brauchte, wird jetzt, wo die Kriege per Eisenbahn und Telegrafendraht geführt werden, ebenso viele Jahrzehnte in Anspruch nehmen, und unsere Enkel schon werden ein freies Balkanreich auf der Landkarte erblicken, das aber, wie die Dinge jetzt stehen, auf blutrothem Papiere wird gezeichnet werden müssen!
Rußland wird in den Balkan gehen – denn einer Mission folgt man nicht, man wird von ihr gezogen – es wird mit oder ohne eigennüt-

zige Absicht Blut und Geld verschwenden, wird die Völker, welche stammsprachen- und religionsverwandt sind, vereinigen und ein vom Italienischen in's Slavische übersetztes Dankschreiben erhalten! Ja, Rußland wird das Frankreich des Balkans werden, und sollte das arme, gute, blinde Oesterreich, das Oesterreich Italiens bleiben!

Und was würde denn auch das schwere, große Slavenreich mit dem Balkan in directem oder indirectem Besitze machen? Es leidet schon jetzt an seiner hülflos weiten Ausdehnung und würde doch nie die moralischen oder materiellen Mittel besitzen, im Balkan auch nur das geringste zu thun, und dann weiß man ja aus der Geschichte, was das Schicksal der ungeheuren Reiche war! – Uebrigens will Rußland selbst erst bewohnt und civilisiert, der Boden ausgebeutet sein. Das Volk stöhnt nach einer freiheitlicheren Verfassung, nach Licht und Luft! Und wenn die Nihilisten, dieses schleichende Gift in dem Organismus des Reiches, jetzt zu schweigen scheinen, so ist dies vor der Gefahr, die das Land von außen bedroht, und die alle Patrioten in dasselbe Lager, in dieselben Reihen drängt. – Und da wollte der Czar an eine Annexion oder dauernde Ausbreitung seines Einflußes denken. – Majestät, wenn es Thoren gibt, das thun zu wollen, kann der Nachbar die Hände sorglos in die Hosentaschen stecken und lachend zusehen, eher, als in den Säckel greifen und die Kastanien für einen Anderen aus dem Feuer holen.

Doch leider Gottes, es wäre zu schön gewesen, ruhig und höchstens neugierig zuschauen zu können. Wir hätten wahrscheinlich zu viel Zeit gehabt uns mit Dingen zu beschäftigen, die uns angehen, und darum machte uns Bismarck zu Theilhabern des Türkenloses!

* * *

Was den Kanzler dazu trieb, will ich mir erlauben auseinanderzusetzen, wenn Sie mir gestatten wollen, Majestät, ein wenig in das übrige Europa hinauszuschauen und einen Blick in und hinter die Karten des Geschichtemachers und Händelstifter's Bismarck zu werfen, um Sie klar von seinem falschen Spiele zu überzeugen!

Nach der Besiegung Oesterreichs bedurfte Preußen noch eines Opfers, um endgiltig in die Reihen der Großmächtigen einzutreten, Frankreich wurde auserlesen, überfallen und zum Unglücke ganz Europa's, der ganzen Menschheit, zerschmettert. Jetzt war das letzte gethan; dem vom Blute dampfenden, von Kartätschen zerrissenen, mit Todten bedeckten Boden entstieg die deutsche Kaiserkrone, die auf das Haupt eines Greises aufgestülpt wurde.
Wie aber dieselbe droben bewahren?
Denn weder dem deutschen Nationalcharakter entsprach die Einigung der deutschen Kleinstaaten, noch dem ruhigen Gange der Geschichte, noch der richtigen Vertheilung des europäischen Gleichgewichtes, noch dem Leben, der Ruhe aller Völker, der ganzen Welt, wie wir es bitter erfahren haben! Was that nun der eiserne Makler?
Nach außen bedurfte er eines Mächtigen, der ihn halten, oder eines Gefügigen, der ihn tragen mußte! Jener war Rußland, dieser unser gutes Oesterreich!
Nach Innen, für, das heißt gegen das eigene Volk, bedurfte er einer festen Drohung, einer steten Gefahr, eines Reizmittels falschen Ehrgeizes, eines Kitzels nationaler Eitelkeit – und so nahm er Elsaß-Lothringen!

* * *

Was den Mächtigen anbetrifft, um dessen Gunst der eiserne Mann mit ganzer Verführungskunst buhlte, so sah Rußland bald ein, daß es für den im Jahre 71 begangenen Fehler und der bis 78 zur Schau getragenen Freundschaft für Deutschland nichts, aber gar nichts als Gegenwert erhalten, daß es geäfft, an der Nase herumgeführt worden sei und nur als Vogelscheuche den Franzosen gegenüber gedient habe. Und Rußland zog sich langsam, aber sicher zurück.
Als nun Dionysos-Bismarck, Tyrann von Berlin, mit politischem Scharfblicke oder seinem Diebsinstinkte die mageren Jahre geheimer Reibereien und offener Zwistigkeiten vorausahnte, sah er sich nach einem Schemmel um, da ihm der feste Gehstock zu entfallen drohte, und überredete Sie, Majestät, verlockte er Oesterreich in den Balkan hinunterzugravitiren, indem er Ihnen Bosnien und Her-

zegowina zum Present machte. Das war ein Meisterstück, weil es gelang.

Mit dem Danaergeschenke eines schmutzigen Winkels im Balkan, der aber groß genug ist, um die Eifersucht der Anderen zu erregen, Ihnen denselben abzujagen, und Ihre Eigenliebe anzustacheln, ihn zu behalten, mit diesem Schachzuge, den Ihre geehrten Politiker, Majestät, nicht durchschauten, hat Bismarck erreicht, was er erreichen wollte. Er hatte dem Czaren einen Gegner in den Weg gestellt, über dessen naive Leichtgläubigkeit er keinen Zweifel mehr besaß, er hatte einen stillen, aber seit mehr als einem Jahrhunderte dauernden Freundschaftsbund zerrissen, der auf der Friedliebe und Ehrlichkeit der Herrscher und der Völker beruhte, die gegenseitig in ihren Reihen Millionen von Brüdern zählten, eine Freundschaft, die durch wechselseitige Dienste erprobt und durch gemeinschaftliche Interessen und bisher klar gezeichnete Grenzen auch für die Zukunft begründet war.

Nun war der Kanzler eine directe Sorge in Bezug auf Rußland los: Oesterreich hat die liebenswürdige Aufgabe übernommen für das heilige Preußen zu kämpfen. Im Falle eines Sieges würde Bismarck Rußland's ledig sein, während die Niederlage Oesterreichs – und ich bin sicher, daß er eher damit, als mit dem Gegentheile rechnete – diesen getreuen Freund zerbröckeln, seinem Feinde Befriedigung verschaffen oder Zeit zur Verdauung rauben und ihm selbst vielleicht noch einen guten Bissen eintragen würde. Doch, als practischer Mensch, spielte er, während die berühmte Urkunde der deutsch-österreichischen Alliance in geheimen Fächern ruhte, auf alle Fälle sein Spiel mit Rußland weiter und wußte die Comödien von Skierniewice und Kremsier zu insceniren. Und je nachdem er in Petersburg kalt oder warm verspürte, zeigte er sich warm oder kalt Oesterreich gegenüber. Glaubt er in seinen Beziehungen zum Czaren glücklicher zu sein, so ließ er den sogenannten Bundesgenossen in seiner Reptilienpresse beschimpfen und sogar einmal erklären – Majestät, hat sich Ihre alte Habsburger-Ehre nicht aufgebäumt – »daß sich das jugendliche Deutschland nicht an das alte und morsche Oesterreich anschließen und binden könne!« – Fühlte er kalt im Rücken – denn sein Gesicht ist stets nach den Vogesen gerichtet

– so ließ er so lieblich schreiben, als eine schwere, aber wohl geschmierte, preußische Pfote nur thun kann, und ließ Sie ja nicht an die ihm so kostbare Armee vergessen.
Und nachher, das liebe Bulgarien, das sollte nicht gegen seinen Willen annectirt werden, das Volk frei und Herr seines Geschickes bleiben! Es wurde zuletzt sogar mit einem unentbehrlichen, coburgischen Lieutenant beglückt, unter dessen Fahne und Mutter sich das Land des Friedens und der Freiheit erfreuen sollte!! Und Sie, Majestät, stellte man zum Wächter im Balkan auf!!!
Niemand glaubt an eine Moral in der Politik; die unverschämteste Heuchelei aber sollte den Leitern der Völker und den Geschichtemachern wenigstens ferne bleiben; aber auch diese muß dem eisernen Makler ein Atout im Spiele liefern, das er stets nur durch seine betroffen machende Unverschämtheit und die Kleinmüthigkeit seiner Gegner gewann!
Bulgarien dürfe nicht der russischen Gewaltherrschaft überliefert werden! die Zeit sei vorüber, wo Völker gegen ihren Willen unterdrückt und Länder ohne Einwilligung der Bewohner annectirt würden!
Das ist beinahe selbstverständlich, gewiß aber edel!
Das sollte jedoch von einem Lande gelten, für das eine Großmacht Opfer gebracht, um es frei zu machen, mit dessen Einwohnern dieselbe Macht durch Abstammung, Sprache wie Religion verwandt ist, in welchem Lande selbst eine mächtige Partei vorhanden ist, die eine Annexion oder enge Protection schon aus Dankbarkeit wünscht, während der andere Theil des Volkes von dem geraden Weg durch Manöver abgelenkt wurde! Von einem Lande sollte das gelten, wo im Grunde niemand ernst an eine Annexion denkt, da dieselbe aus schon erwähnten Gründen nicht möglich ist, selbst wenn sie schon von einer Seite gewünscht werden sollte!? Und da ist Niemand in Europa, kein einziger, ehrlicher Dritter, der eine edle Respectirung der Menschenrechte und des Volkswillens auch auf eine andere Provinz auszudehnen vorschlagt, deren gewaltsame Zurückhaltung vom Mutterlande eigentlich das ganze Unglück in Europa heraufbeschwor!?
Da ist Niemand unter den Mächtigen und Gekrönten, der mit

standhaftem Ernste und edelmüthiger Ausdauer auf Elsaß-Lothringen weist, das, in übermüthiger Selbstsucht erobert, mit vielleicht schon bedauerter Hartnäckigkeit behalten und geknechtet wird!? – Hunderttausende Eingeborene haben nach dem Kriege und seither die annectirten Provinzen verlassen, die Gebliebenen betrachten sich als Wächter des Verlorenen und ihre neuen Mitbürger als Eindringlinge! Was die leichtsinnige Großmuth Frankreichs in zwei Jahrhunderten nicht zu thun unternahm, vollzieht sich jetzt trotz des unmenschlichen Druckes! Elsaß-Lothringen ist französischer, als es jemals war, patriotischer als die Franzosen selbst! Die jungen Fahnenpflichtigen verlassen in Schaaren die Heimath, um im französischen Heere zu dienen; die Eltern, welche bleiben, zahlen mit den Resten der Habe oft, aber freudig die Strafen, welche die Flucht ihrer Kinder auf sie regnen macht!

Unterdrückung, Knechtung, Hohn und Spott, Gefängniß und Confiszirung – was hat es genützt? Nichts gar nichts! Ja, das Land ist erbittert, der Handel ruinirt, der Boden wird verschleudert und ganz Europa zu ewiger Unruhe verdammt, zu fortwährender Angst vor einem entsetzlichen, unmenschlichen Kriege!

Elsaß-Lothringen war noch vor zwei Jahrhunderten deutsch und ist es stets geblieben, sagen sie.

Wie! der Kanzler selbst behauptet, daß die fünf Millionen Deutsche, die seit zwanzig Jahren das Vaterland verlassen, in Amerika ihre Nationalität, ihre Sitten abgestreift und womöglich ihre Sprache vergessen haben, und dieses Wunder wäre, bei der bekannt leichten Acclimatisirung der Deutschen, nicht einmal in zwei Jahren im Elsaß eingetreten? Und wenn wirklich dieser Zeitraum nicht hinreicht, einige Millionen Bewohner eines Grenzlandes auf friedlichem Wege ihre Abstammung vergessen zu machen, wenn wirklich sechs Generationen und mehr nicht im Stande sein sollten, durch Mischung und Austausch jene den Bürgern eines einheitlichen Staates zu assimiliren, so sind ja auch jene Franzosen, die um dieselbe Zeit aus religiösen Gründen ihr Vaterland verließen, als Elsaß-Lothringen von Ludwig dem XIV. annectirt wurde, noch immer Franzosen, dann steht an der Spitze des Kriegsministeriums in Deutschland ein Franzose, dann könnte Frankreich jene Militärs, die fran-

zösischen Ursprungs sind, als Hochverräther betrachten, wie es Preußen mit den Elsäßern und Lothringern thut, dann müßte Bismarck einen Theil seiner Offiziere und Generäle als französische Spione nach Spandau schicken!
Hat Preußen für den Elsaß das gethan, was Rußland für Bulgarien that? Hat Bismarck die geraubte Provinz von einem drückenden Joche befreit? Wurde seine Hülfe herbeigerufen, seine Großmuth ausgenützt, so daß er etwa Bitterkeit über den Undank der heutigen Reichslande als Grund der Bedrückung angeben könnte? – Nein, gewiß nicht! Und jeder weiß das, und jeder sieht, daß heute wie vor 17 Jahren die Dinge höchstens noch schlechter stehen, daß kein Fußbreit von der Opposition aufgegeben wurde, und kein Fürst wagt dem Despoten eine bescheidene Bemerkung entgegenzustellen! – In allen Parlamenten sitzen Männer und auch Minister, welche die Stellung Frankreichs als würdig, seine Forderungen als gerecht und die Zustände in Europa als unnütz geschraubt erklären, und dennoch sollte Bismarck fortfahren, dem gesunden Menschenverstande in's Gesicht zu schlagen und über die Feigheit Europa's in's Fäustchen zu lachen? Und Sie sollte er, Majestät, zum Unglücke für Ihr Haus und Oesterreich, wenn schon die Dynastien vor den Völkern kommen, heuchlerisch auf der einen Seite zum Wächter von Principien aufstellen, Principien, die er auf der anderen Seite in den Staub tritt, in die Erde stampft?!

* * *

Was sagen Sie sich, Majestät, wenn Sie von Zeit zu Zeit, um eine lästige Schlaflosigkeit zu bannen, die Artikel Ihrer Alliance mit Deutschland an der Hand der Commentare studieren, welche Ihnen die Journale und die welterschütternden Reden des Kanzlers liefern? Lachen Sie auch wie es die Anderen thun, welche die Augen offen haben und den Werth bismarckischer Versicherungen kennen? Sie haben mit Deutschland einen Vertrag abgeschlossen, in welchem sich die beiderseitigen Reiche ihre heutige Länderausdehnung garantieren. Das ist ja eine neue Fabel mit einer höchst lehrreichen Moral, wie jemand, welcher bedroht ist, mit dem Diebe, der ihn zu bestehlen beabsichtigt, einen Vertrag eingeht, ihm einen schon begangenen Raub bewahren zu helfen, unter der Bedingung, daß der gefürchtete Pikpoket des Freundes Eigenthum verschone! – Denn so muß man diese Garantie verstehen, da bekanntlich nur Preußen, und in zweiter Linie Italien, also unsere Bundesgenossen, Oesterreich zu bestehlen gedenken.

Sie haben, Majestät, sich ferner zu einer wolwollenden Reserve verpflichtet, falls Deutschland mit Frankreich Krieg führen sollte, müssen aber aus dieser beobachtenden Haltung heraustreten, wenn zur selben Zeit eine andere Macht, das ist natürlich Rußland, Preußen gegenüber eine feindliche Haltung einnimmt, und müssen mit allen Ihren militärischen Kräften in die Linie treten. Deutschland hingegen, d.h. Bismarck, ist dem Vertrage nach gebunden, mit seiner ganzen Heeresmacht Oesterreich-Ungarn zu unterstützen, wenn Rußland einen Angriff wagt! – Schön.

Während sich Ihr Reich, Majestät, lediglich von Rußland bedroht sieht, und was auch nur ein von Bismarck zu seinem eigenen Besten geschaffener Zustand ist, – denn wenn Oesterreich heute noch, Majestät, in richtiger Erwägung seiner Interessen und seiner Ehre, mit Rußland direct in Verbindung tritt und, anstatt Seifenblasen im Balkan nachzujagen, an seine frühere Stellung in Deutschland denkt, so fällt auch der einzige Zwist hinweg, den es haben kann und fürchten muß – während Ihr Reich also nur einen fictiven imaginairen Feind besitzt, findet sich Ihr geehrter Bundesgenosse in der unangenehmen Lage, zwischen zwei Feuern zu sitzen: Auf der einen Seite das ungreifbare, tausendarmige Rußland, das einen ersten Napoleon vernichtete, und auf der anderen Seite das neu erstandene, erstarkte Frankreich, das im gegebenen Falle einen zweiten finden kann!

Kommt es nun wirklich zwischen Oesterreich und Rußland zum Kriege und hält Deutschland – wider alle Erwartung – Wort, so kann Europa schon heute versichert sein, daß Frankreich, durch achtzehn Jahre gehöhnt, geneckt und provocirt, nicht ruhig hält, sondern sich wie ein Mann erhebt, und dann wehe Deutschland! wenn nur ein Soldat seines Heeres im Westen fehlt, nur eine Kanone in Oesterreich oder Rußland zurückbleibt! Dann können Sie versi-

chert sein, Majestät, sich Rußland allein, mutterseelenallein gegenüber zu befinden!
Weiß sich andererseits Bismarck in seinem verrückten, verzweifelten Hochmuthe von Frankreich attaquiren zu lassen – denn die Attaque ist von Nöthen, um die Verbündeten zu verpflichten – so wird Rußland, sollte es auch nicht gegen Preußen direkt losziehen, ohne Umstände mit Oesterreichs Ansprüchen im Balkan kurzen Prozeß machen; dann natürlich, wo Sie Ihre sogenannten Interessen verletzt sehen werden, müssen Sie sich Rußland von Neuem allein in den Weg stellen, da Ihr Bundesgenosse keine Zeit haben wird, mit Ihnen zu ziehen; wo ist also, Majestät, Ihr Vortheil in diesem gepriesenen Bundesvertrage, den Sie doch nur geschlossen haben dürften, um einer gefürchteten Eventualität, dem Alleinsein, auszuweichen, Eventualität, die aber in jedem Falle eintreten muß, und in welcher Sie Bismarck sogar direkt seiner Sicherheit zum Opfer bringen kann! Und nicht nur, daß der preußisch-punische Politiker Oesterreich in einen Engpaß drängt, der durch den Morast der Lächerlichkeit führt und vor einem Abgrunde endigt, so hat er Ihnen noch die Gesellschaft Italiens aufgedrungen, dessen er sich direkt gegen Frankreich bedienen will.
Kein Liberaler Europa's kann gegen die Vereinigung Italiens, gegen dessen endliche Befreiung vom päpstlichen Joche und Einflusse etwas einzuwenden haben. Daß es zum Theile auf Kosten Oesterreichs geschah, ist zu bedauern, aber nicht wieder gut zu machen. Daß die Italiener, in deren Brust der alte, römische Ehrgeiz erwacht ist, den lange zerflossenen Traum von Ruhm und Größe in sich wieder aufleben fühlen, ist ihre Sache. Daß dieselben zu ihrer endgültigen Einigung auf Stücke Oesterreichs ein lüsternes Auge werfen, ist von ihrem Standpunkte zu begreifen, wenn sich dem auch so manches entgegenstellt, besonders die Absicht des Kaiserthums Oesterreich, Länder zu behalten, welche es seit mehr als einem halben Jahrtausend besitzt. Daß es aber mit der Plattheit Ihrer Diplomaten, mit Ihrer Geduld, Majestät, so weit gekommen ist, einen offenen Feind in ein Bündniß aufzunehmen, weil es einem versteckten, der schon darin ist, so gefällt, das ist betrübend, das ist unglaublich!

Also auch Italien ist unser Bundesgenosse und Gönner geworden! Schau! Schau! So wir jetzt die Welt nicht besiegen, dann liegt der Fehler nur an uns!

Wenn Italien angegriffen wird, so müssen wir drein mit, etliche hunderttausend Mann wenigstens. Ich weiß nur nicht, wann wir dazukommen werden, für uns selbst etwas zu thun; Das ist schon der Zweite, dem wir unsere braven Soldaten und unser weniges Geld versprechen! Bündniß wieder, um uns gegen das schreckliche Rußland zu schützen! O diese Italiener!

Der große Crispi hat uns etwas wie 200,000 Mann versprochen, nicht wahr, Majestät? Sind da schon die Helden von Massouah* dabei, von denen jeder Einzelne, wie ich höre, den Beinamen Africanus-Abessynicus annehmen wird?

Sie sind recht leichtgläubig geworden, Majestät! Sie glauben also wirklich, daß Italien, das sich jetzt wie ein aufgeblasener Ochsenfrosch an der preußischen Sonne wärmt, das nach drei Lustren einen Freund, einen Wohlthäter, einen Bruder vergißt, daß dieses Italien einem Feinde von Jahrhunderten her offen die Hand reicht, ohne die gleißnerische Absicht zu haben, ihm im gegebenen Falle den Arm auszureißen?!

Sie glauben in Rußland einen Gegner zu erblicken und rüsten, und Sie wissen, daß Italien ein offener Feind ist, welcher, sans gêne, von Südtyrol, von Triest und Dalmatien wie ein Dieb spricht, der einen Streich beabsichtigt, oder wie ein lachender Erbe, der auf den Tod des alten Verwandten spitzt, und Sie, Majestät, verbünden sich mit ihm!

So muß denn Oesterreich stets den Betrogenen spielen?

Jedenfalls dürfte der Geschichtschreiber, der die Ereignisse unserer Tage erzählen will, sich schwer des Lachens enthalten, wenn er auf die Bündnisse Oesterreichs zu sprechen kommen wird, und diese Seite der Geschichte, zwar mit Blut und Thränen getränkt, wird sich wie ein bitterlich spöttelndes Witzblatt lesen!

*
* *

* 1885 hatten italienische Truppen den wichtigsten abessinischen Hafen Massaua besetzt.

Und sehen Sie doch, Majestät, in Oesterreich selbst, was da Bismarck wissentlich oder unwissentlich angerichtet hat? Haben Sie nicht neulich eine Burschenschaft auflösen lassen, weil dieselbe geradezu anti-österreichische Lieder sang? Es ist traurig, aber wahr, Majestät, in Ihrem Reiche gibt es Deutsche, welche die Feigheit, die Niederträchtigkeit besitzen, ihr Vaterland zu verleugnen! In Ihrem Parlamente sitzen Abgeordnete, die – Schande und dreimal Schande – offen ihre elenden Neigungen eingestehen, die in der Verkündigung eines Schlagwortes, das sie in Berlin holten, in der Verbreitung von Lehren, welche die Nachwelt beurtheilen wird, ihren Lebenszweck erblicken und in ihren Bestrebungen oft glücklicher sind, als jene ehrlichen, stolzen Oesterreicher, die ihr zurückgedrängtes Vaterland immer noch höher halten, als den trunkenen, johlenen Sieger. – Und unter den Männern, die frei nach Bismarck I., dem Zwietrachtstifter, von einer Annexion des deutschen Oesterreichs an Preußen sprechen, die den deutschen Kaiser ihren Kaiser, Bismarck ihren Minister nennen, welche Ihre Porträts, Majestät, vernichten, Ihre Büsten zertrümmern, sind Lehrer, die Sie besolden, Majestät, denen Sie die Jugend Ihres Reiches anvertraut haben! Lehrer, die Sie schändlich betrügen, welche den Demosthenes interpretiren sollen, der als letzter freier Grieche litt und starb! Lehrer, denen die Geographie- und Geschichtsstunden zu langweilig sind und die selbst Geographie und Geschichte machen wollen!

In wieweit die innere Politik Oesterreichs seit zehn Jahren gefehlt hat, indem sie aus der alleinigen Begünstigung jener Partie Oesterreichs, wo man deutsch spricht, in das Gegentheil der Bedrückung und Benachtheiligung derselben verfiel, will ich hier nicht erörtern; welche Entschuldigung kann es aber für jene ehrlosen, feigen Männer und Buben geben, die ihre Fahne wie ein Schnupftuch wechseln, die hinter dem Besieger und Verdränger ihres Vaterlandes herlaufen? Welche ihrer Jugend nach nur für Freiheit glühen und nur für die ganze Menschheit sich begeistern sollten, und statt dessen, den größten Tyrannen, den blutigsten Despoten besingen, weil es ihm vor Jahren gelang, der vorbeihuschenden Glücksgöttin einige Siege abzubetteln!

Und wenn jene Wirthshauspolitiker nur wissen würden, mit welch' gleichgültiger Verachtung jeder echte »Preiße« auf den sogenannten »österreichischen Bruder« herabsieht, wie wenig er denselben als nationalgleichwertig erachtet, mit welcher Miene er bei sich in Deutschland oder im Auslande von und mit einem Oesterreicher spricht!

Wer wollte auch behaupten, daß wir, die wir seit einem Jahrtausend und mehr von Slaven, Lateinern und Ungarn umgeben, fast eingeschlossen sind, nicht ein Volk darstellen, das zwar aus einer Mischung hervorgegangen, dennoch ein eigenes Gepräge, einen eigenen Nationalcharakter besitzt.

Wir sprechen Deutsch!

Wären wir von dem übrigen Deutschland durch Gebirgsgrenzen getrennt worden, wie es die Alpen und Pyrenäen sind, welche die große Race der lateinischen Völker in drei Gruppen der Italiener, Franzosen und Spanier theilen, wäre bei uns der Unterschied des Klimas und sonstige ausschlaggebende Faktoren so bedeutende gewesen, wie es bei den angeführten Völkern der Fall ist, so würde die Sprache, die wir heute sprächen, dieselben Umwandlungen erfahren haben und dieselben Veränderungen aufweisen, die das Italienische vom Französischen und Spanischen unterscheiden. – Wird es nun Jemandem in Spanien oder Italien einfallen, sich von Frankreich annektiren zu lassen, weil die drei Staaten von der großen, lateinischen Race bewohnt sind? Gewiß nicht! denn niemals wird es sich mit dem Stolze und der Würde eines Volkes vereinigen, seine Stellung auf Grund feiger, jesuitischer Prinzipien aufzugeben und sich, zumal dem, der es besiegt und zurückgedrängt hat, freiwillig in die Arme zu werfen!

Der Oesterreicher hat ein Vaterland,
Er liebt's und hat auch Ursach es zu lieben!

Wir sind Oesterreicher, nur und nichts als solche, und diejenigen, welche von Preußen sprechen, sind Schulbuben, die auf heuchlerisch feigem Wege in eine vermeintlich höhere Klasse aufsteigen wollen!

* * *

Majestät, es ist pure Blindheit zu glauben, daß das hergelaufene Preußen und Bismarck unser Bundesgenosse ist, weil er im Jahre 66 Oesterreich nicht mit einem Schlage vernichtete; um das zu vollbringen war er noch nicht stark genug, und hätte er es doch gethan, wäre er nie so erstarkt, wie er es heute mit unserer Hilfe ist.
Nach dem jetzigen Stande der Dinge können wir kein Kaiserreich mit deutscher Tendenz verbleiben; denn das ist nicht möglich, wie übrigens die Geschichte der Völker kein Beispiel aufweist, dass zwei Reiche mit derselben Benennung und Richtung existirt hätten. Aus demselben Grunde können wir nicht slavisch werden, da Rußland diese Mission erfüllt.
Untergehen? Was geschieht mit den Oesterreichern, den katholischen Slaven und den Ungarn! Unser Vaterland, Majestät, muß bestehen, Rußland ist homogen und untheilbar, also muß Deutschland seinem Charakter gemäß, wie zu seinem eigenen Besten, Deutschland wie es heute besteht, zertrümmert werden.
Das ist das einzige Mittel, welches bleibt, das Oesterreich jede Minute ergreifen kann und endlich muß, dessen Anwendung mit einem Schlage die Gesammtlage ändern, Ihre Rolle, Majestät, in Europa vergrößern und noch bei Ihren Lebzeiten die Segnungen der Menschheit auf Ihr Haupt herabrufen wird!
Und blicken Sie doch, Majestät, in die andern Länder hinaus und überschauen Sie, was Bismarck und nur Bismarck aus Europa gemacht hat!
Die Größe eines Volkes wird stets mehr oder minder auf Kosten des oder der Nachbarn aufgebaut, wenn es aber so weit geht, daß die äußerliche Glanzperiode einer Nation mit ihrem eigenen und der anderen moralischem und finanziellem Ruine bezahlt wird, so glaube ich bescheidenerweise, daß eine solche Größe der Menschheit doch etwas theuer zu stehen kommt.
Durch die verrückte Wegnahme von Elsaß-Lothringen mußte Deutschland, das heißt Preußen, das heißt Bismarck, mit immer neuen Opfern rüsten, immer stärker und stärker werden, um jeder Eventualität, mit gezwungener Ruhe wenigstens, entgegensehen zu können, denn der preußische Attila fühlte wohl, daß er die Franzosen nimmer so leichten Kaufes besiegen würde, und war entsetzt, als

er Frankreich schon nach wenigen Jahren aufrecht und beinahe kampfbereit fand.
Preußens Siegesthaten nun erweckten die Eifersucht oder die Kriegslust Rußlands, das für seine guten Dienste freie Hand im Balkan zu haben glaubte. Der russisch-türkische Krieg aber bereitete der slavischen Großmacht unangenehme Ueberraschungen, und das Resultat des Feldzuges war nicht geeignet den Czaren zu befriedigen. In seinem Siegeslaufe von Deutschland und England aufgehalten, fand er sich nicht nur um jeden Vortheil betrogen, sondern mußte noch die Bitterniß erleben, Oesterreich, einen langjährigen Freund, auf seinem Wege nach Konstantinopel anzutreffen. Durch solche Erfahrungen wüthend, aber klüger gemacht, wandte sich Rußland, und besonders unter Alexander III., von der Triplealliance ab, in welcher es dem Fürsten Bismarck nur als Aushängeschild gedient hatte, und suchte durch wiedergewonnene Aktionsfreiheit sein Ansehen in Europa zu erhöhen, seine Freundschaft kostbar, seine Feindschaft gefürchtet zu machen.
Frankreich seinerseits, dessen bewunderungswürdige Haltung und korrektes Benehmen im russischen Volke, wie übrigens überall, die lebhaftesten Sympathien erregt hatten, befand und befindet sich Bismarck gegenüber in einer in gewisser Beziehung ähnlichen Stellung wie Rußland, und so entstand in den Herzen der Franzosen, die immer voll Stimmung, wie in denen der Russen, welche Slaven und sentimental sind, jene stets anwachsende Strömung, welche im gegebenen Falle die leitenden Persönlichkeiten der beiden Nationen, seien es ein autokratischer Fürst oder republikanischer Minister, gegen den gemeinsamen, verhaßten Feind mitreißen wird.
Und wer die Todesverachtung und unbezwingbare Begeisterung der Franzosen und dazu die unerschöpflichen Menschenquellen Rußlands kennt, kann sich einen Begriff machen von der erdrükkenden Macht einer Verbindung zwischen Rußland und Frankreich.
Eine solche Manifestation hatte Bismarck vorausgesehen von dem Augenblicke an, wo er die gründliche Abneigung kennen lernte, mit welcher Rußland ihm und seinen Mitbürgern entgegenkam, und das brachte den Edlen, der überall Haß und Zwietracht säen, aber

Liebe und Freundschaft ernten wollte, um jeden Schlaf, und er ruhte nicht eher, als bis er durch Schmeicheleien, Einschüchterungen, Drohungen und brutale Gewaltstreiche ganz Europa fast gegen Frankreich aufgehetzt hatte und von Seiten Rußlands eine sogenannte Vernichtung der europäischen Civilisation voraussagen und befürchten ließ.

Und man schenkte dem Heuchler Gehör und folgte seinen Anweisungen!

Oesterreich wurde in den Balkan getrieben, Italien mit seinem Freund und Gönner zerworfen, Spanien mit größerem oder geringerem Erfolge bearbeitet, Englands Eifersucht und Habgier rege gemacht, mit einem Worte, ganz Europa wurde in den Schwindel mit fortgerissen und alle Völker, bis auf die kleinsten und ruhigsten unter die Waffen gejagt. – Und warum?

Weil Preußen seinen Raub nicht fahren lassen und, da es in einem allgemeinen, aber unbewaffneten Frieden seine Stellung einzubüßen bedroht ist, von einem Weltkriege wenigstens profitieren will.

Und Freund und Feind verzehren sich in den abscheulichsten Rüstungen, aus den entlegensten Winkeln Europa's dringt das Stöhnen und Wehgeschrei der unter den Kriegslasten erstickenden Völker; der Handel stockt, die Rente fällt, der Reiche wagt nicht zu genießen, der Arme findet keine Arbeit, das Elend ist entsetzlich!

Nur die Kanonengießer gedeihen, die Erfinder neuer Gewehre, neuen Dynamits, neuer Kartätschen!

Die Menschheit hat also fünf Jahrtausende gekämpft und gelitten, jeden Fortschritt mit Blut, viel Blut, jeden Rückschritt ebenso theuer bezahlt, hat Entdeckungen gemacht, die den Gesichtskreis vergrößern, Erfindungen hervorgerufen, die das Leben erleichtern und verschönern sollen, und das alles, um dahin zu gelangen, wo wir heute angekommen sind: Der Spielball des Fürsten Bismarck zu sein! Zu sehen, wie das Genie und das ganze Leben von Hunderttausenden dem Militarismus, das heißt der grausamen Vernichtung der Nebenmenschen gewidmet ist, zu erleben wie drei, vier, fünf Jahre unseres Daseins den Studien, dem Acker, dem Comptoir oder auch nur den Vergnügungen entrissen sind, während man die folgenden zwanzig Jahre hindurch mit Zagen seinen Hausstand gründet und mit Besorgniß Familienvater wird! Und werden nicht jährlich noch Milliarden den zivilisirten Europäern erpreßt, Milliarden, welche, mit Entbehrungen herbeigeschafft, für die Menschheit verlorene Summen bedeuten? Und das alles, weil Preußen groß sein und seinen unsinnigen Raub behalten will? Raub, gegen welchen sich die Natur, das Völker- und Menschenrecht, der Stolz einer edlen Nation und das Gewissen jedes ehrlichen Mannes auflehnt!

* * *

Und wenn wenigstens alle die Kleinen und Großen, die mit dem preußischen Bulldog bellen, einen Vortheil aus ihrem Geheule ziehen würden! Gibt es denn ein größeres Unding, als eine Alliance zwischen Deutschland, Oesterreich und Italien, welcher sich auch noch Spanien, theilweise England und die Kleinen aus dem Balkan anschließen wollen!

Bismarck wirft Oesterreich-Ungarn dem Russen zum Fraße vor, wobei er und Crispi einige saftige Knochen zu nehmen gedenken! Geht alles gut von statten, wird Italiens schwer erworbene Einheit den guten Diensten des Papstes zum Opfer gebracht werden. Was England in der Gesellschaft sucht, fragt man sich auch vergebens, da es doch nur besser thun kann, sich in drei offenen Worten mit Rußland zu verständigen! Spanien hat mehr Gründe, sich von den großmächtigen Windmühlen, welche Bismarck durch sein Zeitungsgefächel in Bewegung setzt, entfernt zu halten, als sich in den im Drehen ächzenden Flügeln zu verfangen! Die Balkankhane thun mir überhaupt leid, denn sie waren dem Kanzler stets nur ein willkommener Ballast, den er wohlbedacht über Bord warf, wenn seine Barke in den russischen Gewässern aufsaß.

Aber – o heiliges Wunder – da glaubt ein jeder, wenigstens die Regierungen, aus der heiligen Alliance Vortheil zu ziehen! – Und welch' süßes Einverständniß überall herrscht.

Bismarck drückt des Kalnoky Hand, verhandelt aber mit Rußland, als ob unser auswärtiges Ministerium auswärtig hieße, weil es sich in Berlin und nicht in Wien befindet. Crispi sendet Bewunderungstelegramme nach Berlin, bleibt aber doch, wie seine Leibpapiere versichern, Frankreichs Freund. England macht aus seinen Ministern außer Dienst Handlungsreisende, welche die Freundschaft der Königin Whigtorya überall zu denselben Preisen, franko in's Haus gestellt, anbieten. – Spanien, wie Belgien, Holland, die Schweiz und Monaco bleiben neutral – o, du schönes Wort – rüsten aber über Hals und Kopf. Die Kleinen vom Balkan müssen natürlich große Heere haben, und die Kriegsminister aller übrigen Fürsten sind auch zu glücklich, eine patriotische Gelegenheit zu haben, um Geld zu verlangen, und wollen sich von den Kollegen in den anderen Reichen nicht auslachen lassen und folgen dem ansteckenden Beispiele. Und – o heiliges Mirakel – während das ganze offizielle Europa beim Kugelgießen Friedenslieder singt, lassen die sogenannten Militärparteien in allen Staaten die Säbel klirren und brechen in fortwährendes Kriegsgeheul aus.

Und alle diese Heuchelei, diese tragikomischen Widersprüche zwischen dem Sein und Scheinen, all' diese naturwidrigen Freundschaften und Bündnisse, weil Bismarck im Trüben fischen will, da Ruhe und Ueberlegung seine Stellung in Europa, wie in Deutschland selbst, untergraben würden.

Und was liegt dem großen Manne daran, daß seine Forderungen im Reichstage nicht nur den Deutschen das verlangte Geld, sondern auch der übrigen Welt hunderte von Millionen kosten, welche durch Entwerthung von Papieren besonders dem kleinen Spekulanten, dem zaghaften Geschäftsmanne gestohlen werden! Ja, wenn nicht alles wie auf Rädern läuft, so ist er auch nicht verlegen, einigen elsäßischen Gutsbesitzern Prozesse anzuhängen, um glauben zu machen, daß man in den Fabriken der annektirten Provinzen Hochverrath statt Zwirn und Tuch fabrizire; oder er läßt französische Beamte arretiren oder harmlose Jäger erschießen, je nach Bedarf! Von dem Kredit, den ihm ein Kriegsrummel einbringt, kann er leicht 50,000 Mark Entschädigung zahlen, und zum Schluß wird er schon lächelnd erklären: Ruhig, liebe Leute, es war nichts!

Und Deutschland selbst!

Darüber würde ich gerne die großen Freiheitsdichter und Freiheitskämpfer befragen, ob das heutige Kaiserthum ihren Träumen von Freiheit, Religion und Vaterland entspricht!

Freiheit!
Die Abgeordneten werden, wie die Schulbuben, nach Hause geschickt, wenn sie sich zum Echo des allgemeinen Gestöhnes des unter den Kriegslasten erliegenden deutschen Volkes machen und neu verlangte Millionen nicht bewilligen wollen! Andere Volksvertreter werden des Landes verwiesen, andere eingesperrt. Sozialistenprozesse blühen wie giftige Schwämme auf feuchtem Grunde. Von der Presse ist gar nicht zu sprechen!
Die glücklichen Landeskinder wandern in größern Scharen als je in andere Kontinente aus, obgleich ihnen der eiserne Mann durch unerhört willkührliche Ausweisungen von tausenden österreichischen und russischen Unterthanen im eigenen Lande Platz machen will.
Und die Religion!
»Wir Deutsche fürchten nur Gott auf Erden!«
Von den Anderen weiß ich es nicht, wie sie es damit halten, den Fürsten Bismarck aber möchte ich fragen, welches der Gott ist, den er verehrt, um ihm zu sagen, warum er ihn fürchtet.
Ist es Jehova, an dessen adelige Anbeter er sich wendet, wenn er Geld braucht? Oder ist es der Gott der Katholiken, der ihm als Großwähler dient, nachdem er dessen politischen Agent auf Erden durch schöne Versprechungen und noch schönere Geschenke gewonnen hatte! – Es ist ein wahres Vergnügen so ein protestantisch-deutscher Mahomet zu sein! *Wenn man nicht nach Canossa gehen will, so läßt man Canossa einfach kommen!*
Oder ist es der Gott der Protestanten, den der gläubige Mann allein auf Erden fürchtet? – Wenn dem so ist, will ich ihm auch sagen, warum er es thut.
Auf Erden hat er bisher niemanden Muthigen oder Starken gefunden, der ihm seinen Despotismus, seine Brutalität, seine Verbrechen an der Menschheit büssen läßt!
Auf Erden ist ihm noch Niemand entgegen getreten, der für seinen Egoismus, seine Treulosigkeit und sein verbrecherisches Spiel mit dem Glücke und der Ruhe von Millionen und Millionen von ihm Rechenschaft fordert! Der ihn verdammt, in einem gekrönten Vater die Liebe zu seinem Sohne und in einem ehrgeizigen Sohne die Ergebung und Ehrfurcht für seinen unglücklichen Vater ertötet zu ha-

ben! Ja, wer eine schwergeprüfte Frau und Königstochter bis in ihr größtes Leid mit Rache verfolgt hat und einen Mann noch am Sterbebette mit Hasse überschüttet, der hat Gott zu fürchten, und ihn allein, wenn die Meinung der Zeitgenossen und das unausbleibliche Urtheil der Nachwelt den Unmenschen nicht berühren!

Und wenn nichts gegen die heuchlerischen Versicherungen Bismarcks von seiner Einigkeit mit dem gesammten deutschen Volke spricht, so ist es das Verhältniß der ganzen Nation, die Lieutenants vielleicht ausgenommen, zum ehemaligen deutschen Kronprinzen, zum heutigen Kaiser, dem geliebten »Fritz!« Mit welch' bitterem Herzen muß der Deutsche an die unsinnigsten Kosten seiner Siege, an die übermenschlichen Opfer, das Gewonnene zu bewahren, denken! Mit welch' sauerer Miene muß er in den Säckel greifen, um die Größe des Kanzler's zu bezahlen, und wie schrecklich verblüfft muß er von dem furor teutonicus sein, den man ihm zumuthet, wenn er mit ebenso offener wie tiefer Trauer, so innigem Schmerze den Mann unter den Händen der Aerzte sieht, von dem er stets einen Halt in dem schwindeligen Siegeslaufe und ehrliche Friedensversicherungen erwartete, die aber nicht auf Bayonettenspitzen den Nachbarn überreicht würden. Wie! ganz Deutschland wird als einig und verwachsen mit Bismarck und seinen Ideen ausgegeben, und doch sollte es bei dem Gedanken zittern, daß der größte, durch seine Weltanschauungen natürlichste Feind des Kanzlers mit dem Tode abgehen könne? Deutschland sollte sich unter den heutigen Verhältnissen wohlbefinden und zu gleicher Zeit – welch' blöde erkünstelter Gegensatz – von dem Gegner Bismarcks, nicht von diesem selbst, nicht von dem jetzigen Regierungsschwindel, sondern von der Herrschaft des liberalen Kaisers, seinen Frieden, sein Heil, seine Ruhe, sein Glück erwarten?

Ja, mit dessen festem und uneigennützigem Beistande hoffte Deutschland seine Geografie in Ordnung zu bringen und sich als ehrbare, creditfähige Firma in die großen Bücher der Geschichte eintragen zu lassen, da es das heutige Schwindelgebahren einsieht und wohl fühlt, daß es mit Verlust an Menschen, Geld und Zeit arbeitet und eine plötzlich geforderte Bilanz mit einem schrecklichen Bankrotte abschließen würde!

Doch leider Gottes, Kaiser Friederich ist ein kranker, verlorener Mann. Was sein Vater für sein hohes Alter erbat, wünscht er für die letzten Tage seines Märtyrerthums auf Erden, das ist, in Ruhe und Frieden zu sterben.

* * *

Die Zustände, welche wider alle Natur und willkürlich vom Fürsten Bismarck nicht nur in seinem Lande, sondern auch im übrigen Europa geschaffen wurden, welche jeden Fortschritt zum besseren hemmen und die Ruhe der ganzen Menschheit bedrohen, diese Zustände schwinden, wenn Sie sich, Majestät, von dem Einflusse Ihrer Rathgeber, wie Ihrer eigennützigen Bundesgenossen frei machen wollen. Mit einem Schlage, und heute noch unblutig können Sie die schwindelige Bahn, auf welcher man Sie mit gebundenen Augen führt, verlassen, wenn Sie einfach den Weg einschlagen, den Ihnen die Tradition Ihres Hauses, die Interessen und die unläugbare Majorität Ihrer Völker vorzeichnen.

Ihre Alliance mit Deutschland und Italien ist ein Unding, Majestät, und Oesterreich spielt darin nur die lächerliche, zur Vernichtung führende Rolle des Betrogenen. Für Deutschland sind Sie der Schild, der die Hiebe von Rußland her auffangen oder abwehren muß, während Sie von Berlin nur Enttäuschungen noch erlebt haben und nur Verrath oder Undank ernten können. Von dem Bündnisse mit Italien spreche ich gar nicht, denn zwischen Oesterreich-Ungarn und dieser Macht bestehen Differenzen, welche ein ruhiges, kaltes Nebeneinanderleben gestatten aber nicht leicht durch einen Bundesvertrag ausgeglichen werden können.

Bismarck drängt Sie in den Balkan, das bedeutet Auflösung und Untergang! Er macht Sie zum Feinde einer bisher befreundeten Macht und zum Nachbar eines Feuerherdes, der Oesterreich verzehren muß. Sie haben einen Fuß nach dem Balkan gesetzt, das ist mit einem Fuße in's Grab gestiegen, das Ihnen Ihr angeblich bester Freund aushöhlt. Oder glauben Sie, Majestät, an Habsburger, die sich mit einem Fetz auf dem Kopfe und einem Nargileh im Munde auf den Kissen eines officiellen Harem's ausstrecken?

Er hat Ihren Schwerpunkt im Osten entdeckt, Sie aber brauchen denselben deshalb nicht aufzusuchen. Das ist die alte Geschichte vom va-t'en que je m'y mette! Er würde Ihren Platz benöthigen; das könnte jeder sagen; muß aber Ihre Freundschaft oder Kurzsichtigkeit, wie Sie wollen, so weit gehen, ihm denselben einzuräumen? – Sagen Sie sich doch los, Majestät, so lange es noch Zeit ist! Verständigen Sie sich doch direct mit Rußland, indem Sie als Basis dazu die Zustände annehmen, wie sie, was Oesterreich-Ungarn betrifft, vor dem Jahre 79 im Balkan bestanden, und wenn ernste Politiker im Petersburger Cabinete sitzen, welche auf eine friedliche, unblutige Verwirklichung ihrer Pläne hoffen, muß man Ihnen ja mit offenen Armen entgegen kommen! Denn was hat Rußland bei einem Kriege zu gewinnen? Er würde ein entsetzliches, unmenschliches Schlachten hervorrufen, dessen Folgen materiell grauenhaft und moralisch unabsehbar wären!

Dann ist es ja im Interesse von ganz Europa gelegen, daß Oesterreich seine frühere Stellung in Deutschland wieder einnehme und sein Schwergewicht nach Westen zurückschiebe; denn verliert es sich, wie vorauszusehen ist, im Balkan, was nur zu Gunsten Preußen's eintreten könnte und dasselbe doppelt stärker machen würde, so ist Frankreich von seinem furchtbaren Nachbar überschwemmt, dann wird Italien erdrückt und verliert alles, was es gewonnen hat, dann ist Rußland, das sich nie, nie und dreimal nie des Balkans erfreuen wird, erst recht einem furchtbaren Gegner gegenübergestellt, welcher mit Vergnügen und Schadenfreude England, die größte und geschmeidigste Geldmacht, im Balkan festen Fuß fassen und den gewaltigen Nachbar dauernd beschäftigen sehen wird. Dann wird Europa unter denselben Verhältnissen weiterbestehen, unter welchen es jetzt vegetirt, mit einem Frieden, den jeder Frühling, wie leichten Schnee, wegzuschmelzen droht, einem Frieden, der auf zehn Millionen Bayonetten, anstatt auf fünfen aufgespießt sein und den Untergang der älteren Welt zu Gunsten der freien, glücklichen Republiken Amerika's beschleunigen wird!

Sie sehen, Majestät, daß das Bild, welches man sich von der Zukunft Europa's entwerfen muß, ein schreckliches ist, wenn Sie nicht zur Milch Ihrer frommen Denkart ein wenig Drachengift zusetzen; ja, die Aussichten sind so entsetzliche, daß man sich fragen muß, ob denn derartiges der Natur der Dinge, dem Laufe der Geschichte und dem Erziehungsgange der Menschheit gemäß eintreten könne, und ob sich nicht, aber auf blutige, schauerliche Weise die Dinge in den rechten Weg schieben werden, die heute, Majestät, mit Ihrem Beistande noch auf fast friedliche Weise geordnet werden können!

Bekennt übrigens der Kanzler nicht selbst, daß er Jahre und Jahre zwischen einem Bündniße mit Oesterreich oder Rußland geschwankt, und sich für das erstere dann entschied, als der andere davon nichts wissen wollte! Wenn nun das deutsch-österreichische Bündniß wirklich eine Nothwendigkeit, eine Existenzbedingung für beide Reiche wäre, wie es der Kanzler so rührend ausgesprochen hat, einen sicheren Hort des europäischen Friedens bildete, den es aber drückender als Kriegszeit gestaltet, hätte er einen Augenblick überlegen, hätte er so lange zaudern können?

Lassen Sie den Balkan, Majestät, so lange es noch Zeit ist! Eine Gefahr, die von dort her Europa bedrohte, würde nicht Sie allein und Oesterreich, sondern alle übrigen Mächte dem Slaven gegenüberstellen; also wozu sich über Dinge den Kopf zerbrechen, die nicht existiren und, die, wenn sie eintreten, Sie weder allein bekümmern, noch von Ihnen allein geordnet werden müssen?

Lassen Sie Bulgarien, den Coburg, seine Mutter, seine Minister, die Türkei und das ganze Gesindel im Balkan, und werfen Sie denselben womöglich noch Ihr Bosnien und die Herzegowina an den Kopf. In dem einzigen Falle, wo Sie sich durch die Stellungnahme Rußlands zu Bulgarien in Ihrer Eitelkeit oder in Ihren Interessen bedroht sehen wollen, finden Sie Bismarck, ihren Bundesgenossen im Lager Ihrer Gegner. Die Politik des Kanzlers muß bei ihren oft unerklärlichen Wendungen auf sehr gefährlichen oder sehr schwankenden Grundlagen beruhen, wenn die, welche ihn sonst in allem nachzuahmen bestrebt sind, ihm gerade nicht auf den Wegen folgen, auf welchen er sein Land zu der heutigen, wenn auch äußerlichen Größe emporgeschraubt hat: das ist auf den Weg seiner klaren Beurtheilung der jeweiligen Situationen, die ihn ebenso leicht von seinen besten Freunden entfernt als seinen größten Feinden nähert, wenn er aus seinen geschickten Wendungen Capital schlagen kann.

Streben Sie doch, Ihre frühere Stellung in Deutschland wiederzugewinnen, Majestät!

Einmal zurückgekehrt – und seien Sie überzeugt, daß Sie selbst im Reiche, wo Bismarck Minister ist, Millionen Herzen begegnen würden, die Ihnen sympathisch entgegenschlagen – würde Ihnen der Balkan ebenso gleichgültig werden, wie er es jetzt dem Kanzler ist, würden Sie sich im Nothfalle mit Italien entgiltig verständigen können, das dann mit dem ersten christlich-politischen Agenten in den Eingeweiden ein Brech- oder Abführmittel einnehmen könnte, um des wiederwachsenden Bandwurmes ledig zu werden.

Denn die Zeit der Religionen ist vorüber; sie haben ausgedient und das ist noch das Beste, was man von denselben sagen kann. Die Stunde der die Völker trennenden, intriguirenden Politik wird auch bald schlagen, und die Epoche, wo die Menschheit ihrer einzigen Mission der Verbrüderung, der allgemeinen Vereinigung Aller folgen wird und muß, beginnt langsam zu grauen!

Nach sechshundertjähriger ruhmvoller Regierung sind die Habsburger in Ihrer würdigen Person vor einem Scheidewege angelangt. Wählen Sie mit Vorbedacht, Majestät! Der Weg, welchen Ihnen der Verführer zeigt, auf welchem er Ihnen allgemeine und besondere Interessen verlockend vorspiegelt, führt zur Auflösung und zum sicheren Untergange. Der andere Weg, der schon darum der bessere ist, weil ihn der Kanzler versperren will, führt zur Wiederherstellung der vergangenen Größe Oesterreichs, zum allgemeinen Frieden, zur Erleichterung von den erdrückenden Lasten und der quälenden Sorge, welche heute auf ganz Europa lastet, – und da sollten Sie noch zögern, Majestät?

Es giebt nur eine Alliance in Europa, welche begründet ist, das ist die offene oder stille Verbindung Oesterreichs mit Rußland und Frankreich.

Ja, das sind die einzigen Großmächte, die jede ihren eigenen Wirkungskreis, abgegränzte Interessengebiete und genau von einander geschiedene Missionen in der Welt haben; was jetzt zwischen Ihnen, Majestät, und dem Czaren liegt, kann ein Freundschaftswort, ein Händedruck, ein Lächeln aus dem Wege schaffen!

Während eine Alliance Oesterreichs mit Deutschland und Italien durch das fortwährende auf dem qui vive stehen, durch das unausgesetzte Säbelschärfen und Kanonengießen die Völker, die doch zu anderen Dingen geschaffen wurden, endlich aufzehren und so in allen Ländern den schrecklichen Zündstoff zu der schon drohenden socialen Revolution anhäufen muß, würde in dem Falle, den ich mir anzudeuten erlaube und welchen Millionen Andere täglich besprechen und herbeiwünschen, das Bild eines Völkerbandes gegeben sein, das, mit dem vorausstürmenden Frankreich beginnend, das beinahe liberale Oesterreich mit dem autokratischen Rußland im Vereine zeigen würde! – Ist heute ein Unterschied zwischen einem kosakischen Europa, das man so entsetzlich fürchtet, und dem pikkelhäubigen, welches man erdulden muß?

In der großen, einzigen Alliance, die allein Europa vor einer Katastrophe oder der noch entsetzlicheren Auszehrung bewahren kann, würde die Stärke eines jedes einzelnen den Berührungspunkt bilden und die gegenseitige Hülfe, zur Verwirklichung einer schöneren Auffassung von Mensch-Sein, das heilige Feuer der Freundschaft unterhalten, welches, genährt von der Begeisterung für das erhabene Ziel, die Mittel zu läutern und die Wege zu erhellen bestimmt ist!

Wenn der stürmische Eifer der Franzosen, an dem Heile und der Emancipirung der Menschheit zu arbeiten, wirklich einen Fehler in sich birgt, was natürlicher, als daß auf der anderen Seite ein Gegengewicht geschaffen werde!

Ist es jedoch mit seinen Bestrebungen im Rechte, liegt wirklich das Heil auf dem Wege, den es den übrigen Völkern voranzieht, dann wird weder ein constitutioneller noch ein autokratischer Fürst die Macht besitzen, sich dem Wechsel der Dinge zu widersetzen.

Vor allem aber muß Preußen zurück, wenn Oesterreich nicht bis zur Auflösung vegetiren will! Das Werk Bismarcks ist nicht für Dauer geschaffen, sonst würde es sich auch mit weniger erdrückenden Opfern an Geld und Blut erhalten können. Daß der Kanzler das einsieht, zeigt die fortwährende Erhöhung seiner Wehrmacht, die unausgesetzten Forderungen, die er an die längst schon erschöpfte Opferwilligkeit Deutschlands stellt. Uebrigens steht im Hintergrunde der Ereignisse ein Bismarck-Augustulus bereit, der, durch seinen ungestümen und verbrecherischen Ehrgeiz, dem das Genie fehlt, an der Zerstörung dessen arbeiten wird, was sein Herr und Meister Bismarck zum Ruine Europa's aufgebaut hat. Doch das wäre wieder nur in einem Meere von Blut, worin Oesterreich oder Deutschland, wie es heute dasteht, versinken würde.

Heute ist es noch in Ihre Hand gegeben, friedlich einzuschreiten, Majestät!

Was mich in meinem patriotischen Gefühle antrieb, Ihnen in diesem Briefe zusammenhängend zu unterbreiten, wird und muß eintreten; von Ihnen aber, Majestät, hängt es ab, Blutvergießen zu vermeiden und das grenzenloseste Elend hintanzuhalten, das ein Krieg unvermeidlich heraufbeschwören würde.

* * *

Und endlich der Ehrenpunkt, den zu berühren ich mir zum Schluße aufhob, ist denn der gerade das, was am wenigsten den Ausschlag geben sollte? Sollte denn die Ehre wirklich nur einen Punkt bedeuten, der, ohne Raum noch Ausdehnung, noch Gewicht zu haben, willkürlich verschoben werden könnte?

Ihre Urgroßmutter, Majestät, die stolze, herrliche Frau war es, die von dem Hohenzollern Friederich überfallen und beraubt ward. Und was that Maria-Theresia?

Sie setzte ihr letztes und äußerstes daran, das Verlorene wiederzugewinnen, und hatte die Großmacht zur Verbündeten, welcher Sie heute feindlich gegenübergestellt wurden. Ja, Ihre Vorfahren haben an der Seite, niemals gegen Rußland gekämpft!

Eine Frau also, dem weichherzigen und schwachen Geschlechte angehörend, stritt, bis sie erschöpft war, und begann von neuem, als sie sich erholt glaubte!

Sieben Jahre führte Ihre Ahnin um Schlesien Krieg, während Sie, Majestät, kaum nach Verlauf derselben Zeit mit dem, der Sie verdrängt und besiegt hatte, einen verderblichen Bund eingiengen.

Bismarck gab vor, nach 70 Jahren noch Deutschland an Frankreich rächen zu wollen und raubte eine Provinz, die vor 200 Jahren den Habsburgern genommen worden war!

Groll, der so lange währte, haben Sie nicht gekannt, Majestät, und wer heute von dem uns geraubten preußisch-Schlesien sprechen wollte, würde als Verrückter in's Narrenhaus gesperrt werden! Was würde, frage ich, die kaiserliche Frau, Ihre Urgroßmutter, sagen, deren Standbild sich in der Nähe des österreichischen Parlaments erheben soll, wenn sie die Abgeordneten sehen könnte, die ihrem einstigen, größten Feinde so liebevoll die Soldatenstiefel küssen! Wenn Maria-Theresia ihren Urenkel in der Gefolgschaft Preußens einherziehen sehen würde, welches sie so eifersüchtig verfolgte!

Und es war nur eine Frau!

Und schlägt denn nicht auch Ihr Fürstenherz vor Trauer, wenn Sie an die deutsche Kaiserkrone denken, die Ihr Großvater noch trug, der Mann, der Sie auf seinen Knieen wiegte, der Ihnen, als Sie noch Kind waren, vielleicht oft ins Ohr raunte, das Verlorene wiederzugewinnen, oder niemals an eine große, glorreiche Erinnerung eine Frevlerhand legen zu lassen, und der darin seine theuersten und letzten Hoffnungen auf das blonde Haupt des geliebten Enkels setzte! Ja, welche Bitterniß, wenn Sie, mein Kaiser, an die Krone denken, welche die Habsburger durch ein halbes Jahrtausend und mehr ruhmvoll besaßen! Die Krone, welche Ihr erlauchter Großvater im Kriegsgetümmel verlor, das am Anfang unseres Jahrhunderts über Europa brauste und alles durch einander warf! Dieselbe Krone, welche Bismarck aus blutigen Schlachtfeldern ausgrub und Ihrem Rivalen, Ihrem eifersüchtigen Nachbarn auf's Haupt setzte!

Und Sie, Majestät, Sie helfen jetzt noch, zu Ihres Hauses Demüthigung und Ihres Volkes Unglück diese Krone auf dem Schädel des neuen Innhabers festzunageln? Sie sind bereit, das Fehlende zu der Machtstellung Ihres Feindes aus eigenem Besitze beizutragen? Sie wollten wirklich aus den stolzesten Seiten der Geschichte der Habsburger, wie man es mit einer alten Zeitung für einen alten Großvaterhut macht, eine Schleife falten, welche die deutsche Kaiserkrone, *Ihr oder Niemandes Eigenthum,* fester und besser auf eines Fremden Haupt sitzen machen soll?

Sie werfen, Majestät, Ihre Macht, das Geld und Blut Ihrer Völker in die Wagschale der Ereignisse, um das Gewicht der Worte und

Handlungen, der Drohungen und Einschüchterungen Bismarcks zu erhöhen?
Bismarcks, der an Ihre Freundschaft zu appelliren weiß, wenn er derselben zu seinen unsauberen Plänen bedarf, der Sie aber im Stiche läßt und Sie im Geheimen gewiß auslacht, wenn er Ihren Beistand entbehren zu können glaubt!
Bismarcks, der die ganze Welt mit seinen Spionen überschüttet und die Unverschämtheit besitzt, Andere dessen anzuklagen!
Bismarcks, der Aufruhr stiftet, Nihilisten bewaffnet und Anarchisten bezahlt!
Bismarcks, der die niedrigsten Triebe der Menschen anstachelt und ausbeutet, der ohne Unterschied die Beamten seiner Nachbaren besticht, um denselben Geheimnisse zu entlocken, Undankbarkeit dem Bruder gegenüber zum Preise seiner listigen Freundschaft macht, der den Eigennutz anfacht, um Eifersucht zu erregen, Haß stiftet um seiner Rache zu fröhnen!
Und das ist der Mann, dem Sie so schwere Opfer bringen? Der Minister, der das hohe, ehrwürdige Alter seines Souverains benützt hat, Trotzige zu rühren, Schwankende zu überreden und Gleichgültige zu interessiren! der aus den weißen Haaren seines Herrn bald einen Helmbusch gemacht, um zu drohen, bald einen Friedenswedel, um zu beschwichtigen!
Und das ist unser Bundesgenosse!
Deutsche Offiziere bereisen die österreichisch-russische Grenze und statten Rapporte ab, als ob es sich um eine Provinz Preußens handelte! Der Militär-Attaché des heiligen Römischen Reiches arbeitet in unserem Kriegsministerium, der fremde Gesandte hält beinahe Ministerberathungen ab! Und – Majestät, das kann nicht wahr sein – im Kriegsfalle soll ein preußischer General in unserem Kriegsrathe sitzen, Pläne ausarbeiten und vielleicht auch unsere braven Truppen befehligen.
Und das lassen die österreichischen Offizieren zu? das sollte der Erste, der Oberste im Reiche, mein Kaiser, gestatten!
Ich bin Oesterreicher wie Sie, Majestät, aber mein Herz ist voll Trauer und Bitterkeit, meine Fäuste ballen sich, meine Zähne knirschen in ohnmächtiger Wuth bei so bitteren Nachrichten aus mei-

nem Vaterlande. Wäre ich Minister, würde ich die ganze Kraft meiner Rede aufwenden, um Ihr Herz zu rühren oder Ihre Augen zu öffnen! Wäre ich General, würde ich begeistert meinen Degen Ihnen zu Füßen legen, mit der Bitte, ihn gegen Ihre Feinde zu entblößen! Wäre ich reich, würde ich Ihnen mein Vermögen zur Verfügung stellen, um nur Oesterreich aus der teuflischen Falle zu ziehen. Doch ich bin weder Minister noch General, noch Millionär, ich darf nur still meinen Grimm verbeißen oder höchstens einen Brief an meinen Kaiser schreiben, und auch davon rathen mir aufgeklärte Freunde ab, die da glauben, daß trotz meines glühenden Patriotismus, trotz meiner freimüthigen Ehrfurcht für Sie, Majestät, vielleicht dennoch Zweifler an meinen Überzeugungen und Spötter meiner Gefühle erstehen werden!

Aber ich fürchte nichts und will ohne Zögern meine Schlußworte sprechen!

Soll es wirklich dazukommen, daß man die wahren Oesterreicher einst wie die Mohikaner zählen, und daß dann der nicht der Letzte sein wird, dessen Ahnen durch Jahrhunderte die Ersten waren?

Entschließen Sie sich, Majestät, kehren Sie auf der Bahn um, die zu einem Abgrunde führt, und verwirklichen Sie den stolzen Wahrspruch Ihrer Väter: *Austria erit in orbe ultimo!*

Wenn nicht, rauben Sie uns doch mit einem Schlage eine letzte Hoffnung, eine letzte Illusion, indem Sie offen zu Gunsten Preußens zurücktreten! Aber geben Sie Acht, Majestät! Nicht ungewarnt ziehen Sie die Wege, die Sie jetzt eingeschlagen haben. Möge die Macht, die über uns allen steht, meine Befürchtungen, die von vielen Millionen getheilt werden, unbegründet machen oder meinen Worten, welche Tausenden auf den Lippen schweben, bei Ihnen Gehör verschaffen!

Eine Freundschaft giebt es: Oesterreich-Rußland-Frankreich! Alles andere ist Schein und Heuchelei!

Bismarck, der heute noch in den Himmel gehoben, in zwanzig Jahren aber verdammt sein wird, veranlaßt Sie, Majestät, zu einer Politik, welche in der Gegenwart lächerlich, für die Zukunft vernichtend ist!

Sie siegen, er wird Sie Ihrer Erfolge berauben!

Sie verlieren, er theilt Oesterreich als Beute mit Ihren Feinden! Er sucht Ihr Vertrauen, Majestät, um es zu mißbrauchen! Er umarmt Sie, um Sie lautlos zu erdrücken und er nennt sich Ihren Bruder, um Sie als Nächster zu beerben!
Fort mit Preußen!

Hoch Oesterreich und die Habsburger!

Im April 1888.

*Französische Karikatur über die Lage der Donaumonarchie in den neunziger Jahren: Rußland, Deutschland und Italien versuchen – ungeachtet der bestehenden Bündnisse – Österreich-Ungarn auseinanderzureißen. Der junge Thronfolger Franz Ferdinand – als Playboy dargestellt – lehnt sich an die Säule des Reiches, Kaiser Franz Joseph.*

*Presseinformation:*

## Ein unsauberer Artikel über Wilhelm II.

Je mehr Rudolfs Abneigung gegen den Deutschnationalismus, aber auch seine Vorliebe für jüdische Freunde (und Freundinnen) bekannt wurde, desto größer wurde die Zahl seiner Feinde. Was in den antisemitischen Blättern der Monarchie wegen der Pressezensur nur vorsichtig formuliert werden konnte, sprachen Berliner und Pariser Blätter, die von Wiener Journalisten informiert wurden, deutlich aus: Kronprinz Rudolf wurde als »Judenknecht« verunglimpft. Außerdem stellte man wegen einer übertriebenen, längst abgeschlossenen Liebesaffäre mit einer »Jüdin« ihn, den »verjudeten«, sittenlosen Kosmopoliten dem christlichen, untadeligen »deutschen« Kaiser Wilhelm II. gegenüber. Daß Nachrichten dieser Art schließlich sogar vom Pariser »Figaro« übernommen wurden, traf den Kronprinzen schwer. Als Revanche schickte er dem »Figaro« im Herbst über Moriz Szeps »gute Nachrichten für einen unsauberen Artikel über andere«[38] der verständlicherweise nicht gedruckt wurde.

Der jetzige Kaiser Wilhelm kam im Jahre 1887 zu den steierischen Gebirgsjagden nach Österreich. Eine gewisse Ella Socupis, die aber de facto ganz anders heißt und eine Wienerin ist, mit der Prinz Wilhelm schon seit einiger Zeit in Berlin ein Verhältnis hat, traf um einige Tage früher ein. Sie empfahl dem Prinzen eine Freundin, eine gewisse Anna Homolatsch, Tochter einer gewesenen Kammerfrau der Königin von Württemberg.
Beide Damen sollten mit dem Prinzen in Schönbrunn im Garten ein Rendez-vous haben. Der Prinz kam schon vor 6 Uhr früh in Civil in den Garten; ein allzu eifriger Gardist erkannte den Prinzen u. trachtete nun die, wie es ihm schien, allzu lästigen Damen ferne zu halten, so daß die Zusammenkunft trotz ermüdenden Hin- und Herlaufens nicht zu Stande kam.
In Mürzsteg angelangt, sollte dort ein Rendez-vous stattfinden. Die

Damen kamen an und sahen den Prinz zum ersten Male. Abends am katholischen Friedhof hierauf im einzigen Gasthause dieses kleinen Ortes. Alle Leute wußten die Geschichte. Da der Prinz die Reise der Damen nicht zahlen wollte u. ihnen nur einige Mark gab, fuhren sie grollend weg, nachdem zuvor noch Frl. Ella ihm Manchettenknöpfe mit Namenszug und Krone gestohlen hatte, um sie siegesbewußt in Wien verschiedenen Herren zu zeigen.
Verschiedenen Bitten des Prinzen folgend kamen die Damen wieder nach Eisenerz, stiegen dort im Gasthaus zum König von Sachsen ab, da sie sich als Socupis und Baronesse Wimpfen ausgaben, ihre Papiere nicht in Ordnung waren u. sich sehr auffallend benahmen, wollte sie ein Gendarm ausweisen. Im letzten Moment kam der Kammerdiener des Prinzen u. erklärte die Damen seien für seinen Herrn. Nun blieben sie und hatten des Nachts beide in einem Zimmer ein Rendezvous mit dem Prinzen, wobei so ein Lärm gemacht wurde, daß sich alle Hausbewohner darüber aufhielten. Anna Homolatsch war schon bevor sie nach Eisenerz kam in der Hoffnung von einem russischen Diplomaten. Jetzt benützte sie die Gelegenheit, um das Kind dem Prinzen Wilhelm anzuhängen. Der Prinz wurde mit Briefen von der Familie Homolatsch bombardirt, immer drohender wurden dieselben. Desgleichen erhielt Prinz Reuss [der deutsche Botschafter in Wien] einige Schreiben. Er rieth zum Zahlen, doch in Berlin zahlt man nicht gerne u. so kam der Auftrag, die Botschaft u. die Wiener Polizei mögen die Sache ohne Geld in Ordnung bringen. Ein Advocat Dr. Meissner mischte sich in die Angelegenheit, Prinz Reuss führte die Sache in auffälligster u. ungeschicktester Weise durch. Endlich zwang unsere Polizei den Botschafter, seinen Prinzen zum Zahlen zu bewegen. Da Meissner es erreichte, daß die Summe keine allzu hohe sei, erhielt er bald nach Regierungsantritt des jetzigen Kaisers den preußischen Kronenorden. Das inzwischen geborene Kind ist ein Mädchen. Das ist die Geschichte.

Redaction u. Administration.
Wien, Währing, Herrengasse 12.

Das politische Journal „Schwarzgelb“ kann bei allen Postämtern mittelst Briefen oder Postanweisungen an die Administration des „Schwarzgelb“ in Wien, Währing, Herrengasse 12, abonnirt werden. Auch sämmtliche Buchhandlungen nehmen Abonnements an.

Unversiegelte Reclamationen wegen nicht erhaltener Nummern werden von der Post portofrei befördert.

Inserate finden im „Schwarzgelb“ die weiteste Verbreitung und sind an die Administration zu adressiren. Sämmtliche Inseraten-Bureaus des In- u. Auslandes übernehmen Inserate für das politische Journal „Schwarzgelb“.

# SCHWARZGELB

Politisches Journal

Organ für altösterreichische und gesammtstaatliche Ideen.

Erscheint jeden Mittwoch.

Abonnements-Bedingnisse:
Das politische Journal „Schwarzgelb“ erscheint jeden Mittwoch und ist das billigste politische Journal, denn es kostet bloß:

Für Wien und die österreichische Monarchie mit Postversendung: 8 fl. ganzjährig, 4 fl. halbjährig, 2 fl. vierteljährig.
Für das Ausland mit Postzusendung: 10 fl. ganzj., 5 fl. halbj., 2 fl. viertelj.
Einzelnummern à 15 kr.

Zusendungen für die Redaction u. Administration können auch in unserer Druckerei, Wien, IX., Rögergasse 5, abgegeben werden.

Die Manuscripte werden nach ihrer Verwendung verbrannt. Unverwendete Manuscripte werden nicht zurückgeschickt.

Nr. 3. Wien, Mittwoch den 16. Jänner 1889. II. Jahrgang.

## Die Zehn Gebote des Oesterreichers.

**1. Gebot:**

Du sollst keinen anderen politischen Glauben haben, als den Glauben an das alte, einige und ungetheilte kaiserliche Oesterreich, wie es in Jahrhunderten emporgewachsen ist und an welches deine Väter und Vorväter geglaubt haben.

**2. Gebot:**

Du sollst dir keine neuen Götter machen, keine neuen Programme, keine neuen Staatsideen, sondern mit deinem ganzen Herzen an dem alten Oesterreich hängen, für welches deine Vorfahren Ströme von Blut vergossen haben.

**3. Gebot:**

Du sollst dich vor keinem anderen Kaiser neigen als nur vor deinem Kaiser, vor dem Kaiser von Oesterreich, welcher auf dem ältesten und berühmtesten Throne der Welt sitzt und für dein Wohl und für das Wohl deiner Kinder wie ein Vater sorgt.

**4. Gebot:**

Du sollst keinen Götzendienst treiben weder mit Preußen noch mit dem von Preußen beherrschten Deutschland.

**5. Gebot:**

Du sollst dich nicht fürchten vor Bismarck oder vor Moltke und dir stets vor Augen halten, daß sie beide bereits müde und schwache Greise sind, die jeden Augenblick vor den Richterstuhl Gottes berufen werden können.

**6. Gebot:**

Du sollst nicht begehren die Unterdrückung einer Nation, noch die Herrschaft einer Nation über die andere, denn die vollständige nationale Gleichberechtigung und die absolute Gerechtigkeit gegen alle Nationen bilden die sicherste Grundlage der österreichischen Staatsexistenz.

**7. Gebot:**

Du sollst dich nicht bethören lassen durch die trügerische Lockung, daß Oesterreich seinen Schwerpunkt nach Osten verlegen soll, und sollst unerschütterlich daran festhalten, das Oesterreich bleiben muß, was es war und wo es war.

**8. Gebot:**

Du sollst mit felsenfester Zuversicht auf die Zukunft Oesterreichs vertrauen und dir von Niemandem die Ueberzeugung rauben lassen, daß Oesterreich ebenso eine Nothwendigkeit für die eigenen Völker wie für das europäische Gleichgewicht ist.

**9. Gebot:**

Du sollst nicht vergessen, daß Oesterreich die größte Monarchie der Welt war, in welcher die Sonne nicht untergieng, daß es noch bis auf unsere Tage in Deutschland und Italien regiert hat und daß es von der Vorsehung berufen ist bis an das Ende aller Welten zu bestehen.

**10. Gebot:**

Du sollst bei Tag und bei Nacht unablässig darauf sinnen, wie Oesterreich seine frühere Macht und Bedeutung zurückgewinnen kann.

*Kostprobe aus der Zeitschrift »Schwarzgelb«:*

## Die zehn Gebote des Österreichers

Ende Oktober 1888, kurz nach dem mißglückten Besuch Kaiser Wilhelms II. in Wien, erschien in Wien ein neues Wochenblatt: »Schwarzgelb«. Es vertrat eine aggressiv deutschfeindliche Richtung. In Paris kursierten ernstzunehmende Meldungen, daß das Blatt von niemand anderem als dem Kronprinzen Rudolf »inspiriert« war, was auch nach allem, was über diese geheimnisvolle Angelegenheit herauszubringen ist, höchst wahrscheinlich ist[39].

Die Affäre um »Schwarzgelb« gehört in die unmittelbare Vorgeschichte von Mayerling. Sämtliche Unterlagen sind wie die anderen Mayerling-Papiere den Archiven entnommen, beziehungsweise nie in diese gelangt. Ob Rudolf wirklich Autor des folgenden Textes war, ist nicht zu beweisen. Doch zeigt gerade dieser Artikel die politische Richtung des Blattes sehr deutlich, vor allem, da das »Wiener Tagblatt« unter Moriz Szeps im November 1888 einen ähnlichen Artikel gegen Wilhelm II. gebracht hatte (»Die zehn Gebote nach neuester Berliner Lesart«), daraufhin aber sofort konfisziert wurde. Mit allen nötigen Vorbehalten soll wegen der Wichtigkeit der Zeitschrift »Schwarzgelb« für die Biographie des Kronprinzen wenigstens dieser eine Text hier vorgestellt werden:

1. Gebot: Du sollst keinen anderen politischen Glauben haben, als den Glauben an das alte, einige und ungetheilte kaiserliche Österreich, wie es in Jahrhunderten emporgewachsen ist und an welches deine Väter und Vorväter geglaubt haben.

2. Gebot: Du sollst dir keine neuen Götter machen, keine neuen Programme, keine neuen Staatsideen, sondern mit deinem ganzen Herzen an dem alten Österreich hängen, für welches deine Vorfahren Ströme von Blut vergossen haben.

3. Gebot: Du sollst dich vor keinem andern Kaiser beugen als nur vor deinem Kaiser, vor dem Kaiser von Österreich, welcher auf

dem ältesten und berühmtesten Throne der Welt sitzt und für dein Wohl und für das Wohl deiner Kinder wie ein Vater sorgt.
4. Gebot: Du sollst keinen Götzendienst treiben weder mit Preußen noch mit dem von Preußen beherrschten Deutschland.
5. Gebot: Du sollst dich nicht fürchten vor Bismarck oder vor Moltke und dir stets vor Augen halten, daß sie beide bereits müde und schwache Greise sind, die jeden Augenblick vor den Richterstuhl Gottes berufen werden können.
6. Gebot: Du sollst nicht begehren die Unterdrückung einer Nation, noch die Herrschaft einer Nation über die andere, denn die vollständige nationale Gleichberechtigung und die absolute Gerechtigkeit gegen alle Nationen bilden die sicherste Grundlage der österreichischen Staatsexistenz.
7. Gebot: Du sollst dich nicht bethören lassen durch die trügerische Lockung, daß Österreich seinen Schwerpunkt nach Osten verlegen soll, und sollst unerschütterlich daran festhalten, daß Österreich bleiben muß, was es war und wo es war.
8. Gebot: Du sollst mit felsenfester Zuversicht auf die Zukunft Österreichs vertrauen und dir von Niemandem die Überzeugung rauben lassen, daß Österreich ebenso eine Nothwendigkeit für die eigenen Völker wie für das europäische Gleichgewicht ist.
9. Gebot: Du sollst nicht vergessen, daß Österreich die größte Monarchie der Welt war, in welcher die Sonne nicht untergieng, daß es noch bis auf unsere Tage in Deutschland und Italien regiert hat und daß es von der Vorsehung berufen ist, bis an das Ende aller Welten zu bestehen.
10. Gebot: Du sollst bei Tag und bei Nacht unablässig darauf sinnen, wie Österreich seine frühere Macht und Bedeutung zurückgewinnen kann.

# B
# Persönliche Schriften

## Die letzte Fahrt des Kronprinzen.

Er ruht nun in der Ahnengruft nach kurzem, glänzendem Erdenwallen, unser armer, unvergeßlicher Kronprinz. Einem Meteor gleich, erschien er leuchtend auf dem Himmel unserer Hoffnungen und nun ist es erloschen und es ist ringsum Nacht, nur des Kaisers Sonne strahlt desto blendender in prächtiger Majestät und wir Alle wenden uns ihr zu, erfreuen uns an ihren liebevollen, wärmenden Strahlen und vereinigen uns in dem Wunsche, daß ein gütiges Geschick sie noch lange, lange leuchten lassen möge zum Heile des Reiches, zum Glücke und Wohle des Volkes. Unser heutiges Bild zeigt uns des Kronprinzen letzte Fahrt. Der im vornehmsten Barockstyle gehaltene Leichenwagen geht eben, umgeben von ungarischen Garden und Arcieren-Leibgarden, über den Josephsplatz. Bei der Augustiner-Kirche schlossen sich Deputationen und Vereine mit Kränzen dem Zuge an. Während unser gestriges Bild den Gesammtanblick des Zuges vor der Capuciner-Kirche wiedergab, zeigen wir hier den Leichenwagen mit seiner Begleitung. Langsam bewegte sich der Zug durch die von Tausenden und Abertausenden besetzten Straßen, tiefe Wehmuth lag in den Gemüthern Aller, die auf den engen Sarg schauten, in dem Der eingeschlossen lag, den wir einst den Stolz und die Hoffnung des Reiches nannten.

*Der Trauerzug mit dem Sarg des Kronprinzen zieht am Josephsplatz vorbei, am Denkmal von Rudolfs großem Vorbild Kaiser Joseph II.*

# Diskussion mit Erzherzog Albrecht über Kaiser Joseph II.

Wie kein anderer österreichischer Herrscher stand Joseph II., der unglückliche Sohn und Nachfolger Maria Theresias, im Widerspruch der Meinungen von Liberalen und Klerikalen. Die Liberalen nahmen ihn ganz für sich und ihre Partei in Anspruch. Schon die Revolution des März 1848 pries Joseph II. als Musterbild eines Herrschers und schmückte – für eine Revolution grotesk genug und auch wohl nur in Wien möglich – sein Denkmal mit Kränzen und Fahnen als Zeichen der Opposition gegen die Metternich-Politik.

Joseph war ein schroffer Gegner des Adels und beschränkte die Privilegien der Kirche rigoros auf die dem Staat nützlichen Aufgaben – Krankenpflege, Unterricht, Pfarrverwaltung. In der geistigen Nachfolge des von ihm glühend verehrten Preußenkönigs Friedrich II. fühlte sich Joseph als »erster Diener des Staates«, nicht als Kaiser von Gottes Gnaden. Er erließ 1781 das Toleranzpatent, das nun auch Nicht-Katholiken bürgerliche Rechte einräumte. Er erlaubte sogar eine Zeitlang die unter Maria Theresia verbotene Freimaurerei, die als Verkünder der Ideen der Französischen Revolution berüchtigt war.

In der kaiserlichen Familie galt Joseph »als enfant terrible, als ein Auswuchs auf dem bisher edlen Stamme der Habsburger«[40]. Nicht anders war seine Beurteilung bei den Konservativen und Aristokraten. Immer wieder kam es zu Konfrontationen der Parteien, selbst im Parlament, so etwa als der konservative Graf Blome Joseph II. vorwarf, er habe »die Monarchie am Rande des Abgrundes« zurückgelassen, und der liberale Unterrichtsminister Hasner Joseph als einen »der glorreichsten und edelsten Fürsten Österreichs« verteidigte[41].

Im Februar 1876 schickte der 59jährige Erzherzog Albrecht, der älteste und nach dem Kaiser mächtigste Agnat des Habsburgerhauses, seinem 17jährigen Großneffen Rudolf folgendes Schriftstück mit der Bemerkung: »In Verfolg unseres unterbrochenen gestrigen Gespräches über Joseph II. habe ich einige freie Stunden benützt, meine Ansichten zu Papier zu bringen … Ich bitte, sie zu lesen, aufzuheben u. vielleicht nach längerer Zeit, wenn

nicht nach Jahren, wieder zu lesen. Nichts ist lehrreicher, als das trübe Lebensende dieses seltenen Mannes, besonders für einen österreichischen Kronprinzen, damit ihm erspart werden dessen traurige Erfahrungen, damit er bewahrt bleibe von dessen Irrthümern[42].«
Um die Kluft der Meinungen zu zeigen, die den Kronprinzen von seiner Familie trennte, seien hier nicht nur die Bemerkungen Rudolfs, sondern auch die seines Großonkels, Erzherzog Albrechts, in voller Länge zitiert[43].

## Erzherzog Albrecht: Meine Anschauungen über Kaiser Joseph II.

Kaiser Joseph II., von Natur reich mit Gaben des Geistes und Gemüthes ausgestattet, eine der edelsten Gestalten seines Hauses und seiner Zeit, verdient vor Allem bewundernde Anerkennung für seinen Mangel an persönlichem Egoismus in einer Zeit, wo dieser mehr denn je die Throninhaber beherrschte, für seine Liebe zum Guten, für sein Wohlwollen für die Menschen, für seine persönliche und volle Hingebung an seine Regentenpflicht, der er ausschließlich lebte, endlich für seinen christlichen Tod nach einem längeren und bitteren Leiden getäuschter Hoffnungen mit der schließlichen Überzeugung, weder von den anderen verstanden worden, noch selbst den richtigen Weg gegangen zu sein.
Daß Er so unglücklich endete, daß die Monarchie, welche Ihm seine weisere Mutter glücklich, zufrieden, geeinigt hinterlassen, nach 9 1/4 Jahren ohne äußere Veranlassung (der Krieg mit den Türken 1788–1790 war gegen unsere Interessen und ohne Noth begonnen, von Ihm selbst, der ein trefflicher Soldat und Soldatenvater, aber kein Feldherr war, elend geführt) in den heftigsten Zuckungen, die treuesten Provinzen in Gährung, andere im offenen Aufruhre, an Leopold II. überging – daran waren seine Charakterfehler, seine Erziehung, seine Zeit Schuld.
Unruhigen Geistes und unstät bei glänzend rascher Auffassung und glücklichem Gedächtnisse, daher hastig im Ergreifen und Beginnen, fehlten die jedem Menschen, dem Regenten aber doppelt unentbehrlichen Eigenschaften der Consequenz, des zähen Festhaltens an dem einmal beschlossenen, dann des reifen Überlegens, Prüfens,

Berathens mit Personen verschiedener Ansicht und Stellung. War auch seine erste Ehe, vielleicht weil nur ganz kurz, glücklich, so fehlte Ihm doch der Sinn für Häuslichkeit und Familienglück, für Würdigung der Notwendigkeit beider. Gegen seine zweite Frau war er hart, fast roh in der Behandlung und wollte nie mehr heiraten. Darin verletzte er eine seiner ersten Regentenpflichten: jene des guten Beispieles eines schönen Familienlebens, welches vom Throne ausgehend, mehr wirkt, als Gesetze und Verordnungen. Nirgends galt dies mehr, als beim Haus Österreich, wo das Volk seit Jahrhunderten daran gewöhnt war; die stärkste Triebfeder seiner treuen und bewährten Anhänglichkeit.

Wenn auch die damals die meisten Residenzen beschmutzende Maitressenwirtschaft verabscheuend, war er nichts weniger als sittenrein und unter Ihm wurde Wien liederlicher denn je; die gewohnte Pracht des Hofes seiner Mutter vermissend – Joseph war mehr ab- als anwesend, und lebte auch in Wien möglichst einfach – zog sich der nach Wien gezogene höhere Adel aus den Provinzen theilweise in die Heimath zurück, um am Ende seiner Regierung das Heer der Mißvergnügten zu vergrössern. Die kluge Maria Theresia hatte ihn mühsam um sich geschart, meisterhaft zu gewinnen und unter sich zu verschmelzen gewußt; sie hatte so wesentlich zur Verschmelzung der heterogenen Provinzen in Ein Staatswesen beigetragen.

Es fehlte Joseph ferners der Sinn für Historisches, Hergebrachtes, der Respekt vor korporativen Einrichtungen, die Anerkennung und Beschützung ihrer Rechte, welche die Habsburger Kaiser so auszeichneten – vielleicht weil er der erste *Lothringer* auf dem *Habsburgerthrone* war.

Seine Erziehung war in bezug auf das *Lernen* vorzüglich, aber sein Ajo, Fürst Bathyany, ein Freidenker aus der damals florirenden französischen Philosophenschule, gab ihm die schlechtesten Bücher zu lesen. Für seine guten Anlagen spricht, daß Er dadurch nicht ganz verdorben wurde.

Die *Omnipotenz des Staates* war damals allenthalben geltend; diese verkörperte sich im absoluten Monarchen, eine Stellung, der in *dieser* Ausdehnung schon deshalb kein Sterblicher gewachsen sein kann, weil Niemand allwissend und unfehlbar ist, und zudem die Tausende von Vollstreckern – Beamte – sehr unverläßlich, vielfach schlecht sein müssen. – Joseph huldigte ihm vollkommen und erkannte nicht das Gefährliche, am Ende jeden Thron und jede Religion zerstörende dieser Theorie. Bei der Ihm innewohnenden Dosis Eitelkeit, dem Wunsche, gewissermaßen als Lohn seiner Leistungen bewundert zu werden, nicht hinter Friedrich II. zurückzustehen, ahmte Er diesen, vielleicht unbewußt, in Manchem nach, und übersah, daß für das alte katholische Kaiserhaus Österreich und seine Monarchie dasjenige als zerstörendes Gift wirkte, was dem protestantischen jüngsten Königshause momentanen Nutzen gebracht hatte.

Vom 25. bis 40. Jahre befand sich Joseph nicht in der Stellung anderer Thronerben, sondern in der schiefen eines römisch-deutschen Kaisers ohne eigene Hausmacht und als Mitregent einer zärtlichen, aber auf ihre Macht eifersüchtigen Mutter. Dies mußte auf einen Charakter, wie der seinige, erbitternd wirken, seine Hastigkeit und Unruhe vermehren. Wenn auch nie gegen seine Mutter manquirend oder intrigirend, war dieser Gegensatz doch bekannt; alle Unzufriedenen hofften auf Ihn, alle Neuerer drängten sich an Ihn, umsomehr als sie nun von der Verkörperung der Staatsomnipotenz, d. h. vom Souverän, die Erfüllung ihrer Träume hoffen konnten, namentlich im Kampfe gegen die Kirche und ständischen, meist aristokratischen Institutionen, deshalb steigerten sie in ihm, wie es damals bei allen Höfen geschah, nach Kräften die Idee der Staatsomnipotenz, schilderten in den übertriebensten Farben die vorhandenen Mängel und Schäden in Kirche und Landesverfassungen, dagegen Ihn als denjenigen, der ganz allein alles besser könne und müsse. Daß der Kaiser durch diese unausgesetzten Einschmeichelungen nicht ganz bethört und betäubt wurde, spricht am meisten für seine trefflichen und edlen Anlagen.

Noch nach seinem Tode suchte die Fortschrittsparthei in Österreich (um nicht zu sagen: Umsturzparthei) Kapital zu schlagen für ihre Zwecke. Seine kaum 10jährige so unglücklich endende Regierung wurde weit über die 40jährige seiner Mutter, welche Tortur und Leibeigenschaft abgeschafft, das Urbarium in allen Provinzen ein-

geführt hatte, gesetzt; diese möglichst todt geschwiegen, jene übermässig in den Himmel gehoben – genau so, wie die heutigen Fortschrittler verfahren.
Maria Theresia war eine sehr strenge Katholikin, ohne von ihren Souveränrechten gegenüber dem Clerus das geringste abzulassen; Joseph war ein gläubiger Christ, wollte ein guter Katholik sein und bleiben, daher Ihn auch die Freidenker und Freimaurer nie über gewisse Grenzen hinauszubringen vermochten, aber diese Grenzen waren schon dem Geiste der katholischen Kreise nicht mehr entsprechend, ihre Existenz damit in Frage gestellt.
Joseph war mit seinem *Toleranzpatente* fast allen anderen Staaten weit voraus geschritten. Er ging aber noch viel weiter, indem er die Buchzensur ganz aufhob und das öffentliche Auftreten der von der Kirche bereits exkommunizirten Freimaurer duldete. Mit beiden letzteren Verfügungen kam Er mit sich selbst in Widerspruch. Indem die Verkörperung der Staatsomnipotenz in Ihm ungestraft angegriffen oder doch angezweifelt werden konnte, wurde sein eigenes Princip, die (scheinbare) rechtlose Basis Seiner Reformen, dort, wo sie rechtsverletzend zu weit gingen, geschädigt und in Frage gestellt. Indem Er die Reform der katholischen Kirche eigenmächtig und allein in die Hand nahm, die Curie vollkommen beiseite schob, jede ihrer noch so berechtigten Einsprachen zurückwies, mußte Er zugleich die Verpflichtung sich gegenwärtig halten, selbst das Amt des Wächters und des Beschützers der Kirche von Gefahren und Angriffen mehr als sonst ein Monarch verpflichtet, gewissenhaft durchzuführen; wie durfte Er also deren anerkannt gefährlichsten Feinde gewähren lassen?
In beiden Fällen verkannte und mißachtete Er vollkommen die Bedeutung wie die Gefahren. Eine Fluth der unflätigsten Libelle und Bücher, jede Sittlichkeit, Religion und Staatsform untergrabend, überschwemmte bald die Monarchie; einschränkenden, aber machtlos bleibenden Verordnungen folgte nach einigen Jahren die Wiedereinführung der Censur. Die Übergriffe der allenthalben auftauchenden Freimaurer-Logen zwangen zu jährlich strengeren Maßregeln gegen sie, bis sie endlich ganz unterdrückt wurden.
Hatte die Freigebung in beiden Fällen die ernstesten Besorgnisse al-

ler Weiterblickenden hervorgerufen, so verstimmte die sukzessive Zurücknahme die Fortschrittler immer mehr, ohne Erstere ganz zu befriedigen. Joseph hatte es damit mit allen Theilen verdorben. Er war eben ein aufgeklärter, das Beste anstrebende *Despot,* aber ein Despot durch und durch, und dieß vertrug die vielländrige Monarchie nie, konnte und kann es nicht vertragen, mag die *Despotie* (d. h. die Nichtachtung des Rechtes) vom Monarchen, von seiner Regïerung oder von einer legislativen Körperschaft ausgehen.
Noch unglücklicher war Joseph II. in seiner Kirchenreform. Er wollte ehrlich und aufrichtig die Kirche heben und bessern und war das Gegentheil eines modernen Kulturkämpfers, zu dem Ihn die Jetztzeit zu stempeln versucht. Aber die Mitteln waren unrichtig gewählt, die ausführenden Organe noch mehr, und das Beiseiteschieben der päpstlichen Gewalt unrechtmäßig; der Versuch, den direkten Verkehr der Bischöfe und Orden mit Rom ganz aufzuheben, die weltliche Regirung zum alleinigen Organ der wenigen noch zu duldenden Fälle des Verkehres zu machen, muß revolutionär und kirchenmörderisch genannt werden.
Während aber gleichzeitig andere Staaten, besonders Spanien und Portugal, bei Aufhebung der Jesuiten das ganze Vermögen zu Gunsten des Staates konfiszirten oder an Günstlinge verschleuderten, verfügte Joseph die Errichtung des Religionsfondes aus dem Vermögen aller aufgehobenen Klöster zu Zwecken der Kirche, des Gottesdienstes und armer Weltgeistlichkeit. Mehrere Bisthümer, zahllose Pfarreien wurden von ihm errichtet; von einer Entchristlichung der Schule, wie sie heutzutage angestrebt wird, wollte er nichts hören. Allerdings gingen die mit der Aufhebung der Klöster betrauten Commissionen mit wahrer Barbarey und Rohheit vor. Schätze der Wissenschaft und Kunst wurden verschleppt oder zerstört. Hatte der Kaiser auch für beides nur wenig Sinn, und gar keinen für die Anhänglichkeit des Volkes an das ihm von Alter her lieb und heilig gewordene, so geschahen solche Ausschreitungen gegen seinen Willen und ohne sein Wissen.
Gleich Friedrich II. liebte Er es, sich als den *ersten Beamten des Staates* hinzustellen, unbewußt der Gefahr, daß einst daraus die Volkssouveränität und die Absetzbarkeit des Monarchen deduzirt

werden könne. Er vergaß, daß die einzig richtige Benennung die »von Gottes Gnaden« sein könne. Geschieht denn nicht Alles, was jedem Menschen zustößt, von Gott und seiner Gnade? Gibt es eine größere, nicht zu umgehende Verantwortlichkeit, als die gegen Gott? Und trug er sie nicht so gut wie jeder andere, mehr als die meisten Regenten schon in diesem Leben die Folgen unabsichtlicher Irrthümer schwer büssend? Das Verhältniß des österreichischen Monarchen zu seinen Völkern war stets ein vorwiegend patriarchalisches, das einer grossen Familie. Joseph II. verkannte zu sehr diesen, noch heute gültigen Charakter; indem Leopold II. ihn wieder hervorhub und Franz II. in 43jähriger Regierung an ihm festhielt, bekam die Monarchie die Kraft, die Stürme der Revolution und der napoleonischen Kriege, welche angethan waren, sie für immer zu zerstören, glücklich zu überstehen.

So sehr Josephs Briefwechsel den scharfen, hellblickenden Verstand bekundet, so wenig bekunden seine Entschlüsse den weitersehenden, wahrhaft staatsmännischen Blick, der seine Mutter auszeichnete. Er selbst erkannte die aufsteigenden Gewitter in Frankreich; diese, die stets wühlende, alle seine Pläne durchkreuzende Politik Preußens, den Sturmlauf gegen Religion und Kirche in Frankreich, Alles hätte ihn vermögen sollen, von 1785 an eine vorsichtigere Politik einzuschlagen. Seine Völker zu beruhigen, seine Kräfte zu sammeln und vor allem den Türkenkrieg zu vermeiden, den er mit sehr geschwächter Gesundheit, verbitterten und enttäuschten Gemüthe begann, eingefädelt von der schlauen Katharina II. – Erst als Er siech und todeskrank zurückgekommen, dem Tode nahe war, es zum Einlenken schon zu spät schien, entschloß er sich, die verhaßtesten seiner Reformen zurückzunehmen. Dieß geschah wiederum mit Überstürzung und solcher Hast, daß eine Menge nützlicher Neuerungen, namentlich in Ungarn, rückgängig gemacht wurden, welche nicht wesentlich angefochten wurden.

Die zwei Jahre der Regierung des staatsklugen Leopold II. vergingen in der Wiederherstellung ständischer Institutionen, Beschwichtigung der Provinzen, Anbahnung einer Versöhnung mit Rom, Komplettierung der durch den Türkenkrieg aufgelösten Armee. Wie anders hätte Österreich beim Beginne der Revolutionskriege

auftreten können, wenn nicht dieß Alles und der Aufstand in den Niederlanden, der erst 1790 bewältigt werden konnte, vorausgegangen wäre?
Schließlich einige Beispiele als Illustration der vorangegangenen Charakterisirung.
Mehr als die Reformen erregte die Mißachtung alter Traditionen und Volksanschauungen, besonders in Ungarn. Das königliche Schloß in Preßburg verwendete Er für das von Ihm gegründete General Seminar; in jenes in Ofen, erst kürzlich von Maria Theresia erbaut, kam die Universität, die Burg in Prag wurde Artillerie-Caserne. Er selbst kehrte in beiden Hauptstädten in Wirthshäusern ein. Die ungarischen Kron-Insignien wanderten in die Wiener Schatzkammer. Weder in Ungarn, noch in Böhmen ließ Er sich krönen, und raubte so seinem Ansehen im Volke die kirchliche Weihe und den nie zu verachtenden Prestige.
Nach dem Tode seines Vaters wollte er den Reichshofrath in Wien und das Kammergericht in Wetzlar, beide sehr reformbedürftig, aufmischen. Nach den ersten Schwierigkeiten, zum Teil durch sein schroffes Auftreten vermehrt, ließ er es ganz fallen und bekümmerte sich später nur mit seinen Erblanden, das geringe Prestige der Kaisermacht noch mehr sinken lassend.
Unbesonnen war sein Streit mit Holland, um den Barrière-Vertrag abzuschütteln, der gegebenen Falls für den Besitz der Niederlande sehr wichtig war*. Überall wollte er unbeschränkt dastehen, gegen alle Nachbarn und fremden Mächte wie gegenüber der Kirche und der Stände in den Provinzen. Er wollte nur das Gute, Gerechte, Edle, aber alles nach seiner Weise. Zur Überstürzung in seinen Reformen mag nebst den Charakteranlagen auch das Gefühl beigetragen haben, nur wenige Jahre mehr vor sich zu haben, die Er sich weder Ruhe gönnte noch irgendwie schonte.

* Der Barrière-Traktat von 1715 gab Holland Besatzungsrecht für belgische Festungen an der französischen Grenze zum Schutz gegen Frankreich. Die einseitige Aufhebung dieses Traktates durch Österreich 1781 sollte den von Joseph II. beabsichtigten Tausch Bayerns gegen die österreichischen Niederlande einleiten, der aber nicht zustande kam.

Die Hälfte des Begonnenen, ruhig und konsequent durchgeführt, bei größerer Beachtung vorhandener Rechte und Institutionen hätte Ihn zu einem der größten Männer der Geschichte gestempelt.

In Opposition zu dieser Kritik Erzherzog Albrechts verfaßte der junge Kronprinz im März 1876 eine Gegenschrift, die er dem Großonkel vertrauensvoll zusandte. Rudolf schilderte Joseph II. ganz so, wie es die von Albrecht so gehaßten Liberalen, die »Umstürzler« taten: als großen Neuerer, als Reformer, der den Gedanken der Französischen Revolution vertrat und so in Österreich eine Revolution verhinderte. Er pries sogar Josephs Kirchenpolitik, lobte den Gedanken der »Volkssouveränität« und brachte nur in einem einzigen Punkt Kritik an Joseph II. an: als es nämlich um das Verhältnis zu Ungarn ging, ein Hinweis auf den Einfluß Hyazinth Rónays, der dem Kronprinzen Unterricht in ungarischer Geschichte gab.

## Kronprinz Rudolf: Einzelne Gedanken über Kaiser Joseph und seine Zeit

Jede Gestalt in der Weltgeschichte muß als das Kind ihrer Zeit betrachtet werden und ehe die Erforschung und das Studium der Caractäre begonnen werden soll, müßen die großen treibenden Momente, die geistigen Gründe jeder Erscheinung ins Auge gefasst werden. Das eigentliche Feld für die Weltgeschichte ist die genaue Kenntniß der einzelnen Epochen, der großen Gedanken, die sie beherrschten, der philosophischen Richtung, die verfolgt wurde und jener Errungenschaften in jedwedem Gebiete geistigen sowie materiellen Lebens, welche von Epoche zu Epoche wachsen und den eigentlichen unaufhörlichen Fortschritt, das Haupt-Princip in der Entwickelungs-Geschichte der Menschheit bilden.
Die Menschen sind der Caracter der Zeit in Atome als Personen getheilt, ihre Gedankenrichtung bildet die der Gesammtheit, und diese wieder beherrscht die Geister der Theile.
Einzelne Personen sind aber berufen, die Richtung der ganzen Zeit zu vertreten und durchdrungen von derselben sie zu fördern, um entweder bloß durch die Macht ihres Geistes oder auch durch positive Macht, gepaart mit geistiger Stärke, ihre Überzeugung zum

Wohle der Gesammtheit zur Geltung zu bringen und dadurch folgenden Generationen den Weg zum Fortschritt zu bahnen. Diese bevorzugten Gestalten, die Träger der Entwickelung der Menschheit, die in einzelne Personen verkörperten Gedanken ihrer Zeit, sind die großen Caractäre der Geschichte.

Eine Epoche, geeignet große Geister und Caractäre herauszubilden, war die Zeit vor der großen französischen Revolution. Die Gedanken und Einrichtungen des Mittelalters hatten sich vollkommen überlebt. In einer Kette von Mißbräuchen, Gewalttätigkeiten und Übeln aller Art hatte sich die weltliche Macht der Fürsten, die verweltlichte der Kirche und der eigennützige Adel von ihrer segensreichen Stellung, die sie im Mittelalter bekleideten, schon lange herabgesunken, während den ersten zwei Jahrhunderten der Neuzeit im Kampfe gegen die ersten Regungen der Kultur der Völker, gegen die oft schwer versündigt und sich selbst und ihre von den früheren Zeiten her in einem mysteriösen Glanze erscheinende Macht in den Koth gezogen. Dem 18. Jahrhunderte war eine Zeit unglaublicher Willkür und Grausamkeit vorangegangen; in den unaufhörlichen Religionskriegen verwilderten die Völker, und die Fürsten fanden Gelegenheit zu neuen Erpressungen. Die Kirche verfocht durch Tortur, weltliche Macht und häufig Sittenlosigkeit eine den unsterblichen edlen Lehren des göttlichen Schöpfers unseres Glaubens zuwiderlaufende Richtung, der vorzüglich Humanität, Nächstenliebe, Einfachheit und Sittenreinheit predigte.

Die Krone, so wie der Altar, wurden durch das Verfahren ihrer Vertreter ihrer sittlichen Macht beraubt, und durch die zunehmende Cultur des 17ten und anfangs des 18ten Jahrhunderts wurde die Menschheit sich dieser Mißverhältniße bewußt, und mit Macht erfüllte der Wunsch nach neuen, den Anforderungen der Zeit umfaßenden Regierungs-Formen, nach Säuberung der Sitten, einer Reorganisation aller Lebensverhältniße und einem freien Spielraum zur Entfaltung des geistigen Lebens die Herzen aller cultivirten Völker.

Diese Ideen wurden genährt und verfochten von den Profeten der französischen Revolution. Gegenüber der Sittenlosigkeit des französischen Hofes, einem König, der gleichgültig auf die Geschicke

seines Volkes blickte, sein Land aussog und die Menschheit so wenig wie seinen hohen Beruf achtete, standen Männer wie ein Montesquieu und nach ihm die Enciclopedisten, welche eine Philosophie der Humanität, der Menschenrechte und der hohen Stellung des Menschen in der Schöpfung aufstellten; sie verfochten Principien, die noch nicht gekannt waren. Sie stellten den Begriff des Monarchen fest, so wie er sittlich es stets sein soll, als den Schützer der Rechte aller, als den Gipfel des ganzen Volkes, auf den sie vertrauend blicken, der ihnen zum Muster und zum Vorbild gereiche, nicht aber als den großen Spieler, der am Spieltische die Weltereigniße nach eigener Lust und Willkühr mit den Menschen wie mit Würfeln spielt, ihre persönlichsten Menschenrechte außer acht laßend.
Darum war diese Zeit besonders in Frankreich eine großartige, welche beherrscht war von einem sittlichen Geist und einem sittlichen Moment der Neugestaltung. Selbst die Revolution, die in einer leidenschaftlichen fast thierischen Form ausbrach, war nur die Folge der früheren Zeiten, und der gräßliche Ausbruch der Leidenschaften war das Kind der gräßlichen Unterdrückungen der Menschen und aller ihrer Rechte. Die geistige Revolution durch die Entstehung der neuen Ideen und die materielle Revolution des Volkes mußten kommen, sie waren eine Nothwendigkeit, und als Ende überlebter ungesunder Zustände und als Beginn einer neuen kräftigen Epoche lag eine sittliche Bedeutung darin.
In dieser großen Epoche lebte Kaiser Joseph II; wir müssen in ihm den Verfechter der großen Ideen seiner Zeit am Trone erkennen; die Revolution, die in Frankreich von Unten aus gieng, gegen die Spitzen der Gesellschaft gerichtet, wurde von ihm, vom Gipfel der Staatsgewalt zum Wohle der Gesammtheit durchgeführt. Durch die hohe Auffassung seiner Zeit und der großen weltgeschichtlichen Epoche, die mit Macht ihre Fortschritte und die Durchführung ihrer edlen humanen Ideen verlangte, zeichnete sich dieser Kaiser aus, der, durchdrungen von dem leitenden Gedanken der neueren Zeit, den Fortschritt des geistigen und des materiellen Lebens hochachtend stets trachtete, durch Durchführung der humanen Philosophie die Ungerechtigkeiten am Volke früherer Zeiten zu sühnen; er ward zum Verfechter der neuen Zeit und ihrer treibenden Ideen am Trone

und dadurch wird Er zu einer ethischen Gestalt, die sich unsterblichen Ruhm für die Menschheit erworben hat.
Nur einen Fehler begieng er, daß er im Gefühle, er sei vielleicht der Einzige am Trone, der diese Gedanken, denen er sein ganzes Leben weihte, verfechte, oft ungemein sich übereilte und wirklich schien es, als wolle er fühlend daß vielleicht ein Jahrhundert lang kein Kaiser getragen von seinen Ideen und Ansichten diesen Tron bestiege, rasch in sein Leben so viel hineinzwängen, als es eben nur gieng. So edel alle seine Neuerungen waren, und so weise er es wußte, des Adels und der Geistlichkeit veraltete Macht in die richtigen Schranken zu weisen und trotzdem er auch bemüht war, dem Landmann und dem Bürger als den wahren Säulen eines modernen Staatswesens ihre geziemende Stellung zu geben, wurde er deßen ungeachtet von vielen, und oft von jenen, für die er stritt, nicht verstanden. Er war seiner Zeit und der Bildung der Völker Österreichs weit vorangeeilt. Doch trotzdem waren seine Schöpfungen ein Segen, denn er brach die in vielem schon krankhaft gewordenen mittelalterlichen Einrichtungen und ersparte Österreich im Jahre 1848 eine noch ganz andere Revolution, als wie jene welche thatsächlich erfolgt ist.
Ferners lehrte er seine Völker, in vielem selbst erst die späteren Generationen, den neuen damals noch unbekannten Gedanken der Menschenrechte, der Freiheit im edlen Sinn und des wahren Fortschritts, wie er eine Pflicht und eine der ersten Aufgaben der Menschheit und ein Naturgesetz ist. Dadurch gewöhnten sich die Menschen an dieselben, und so wurde langsam der Weg zum Bau eines modernen, der Zeit angemeßenen Staatswesens vorbereitet, statt daß alle Neuerungen auf einmal in einer großen Revolution sich Bahn brachen. Die meisten seiner großen Reformen mußte er zurücknehmen, und von dem großen Durchschnitt der Menschen verkannt, mit sich und der Welt zerfallen, von der Kirche und dem Adel verfolgt, ging eine der edelsten Gestalten, die je auf einem Trone geseßen, zu Grabe.
Doch der scheinbare Sieg seiner Gegner über die Ideen, die er verkämpfte, ward zu ihrem Schwanengesang. Er war für die Sache der Humanität, des Fortschrittes und der hohen Anschauung der

Menschheit und ihrer Ziele, er verkämpfte die edleren Gedanken, die Gedanken der Zukunft, die über kurz oder lang sich Bahn brechen mußten.

Was Kaiser Joseph gewirkt, war im Sinne der großen Geister des vorigen Jahrhunderts, dieser schönen Zeit edler Neugestaltung; er legte diesen Samen in die Gemüter der Österreicher, der erst später aufgieng und herrliche Blüten trug, unser jetziger Standpunkt ist eine Folge davon.

Ferner bewundern wir bei Kaiser Joseph die in den Fürstenhäusern so seltenen Eigenschaften wahrer Humanität, die er so wie die humane Philosophie der Neuzeit gegenüber den egoistischen, den selbstsüchtigen Interessen der Fürsten viel zuträglicheren Prinzipien des Mittelalters verfocht.

In diesem Punkte ist er ähnlich Friedrich dem Großen, beide sind leuchtende Sterne im Vergleich zu den Herrschern der vorangegangenen Decenien, besonders den französischen Königen. Diese beiden Herrscher waren in ihren Ländern die Spitzen einer neu sich regenden Geistesrichtung, und durch ihre hohe Stellung wurden sie nur durch das einfache Bekennen ihrer Ansicht für den Fortschritt von ungemeinem Segen, denn das Gefühl, daß Monarchen eine Richtung als die ihrige bekennen, giebt derselben einen beßeren Halt in den Gemüthern des geistig ruhigeren Theiles der Bevölkerung.

Joseph bezeigte deutlich seine wahre Menschenliebe und seine edlen Gefühle in der hohen Auffaßung seines Berufes, er war das Gegentheil der Herrscher des Endes des Mittelalters und der ersten zwei Jahrhunderte der Neuzeit, hauptsächlich der französischen Könige, die im Lande den bloßen Schauplatz ihrer ehrgeizigen Bestrebungen erkannten und die Quellen zu Erlangung jener Summen, die sie zu ihrem verschwenderischen Leben brauchten; es gipfelte sich alles in den egoistischen und willkürlichen Zielen der einzelnen Person, statt im Wohle des Ganzen den Zweck des einzelnen und das alleinige Ziel zu erkennen.

Kaiser Joseph eben stand schon auf einem sittlich viel höheren und gebildeteren Standpunkt, Er vertrat allenthalben das Prinzip, daß der Monarch für die Völker bestehe, als ihr von ihnen anerkannter

Lenker und Leiter, nicht aber diese für jenen, was ein vielverbreiteter Wahn krassen Egoismusses mancher Fürsten war.
Auch wußte er den Begriff und die Aufgabe der Kirche richtig aufzufaßen und dieselbe in ihre gesetzlichen Schranken zu weisen: er achtete sehr in derselben eine ethische Macht, die berufen sei, dem Volke den moralischen Halt des Glaubens zu verleihen, doch er verfolgte sie als weltliche Macht, als hinderndes Hemmniß einer modernen Staatsentwicklung, wodurch sie ihre sittliche Berechtigung und ihren hohen Beruf durch sich selbst verliert; dadurch versuchte er, getragen durch die Reinheit und Moralität seiner Ideen die Kirche von dem weltlichen Getriebe und der Verweltlichung, in den sie tief verflochten war, durch Zwang zu ihren eigentlichen Zielen zurückzuführen.
Unmöglich wäre es aber, ihn ganz von seinen Fehlern reinzuwaschen, doch dies ist gewiß, daß alle seine Mißgriffe und momentanen Schäden hinter der großen Wirkung verschwinden, die er als Sprößling einer so alten Dynastie und als Staats-Oberhaupt geistig als Verfechter des edlen Fortschritts und der Humanität auf die Geister seiner und der späteren Zeiten ausgeübt hat.
Unstreitig müßen wir auch an Joseph II. wie an jedem Menschen Fehler und Schwächen erkennen. Sein Körper war kränklich, und eine gewisse Nervosität, die Vorboten des frühen Todes, machten sich in allen seinen Handlungen seines Lebens geltend, und Unruhe und Übereilung erstreckten sich selbst in seine staatsmännische Laufbahn; der Ehrgeiz, so viel wie möglich in seinem Leben zu leisten und die Erkenntniß der Größe der Zeit, in der er lebte, veranlaßten ihn, große Fortschritte und Änderungen im Staatswesen zu unternehmen, doch in einer so raschen Folge, daß es einen fehlerhaften und krankhaften Character annahm.
Eine weitere Schattenseite seiner großen Bestrebungen war die Außerachtlassung und das Vernichten jedweden alten traditionellen Rechtes; die bedeutenden Umwälzungen und Bewegungen seiner Zeit, die großen Ziele, die er vor Augen hatte, lassen ihn gar manche Einrichtung, gar manches Landesrecht als kleinliche mittelalterliche Einrichtungen erscheinen, die er durch einen Federzug zu beseitigen wähnte. Oft war dies ein segensreicher Vorgang, wenn es sich

auf die Wegschaffung unnützen alten Gerümpels beschränkte, doch häufig ging er zu weit und griff mit eiserner Hand in die theuersten Vorrechte und Privilegien seiner Völker ein, Unruhe und Unzufriedenheit erzeugend. Besonders zeigte sich dies im verfassungstreuen Ungarn, das nach Aussterben des ruhmvollen Arpadengeschlechtes und ihrer Nachfolger nur durch den Schwur auf seine Verfassung an die Dynastie der Habsburger geknüpft wurde; diese Bande suchte er willkürlich zu zerreißen; dadurch war er diesem Lande gegenüber auf der Seite des Unrechtes, und bald zwang die Aufregung dieser Nation zur Rückkehr zum Recht.

Die meisten seiner Fehler waren die Folgen der Übergangs-Periode der Zeit, in der er lebte, eine Zeit, in der Einrichtungen, die Jahrhunderte gedauert, zu Grabe gingen und unter dem Toben der größten Revolution, die die Welt gesehen, die modernen Ideen und Principien geboren wurden.

Kaiser Joseph war der Sohn seiner Zeit, ein notwendiges Instrument der Weltordnung zur Durchführung der großen Umwälzungen und Neuerungen, zugleich eine der edelsten Erscheinungen aller Zeiten. Ein zu kurzes Leben und zu viel edle Philosophie bei Mangel des practischen Verständnißes und der Berücksichtigung der positiven Verhältnisse machte ihn momentan zu einem unglücklichen Vorkämpfer von Ideen, die seine Völker aufzufaßen noch nicht in der Lage waren.

Dadurch ist aber seine geistige hohe Stellung nicht im geringsten geschmälert, die hauptsächlich erst die späteren Generationen würdigen konnten.

In den Annalen der Geschichte, in den Herzen seiner Völker und aller edlen Menschen lebt Kaiser Josephs Name ewig fort.

Rudolf

Wien, im März 1876

Daß Erzherzog Albrecht diese Lobeshymnen auf die Französische Revolution, Joseph II. und Österreichs Erbfeind Friedrich II. von Preußen, nicht unwidersprochen hinnahm, war nicht überraschend. Was bei Albrechts erstem Aufsatz noch verhüllt war, kam jetzt, in dieser Antwort auf Rudolfs Schrift, klar zum Vorschein: Albrecht warnte seinen Großneffen davor, sich nicht wie Joseph II. von den »Umstürzlern«, den Liberalen, gefangennehmen zu lassen.

Die Sorgfalt, mit der der Feldmarschall Grundsatzfragen wie das Verhältnis Staat und Kirche, die Stellung Ungarns erörterte, ist bemerkenswert, vor allem, wenn man das Desinteresse Kaiser Franz Josephs an den schriftstellerischen Versuchen seines Sohnes bedenkt.

### *Erzherzog Albrechts Bemerkungen zu:*

### »Einzelne Gedanken über Kaiser Joseph und seine Zeit 1876«

Mit ebenso viel Interesse als Freude las ich diesen Aufsatz; mit Freude darüber, daß der Thronerbe sich seine eigenen Gedanken und aus ihnen ein Urtheil bildet, die Dinge im Grossen auffaßt und sich nicht in Nebensächlichem verliert oder durch dieses beeinflussen läßt. Fährt er in dieser Weise fort, so bereitet er sich würdig für jenen schwersten aller Berufe vor, für welchen ihn die Vorsehung bestimmt hat und für dessen bestmögliche Erfüllung er dereinst Gott Rechenschaft wird ablegen müssen.

Ebenso erfreulich ist die Wertschätzung der Menschen, die Achtung ihrer Rechte wie ihrer Ansprüche an das Leben, an den Staat u. an die Fürsorge ihres Monarchen. Mit vollem, warmen Herzen den Nebenmenschen entgegenkommend, kann man auf ihre Anhänglichkeit und Erkenntlichkeit zählen; nirgends gilt das mehr als bei uns, denn die Völker der Monarchie sind seit Jahrhunderten von unseren Ahnen daran gewöhnt worden wie in keinem anderen Lande.

Die Begeisterung für alles Edle und Gute, welche aus diesem Aufsatze hervorleuchtet, im erfreulichen Gegensatze zu der egoistischen, blos materiellen Genüssen nachjagenden Zeitrichtung, gereicht jedem jüngeren Mann zum Lobe, soll jeden hoffnungsvollen 17½jährigen Jüngling erfüllen. Sie läßt erwarten, daß er einst

ebenso den Verlockungen des gemeinen sinnlichen Genusses, des krassen Egoismus wie jenen der brutalen Gewalt u. Rechtsmißachtung, welche die Jetztzeit charakterisiren, zu widerstehen wissen wird. Sie beweist ferner eine edle Denkungsart, ein gutes Herz. Was daran zu viel seyn mag, wird die Zeit, die Erfahrung, die Reihe der Jahre auf das richtige Maaß zurückführen; man muß eben deßhalb mit einer grossen Dosis ins Getümmel des Lebens eintreten. Manche der im Aufsatze niedergelegten Gedanken werden in einigen Jahren durch eigenes Nachdenken, gemachte Erfahrungen u. die Friktion mit Menschen und Verhältnissen sich modifizirt haben. Das ist der *Fortschritt* in der eigenen Entwickelung, die bei denkenden Menschen nur mit dem Tode oder dem Nachlassen der geistigen Kräfte aufhört.
Man muß sich dabei nur vor Irrwegen hüten, auch vor jenen der Zeit, in der man lebt; wenn man diesen auch nicht immer entrinnen kann, soll man sich doch nie von ihr gedankenlos oder durch Übereifer forttreiben lassen, am meisten gilt dieß von den Höchststehenden.
Ich beschränke mich auf diese allgemeinen Bemerkungen und auf jene in der Beilage behandelten wenigen Punkte, gegen welche die wichtigsten Bedenken entgegenzustellen mir als Pflicht erschien. Übrigens gratulire ich aber dem jugendlichen Autor zu seiner Leistung und dem ernsten Streben, dem sie ihr Entstehen verdankt.
25. 3. 1876 Albrecht FM.

*Beilage* zu den Bemerkungen.
1) »in diesem Punkte ist er ähnlich Friedrich dem Großen u. s. w.«
Äusserlich und scheinbar allerdings; aber längst hat eine sorgsamere, objectivere Geschichtsforschung die seit mehr als 1 Jahrhundert zu Gunsten Friedrichs u. auf Kosten Josefs betriebene Geschichtsforschung widerlegt.
Verbitterten Gemüths, mit vielem ätzenden Witze u. zersetzenden Hasse, unersättlicher Habsucht verwendete Friedrich seine eminenten Talente meist nur zum Schlechten. Er suchte die Befriedigung seines egoistischen Ehrgeizes, die Bewunderung der Mit- und Nachwelt zugleich zu erringen, u. während er eine Willkühr, ein

Unrecht nach dem Andern begieng, schrieb er die schönsten filosophischen Abhandlungen, überhäufte die Enciklopedisten mit Lob, Gunst und Geld.

Seit dem Regierungsantritte sprach er nie mehr mit seiner Frau, betrat nie mehr eine Kirche, fröhnte insgeheim den schändlichsten Lastern. Ein hartherziger Fürst preßte er, bei sonst sehr rationeller Verwaltung, den letzten Heller aus seinen Unterthanen – allerdings nicht um es wie Frankreichs König mit Maitressen und Günstlingen zu verprassen, aber doch zur Befriedigung seines persönlichen Ehrgeizes u. Führung ruinirender ungerechter Kriege.

Seine eigenen geschichtefälschenden Werke, in denen zu lesen ist: s'il convient d'être honnête, soyons honnêtes; s'il est plus profitable d'être fourbe, soyons fourbes – u. die Mémoiren seiner Schwester zeugen gegen ihn. Am Abende seines Lebens klagte er selbst, als seine treuen, unter dem strengen Vater aufgewachsenen Diener gestorben waren: daß weder Zucht noch Ordnung, weder Treue noch Ehrlichkeit unter dem Nachwuchse zu finden. Er war mit der moralische Urheber der zur Katastrofe von Jena führenden Dekadenz Preussens. – Wahrlich dem edlen Kaiser Josef, der nur Gutes wollte, kann man dieses gekrönte Genie unmöglich an die Seite stellen.

2) zu »Er achtete sehr in derselben eine ethische Macht, die berufen sey ...«

Die Kirche muß eine *ethische* Macht seyn, darf keine *weltliche* werden. Als erstere steht sie erhaben über der materiellen, wie überhaupt der Geist über der Materie. Die Religion ist Selbstzweck, um die Menschen *diesseits* anzuleiten, damit sie ihren Zweck erfüllen u. *jenseits* glücklich werden. Wie es scheint, ist ihr Beruf, »den Völkern den moralischen Halt des Glaubens zu verleihen«, hier als dem Staate nützlich u. daher von diesem zu fördern hingestellt; sie würde damit gewissermaßen *Staatsanstalt* oder doch *Staatsmittel.* Eben als ethische moralische Macht steht sie zu hoch, würde zum weltliche Polizeimittel (wie es jetzt in Preussen offen begehrt wird) herabgewürdigt, u. dadurch mit der Zeit ihrer *moralischen* Macht auf das Volk beraubt, wie es die Geschichte aller Zeiten lehrt. Ein Verfall des Glaubens, der Sitten und der Lenkbarkeit des Volkes durch moralische Mittel ist die unausbleibliche Folge des

Vorgehens im Sinne dieser Staatsomnipotenz auf dem geistigen Gebiete.

3) zu »Besonders zeigte sich dieß bei den verfassungstreuen Ungarn, die ... nur durch den Schwur auf ihre Verfassung an die Dinastie der Habsburger geknüpft wurden«

Darnach wäre das *Erb*recht nur ein bedingtes gewesen, dem ist nicht so. Die bis 1848 bestandene *mittelalterliche* Verfassung involvirte gleich *allen anderen* ihrer Zeit die *Krönung* als Besieglung ihres Rechtes u. Anerkennung »von Gottes Gnaden« u. den Schwur. Der *Erbvertrag* vom Anfang des 16. Jahrhunderts ist die rechtliche Basis, welche durch die Leopoldinischen Gesetzartikel vom Ende des 17. Jahrhunderts, durch die pragmatische Sanktion u. durch die Gesetzartikel von 1790/91 verstärkt erneuert wurde.

Trotz *stets gekrönten* Königs waren, wie ein *ungarischer* Schriftsteller nachweist, binnen 190 Jahren vom Gegenkönig Zapolya, dem Vasallen Solimans, bis zum Szatmarer Frieden mit Alexander Karolyi mehr Jahre der Rebellion als des inneren Friedens, wobei es sich stets um Verrat an die Türken oder mittels französischer Gelder um Entthronung der Dinastie, *nie* um die Verfassung handelte.

Die populärsten Könige, Mathias Corvinus u. Maria Theresia, wahrten ihre Regentenrechte kräftigst, ohne skrupulös die Verfassung zu beachten; letztere erließ das urbarium, wodurch die Bauern erst Grundbesitzer wurden, sogar *ohne Landtag.*

Von einer *Verfassungstreue* kann da wohl nicht die Rede seyn.

Ebenso 1788 bis 1790 wie 1866 flossen enorme Summen *preussischen* Geldes ins Land, nicht für die Verfassung, sondern zur Vertreibung der Dinastie.

Schließlich muß vor dem Mißbrauch mit modernen Schlagworten gewarnt werden, welche in den »Gedanken« häufig wiederkehren. Eigentlich ganz richtige Worte werden von der einen oder anderen Parthei, eben wegen ihres guten Klanges u. ihrer Unverfänglichkeit dazu gewählt, um damit ganz etwas Anderes zu bezeichnen. Ist dieses Manöver einmal bekannt, so wird derjenige, der sich mit Vorliebe dieser Worte bedient, als zu der Parthei gehörend oder ihr im Herzen zustimmend, betrachtet. Wie schön ist das Wort *Freiheit,* wenn die gesetzliche u. nicht die Ungebundenheit – *Toleranz,* wenn

darunter christliche Duldung aus Menschenliebe u. Achtung des Nächsten u. nicht bis ins konfessionslose gehende religiöse Gleichgiltigkeit – verstanden wird! *Liberal* war einst das Lob des großmüthigen, edelsinnigen Grandseigneur, u. jetzt?
Dasselbe gilt auch von den häufig wiederkehrenden Worten: *Fortschritt* u. *Humanität;* letzteres muß heutzutage alle konfessionslosen und antireligiösen Bestrebungen bemänteln. *Weltordnung* soll hier wohl die göttliche Vorsehung bedeuten, wird aber mit Vorliebe und Absicht von den modernen Ungläubigen benützt, um eben Gott u. dessen Vorsehung zu ignorieren, oft als Gegensatz gegen beides.«

*Aus Rudolfs Skizzenbuch: Karikatur des Erzherzogs Albrecht*

## Eröffnungsrede zur Elektrischen Ausstellung am 16. August 1883

Diese erste öffentliche Rede des Kronprinzen in Wien wurde zu einem geradezu sensationellen Erfolg. Die Wiener wußten, daß sich der Kronprinz persönlich seit Monaten um diese Ausstellung bemüht hatte und maßgeblichen Anteil daran hatte, daß Wien nach Paris und London, aber vor Berlin, die neuesten Erfindungen der Elektrizität ausstellen konnte. Es war also alles andere als eine Routinerede. Der Satz »ein Meer von Licht strahle aus dieser Stadt, und neuer Fortschritt gehe aus ihr hervor« wurde als Programm für eine weltoffenere, wissenschaftsfreundlichere Zukunft der Donaumonarchie aufgefaßt und immer wieder zitiert.

Mit stolzen Gefühlen stehen wir heute vor einem Werke, das seine Entstehung allein dem opferfreudigen Patriotismus einer Anzahl von Männern verdankt.
Die Verwerthung einer mächtigen Naturkraft durch wissenschaftliche Arbeit und der Ausnützung derselben für das tägliche Leben neue Bahnen zu brechen, ist der Zweck dieses Werkes.
Nicht dem Momente blüht der volle Erfolg, die Zukunft ist eine grosse; – und eine weitreichende, kaum zu berechnende Umwälzung, tief eindringend in das gesamte Leben der menschlichen Gesellschaft, steht bevor.
Vielleicht ist es kein Zufall, dass Wien, obgleich wohl nur die dritte, aber wie wir hoffen, dank der nie rastenden Arbeit der Männer der Wissenschaft und der Praxis, auch die grösste elektrische Ausstellung in seinen gastlichen Mauern entstehen lässt.
Ist es denn nicht unsere Vaterstadt, aus welcher Preschel's Zündhölzchen im Jahre 1833 hervorging, das alte, der Steinzeit würdige Feuerzeug für immer verdrängend? Und die Stearinkerze, hat sie nicht von Wien aus im Jahre 1837 ihren Weg durch die ganze Welt gemacht?

Ja, selbst die Gasbeleuchtung der Strassen, diese grosse Umwälzung im städtischen Leben wurde vom Mährer Winzler in Wien ausgedacht und erst dann in England durchgeführt.
Nun stehen wir an einer neuen Phase in der Entwicklungsgeschichte des Beleuchtungswesens; auch diesmal möge Wien seinen ehrenvollen Platz behaupten und ein Meer von Licht strahle aus dieser Stadt und neuer Fortschritt gehe aus ihr hervor.
Eingedenk der hohen Bedeutung dieser Ausstellung können wir sagen, dass sie dem Reiche und der Reichshauptstadt – und Residenzstadt Wien zur Ehre gereicht; und desto dankbarer sind wir den befreundeten Staaten für ihre wertvolle Mitwirkung an dieser ernsten Arbeit.
Im Namen Seiner Majestät unseres Herrn und Kaisers erkläre ich die Elektrische Ausstellung für eröffnet.

## *Zwei Zeitungsartikel zur Elektrischen Ausstellung:*

### a) Tausend und ein Tag

Am Tag der Eröffnung der Elektrischen Ausstellung erschien im »Neuen Wiener Tagblatt« der folgende Leitartikel, den Julius Szeps dem Kronprinzen zuschrieb[44]. Ein Manuskript ist jedoch nicht erhalten.

Was wir heute in der Rotunde sehen werden? Elektrische Lichtmaschinen, Fernschreiber und Fernsprecher, galvanische Batterien, Akkumulatoren, Kraftmaschinen zu Hunderten von verschiedenen Apparaten, Vorrichtungen und Anwendungen? Gewiß, das werden wir betrachten, bewundern, prüfen. Aber ist das auch alles? Es darf uns nicht gehen wie dem, der den Wald vor lauter Bäumen nicht gesehen hat. In dem riesigen Raum, den der kühne Erbauer der Rotunde mit einer eisernen Kuppel überdeckt hat, und in den Quergalerien, über welche diese Kuppel hoch emporragt, entfaltet sich in seinen zahlreichen einzelnen Teilen ein Ganzes, und dieses, wir können es nicht anders nennen als: *das neunzehnte Jahrhundert.*

Jede der großen Kulturepochen, welche die Menschheit durchlebt hat, sie zeigt ihr eigenes Gepräge, jedes Jahrhundert, das Neues geschaffen, hat seinen Stempel unverkennbar und unverwischbar allen Dingen aufgedrückt, die in ihm entstanden sind. Aber nicht bloß der Fortschritt, auch der Rückfall hat seine unzertrennlichen Zeichen, mit denen er alle seine Produktionen bezeichnet hat, von den größten und stolzesten angefangen bis hinab zu den gewöhnlichsten und bescheidensten. Mit einem für den Begriff, den es ausdrücken soll, vielleicht allzu magern Worte nennt man die durchschlagende Eigentümlichkeit und Färbung einer geschichtlichen Epoche den Stil derselben. Wohl versteht man darunter gewöhnlich die Eigenartigkeit literarischer, künstlerischer und auch noch kunstgewerblicher Schöpfungen und Erzeugnisse, allein das, was auf dem unmeßbaren Gebiete der Wissenschaft entstanden, und das, was die Technik geleistet und wie sie es geleistet hat, gehört auch zu dem Stil einer Epoche. Und in dieser Beziehung besonders hat man vom Stil des neunzehnten Jahrhunderts zu reden, hier ist seine Stärke und seine Macht, hier sind Originalität und Besonderheit, hier konzentriert sich sein Genius, hier ist sein mächtigstes Eingreifen in den Prozeß des allgemeinen Fortschrittes, hier also sein Gepräge, und das ist der Stempel, den es allen seinen Schöpfungen und Erzeugnissen aufzudrücken begonnen hat.

Das neunzehnte Jahrhundert präsentiert sich dem zusammenfassenden Blicke in der Internationalen elektrischen Ausstellung, die heute in unserer Stadt eröffnet wird. Es ist die jüngste Ranke, welche die wunderbare und doch in dem festen Grunde der Tatsachen wurzelnde, jetzt schon so dicht verzweigte Schlingpflanze des menschlichen Wissens und des menschlichen Könnens getrieben, aber sie ist bereits mit den herrlichsten Blüten bedeckt und unzählige Knospen entwickeln sich noch an dieser Ranke. Was es wohl noch werden mag? fragt der Dichter in seinem Frühlingsliede aus dem ahnungsvollen Herzen. Wenn alle diese Knospen sich geöffnet haben werden, wenn das, was heute schon aufgeblüht ist, die Frucht getragen und den Samen von neuem ausgestreut haben wird, wohin wird uns die Erfahrung, wohin die Anwendung der elektrischen Kraft führen?

Vielleicht bis zu der Erhellung der ganzen alten Märchenwelt, welche die Phantasie unseren früheren Vorfahren als Zauberbild vorgegaukelt, vielleicht zur vollen Übertragung der Wunder von tausend und einer Nacht in die Wirklichkeit von tausend und einem Tag. Vielleicht, denn heute erscheint kein noch so phantastischer Traum, der unter dem stillen Himmel einer Tropennacht in einem reizbaren Gehirne ausgebrütet wurde, zu kühn, als daß man nicht hoffen könnte, ihn am hellen Mittag in die unumstößliche Wirklichkeit der Tatsachen überführen zu können. Die Siebenmeilenstiefel sind durch unsere Lokomotive überholt, unsere Botschaften in die Ferne werden mit größerer Geschwindigkeit durch die Bewegung der Elektrizität getragen, als es der dienende Geist des Märchens getan, und jenes geheimnisvolle, dabei aber blendendhelle

Licht, das in den unterirdischen Feenpalästen dem glücklichen Aladin gestrahlt, es flutet aus allen Räumen des eisernen Kuppelgewölbes, das zu einem Wahrzeichen unserer Stadt geworden ist.
Das aber ist der große Unterschied zwischen dem alten phantastischen Märchen und seiner Verwirklichung im neunzehnten Jahrhunderte: die Siebenmeilenstiefel gehörten nur einem einzigen, und sie konnten nur einem gehören, ob er sie nun durch die Gunst übermenschlicher Wesen oder durch List und Gewalt sich angeeignet. Das Zauberlicht, das in der unterirdischen Feenwelt strahlte, es konnte doch nur von einem einzigen gesehen, genossen werden, dem eine gütige Fee ihr Wohlwollen schenkte, oder der zu seinem Verderben von einem Dämon hinabgelockt worden, oder dem der Zufall diese Wunderwelt erschloß. Der einzelne Mensch erträumte für sich allein jene Zaubersachen zu seinem eigensten Gebrauch, Vorteil und Genuß, um sich allen anderen Menschen gegenüber überlegen zu fühlen. Törichtes Träumen des naivsten und zugleich schrankenlosesten Egoismus. Was der einzelne Mensch aus dem Boden der Tatsachen wirklich erschafft, das gehört sofort nicht ihm allein, das wird zum Gemeingut aller anderen Menschen, das gehört zum Gebrauch, zum Vorteil und zum Genuß der ganzen Menschheit. Das Märchen ist ein aristokratischer Traum; seine Realisierung durch die Forschung und die daran sich knüpfende Erfindung ist demokratische Wirklichkeit. Und auch das ist ja ein hervorragendes Merkmal des Stils des neunzehnten Jahrhunderts.
Wohin wir in der imposanten Rotunde blicken, was wir in den großen Seitenschiffen betrachten, alles ist das Genie des neunzehnten Jahrhunderts, trägt seine eigentümlichen Formen. Von dem künstlerischen Standpunkte mag mancher Tadel gegen diese Formen fallen; allein auch in ihnen manifestiert sich der Geist der Zeit, und die Sammler späterer Epochen werden vielleicht darüber anders urteilen als wir, die wir in dem Prozesse des Überganges mitten drin sind. Ein Neues hat sich angekündigt, und die ersten Leistungen dieses Neuen sind schon groß, überraschend, überwältigend. Die Wirklichkeit von tausend und einem Tag, sie entfaltet allen ihren Reichtum an Wissen und Fortschritt in dieser Ausstellung; die Märchen von tausend und einer Nacht aber, sie werden ihre Zauber in dem

Lichtmeere der Rotunde, in dem Halbdunkel der Telephon-Kabinette, in dem strahlenden Theatersaale, in den prunkenden Gemächern spielen lassen. Das neunzehnte Jahrhundert ist es, das die heutige Ausstellung in unserer Rotunde gemacht hat, und tausend und ein Tag ist ihr tiefsinniges Motto.

### b) Der Adel in der Rotunde

Dieser Artikel ist im Manuskript erhalten:

Über die alten Diehlen des einstigen Weltausstellungspalastes wandelnd, elektrische Wunder anstaunend, tauchen gar manche Gedanken in mir auf, wie Funken aus den Maschinen in meinen Kopf überspringend.
Ein Tempel des großen Fortschrittes der Industrie, den Leistungen des menschlichen Geistes gewidmet, das ist die Rotunde, das sollte sie wenigstens immer sein; in diesem Augenblicke hat sie wieder ihre alte Bestimmung erreicht.
Der dritte und vierte Stand, die Männer geistiger und auch jene körperlicher Arbeit, letztere durch erstere in ihrem Thun und Wirken angeleitet, haben sich hier wieder ihr Heim aufgeschlagen, und nicht zu kühn ist es zu sagen, der geistige Adel feiert sein Fest in der Rotunde, dem Wahrzeichen Wiener Fortschrittes.
Auch einen anderen Adel giebt es, und dieser will auch nicht nur in prunkenden Salons, am Spieltisch und bei den vielartigen ihm »ererbt angeborenen« Passionen glänzen, sondern in der Werkstätte der arbeitenden Menschen seine Leistungen zeigen.
Rossegewieher, Stampfen und Pfauchen edler Vierfüsser, Wagengerassel, englische Worte und vornehme Sportausdrücke, sie erklangen schon mehrmals in der Rotunde und waren die Ursache, daß diese ernsten Hallen zum Versammlungsorte hoher Kreise wurden. Die nun alljährlich wiederkehrenden Pferdeausstellungen, sie haben gewiss ihre nützlichen guten Seiten, doch warum findet sich kein besserer, passenderer Ort für dieselben als jene Gebäude, die einst den Platz für den friedlichen Wettkampf aller Nationen

bildeten in wahrhaft geistiger Arbeit und nun der elektrischen Zukunft zum Gemache dienen.

Vorreiten und Vorfahren, Kutschirproben und ähnliche sportliche, nicht einmal der Pferdezucht direct nützliche, aristokratische Unterhaltungen gehen in der Rotunde vor sich. Ist das der Zweck dieser Räume.

Jeder Stand soll seine Beschäftigungen und edlen Ziele verfolgen, doch jeder am geeigneten Ort. Der dritte Stand wird es nicht wagen, sich in der Freudenau mit uneleganten industriellen Dingen breit zu machen, und jene hohe Klasse, der riesige Gütercomplexe, herrliche Paläste, gedeckte und ungedeckte Reitschulen, Wettrennplätze, Gärten u. Wildparks zu Verfügung stehen, zu ihren dem Dienste des Vaterlandes gewidmeten Bestrebungen, sollte den anderen untergeordneten Menschen in »ererbt angeborener« Noblesse auch einen Raum zu ihren, wenngleich viel unwichtigeren Passionen lassen. Und die Rotunde, diese Schöpfung edlen Kaiserwillens, sie ist ja diesen Bestrebungen des dritten Standes gewidmet. Darum kann es uns nicht wundern, dass diesmal, wo sie ihrem ursprünglichen Zwecke gedient hat, unser Hochadel durch volle Abwesenheit glänzte; doch das ist keine ganz neue Erscheinung. Das blaue Blut cirkulirt nicht leicht in den Gängen einer Ausstellung, die der Industrie und dem Fortschritt dient; es muß wohl edlere Bahnen aufsuchen! Und wenn selbst unser Ministerpräsident Graf Taaffe bei der feierlichen Eröffnung gefehlt hat, so begreift sich das am Ende, da jene Schichte der Gesellschaft, auf welche seine Macht begründet ist und die jetzt einen so massgebenden Einluss auf den Staat ausübt, gar nicht wahrzunehmen war.

Am Eröffnungstage fühlte sich Graf Taaffe als Aristokrat und war nicht da, am zweiten Ausstellungstage jedoch fühlte er sich als Minister und kam daher, um die Wunder der Exposition zu studieren, und es muß dem Herrn Ministerpräsident zur besonderen Befriedigung gereicht haben, dass er bei dieser Beschäftigung von einem gleichblütigen Führer seiner Partei in einem Meer von Licht umdunkelt wurde.

x.y.z.

(NWT 21. 8. 1883)

*Buchbesprechung:*

## »Die Insel Melonta« von Lazar Hellenbach

Spiritistische Spielereien mit Tischerücken, Gedankenlesen und ähnlichen Dingen waren im Wien des ausgehenden 19. Jahrhunderts in der »guten Gesellschaft« große Mode. Die Zeitungen der Zeit sind voll von Berichten über immer wieder neue unheimliche Dinge. Kronprinz Rudolf, vor allem beeinflußt von seinem Lehrer Carl Menger, verachtete alle diese Aktivitäten als »unwissenschaftlich«, als Betrügereien. 1882 erschien in Wien eine anonyme Broschüre »Einige Worte über den Spiritismus« aus Rudolfs Feder. Sie ist 39 Seiten lang, weder originell noch schwungvoll und wird deshalb hier nicht ediert. Zu offensichtlich war, daß der Kronprinz mit dieser Schrift mit seinem Verwandten, Erzherzog Johann (dem späteren Johann Orth), konkurrieren wollte, der ebenfalls eine anonyme antispiritistische Schrift verfaßte: »Einblicke in den Spiritismus« (Linz 1884).
Der umschwärmteste Spiritist war zu dieser Zeit der Schriftsteller Lazar Hellenbach. Auf ihn entlud sich Rudolfs ganzer Groll, der aber auch politische Gründe hatte. Der Kronprinz rezensierte für das »Neue Wiener Tagblatt« das 1883 erschienene Buch Hellenbachs »Die Insel Melonta«. Das Manuskript, nach dem im folgenden zitiert wird, ist erhalten. Szeps mußte es vor allem wegen einiger obszöner Stellen abmildern. Der Artikel erschien als Feuilleton »unter dem Strich« am 14. August 1883.

Feuilleton.
Abermals liegt eine Arbeit des bekannten spiritistisch-socialen Schriftstellers Baron Lazar Hellenbach vor uns. Nach der Magie der Zahlen kann die Insel Melonta als ein Fortschritt begrüßt werden, wenigstens bewegt sich diessmal der Autor nicht in einem durch den hellen Unsinn zur erhabenen Unverständlichkeit emporgeschwindelten Raume. Theilweise mahnt das letzte Werk an manche seiner ersten Schriften, in denen wir seine stark an die socialistischen Lehren grenzenden Grundsätze kennen lernten.
Einiges hat sich aber seit damals geändert; seine sociale Stellung ist

eine andere geworden, und so kann man genau verfolgen, wie sehr die letzte märchenhaft, spiritistisch, socialistische Brochüre für einen bestimmten Leserkreis verfasst wurde.
Die Social-Aristokraten sind eine Ausgeburt der neuesten Zeit und an diese wendet sich Hellenbach. Seine alten socialistischen Grundsätze schimmern überall durch, doch hat er sie salonfähig gemacht. Ein französischer Edelmann gründet eine Colonie auf einer Insel des Stillen Oceans; fast alle sind feine Leute, und daher fällt es ihnen leicht, einen socialistisch eingerichteten kleinen Staat zu gründen. Ein moderner Europäer, ein Deutscher, wird auf die unwahrscheinlichste Art an dieses Eiland geschleudert und bringt nun unter den feingebildeten Bewohnern sehr angenehme Tage zu.
Hellenbach, den wir aus seinen früheren Schriften genau kennen, will immer, da er kein Fach gründlich beherrscht, ganz abstrakte, an das vollkommen Unverständliche grenzende Themas wählen, um auf diese Weise originell, geistreich und gebildet zu gelten, und in einer gewissen hohen Kaste ist ihm auch diess recht wohl gelungen, was er sich nicht all zu hoch anrechnen soll, denn unter den Blinden ist der Kurzsichtige der Führer.
Nun zur Sache. Die »Insel Melonta« giebt ihm Gelegenheit, über sehr verschiedene Zweige des menschlichen Wissens vorübergehend in conversationslexikonartiger Weise angenehm zu plaudern, und auch derlei Andeutungen, tiefes vielseitiges Wissen vorzugaukeln; ferners kann er die Idyllen der Schriftsteller des vorigen Jahrhunderts kopiren, blühende Gegenden, reizende Gärten, ewig lächelnde glückliche Menschen, alt-mythologische und hellenische Reminiscencen schildern, dazwischen dringen moderne social-demokratische Gedanken mit ganz trockenen Berechnungen und dergleichen durch, doch damit er ja nicht zu lange ernst bleibe, folgen gleich französische Floskeln, Salon-Gespräche und einige dem aristokratischen Stande hingeworfene Complimente.
Melonta ist ein feiner Salon, die ganze Insel das Paradies einer wohlerzogenen kleinen Bevölkerung; man denke sich jene Leute, die sich bei uns die »Welt« oder die »Gesellschaft« nennen, auf eine Insel zusammengedrängt und mit einigen socialistischen Grundsätzen für ihre Staatsbildung ausgerüstet, dann hat man das Ideal, welches

in diesem Buche geschildert wird. Den Schluss bildet ein spiritistisches Schlusstableau, ohnedem kann es jetzt bei Hellenbach nicht mehr ablaufen, er musste in sein erhabenes Fach wieder zurückkehren und der recht unterhaltenden Erzählung ein langweiliges, vollkommen unsinniges Nachspiel mit indischem spiritistischem Hokus-Pokus anfügen.

Einige Einzelheiten der Erzählung verdienen, flüchtig genannt zu werden.

Will ein Autor sich in diese gänzlich schrankenlosen Gebiete der Phantasie begeben, dann muss er es sich zur Aufgabe stellen, die Vortheile dieses ungezügelten Gedankenfluges auszunützen und durch wahrhaft farbenreiche, landschaftliche und dekorative Bilder und nahezu rythmisch schönen Styl seine Arbeit, deren ernster Gehalt doch von Haus aus schon ein sehr fraglicher ist, auszuschmükken, diess aber müssen wir in dem vorliegenden Falle vermissen.

Wie sehr sich Hellenbach in gewisse Kreise als Salon-Gelehrter und Zauberer eingewöhnt hat, sehen wir in der von Buch zu Buch zunehmenden Verflachung und Abnahme seiner Fähigkeiten. Er schreibt für Salons und insbesondere für Damen; geradezu leppisches Zeug erzählt er über moderne Frauentoiletten und einzelne Gespräche der Leute.

Belehrend, philosophisch predigt er für die Weiber Dinge, welche insbesondere Weiber unterhalten können. Ich möchte wetten, das ganze Buch sei im Auftrage und zu Ehren einer bestimmten Dame geschrieben, schon die Widmung lässt mich darauf schliessen.

Geradezu beachtenswert ist der erotische Teil der Broschüre. Da die Insel nach kommunistischen Grundsätzen eingerichtet ist, bestehen selbstverständlich staatliche Arbeitshäuser, gemeinsame Vermögen, staatliche Kindererziehung etc. etc. und freie Liebe! Das ist der Angelpunkt des Buches, um das sich alles dreht. Der Staat ein grosses Bordell, was anderes ist diese freie Liebe.

Und da findet sich für so einen so sachverständigen Mann, wie es Hellenbach ist, die willkommene Gelegenheit, reizende Schilderungen zu entwerfen und gar mancher Dame, vielleicht einer bestimmten vorzugaukeln alle Vorteile dieses ehelosen, abwechslungsreichen Lebens.

Und vielleicht kann sich da diese und manche andere Dame während der Lektüre der neuesten Schrift des alten Salon-Philosophen mit glühenden Wangen herumwälzen auf den weichen Pölstern eines eleganten Lehnstuhles und dabei denken an denjenigen Mann ihrer Zuchtwahl, gewiss nicht den legitim ehelich Angetrauten, sondern an irgendeinen jungen Salon-Helden! –

Einige Stellen des Buches sind raffiniert-frivol, andere zu deutlich, um dies zu sein, aber dafür derb und cynisch.

Unter dem Mantel der philosophischen Träumerei und der wissenschaftlichen Sehnsucht nach einem communistisch eingerichteten Staat des ewigen Friedens und endloser Glückseligkeit findet der Baron die erwünschte Gelegenheit, um in nicht allzu blumenreicher und poetischer Farbe die gewöhnliche Begattung zu schildern!

Doch mit einer Maitresse hat der aus Europa nach Melonta verschlagene Held nicht genug, er sucht sich eine zweite im Staatsgestüt, und diese ist noch Jungfrau; desto anziehender die Beschreibung jenes reizenden Momentes, wo sie von edlen unfassbaren Gefühlen getragen zum erstenmale das horizontale Handwerk versucht.

In manchen hohen Salons wird Hellenbach Triumphe feiern, laut, halblaut und verstohlen mag wohl nun seine letzte Arbeit besprochen werden, und mit Recht; eine edle, jedes unnützen, ernsten wissenschaftlichen Ballastes entbehrende, die moderne Welt und ihre Leistungen mit verbitterter Ironie bespöttelnde Richtung, eine leichte, fassliche, nicht zu tiefem Denken aneifernde Lektüre kennzeichnet dieses Buch, so ganz geschaffen für die »Gesellschaft«.

Manche junge Frau und manche reizende Comtesse werden das Büchlein des Salon-Zauberers des nachts durchlesen und einige Stellen oft und oft durchblicken, dabei nach Melonta sich sehnend und ruhelos auf weichem Pfühle wälzend dürften aristokratisch-feine Damenfinger zu Ehren L. B. Hellenbachs in grosse Bewegung geraten.

O ihr Social-Aristokraten! Hätte Euer Geisterbeschwörer und Mode-Philosoph Euch karikiren wollen, nicht besser könnte es ihm gelingen, als diessmal unbewußt.

Vom grossen Inder, der in Hellenbachs letzten Schriften zu einem chronischen Übel geworden ist, von Schakretes und dem Fakir spreche ich gar nicht, es lohnt nicht der Mühe; das letzte Capitel bildet den würdigen Abschluss des Buches; und um noch einen Blick auf das Ganze zurück zu werfen, so sei gesagt: Die Insel Melonta ist ein schlechtes Machwerk, ohne phantasievolle Schilderungen und schwungvollen Styl, alle geistreichen Gedanken entbehrend, nur konfuses Zeug, keineswegs originell, nicht einmal Jules Verne artig, dafür albern und obscön. Man ersieht daraus, wie tief ein unleugbar geistreicher Mensch, der aber der ernsten wissenschaftlichen Bildung baar ist, sinken kann, wenn er in der »Welt« als Original und Genie gelten soll.

*Kronprinz Rudolf (links) und Erzherzog Johann Salvator, der spätere Johann Orth (rechts), entlarven den »Geist« Bastian, links vorne Erzherzog Rainer.*

*Reportage:*

# Die Geisterfalle

An der Seite Erzherzog Johanns und des wegen seiner derben Streiche berüchtigten Malers Hans Canon war der Kronprinz zu finden, wenn es um die »Entlarvung« berühmter Spiritisten ging. Moriz Szeps tat alles, um die antispiritistischen Aktivitäten Rudolfs in die Öffentlichkeit zu bringen. Der folgende Artikel im »Neuen Wiener Tagblatt« (12. 2. 1884) wurde von Julius Szeps dem Kronprinzen allein zugeschrieben[45]. Es liegt kein Manuskript vor, und es ist auch eher wahrscheinlich, daß Szeps und Rudolf gemeinsam den Artikel verfaßten. Allerdings war Szeps bei der spiritistischen Sitzung nicht anwesend.

Baron Lazar Hellenbach, der eine Reihe von Schriften publiziert hat, in welchen mit großem Geiste die Wahrhaftigkeit und die Berechtigung der Spiritistengeister verteidigt wird, hatte eines der berühmtesten »Medien«, das den Namen Bastian angenommen hat, nach Wien zitiert und dieses Medium zum Zwecke eingehender Experimente dem Erzherzog Johann zur Verfügung gestellt. Dieser ersuchte den Kronprinzen Rudolf, der bereits früher eine Anzahl von – negativen – Erfahrungen über den Spiritismus gesammelt hatte, an den Experimenten teilzunehmen. Es wurden im ganzen drei Séancen abgehalten. Die ersten zwei Sitzungen gingen vor sich, ohne daß einer der Anwesenden einen ersten Versuch gemacht hätte, der Sache auf den Grund zu kommen. Dies machte das Medium offenbar sehr sicher, es begegnete scheinbar keinem Mißtrauen.
Das Hauptstück des Spiritismus besteht aber in dem Erscheinen von Geistern, und auch dieses wurde produziert, in reicher Auswahl produziert. Aber schon waren die Vorbereitungen getroffen, um eines dieser Geister habhaft zu werden, und in der dritten Sitzung am 11. Februar 1884, in welcher außer dem Kronprinzen, dem Erzher-

zog Johann, dem Erzherzog Rainer noch Fürst Batthyány, FML. Baron Schloissnig und Oberstleutnant Baron Mensshengen, Baron Hellenbach und selbstverständlich das »Medium« Bastian anwesend waren, klappte die Geisterfalle zu. Das begab sich folgendermaßen:

Die erlesene Gesellschaft befand sich, wie gesagt, in einem beleuchteten Gemache. Aus demselben gelangt man in ein zweites, kleines Gemach, das für Bastian bestimmt war. Gewöhnlich sind die beiden Räume durch zwei Doppeltüren getrennt. Es war also eine innere und eine äußere Doppeltüre vorhanden. Zum Zwecke der Produktion wurde die innere, in das Gemach, wo die Herren versammelt waren, gehende Doppeltür ausgehängt. An ihrer Stelle befand sich ein schwerer Teppichvorhang, eine sogenannte Portière. Die zweite, in das für Bastian bestimmte Zimmer gehende Doppeltüre war jedoch nicht ausgehängt. Die beiden Flügel standen also offen, so daß Bastian von dem Gemache, wo die Herren saßen, nur durch den Vorhang getrennt war.

Diese Doppeltür nun, die nicht ausgehängt worden war, deren beide Flügel jedoch geöffnet waren, und die dem Medium Bastian, der sie schon bei den zwei ersten Sitzungen gesehen hatte, keinerlei Mißtrauen einflößte, wurde mit Hilfe eines kunstgeübten Schlossers als Geisterfalle eingerichtet. Es wurden nämlich an den beiden Flügeln der Türe oben zwei Federn so angebracht, daß diese Flügeln zusammenklappen mußten, wenn an ihnen mittels einer Schnur gezogen wurde. Und waren sie einmal zugeklappt, so konnten sie nicht ohne größte Anstrengung wieder geöffnet werden, denn die Federn hielten fest. Von diesen Federn wurde die Leitschnur obenweg fast unsichtbar in das Gemach geführt, wo die Herren die Kette bildeten. An der Wand fortlaufend ging die Schnur dann hinab, so daß sie leicht mit der Hand erreicht werden konnte. Und damit sie nicht auffalle, wurde sie an ihrem unteren Ende mit einem Stück Wachs an die Tapete festgeklebt, mit Wachs eben, damit das Abziehen der Schnur leicht vonstatten gehe.

Das alles wurde genau ausgeführt, und am Morgen des 11. Februar besichtigten Kronprinz Rudolf und Erzherzog Johann die Vorrichtung und ließen sie probeweise wiederholt spielen. Das Werk erschien vollständig gelungen. Verabredet wurde noch, daß der Kronprinz und der Erzherzog Johann am Abend ihre Plätze nebeneinander nehmen sollten, und zwar mit dem Rücken gegen jene Wand, wo die Schnur hinabhing. Wenn es Zeit sein sollte zu ziehen, hatte der Kronprinz das Signal durch Aufstehen von seinem Sitze zu geben, und in demselben Moment sollte Erzherzog Johann sofort die Schnur in Bewegung setzen. Die Geisterfalle war aufgestellt; sehen wir nun die weitere Entwicklung des kleinen Dramas. In aristokratischen Kreisen wird die Szene folgendermaßen geschildert:

Das Medium Bastian war zu der Séance, wie es in solcher Gesellschaft schicklich ist, in tadellosem schwarzen Frack erschienen. In diesem feierlichen Kostüm nahm er hinter dem oben geschilderten Vorhange auf einem Sessel in dem ganz finsteren Nebengemache Platz. Das Gemach, in welchem die Herren saßen, war zwar schwach, aber hinreichend erleuchtet, um alles zu sehen, was in demselben vorging.

Die Händekette wurde von den sieben Herren gebildet. Eine Pause. Dann erzitterte leise der Teppichvorhang. Eine verschwommene Gestalt tritt unhörbar heraus. Der erste Geist. Man kann kaum die Umrisse unterscheiden. Er bewegt sich langsam. Die Figur ist auffallend groß. Er verschwindet dann hinter dem Vorhang.

Dann erscheint, immer aus dem dunklen Raum hinter dem Vorhang kommend, ein zweiter Geist. Man glaubt ein weibliches Wesen zu unterscheiden. Er ist kleiner als der erste Geist. Aber auch er ist sehr undeutlich und sehr verschwommen.

Es zeigen sich hierauf noch drei andere Geister, Männlein und Weiblein, nach der Kleidung zu schließen, die sie anhatten, und nach ihrer Größe. Sie wurden übrigens immer deutlicher in ihren Umrissen. Sie verschwinden wieder alle.

Endlich erscheint der letzte, der sechste Geist.

Wieder bewegt sich der Vorhang, der auch zweiteilig ist. Aus dem Spalt des Vorhanges blickt zuerst ein Kopf in das mattbeleuchtete Zimmer hinein. Der Kopf ist hoch oben, eine sehr große Gestalt also. Dann entwickelt sich langsam aus dem Vorhange hervor die ganze Figur. Ein wallendes, weißes, wie Nebel zartes Gewand hüllt sie ein. Jetzt kann man den Kopf etwas besser unterscheiden. Kein

Zweifel, man hat eine weibliche Gestalt vor sich. Sie scheint halb zu gehen, halb zu schweben. Sie ist viel deutlicher als die früheren fünf Gestalten. Jetzt ist sie ungefähr zwei Schritte weit in das Gemach hineingetreten oder hineingeschwebt... (sic).
Da erhebt sich plötzlich der Kronprinz. Die Händekette ist unterbrochen. Das Signal ist gegeben. Die anderen Anwesenden wissen nicht, was geschehen ist.
Das Signal ist gegeben: der Erzherzog Johann erhebt sich ebenfalls und greift nach der Schnur. Das Wachs, mit dem sie an der Wand befestigt war, löst sich leicht. Ein rascher Zug und –
Und man hört zunächst ein heftiges Zusammenklappen von zwei schweren Gegenständen aus Holz. Was geht da vor? Baron Hellenbach ist aufgesprungen, die übrige Gesellschaft erhebt sich rasch von ihren Sitzen. Soll plötzlich etwas fürchterlich Ungeahntes geschehen?
Der Geist aber ist plötzlich verschwunden.
Die Geisterfalle ist zugeklappt, der Mechanismus hat seine Schuldigkeit getan, der Geist aber ist verschwunden und nur der Vorhang hat eine stärkere Bewegung gezeigt.
Der Kronprinz eilt auf den Vorhang zu. Entschlossen faßt er in eine der schweren Falten desselben hinein; er fühlt einen menschlichen Körper. Da ist der »Geist«!
Der Erzherzog Johann ist nachgeeilt. Aus den Falten heraus entwikkelt sich eine – menschliche Gestalt. Der Kronprinz faßt sie bei der linken Hand, der Erzherzog Johann bei der rechten. Noch sieht man auf dem Haupte, an dem Körper der Gestalt einen weißen, schleierartigen Stoff. Aber nur einen einzigen Augenblick. Die Gestalt hat mit einem überaus kräftigen Ruck ihre rechte Hand freigemacht. Dann folgt ein zweiter Ruck, und der weiße, schleierartige Stoff ist verschwunden. Die rechte Hand der Gestalt macht dabei eine blitzschnelle Bewegung gegen die Brusttasche des – Fracks.
Da steht er wirklich der – Herr Bastian in seinem schwarzen Frack. Das ist also der »Geist«.
Die Türe mit den guten, starken Federn, sie ist fest geschlossen. Als sie mit heftigem Geräusch zusammenklappte, eilte Bastian auf sie zu. Unmöglich, sie zu öffnen.

Gefangen!
Er sucht ein Versteck in dem Vorhang. Aber da wird er von der Hand des Kronprinzen gefaßt. Er sucht sich zu entwinden, da faßt ihn die Hand des Erzherzogs Johann.
Kein Entrinnen mehr: gefangen!
Das Licht im Gemach wird nun verstärkt. Man kann die ganze Szene klar übersehen.
Das »Medium« Bastian hat in dieser rapiden Szene, da es hinter dem Vorhang hervorgeholt wurde, eine bemerkenswerte Kraft und eine große Geschmeidigkeit entwickelt. Kein Wunder; denn bevor es ein Geistermedium war, soll es ein – Zirkusclown gewesen sein!
Er steht nun wieder da in seinem Salonanzug, doch eines fehlt ihm jetzt an seiner Toilette. Und dieses eine kann er nicht erlangen, denn es befindet sich hinter der bösen Klapptüre, der verhängnisvollen Geisterfalle.
Bastian hat nämlich keine Stiefel an. Er steht da im Ballkostüm, aber er trägt bloß Socken an den Füßen, dicke Socken, die den Schritt unhörbar machen. Die Stiefel hatte er ausgezogen, als er hinter dem Vorhange saß, um die »Geister« erscheinen zu lassen...
Was soll man mit dem Menschen beginnen? Er stammelt einige Worte; man sagt ihm, er solle gehen. Der Herr Erzherzog verzichtet darauf, ihn als Betrüger festnehmen zu lassen. Das »Medium« schleicht fort auf seinen Socken. Wie es dann weiter gekommen ist nach Hause, das ist nicht bekannt geworden.
Die Gesellschaft blieb noch eine Weile beisammen. Der klägliche Abzug des großen Geistermediums erregte die größte Heiterkeit. Baron Hellenbach hielt einen kurzen Vortrag über den Vorfall, in welchem er den vollkommenen Betrug zwar anerkannte, jedoch zu beweisen versuchte, daß derselbe nichts beweise. Nicht einmal das, daß Bastian immer ein Schwindler gewesen sei. Diesmal habe zwar Bastian geschwindelt, aber hunderte Male früher nicht. Das sei gewiß; hunderte Male seien durch die Mediumschaft Bastians, durch seine Vermittlung, wirkliche Geister erschienen.
In dieser Art sprach Baron Hellenbach, der, als der Geist erwischt worden war, zuerst in die Worte ausbrach:

»Aber, meine Herren, sehen Sie doch nur, das Medium befindet sich in Trance« (sprich Trans).

Worauf der Kronprinz erwidert haben soll:

»Ich bitte, es scheint mir, es befindet sich in »Zis«.

Man ließ sich übrigens mit Herrn Baron Hellenbach in keine Diskussion ein. Er empfahl sich bald und die übrige Gesellschaft blieb noch eine Zeit in heiterem Gespräche beisammen, die interessanten und lehrreichen Vorfälle dieses merkwürdigen Abends erörternd. Ein geistvoller und wohlkombinierter Coup war vollständig gelungen, dem modernsten Aberglauben, dem Spiritismus, eine tiefe Wunde geschlagen.

## Gebet:

Steige o Geist empor aus
dem alltäglichen Getriebe
in andere Sphären, ~~aus~~ die
uns der Glaube gelehrt.
Lasse durch eigene ~~Erkennt~~,
~~nis es und denken~~
Vernunft und selbstthätig.
Denken, jene Macht er-
kennen, die schuf, die
leitet und erhält.
Du mächtiger Lenker der
Gestirne, Du Schöpfer
und Herr, ~~den ferne~~
Dich wollen wir preisen
und erkennen, immerdar;

## Gebet!

Wie seine Mutter, Kaiserin Elisabeth, war auch Kronprinz Rudolf weit entfernt, die strengen Glaubenslehren der katholischen Kirche vollauf zu respektieren. Beide erwarben sich einen sehr persönlichen Glauben im Sinne der Liberalen ihrer Zeit, obwohl beide selbstverständlich alle für die Öffentlichkeit sichtbaren religiösen Übungen wie zeitweise tägliche Messen, regelmäßiges Beichten, auch Kommunionempfang, jedenfalls in Wien, praktizierten.
Der folgende Text erhält zwar keine Formel, die beweisen könnte, daß der Kronprinz Freimaurer war. Doch die Nähe zu den Idealen der Loge ist unschwer zu erkennen[46].
Das »Gebet« ist handschriftlich im Nachlaß des Kronprinzen erhalten. Es stammt wahrscheinlich aus der Zeit um 1885, war nicht für eine Veröffentlichung bestimmt und ist daher als intimes Glaubensbekenntnis zu werten.

Steige o Geist empor aus dem alltäglichen Getriebe in andere Sphären, die uns der Glaube gelehrt. Lasse durch eigene Vernunft und selbsttätiges Denken jene Macht erkennen, die schuf, die leitet und erhält.
Du mächtiger Lenker der Gestirne, Du Schöpfer und Herr, Dich wollen wir preisen und erkennen immerdar; die enge Schranke der Form, die kindliche Gemüter entreißt dem Reich der materiellen Gedanken, sie sei für uns kein Zwang. Denn überall in der Welt fühlt man Dein mächtiges Wirken; in uns selbst sehen wir Deine Kraft, der alles entsprungen. Leblose und lebende Natur, der Lauf der Sterne und die segenspendende Sonne, sie sind Deine Macht, Dein Wesen sichtbar kristallisiert. Gebieter des Weltalls; Jahrtausende, von Deinen Werken verehrt; Du olympischer Zeus der Hellenen, segenspendende Isis der Ägypter, Brahma der Inder, Sonnengott der Perser, mächtiger Allah! des Islams, versöhnender Gott der Liebe Jesus, als Mensch am Kreuze gestorben.
Immer dieselbe Kraft, auf verschiedene Weise verehrt; nach Volk,

Sitte und Bildung stets das nämliche Streben; die ewige, unfaßliche Macht des Schaffens und Seins in faßliche Formen zu zwängen. Du Schöpfer des menschlichen Geistes, lasse uns fortschreiten in wahrer Erkenntnis, in der Arbeit der Veredlung des Denkens. In gleicher Liebe wechselseitig vereint, mögen Deine Völker preisen immerdar: Den Herrn des Weltalls!

Der Kronprinz und die Officierswitwe.

*Zwei Heurigenlieder für Mizzi Caspar:*

Ende der achtziger Jahre erholte sich der körperlich und nervlich immer schwächere Kronprinz nicht nur bei einsamen Streifzügen durch die Donauauen, sondern auch beim »Heurigen«, der durch ihn erst in Wien Mode wurde. Am liebsten saß er in der »Waldschnepfe« in Dornbach beim Wein zwischen einfachen Leuten, das Schrammelquartett spielte, der Kunstpfeifer (und Leibfiaker des Kronprinzen) Josef Bratfisch sang. Mizzi Caspar, das Mädchen aus dem Volke, Rudolfs Geliebte in den letzten beiden Lebensjahren, saß neben ihm. Dieser Stimmung entstammen einige Texte zu Heurigenliedern, die handschriftlich erhalten sind[47].

Nach der Melodie: »Das hat ka Goethe geschriebn, das hat ka Schiller dicht«:

Zur schwarzen Mitzi sagt a Herr ganz leis
Mei Schatzerl 's Herz brennt für Dich gar so heiß.
Sein mir mitsamm' bekannt auch schon sehr lang,
So ist uns doch für d'Zukunft no nit bang,
Denn wenn auch Eifersüchtige uns trennen woll'n
Sag m'r höchstens arm Tschaperl'n, die ihr seid.
Denn mir kennen uns ja doch gar zu gut
Wir zwei Echten vom Weanerblut
Ja Ja!
Das hat kann Göthe gschriebn, das hat ka Schiller dicht
'S ist von kan Claßiker, von kan Genie
Das ist ein Wiener der zu einer Wienerin spricht
Un's klingt halt doch so voller Poesie.

Zur Melodie: »Das was nur a Weaner«:

Mit a harben Fiaker 's fescheste Madel
Fahrt eini in Prater zum Staunen vom Adel
's is schon a so zam g'wichst wie d' nobeste Dam
A klan Zwergdachsel zerrts von Stamm zu Stamm,
Nun kummt abi d' Verehrer uj je do is gar
Da lacht freundlich das Madel na das is ja klar.
Und wie's da nur schiangelt und wie sichs freut
Ein echt Weanerherz lieben hat keinen no greut
Ja das was nur a Weaner, a weanerisches Blut,
Was a weanerisches Madel a Weaner all's thut.

# Adlerjagden.

Hoch in ätherblauen Höhen
Schwebt auf mächtigen Fittigen
über Felsen Berg und Seen
Majestätischen Flugs der Aar.

Der Adler ist ein edles Wild, das von den Fortschritten der Cultur verfolgt, den Menschen und alle seine Werke hassend, sich grollend in die wildesten, ödesten Gegenden zurückzieht, um dort unangefochten sein räuberisches Leben zu führen.

Jedem Waidmann von wahrem Schrot und Korn, so wie auch dem ~~Forscher~~ ornithologischen Forscher wird der König der Vögel, als der edelste und interessanteste in seinem Reiche, am mächtigsten anziehen, und ihn jede Mühe und alle Opfer ~~[illegible]~~ ertragen machen. Und er verdient es, denn nur sehr wenige sind in der Lage den Adler, in welch einer Gattung, genauer kennen zu lernen; die meisten aber, haben noch nie Adler gesehen, und manchen guten Jäger ist er ein, noch ganz mythisches Thier, von dessen Lebensweise, und eigen-

# C

# Vogelkunde, Natur- und Reiseschilderungen

*Von links: Eugen von Homeyer, Alfred Brehm und Kronprinz Rudolf auf der Adlerjagd in den Donauauen*

*Aus Brehms Tierleben:*

## Der schwarze Milan

Von Kindertagen an war die Vogelbeobachtung eine Lieblingsbeschäftigung des Kronprinzen. Schon als Zwölfjähriger verfaßte er umfangreiche Aufsätze über Vögel, vor allem über Adler (das Manuskript »Adlerjagden« ist immerhin mehr als einhundert Seiten stark). Die Ornithologie steckte damals, was das Leben der Vögel in der Natur betrifft, noch in den Kinderschuhen. Bisher hatte man nur an totem Material studiert – an Bälgen und Skeletten. Der Zoologe Alfred Brehm war einer der ersten, der diese Art der Tierbetrachtung aufgab und das Tier in der Natur, als Teil seiner lebenden Umwelt sah und literarisch in seinem 1868 zum erstenmal erschienenen »Illustrirten Thierleben« verwertete. Kronprinz Rudolf war ein glühender Verehrer Alfred Brehms, führte eine jahrelange ausführliche Korrespondenz mit ihm und schickte ihm auch zahlreiche eigene Vogelbeobachtungen. Brehm nahm 1878 drei von diesen Manuskripten (Der schwarze Milan, Die Rohrweihe und Die Wiesenweihe) in die zweite Auflage seines »Thierlebens« auf und machte damit den noch nicht zwanzigjährigen österreichischen Kronprinzen einem größeren Publikum als Ornithologen bekannt.

In Ungarn ist der schwarze Milan ein ziemlich gewöhnlicher Vogel; in Niederösterreich habe ich ihn immer nur in bestimmten Gegenden, hier aber regelmäßig, beobachtet. Seine eigentlichen Aufenthaltsorte sind Wälder, welche an Flüssen, besonders großen Strömen, und in der Nähe von Sümpfen sich erstrecken. Die hohen Bäume sucht er übrigens nur deshalb auf, um auf ihnen zu horsten oder zu schlafen. Im Laufe des Tages zieht er fortwährend über und unter den Gebüschen und längs der Gewässer umher. Sein ganzes Sein und Wesen erfordert eine flache Gegend mit viel Wasser: daher sagen ihm unsere Donauauen besonders zu. Wer ihn kennt, wird ihn sich gewiß nicht im Hügel- oder Mittelgebirge denken können.

Man findet ihn hier niemals, weder im Hoch- noch im Waldgebirge, noch auf Hochebenen; er meidet selbst jene Waldungen, welche an ausgedehnte Wiesen und Felder stoßen. Diese scharfe Abgrenzung seines Aufenthaltsortes geht so weit, daß er z. B. in den von dem Donaustrome durchflossenen Auen unter den vielen in diesen Gegenden lebenden Raubthieren das häufigst vorkommende ist, wogegen er eine Meile von hier, in den Vorhölzern des Wiener Waldes, niemals bemerkt wird. Ich bin in der Lage, den Wiener Wald sehr häufig zu durchstreifen, und habe noch nie einen Milan dort erblickt, wogegen der Königsweih alljährlich hier horstet. Ersterer ist ein geselliger Vogel, welcher da, wo er auftritt, stets in erheblicher Anzahl gefunden wird und auch die Gesellschaft anderer Ordnungsverwandten sucht, wogegen letzterer stets einsam in die Waldgebirge oder in den Auen an die stillsten Plätze sich zurückzieht. Die Nähe der Ortschaften meidet er schon in Niederösterreich nicht, noch weniger aber in Ungarn, woselbst er sogar Städte, die Hauptstadt nicht ausgeschlossen, oft besucht und im Inneren derselben längere Zeit sich umhertreibt.

Eigentlich läßt sich der Milan nur während der Paarungs- und Brutzeit leicht beobachten; außerdem verhindert sein flüchtiges, unstetes Leben, ihm zu nahen. Wenn man in die Auen an der Donau eindringt, wird man zuerst über dem niederen Gestrüppe am Rande der Felder einzelne streichende Milane gewahren, welche entweder über die Auen hinaus oder in dieselben zurück auf Raub ausziehen. Je weiter man in die dichteren und höheren Bestände hineinwandert, desto mehr wird man unserem Vogel allenthalben begegnen. Besteigt man einen Kahn, um einen einsamen Stromarm zu befahren, so wird man um die hohen Bäume der kleineren, wirr verwachsenen Inseln die Männchen im Frühjahre kreisen sehen, während drinnen die Weibchen auf dem Horste sitzen. Von Zeit zu Zeit sieht man einen Milan nach dem anderen aus den Inseln über den Hauptstrom nach den Auen des anderen Ufers streichen, das Boot oft gar nicht berücksichtigend.

Der Flug dieses Vogels ist außerordentlich schön, besonders wenn er über dem Wasserspiegel größerer Ströme gaukelt, wie er dies Viertelstunden lang zu thun pflegt. Doch gewinnt man erst im Frühjahre zur Paarungszeit die richtige Vorstellung seiner Flugkünste. Angeregt durch das Hochgefühl der Liebe, steigt das Paar hoch in die Lüfte und kreist. Plötzlich läßt sich der eine oder der andere mit schlaff hängenden Flügeln bis knapp über die Wasserfläche fallen, zieht dann pfeilschnell in krummen Linien eine kurze Strecke dahin, fliegt rasch wieder umgekehrt, rüttelt wie der Thurmfalk und führt die wunderbarsten Bewegungen nach allen Richtungen aus.

Auf den verlassensten Inseln, welche nur selten ein Mensch betritt, hat man den einfach gebauten Horst zu suchen. Er steht tiefer als halbe Baumeshöhe auf den stärksten Bäumen, meist in der Zwisel zwischen dem Stamme und einem dicken Aste. Dünn über einander gelegte Reiser bilden den schleuderischen Bau, außerhalb dessen schon von weitem der gegabelte Stoß des Weibchens zu bemerken ist. In den meisten Fällen bemächtigt sich unser Milan verlassener Reiherhorste, und so kommt es, daß der seinige von dem des Fischreihers oft kaum zu unterscheiden ist. Ich fand weitaus die meisten Horste auf jenen Inseln, auf denen sich Reiher- und Scharbenstände befanden; auf solchen, wo der Bussard, Königsweih und die größeren Falken nisten, bemerkte ich während der Brutzeit unseren Vogel niemals. Die Zeit, in welcher dieser brütet, schwankt erheblich. Ende April besuchte ich Horste, in denen die Weibchen schon sehr fest auf den Eiern saßen, wogegen mehrere andere Paare noch bauten, einige sogar erst Nistplätze suchend umherstrichen. Um die Mitte des Mai waren die meisten Horste von brütenden Weibchen besetzt.

Wer den Milan beobachtet, muß bemerken, daß er die Gesellschaft des Sumpf- und Wassergeflügels in hohem Grade liebt, und es darf wohl als ein Beweis seiner Harmlosigkeit dienen, daß diese Vögel in dem freundlichsten Verhältnisse mit ihm leben. Ich fand einmal einen Horst am Ufer einer großen Insel; hundert Schritte davon waren alle Bäume mit Reihernestern besetzt, zwischen denen man auch die Horste des Thurm- und Baumfalkens bemerkte. Alle Bewohner dieser Ansiedelung strichen im besten Einvernehmen untereinander umher, und der männliche Milan führte seine Flugkünste zwischen den kreisenden Reihern aus. Auf einer anderen Stelle fand ich zwei Milanhorste unter denen der Reiher und Scharben. Der eine war kaum drei Meter über dem Boden auf einem starken Aste erbaut. Ueber ihm hatten auf dem nämlichen Baume vier oder fünf Scharben ihre Nester angelegt. Der zweite stand auf einem dicken Baume ebenfalls niedrig über dem Boden. Kaum einen Meter über ihm befanden sich ebenfalls Fischreiherhorste, und die Weibchen der Reiher und des Milans saßen auf den Eiern, während die Männchen beider Arten nebeneinander auf einem und demselben Aste standen. Beide Milanhorste waren auf den äußersten hohen Bäumen der Insel, der erste am Rande eines sumpfigen Stückes Waldes, der andere am entgegengesetzten Ende am Ufer eines breiten Donauarmes errichtet worden. Auf einer anderen kleinen Insel gegenüber stand noch ein Milanhorst, unweit desselben, aber getrennt durch einen schmalen Arm, horsteten ein Bussard, ein Würgfalk und einige Baumfalken, endlich befand sich hier noch ein großer, in diesem Jahre jedoch unbewohnter Fischadlerhorst. Ich glaube, daß ein Hauptgrund des Zusammenlebens der Reiher und Scharben mit den Milanen die große Freßgier der letzteren und ihre Trägheit im Suchen nach Beute ist. Ihre Lieblingskost bilden Fische, und leicht wird es ihnen, in der Nähe der Reiher ihren Hunger zu stillen, da diese von ihren Horsten herab viele große Fische fallen lassen, deren sich dann andere Schmarotzer bemächtigen. Zwar ist unser Milan ein nicht ungeschickter Fischer, findet es aber bequemer, zu betteln und zu schmarotzen. Auch im Fluge jagt er den großen Wasservögeln und den Fischadlern durch seine Zudringlichkeit Beute ab, ebenso wie sein Verwandter, der Königsweih, im Walde Adlern, Bussarden und Falken beschwerlich fällt und gefangenes Wild zu entlocken weiß. Abgesehen von Fischen, bilden junge Hasen, Hamster, Ziesel und Mäuse, vor allem aber Frösche, seine gewöhnliche Nahrung. Dem Hühnerhofe wird er durch unglaubliche Keckheit gefährlich; denn ohne jede Sorge und Rücksicht raubt er in allen Ortschaften die Küchlein und jungen Enten angesichts ihrer Eltern weg, und nur das Feuergewehr kann seinen Raubgelüsten hier steuern. Ich sah einst in einem Dorfe, welches am Rande der Aue in der Ebene liegt, einen Milan regelmäßig jagen, über einem Gehöfte in der Höhe der Rauchfänge nach Thurmfalkenart rudernd nach Beute spähend[48].

*Ornithologischer Aufsatz:*

## Steinadler und Kaiseradler

Um 1880 schrieb der Kronprinz eine Fülle von ornithologischen Aufsätzen für wissenschaftliche Fachzeitschriften. Diese Aufsätze kamen auch in zwei dicken Sammelbänden heraus: »Allerlei gesammelte ornithologische Skizzen«, Wien 1880 und »Gesammelte ornithologische und jagdliche Skizzen«, Wien 1884. Unter Fachgelehrten gilt Rudolf noch heute als ernstzunehmender Ornithologe[49]. Aus der Vielfalt des Materials seien hier Arbeiten über Rudolfs Spezialgebiet, die Adler und Geier, vorgestellt[50].

Ueber unsere europäischen Adler bin ich in der Lage, vielleicht einige nicht ganz uninteressante Notizen zu liefern. Am meisten habe ich mich mit dem Steinadler befaßt, und so will ich auch mit ihm hier beginnen.

Der Steinadler, *Aquila fulva*, gilt heutzutage als einer der seltensten Raubvögel unserer Heimat, und selbst in den Werken der grössten Forscher kann man lesen, dass dieser mächtige Adler aus allen Gegenden verdrängt, fast ausschliesslich nur in den Alpen zu finden ist. Diese Ansicht bestreite ich. Der Steinadler ist noch nicht so selten geworden; doch sehr wenig Plätze bieten ihm genügend Ruhe, damit er seinen Horst bauen könne. In den unzugänglichen Felswänden mancher Alpenthäler ist der Horst dieses Adlers vor allen Verfolgungen gesichert und deshalb findet man hie und da in einzelnen Schluchten der Schweiz, Tirols, Salzburgs und Steiermarks die grosse Behausung des *Aquila fulva;* von diesen Horsten erhält man Kunde, da der mächtige Raubvogel in weitem Umkreise sein Unwesen treibt und glaubt daher, daß die Alpen noch die einzigen Plätze bieten, an welchen die Steinadler vorkommen können. Das ist aber vollkommen unrichtig. Es stehen zwar, Dank den unzugänglichen Felswänden, einzelne Horste in den Alpenländern; doch

die Zahl der überhaupt in den Alpen wohnenden Steinadler ist eine ungemein geringe, eine unbedeutendere, als in den meisten noch halbwegs für scheues Wild bewohnbaren flachen Ländern.
In den Alpen ist jeder Bauer ein geübter Schütze, jeder Jäger erkennt im Adler das edelste Wild; wo sich der mächtige Räuber zeigt, ist er den grössten Nachstellungen ausgesetzt.
Ich habe unsere Alpen nach den verschiedensten Richtungen durchstreift, ganze Tage hoch oben im Gebirge zugebracht, und, wenn ich viel sage, bin ich höchstens vier Steinadlern daselbst begegnet; während ich hingegen in verschiedenen flachen Landstrichen der Monarchie schon sehr viele Adler dieser Gattung gesehen, beobachtet und theils auch erlegt habe.
Das Hochgebirge ausgenommen, kenne ich keine Gegend mehr in unserer Monarchie, in welcher der Steinadler als Brutvogel vorkommen würde.
Ich glaube, dass in den höheren Theilen der Karpathen, der Siebenbürger Alpen und in den Wäldern Ost-Preussens, Russisch-Polens und in noch anderen russischen Provinzen die meisten Horste der Steinadler stehen.
Es muss Plätze geben, wo dieser Vogel vollkommen unbehelligt sein Brutgeschäft durchführt, denn die Anzahl der Jungen im Frühlinge und Sommer und der Pärchen sowohl als schon der vereinzelten Eltern im Winter ist eine sehr bedeutende; nur gehört ein gutes Auge, Geschick und Ausdauer dazu, um zu erkennen, ob in einer bestimmten Gegend Steinadler durchziehen.
Wie jeder grosse Raubvogel, gelangt auch der Steinadler im dritten oder gar vierten Lebensjahre zum Brutgeschäfte; bis dahin durchstreift er, vom Momente angefangen, wo er den Horst verlässt, die entlegensten Gegenden in weiten Reisen.
Das Flugvermögen dieses Thieres ist sehr bedeutend, die Wanderungen sind an keine anderen Gesetze gebunden, als jene des Hungers und der mit dem Alter zunehmenden Scheu vor dem Menschen; wohin überall gelangt der schnelle, kräftige Vogel auf diese Weise! Zum Beispiele jede Gegend der ganzen Monarchie gehört in die gewöhnlichen Reviere der Steinadler; an einem Orte lässt er sich häufiger, an dem anderen hingegen seltener sehen; doch überall

kann er und wird er auch bei gründlicher Nachforschung, wenigstens einige Male im Jahre gefunden werden. Besonders bei Jägern herrscht die Ansicht, der Steinadler käme blos in das flache Land, wenn im tiefen Winter der Hunger ihn aus den Alpen heruntertreibt. Doch das ist ganz falsch; die alten schon gepaarten Vögel sind noch im Beginne des Sommers bei ihren Horsten beschäftigt, also auf einen bestimmten Platz beschränkt; doch die jungen, noch nicht gepaarten, ziehen Winter und Sommer gleichmässig herum.

Ich hatte Gelegenheit in Syrmien, speciell im Fruška-Gora-Gebirgsstocke recht viele Steinadler zu sehen. Der kleinere Verwandte desselben, der schöne Kaiseradler, horstet in jenen herrlichen Waldthälern; doch der Steinadler nicht. So genau wir auch suchten, wir fanden keinen Horst von ihm; dafür zogen junge noch nicht gepaarte Vögel dieser Gattung in grosser Menge durch die Wälder; jeden Tag konnten wir einige sehen, trotzdem damals die Zeit des Brutgeschäftes für die Raubvögel war. Zur Bestärkung des früher Erwähnten, dass man unsern Adler in allen Theilen der Monarchie noch findet, sei gesagt, dass in Böhmen, wo doch die Cultur schon recht grosse Fortschritte gemacht hat, in fast allen Schlössern ein bis zwei in den Revieren erlegte Steinadler die Gänge zieren, und dass selbst auf den weiten Feldjagden um Prag herum die Jäger diesen mächtigen Raubvogel nicht blos aus dem Buche, sondern von eigener Anschauung kennen und genau zu beschreiben wissen.

Vom Riesen- und Erzgebirge, vom grossen Böhmerwalde will ich gar nicht reden, da es sich aus dem früher Gesagten selbst erklärt; aber auch in den Wäldern um Bürglitz und Lána, welche dem Fürsten Fürstenberg gehören, ist der Steinadler, besonders im Winter, eine recht bekannte Erscheinung. Ich habe einige daselbst erlegte Adler ausgestopft gesehen; er kehrt dort sogar regelmässig wieder, so dass man schon Versuche anstellte, ihn an dem Köder zu erjagen. Auch in Mähren ist der Steinadler recht häufig, die Nähe der Karpathen bringt dies selbstverständlich mit sich.

Von Niederösterreich kann ich aus eigener Anschauung und nach vielen selbst gepflogenen Beobachtungen sprechen, da ich in diesem Lande sogar das Glück hatte, einen sehr starken Steinadler zu erlegen. In der ganzen Umgebung Wiens gehört unser Vogel zu den regelmässig wiederkehrenden Erscheinungen. In allen Revieren, sowohl der Donau-Auen, als auf den Feldern und im Wienerwalde wissen die meisten Jäger Erlebnisse zu erzählen, die ihnen bei Begegnungen mit Steinadlern passirt waren. In den kleinen Fasanremisen neben Laxenburg wurden schon manche Adler erlegt; im kaiserlichen Thiergarten war, so lange neben der Mauer, bei Ober-St. Veit, eine grosse Schindergrube bestand, im Winter der Steinadler eine recht häufige Erscheinung und einige Jäger erlegten noch in den Vierziger- und Fünfziger-Jahren daselbst mehrere dieser edlen Thiere. Jetzt sieht man noch im Sommer junge Adler, die durch den Wildreichthum angelockt ober den Wiesen kreisen.

So z. B. hielt sich 1878 im Monate Juli ein Steinadler drei Wochen hindurch innerhalb des Thiergartens auf und ich selbst sah in dieser Gegend, Mitte September, einen hoch in den Lüften kreisen.

Es gibt gewisse Plätze, welche durch ihre Lage, Wildreichthum und Ruhe den Steinadlern besonders behagen; dorthin kommen sie dann Jahr für Jahr und verweilen daselbst oft längere Zeit hindurch. So ist z. B. ein Föhrenwald unweit Gänserndorfs in Niederösterreich wegen des Reichthumes an Hasen und Kaninchen ein gewöhnlicher Tummelplatz der Steinadler. Wenn im Herbste die Feldarbeit zu Ende geht und daselbst auch die grossen Züge von Wildgänsen sich allabendlich niederlassen, erscheinen die Adler und bleiben einige Tage, auch Wochen, werden wieder abgelöst von anderen, oft sind auch mehrere zugleich da, und so geht es fort bis Mitte März.

Die Gegend ist bevölkert, mehrere Dörfer liegen in unmittelbarer Nähe, Wege und Eisenbahnen führen vorbei, der Wald ist nicht gross, nur einzelne freistehende Bäume und Grenzhaufen inmitten der Felder dienen als Auslugplätze; und doch sieht man manchesmal zwei auch drei Adler von einer Stelle aus, wie sie über die Schneedecke dahinziehen, oder auf den Bäumen stehend, vorbeilaufenden Hasen auflauern.

In Ungarn ist der Steinadler in allen wildreichen Gegenden eine recht gewöhnliche Erscheinung.

Einen alljährlich von unserem Vogel besuchten Platz, ich möchte fast sagen eine Winterstation desselben auf seinen Reisen, lernte ich genauer kennen und kann darüber einige Details liefern.

In den Wäldern um Gödöllö, also eine Stunde weit von Pest, ist ein grosser Wildreichthum; Hochwild in ganz unglaublicher Menge, etwas Reh-, sowie auch Niederwild bevölkern die Wälder und ausgedehnten Haiden jener Gegenden. Im Sommer ziehen Steinadler recht häufig über die Forste dahin, ohne sich aber daselbst aufzuhalten. Im Herbste dafür erscheinen sie und verbleiben oft bis gegen Ende März. Der Grund dafür ist mir ganz klar.

Von Anfang September bis gegen Mitte Jänner wird ununterbrochen auf Hochwild gejagt; bei der grossen Menge desselben und bei der ausgesprochenen Abneigung der ungarischen Jäger gegen eine regelmässige Nachsuche, wird sehr viel Wild zu Holz geschossen und die Adler finden leckere Speise in Hülle und Fülle. Drei Herbste und Winter hindurch habe ich mich damit beschäftigt, diesen Lieblingsplatz der Adler zu beobachten.

Eine Erscheinung, die ich mir gar nicht erklären konnte, war die grosse Differenz in der Zeit, um welche die Adler in den drei Wintern zuerst in den früher erwähnten Forsten zu sehen waren. Im Jahre 1875 zeigte sich der erste Steinadler schon gegen die zweite Hälfte October und blieb dann auch lange Zeit hindurch in derselben Gegend. 1876 ging schon in den ersten Tagen Novembers ein reicher Schneefall in Mittelungarn nieder, und trotz früh eingetretener Kälte kam der erste Steinadler erst am 11. November in die Wälder bei Gödöllö; im Herbste 1877 war der Monat October auffallend mild, die Bäume hatten noch ihr volles Laub und die Landschaft bot einen keineswegs herbstlichen Charakter; und trotzdem fand ich schon Mitte October einige Steinadler auf ihren gewohnten Plätzen, und am 24. erbeutete ich einen derselben.

Wenn der Steinadler eine Gegend findet, die ihm zusagt, bringt er dann daselbst eine geraume Zeit, oft selbst ein bis zwei Monate, zu und hält darin Stand, sucht sich bestimmte Bäume als Schlafstelle aus, auf die er allabendlich zurückkehrt, und meidet es, sich längere Zeit in dem Jagddistricte eines andern seiner Gattung aufzuhalten, durchstreift ihn höchstens raschen Fluges. Hingegen wird man häufig finden, dass ein Pärchen, auch nach vollendetem Brutgeschäfte in treuer Liebe zusammenhält, im Winter gemeinschaftlich jagt und schläft; dasselbe kann man auch bei jungen Vögeln, wahrscheinlich den Kindern aus einem Horste, beobachten; sie bleiben vereint, selbst Jahre hindurch, bis auch für sie die Zeit zur Paarung kömmt.

Die gemeinschaftliche Jagd erleichtert sehr den Erfolg und so geschieht es auch, dass Stein- und Seeadler treue Freundschaft schliessen und Tag und Nacht zusammen bleiben. Diese Beobachtung habe ich selbst gemacht. Ein starker lichtgelber Seeadler und ein Steinadler-Männchen erschienen zusammen an einem Tage in einem Walde unweit Gödöllö; drei Wochen trieben sie sich im selben Districte umher; zu jeder Tageszeit konnte man sie sehen, doch stets vereint; ich begegnete ihnen fast tagtäglich, bis endlich der Steinadler vor den Augen seines Gefährten meinem Blei erlag.

Bei Gödöllö ist eigentlich nur ein Forst, der stets von den Adlern zum Aufenthalte gewählt wird; es ist dies der am meisten in östlicher Richtung liegende St.-Királyer Wald; die grosse Ruhe und die dort auf engen Raum zusammengedrängte Menge Hochwild sind die Ursache dafür. In allen anderen daran angrenzenden Wäldern begegnet man den Adlern, wenn sie – besonders an schönen Tagen – ihre Streifzüge weiter ausdehnen; doch zum Schlafen und zur eigentlichen Wohnstätte erwählen sie stets denselben Forst.

In den Nachmittagsstunden sah ich schon öfters von einer Stelle aus drei auch vier Steinadler, die auf den dürren Wipfeln alter Eichen nach vollbrachter Jagd ausruhten. Je mehr auf Hochwild gejagt wird, desto mehr Adler erscheinen und wenn man sich die Mühe geben würde, ihnen wöchentlich ein Stück Hochwild auf eine bestimmte Stelle vorzulegen, ohne sie aber zu erlegen, dann könnte man binnen kurzem eine sehr grosse Anzahl Steinadler in diesem einen Reviere versammeln. Im Jahre 1876 legte ich viermal je ein Stück Hochwild vor meine Hütte, brachte vier Morgen in derselben zu, erlegte drei Steinadler, und verwundete einen Seeadler, der mir leider entkam.

Ich habe die Beobachtung gemacht, dass der Steinadler auch auf ganz altes Aas z. B. auf ein todtes Pferd kömmt; doch thut er es sehr ungern und nur im Falle grosser Nahrungssorgen. Mir ist es nur einmal gelungen, einen Steinadler auf einem todten Pferde zu erlegen; an diesem Tage war aber die Landschaft in eine mehrere Schuh tiefe Schneedecke gehüllt, und die Temperatur war weit unter Null gesunken.

Es lässt sich sagen, dass in der Regel der Steinadler sehr wählerisch ist. So lange die Jagd ihm guten Erfolg verspricht, verschmäht er jede schlechte Nahrung. Wenn man in den Nachmittagsstunden ein Stück Hochwild erlegt und es unaufgebrochen, ohne jede Spur von Menschenhand zurückzulassen, bei einbrechender Dunkelheit vor die Köderhütte legt, kann man mit Sicherheit darauf rechnen, am nächsten Tage den Steinadler zu Gesicht zu bekommen.

In früher Morgenstunde, oft noch vor Sonnenaufgang, erscheint er da am Platze. Will man mit noch mehr Gewissheit dem kühnen Räuber begegnen, so thue man den Uhu neben das todte Stück Wild; denn dann vereinigt sich die Gier nach dem Frasse mit dem Neide und der angestammten Wuth gegen den nächtlichen Feind. Auf diese Weise habe ich sechs Steinadler erlegt; davon an einem Tage zwei, sogar binnen einer Stunde.

Man irrt sich, wenn man glaubt, der Steinadler sei ein überaus schlauer berechnender Vogel; er ist sich seiner Kraft bewusst, kühn, rasch und ungeduldig, darum kann man ihn leicht in Gefahren locken und übertölpeln.

Wenn er auf einem Baume sitzt und mit aller Ruhe den Menschen gewahrt und sich der Gefahr bewusst ist, wird er bald raschen Fluges den Platz verlassen, da er nicht träge, selbst nach eingenommener Nahrung die volle Flinkheit bewahrt.

Hingegen verleitet ihn oft Jagdlust und sein kühner Sinn einem Wilde bis in die unmittelbare Nähe des Menschen nachzujagen. Ebenso geht es ihm bei der Uhu- und der Köderhütte; den Feind oder den Köder bemerken und sich darauf losstürzen sind Eines! Ehe er noch an die mögliche Gefahr denkt, ist er da; doch wenn das geringste Verdächtige sich ihm zeigt, verschwindet er auch wieder so rasch, als er kam.

Ein flinker Schütze wird leichter drei Steinadler als wie einen aus dem plumpen, trägen, aber schlauen Geschlechte der Seeadler erlegen.

Als Beweis, dass der Steinadler noch nicht so sehr selten geworden, möge die grosse Anzahl der von dem als Sänger und Jäger gleich gefeierten Draxler erlegten Adler dienen. Ausser sehr vielen Seeadlern und anderen Raubvögeln erbeutete dieser unermüdliche Waidmann auch eine grosse Zahl Steinadler; so viel ich weiss, alle ganz nahe von Wien auf seiner bekannten Hütte im Marchfelde. Als ferneren Beweis des Gesagten füge ich auch meine Resultate auf der Jagd hinzu. Ich hatte wenig Zeit mich mit der langwierigen Adlerjagd zu befassen und in verhältnissmässig wenig Jagdtagen erlegte ich in drei Wintern zwölf Steinadler. –

Jetzt sei es mir noch gegönnt, einige Worte über die in letzterer Zeit in Fachkreisen oft besprochene Gold- und Steinadlerfrage hier niederzulegen.

Was ist der *Aquila chrysaëtus?* Diese Frage drängte sich mir schon öfters auf, wenn ich die Werke so vieler Naturforscher durchblätterte, und dann in der Freiheit draussen oder in unseren Sammlungen das Thier fand, welches als Goldadler beschrieben wird.

Alles, was bei uns als *»chrysaëtus«* bezeichnet ist, sind stets nur in der Färbung variirende echte Steinadler; in jedem grösseren Museum kann man Exemplare finden, welche von den Custoden als seltene Stücke, als wahre Goldadler gezeigt werden und darum sind sie es doch nicht.

Der Steinadler wechselt sein Kleid ungemein; das Alter spielt dabei eine grosse Rolle. Doch nebstdem lassen sich je nach den Gegenden, in welchen der Horst stand, aus dem der Vogel ausgeflogen, drei Haupttypen und ein Uebergangstypus von Steinadler-Gefieder und selbst Gestalt deutlich erkennen. An die in allen Typen sehr wechselnde Grösse darf man sich nicht halten, sie stammt von den Ernährungsverhältnissen in der Jugend des Vogels.

Man kann somit den südwest-, nordwest- und mitteleuropäischen Steinadler in eine Gruppe rechnen, den südosteuropäischen in die zweite, und den nordost- und nordeuropäischen in die dritte. Zwischen der zweiten und dritten Gruppe kann man einen Mittel-Typus, ich möchte sagen einen Uebergang finden.

Die dritte Gruppe ist der Goldadler des alten Naumann und des alten Brehm; so klar und deutlich, wie diese grossen Forscher ihn beschrieben, kann man ihn leicht erkennen. Er besteht; doch um den Namen wie ihn bezeichnen, ob zu einer eigenen Art erheben oder nicht, dazu spitzt sich die ganze Frage hinaus. Ich glaube, die eigene Art kann nicht fort bestehen, ausser man würde noch zwei neue Arten gründen und dann hätten wir drei Arten der Familie Steinadler, und dazu sind die Unterschiede doch zu gering; sie sind ja nicht so bedeutend, wie zwischen dem *Aquila imperialis* und seinem spanischen Verwandten, dem *A. Adalberti.* Darum rede man nicht von Arten, sondern von Typen; es gibt nur einen Steinadler, doch er zerfällt nach den Gebieten, in denen er lebt, in drei Typen, wie ja dies bei so vielen Vögeln der Fall ist; ich erlaube mir nur auf *Haliaëtus albicilla* hinzuweisen. Der nordeuropäische Seeadler und der südeuropäische sind in der Grösse so verschieden; und doch wird es Niemandem in den Sinn kommen, daraus zwei Arten zu machen. – Den Kaiseradler *(Aquila imperialis)* hatte ich weniger Gelegenheit zu beobachten, als wie seinen grösseren Verwandten, den Steinadler. In Südungarn, in den grossen Urwäldern nördlich des Drauecken sowohl, als in den Landwäldern, westlich der Donau unterhalb Mohács suchte ich vergeblich nach dem *Imperialis;* nicht einmal in den Lüften kreisend kam er mir zu Gesicht. Jäger erzählten mir, dass in manchen Jahren vereinzelte Pärchen ihren Horst in den grossen Eichenwäldern südwestlich von Mohács errichteten, doch selbst, wie gesagt, konnte ich mich nicht davon überzeugen.

Zum ersten Male sah ich den Kaiseradler eine Stunde stromaufwärts von Futtak, ober der Donau kreisend; vom Dampfschiffe aus bemerkte ich einige Adler dieser Gattung, wie sie von den slavonischen Waldgebirgen nach dem flachen ungarischen Ufer in den Morgenstunden auf Raub auszogen.

In den eigentlichen syrmischen Bergen, dem Vrdnik oder Fruška-Gora-Gebirgszuge horstet der Kaiseradler recht häufig; doch zieht er da die niederen Vorberge und die Randwälder, welche schon an flaches Land grenzen, dem höheren, von Buchenwäldern bedeckten Gebirge vor. Ich fand zwar auch im Inneren der Gebirge einige Horste des *Imperialis,* doch häufiger begegnete ich ihm auf den niederen Hügelketten.

Der Grund hiefür ist ein ziemlich klarer. Die Hauptnahrung des

Kaiseradlers besteht in Zieseln; diese Beobachtungen machte Brehm auch in den Steppen Sibiriens, und man kann deutlich erkennen, wie sehr dieses kleine Nagethier eine Lebensbedingung für den *Imperialis* ist.

Da aber die Ziesel bekanntermassen nur auf Feldern, Wiesen und Haiden vorkommen, zieht es auch der Kaiseradler vor, sich in Feldgehölzen und Vorbergen anzusiedeln.

Alle sieben von mir beobachteten Horste dieses Adlers standen auf Eichen, theils auch auf jungen schwachen Bäumen; während alle anderen Adler, selbst die kleinen Schrei-, Zwerg- und Fischadler mit wählerischer Vorsicht nur hohe, alte Bäume zum Horstbau aussuchen, scheint der Kaiseradler hingegen mit Allem, was er eben findet, vorlieb zu nehmen. Der Horst selbst ist im Vergleiche mit den anderen Raubvögelhorsten nicht gross, für das Körpermass des Thieres selbst auffallend unbedeutend, und – ich möchte sagen – schleuderisch gebaut.

Auf allen Kaiseradlerhorsten fand ich ganze Colonien von Feldsperlingen, welche mit lautem Gezwitscher die Behausung ihres mächtigen Hausherrn umflatterten; ich habe diese Beobachtungen, aber nicht in so reichem Masse, auch bei dem Seeadler gemacht.

Der Kaiseradler ist scheu, und weiss dem Menschen rechtzeitig aus dem Wege zu gehen; beim Horste erfordert es dagegen wenig Mühe, ihn zu erlegen. Er hat nicht die grosse, oft ganz merkwürdige Umsicht des Seeadlers; bei der ersten Annäherung verlässt er zwar rascher und früher, als dieser, den Horst; dafür erscheint er aber auch gar bald wieder, und auf den Jäger ganz vergessend, streicht er in gerader Linie ohne Aufenthalt zu seiner Behausung zurück.

In den grossen aber aus verkümmertem Holze bestehenden Wäldern, die sich in ganz flachem Lande nahe von Titel vor der Mündung der Theiss in die Donau erstrecken, findet man den Kaiseradler sehr häufig; er ist dort sozusagen der Charaktervogel der Gegend. Zieseln, welche in grosser Menge die Felder beleben und zerstören, bilden daselbst seine Hauptnahrung.

Ich sah dort einen Imperialis-Horst am Rande eines grossen Waldes nur 300 Schritte höchstens entfernt von einer viel befahrenen Strasse.

Auf einer schwachen niederen Eiche stand die Behausung des Vogels; selbstverständlich zeichneten sich die Adler, welche an den Anblick der Menschen gewöhnt waren, durch ein grosses Zutrauen aus; es bedurfte nur einer wenige Minuten dauernden Jagd, um das schön gefärbte, alte Weibchen zu erlegen.
In den ersten Tagen des Monates Mai fand ich noch Kaiseradler, die mit dem Ausbau ihres Horstes beschäftigt waren; andere sassen auf den Eiern, und einige hatten sogar schon Junge, jedoch noch im vollen Dunenkleide, und so schwach, dass es unmöglich wurde, eines derselben aufzufüttern.
Bei einem Horste, der in einem entlegenen Thale des Fruška-Gora-Gebirges stand, sah ich das Männchen damit beschäftigt, dem brütenden Weibchen Futter zu bringen. Die jungen, noch nicht zur Paarung gelangten Adler ziehen gerade, wie ich es beim Steinadler geschildert, jagend umher.
Selbstverständlich ist die Ausdehnung dieser Streifzüge eine viel beschränktere, da der Kaiseradler kein Weltbürger ist, wie sein grösserer Verwandter; er hat eine genau begrenzte Heimat, er ist ein Vogel des Südens.
Wie scharf die Grenze seines Verbreitungskreises gezogen ist, habe ich nicht genau beobachten können, da ich ja nur die nördlichsten von ihm bewohnten Gegenden durchsucht habe.

*Ausschnitt aus dem ersten Buch:*

## Fünfzehn Tage auf der Donau

1878 lud der Kronprinz zwei bedeutende Ornithologen, Alfred Brehm und Eugen von Homeyer, auf eine Dampferreise in die Donauauen Südungarns ein. Zweck der Reise war nicht die höfische Jagd, sondern die ornithologische Forschung, vor allem die Beobachtung seltener Adlerarten.
Der zwanzigjährige Kronprinz schrieb über diese Reise sein erstes, immerhin 310 Seiten starkes Buch, das schon 1878 anonym erschien. Es ist auch heute noch von großem, ursprünglichem Reiz, da es das Landschaftsbild vor der Donauregulierung in den ungarischen Ursümpfen festhält und einen Eindruck vom Reichtum der Tierwelt im 19. Jahrhundert in diesen unzivilisierten Gegenden gibt.
Die Anonymität blieb nicht gewahrt, weil der Kronprinz dieses Buch seinen Freunden schickte, und voll Stolz angab, selbst der Autor zu sein.

### Zweiter Tag. Die Donauauen.

Das Gewebe von größeren und kleineren Armen, die wie Alleen in die grüne Wildniß hineinführen, die gleichmäßig hohen Wälder, aus denen nur die morschen Spitzen einiger Jahrhunderte alter Eichen hervorragen; am Ufer die schwer von Laub belasteten Äste, die über die Wasserfläche herniederhängen, oft dieselbe berührend, das Treibholz, welches in großer Menge aus den Armen herausgetrieben, dem Hauptstrome zufließt, und die umgefallenen Baumstämme, die, vom Hochwasser theilweise überdeckt, nur mit ihrem Rükken herausschauen und von erregten Phantasien leicht für Krokodile gehalten werden könnten – das Alles, wie gesagt, trägt einen so merkwürdigen, mit dem keiner andern europäischen Gegend vergleichbaren Stempel an sich, daß wir Alle ganz erstaunt, bewundernd vom Bug des Dampfers aus diese neuen Bilder in uns aufnahmen. Ich dachte eben darüber nach, ob ich schon jemals etwas Ähnliches gesehen hätte und in wie weit man dies mit den herrlichen, niederösterreichischen Auen vergleichen könnte. Da rief plötzlich Brehm, ebenfalls von Bewunderung erfüllt: »Das ist der Ob, ganz und gar der Ob!« und ich hatte es gefunden, es war nur mit dem zu vergleichen, was ich in Reisebeschreibungen von den Strömen und Urwäldern anderer Welttheile gelesen hatte, und dies bestätigte auch die lebende Reisebeschreibung, »Brehm« genannt. Man irrt sich, wenn man die Auwälder Südungarns für liebliche, freundliche Gegenden hält; ein tiefer Ernst, etwas Melancholisches, ruht auf der ganzen Landschaft, der breite Strom, die einförmig dunkelgrünen Wälder, Alles in großen Kontouren ohne Abwechslung gezeichnet, macht einen düsteren Eindruck. Wie in den höchsten Regionen eines mächtigen Urgebirgsstockes, oder am Meere, wenn die See spiegelglatt, ein wolkenloser Himmel in gleichen Tinten darüber gespannt ist und durch keine dritte Farbe die endlose Ruhe des Bildes gestört wird, so ist es auch hier in diesen Wäldern; der Mensch fühlt sich durch die Größe der Natur gedrückt und durch keine lebhafte Abwechslung erfreut. Ich habe den gleichen Eindruck auf dieser Reise niemals mehr empfunden, wie am ersten Nachmittage, niemals mehr stimmte die Beleuchtung des Himmels mit dem Charakter der Gegend so vollkommen zusammen, um jene Ruhe und Harmonie zu erzeugen.

*Ornithologische Reiseskizzen aus Spanien:*

## Gypaëtus barbatus (Bartgeier)

Begleitet von seinen Freunden Alfred Brehm und Hanns Graf Wilczek reiste Rudolf 1879 nach Spanien und Portugal. Hauptzweck der Reise war wiederum die Ornithologie. Immerhin entdeckten Brehm und Rudolf bei dieser Gelegenheit eine neue Lerchenspezies, die sie »galerida miramare« nannten. Rudolfs ornithologisches Spezialgebiet waren und blieben jedoch Adler und Geier.

Nach vielen Bemühungen war es gelungen, einen Horst des *Gypaëtus barbatus,* des mächtigen Bartgeiers, in den Gebirgen Spaniens aufzufinden. Einige Gefährten und ich durchzogen mehrere Landstriche Spaniens, Gegenden, in welchen der Bartgeier ziemlich häufig sein soll, nirgends war es uns gelungen einen dieser interessanten Vögel nur zu sehen, geschweige denn einen Horst aufzufinden. Endlich nach vielen Bemühungen wurde es uns möglich, durch die Vermittlung eines Deutschen in Granada einen Horst des Geieradlers in den Gebirgen der Sierra Nevada zu erkunden. Von Granada aus brachen wir denn auf und ritten einige Stunden im Genil-Thale aufwärts, bogen dann in ein engeres Seitenthal ab und gelangten nach beiläufig fünfstündigem Ritte zu einer kleinen Hacienda (wir würden es einen Meierhof nennen), die schon in namhafter Höhe an der Lehne eines grossen Berges liegt. Die Gebirge, an unsere Centralalpen erinnernd, bilden in grossen runden Formen einzelne Ketten, jede ist um ein Bedeutendes höher als die vorstehende. Der Berg, auf dem wir standen, bildete die letzte Vorstufe vor der langgedehnten Reihe der schneebedeckten Bergriesen der Sierra Nevada. Dem Hause gegenüber, in dem wir uns nun niedergelassen hatten, steht über einem Thale drüben eine schroff abfallende Felswand, sie bildet den Fuss eines Berges. In dieser Wand befinden sich mehrere

Höhlen und Spalten. Dort sagten uns die Bauern, Hirten und Jäger, dass der Horst des *Quebrantahuésos* stünde, das ist der spanische Name des Geieradlers. Da wir nicht viel Vertrauen in die ornithologischen Kenntnisse dieser Leute setzten, liessen wir uns das Gefieder des Vogels, den sie gesehen hatten, genau schildern und richtig, die trefflichste Beschreibung des Federkleides eines alten Bartgeiers klang wie Musik zu unseren Ohren. Mit dem Fernglase wurde die Wand abgesucht, gar bald hatten wir die Höhle gefunden, die dem mächtigen Thiere als Behausung diente. Unter derselben war Alles weiss von den Excrementen des jungen Vogels.

Nun kam die Hauptaufgabe: wie sich dem Horste nähern? Ein Reisegefährte, ich und einige Spanier machten uns gleich auf den Weg. Durch einige Oelgärten hindurch gelangten wir in das Thal an den Fuss des Berges, nun mussten wir über eine ziemlich steile und hohe Schütt von ähnlichem Gerölle, wie in unseren Alpen, bis an den Fuss der senkrecht aufsteigenden Felswand emporsteigen. Hier angelangt, suchte ich nach der besten Stelle, um genug nahe an den Horst anzukommen. Ein Riss in der Felswand, ein Rauchfang, wie es unsere Gebirgsbewohner nennen, gestattete eine Annäherung bis auf einige Klafter vom Horste; doch eben in diesem letzten Stücke trennte ein kanzelartiger Vorsprung den Horst von der letzten gangbaren Stelle.

Unmöglich wäre es daher gewesen, sich dort ein Versteck bauen zu wollen; wir gingen also am unteren Rande der Felswand um den Felsvorsprung herum, da fand sich ein gutes Plätzchen. An die Wand angelehnt, konnte man auf ungefähr sechzig Schritte in der Luftlinie unter dem Horste kauern.

Da liess ich nun aus Rosmarin-Büschen von den zu diesem Zwecke mitgenommenen Spaniern einen Schirm bauen, der an die Wand angelehnt, viel Deckung bot. Während wir noch arbeiteten, drehte sich ein stolzer Steinadler in Schraubenlinien über unseren Köpfen umher, ein weissköpfiger Geier zog langsamen Fluges über die Gebirge dahin, *Falco cenchris* und mehrere *Cotyle rupestris* umschwirrten uns ängstlich rufend, besorgt um ihre Nester, die nahe der Höhle des Bartgeiers sich in Felsritzen befanden. Ich sass schon im Schirme, der spanische Jäger warf eben noch einige Aeste über mich, als der Bartgeier erschien. Ich sah ihn nicht aus meinem Verstecke doch der Jäger flüsterte mir zu, dass der *Gypaëtus* nahe unter uns längs der Berglehne dahingezogen sei. Ich vernahm nur seinen Ruf, einen tiefen grunzenden Ton, der mich sehr an die Stimme von *Aquila imperialis* oder auch an die des *Adalberti* erinnerte. Die Spanier eilten nun den Berg hinab, nur mein Gefährte und ich blieben an die Wand gekauert, den Blick unverwandt nach dem Horste gerichtet, ruhig in unserem Verstecke. Gar bald bemerkte ich den jungen Bartgeier, wie er sich am Rande des Horstes aufstellte und mit den Schwingen übermüthig wackelte; es war schon ein recht grosser Geselle, der Körper im Federkleide, der Kopf noch mit Dunen besetzt. Zehn Minuten waren kaum verstrichen, als wir einen grossen Schatten über den Boden gleiten sahen, es war der Bartgeier. Durch die Zweige unseres Schirmes verdeckt, konnten wir wirklich nur auf Augenblicke die Gestalt des lange ersehnten, vielgesuchten *Gypaëtus* erkennen.

Zwei Bögen zog er wohl um unseren Schirm, dann fuhr er zum Horste. Die Art, in welcher der Bartgeier zu seiner Höhle heimkehrt, ist eine ganz verschiedene von der der Geier, viel ähnlicher den Adlern, mit hart angezogenen Schwingen, die Füsse vorgestreckt, den Kopf aufrecht, den langen Stoss aber wagrecht haltend, schiesst er wie ein Pfeil daher. Nur auf einen Blick kann man dieses wundervolle, höchst interessante Bild erhaschen; einen Schuss anzubringen wäre bei dieser Geschwindigkeit ganz unmöglich. Die Höhle war auch sehr gross, der Eingang ganz kreisförmig rund, so dass der Geieradler ohne nur für eine Secunde am Rande gefusst zu haben, direct im Innern seiner Behausung verschwinden konnte.

Der lange Stoss ragte über die Oeffnung hervor, und man konnte nach den Bewegungen desselben erkennen, dass der alte Vogel damit beschäftigt war, im Innern der Höhle dem Jungen das Futter zurecht zu legen.

Ich trat nun aus meinem Verstecke hervor und suchte zwischen einigen Steinen einen sicheren Standplatz, um ruhig zielen zu können. Laut schrie ich nun den Bartgeier an, doch dieser so sehr mit der Fütterung seines Sprösslings beschäftigt, überhörte jede Aufforderung sich zu zeigen. Erst auf wiederholtes Rufen verschwand der lange Stoss im Innern der Höhle und an dessen Stelle erschien am Rande die gelbe Brust, der ziegenartige Kopf mit dem Borstenbarte und das funkelnde Auge des merkwürdigsten, seltensten und edelsten Raubvogels der europäischen Hochgebirge. Ich wartete keine Secunde, der erste Schuss krachte, sausend fiel der Vogel an mir vorbei dem Thale zu, den zweiten Schuss sandte ich ihm nach; noch einmal fing er sich, die Schwingen ausbreitend, in der Luft, zog einige hundert Schritte thalab, stieg einige Meter ganz gerade empor, schlug die Flügel zusammen und fiel todt herab, noch einige Schritte weit über das Gerölle kollernd. Wir hatten noch kaum den erlegten Geieradler emporgetragen und unser Versteck wieder in gute Ordnung gebracht, als auch schon der zweite Bartgeier hoch in den Lüften kreiste und uns zu voller Ruhe mahnte.

Zehn Minuten verstrichen, da plötzlich hörte ich den Ruf des Kolkraben und vorsichtig durch die Zweige des Schirmes hinausblikkend, sah ich wie der Rabe leichten Fluges den mächtigen *Gypaëtus* umgaukelte. Beide strichen ganz nahe an uns vorbei, verschwanden aber gleich wieder hinter einem Felsvorsprunge, einige Secunden darauf vernahm ich abermals das Rauschen der Schwingen und ehe ich noch Zeit hatte die Flinte an die Backe zu reissen, sauste auch schon der Bartgeier in seine Höhle hinein; abermals sah ich den langen Stoss herausragen, abermals drehte sich der Vogel erst auf wiederholtes Anrufen um. Der erste Schuss warf ihn längs der Wand herab, doch wieder, auf den ausgespannten Flügeln Gleichgewicht erlangend, zog er in entgegengesetzter Richtung wie der erste dem Thale zu. Der zweite Schuss brach ihm einen Fuss, den er herabhängen liess. Einige hundert Schritte von uns ober einem Oelwalde liess er plötzlich die Schwingen sinken und fiel wie ein Stein zur Erde. Ich eilte die Lehne hinab und fand meine schöne Beute schon von einigen Hirten umringt. Mit beiden Geieradlern beladen, kehrten wir zur Hacienda zurück. In weniger als einer halben Stunde war es mir geglückt, ein gepaartes Paar dieses schon so überaus seltenen und interessanten Raubvogels zu erbeuten.

In den Nachmittagsstunden desselben Tages stiegen wir wieder zum Horstplatz empor und schickten einige Jäger und Hirten auf die Felswand zum Ausnehmen des Horstes. Ein Landmann aus der

Umgebung der Hacienda, der alljährlich Horste erklimmt, fasste den Entschluss über die gefährliche und schwer erreichbare Felswand auf einer Strickleiter hinabzuklettern und uns in einem Korbe den jungen Adler mitzubringen. Wir warteten unter der Wand und liessen uns Stoffe, aus denen der Horst bestand, herabwerfen. Ein Stück Ziegenfell, einige Federn, alte Knochen und Moder von Pflanzenresten wanderten auf diese Weise herab. Der Horst selbst ist sehr schleuderisch gebaut, oder besser gesagt, besteht als fester Bau gar nicht, der junge Vogel sitzt auf dem kahlen Gesteine natürlich umgeben von Speiseresten und Federn, wie sie seine eigene Existenz mit sich bringt.

Das Ausnehmen des jungen Geieradlers machte dem kühnen Spanier viel Schwierigkeiten, da die Höhle sehr tief war und das Junge sich daher weit zurückziehen konnte; endlich gelang es doch, ihn in den Korb zu stecken, und so wanderte er aus seiner Felsenburg in unseren Besitz.

Seine Grösse und Stärke war schon eine recht bedeutende, sein Gefieder im Wechsel aus dem Dunen- in das Federkleid. In den letzten vierzehn Tagen, welche er bei mir in der Gefangenschaft zugebracht hatte, wuchs er um ein merkliches Stück und befand sich sehr wohl, verzehrte grosse Quantitäten Fleisch und begann schon alle Scheu vor Menschen abzulegen. Sogar an die Hunde, die er anfänglich am meisten fürchtete, gewöhnte er sich allmälig. Die beiden alten Bartgeier waren stattliche, schön gefärbte Vögel im röthlichgelben Gewande mit graubraunem Rücken, weissgrauer Stirne, schwarzen Längsflecken über den Augen, borstigem schwarzem Bart. Farbe der Iris licht erzgelb, Hornhaut röthlich braungelb, Schnabel hornblau, röthlich überflogen, Füsse bleifarben. Maasse:

| Geschlecht | Länge | Breite | Fittiglänge | Schwanzlänge | Höhe der Fusswurzel | Länge der Mittelzehe |
|---|---|---|---|---|---|---|
| | Cm. | Cm. | Cm. | Cm. | Cm. | Cm. |
| ♂ | 111·1 | 256 | 81 | 51 | 8·5 | 8·6 |
| ♀ | 112 | 264 | 82 | 51 | 8·5 | 8·8 |

Damit die Leser dieses Werkes durch den schnellen und so guten Erfolg nicht verleitet seien, zu glauben, dass in Spanien der Bartgeier ein häufiger Vogel sei, will ich nur hinzufügen, dass wie in jedem Hochgebirge, ob dasselbe nun in Central- oder Süd-Europa, Nord-Afrika oder Central-Asien steht, so auch hier der *Gypaëtus* ein äusserst seltener Vogel ist.

Ich habe Gebirge in Nordost-Spanien, in Central-Spanien und in der Nähe der Ostküste durchstreift, bin auf der Sierra Nevada einen ganzen Tag herumgeklettert, um einen Bartgeier zu sehen, sass lange auf der Spitze eines hohen Berges gegenüber dem Mulahacen, dem höchsten Berge der Sierra Nevada, die den Namen Quebrantahuésos nach dem Bartgeier trägt, und nirgends konnte ich dieses seltenen Thieres ansichtig werden.

Die einzigen drei Geieradler, die ich bis jetzt in der Freiheit gesehen habe, waren die zwei Alten, welche ich erlegte, und der Junge, den wir ausnehmen liessen.

Einer meiner Bekannten, der seit mehr als zwanzig Jahren in Spanien auf Raubvögel jagt, erlegte in dieser ganzen Zeit erst einen Geieradler und diesen verdankte er nur einem zufälligen Zusammentreffen während des Winters.

Alle Jäger in der Sierra Nevada sagten uns, es gebe noch Bartgeier in den Sierren, doch weniger als früher und das glaube ich auch; eine gleichmässig fortgesetzte Verfolgung hat diesen edlen Raubvogel in unseren österreichischen Alpen als Brutvogel ganz ausgerottet und in der Schweiz gehört er ebenfalls schon mehr in das Gebiet der alten Jägersagen, und ebenso wird es auch in Spanien über kurz oder lang der Fall sein. Die Hirten lieben nicht die Nähe dieses Vogels und so trachten sie die Horste zu zerstören oder wenigstens die Alten zu verscheuchen. Wenige Tage vor meiner Ankunft wurde ein Horst des Bartgeiers von Hirten durch Steinwürfe vernichtet.

Von dem häufigen Vorkommen des Bartgeiers in Spanien, über das sogar einige Werke Zeugniss geben wollen, ist natürlich gar keine Rede, und wenn Howard Saunders in seinem »Catalogue des oiseaux du Midi de l'Espagne«, welchen er der Société Zoologique de France vorlegte, über den *Gypaëtus barbatus* sagt: »Un ou deux couples se trouvent sédentaires dans toutes les montagnes, mais c' est dans la Sierra Nevada que ce beau rapace devient presque abondant«, dann ist das vollkommen falsch und entweder auf gar keine oder sehr irrige Beobachtungen gegründet[51].

*Jagdschilderung:*

## Herbstjagd in den ungarischen Donauauen

Wie sein Vater Kaiser Franz Joseph und die meisten männlichen Mitglieder seiner Familie pflegte der Kronprinz die Jagdtradition, wenn er auch nur ein mittelmäßiger Schütze war. Er liebte die Jagd vor allem wegen der Natureindrücke und der Wild- und Vogelbeobachtung. Kurz vor seinem Tod hatte er den Plan, beim Verlag Künast in Wien ein Sammelwerk »Unsere Jäger« herauszubringen mit Jagdstatistiken und Biographien der wichtigsten Jäger der Monarchie[52].

Herbst 1880.

Seit Langem hegte ich die Absicht, die verschiedenen interessanten Jagdgebiete Ungarns kennen zu lernen; meine letzte Herbstfahrt bot mir Musse und Gelegenheit hierzu. Auch eine kleine Jagdgesellschaft fand ich, welche sich, begeistert von der Sehnsucht nach dem edlen Wilde, bereitwillig meiner kurzen, aber interessanten Expedition anschloss.

Die Reise wurde nach zwei Richtungen festgestellt. Die eine bildeten in Folge der freundlichen Einladung der beiden Grafen Chotek (Otto und Rudolph) die prachtvollen Jagdgebiete Slavoniens und Dalmatiens, die andere die weniger bekannten schönen Aerarialwaldungen der Marmaros.

Am Vormittage des ersten November verliessen wir mit meinem Schwager, Prinz *Leopold* von Baiern, dem Grossherzog von Toskana und dem Grafen *Bombelles* die Station Gödöllö und Mittags 12 Uhr gelangten wir zur Budapester Station der Donau-Dampfschiffahrts-Gesellschaft. Auf dem Deck des für die kurze Dauer unserer ersten Reise gemietheten Dampfers »Marie Valerie« trafen wir den Grafen Hans *Wilczek* und den Maler *Pausinger*. Die Reisegesellschaft war demnach complet und unser Dampfer setzte sich nach wenigen Minuten in Bewegung. Ausser einigen Jägern hatten wir noch den Sohn des Präparateurs Hodek mit uns genommen, der bereits anlässlich meiner ersten Donaufahrt im Jahre 1878 mein Begleiter gewesen.

Wir hatten uns auf dem wohnlichen Schiffe alsbald häuslich eingerichtet und nach kurzem Frühmale stiegen wir auf's Deck, um die Gegenden, an denen wir rasch vorbeizogen, betrachten zu können. Es waren das bekannte Bilder und doch so ganz andere, wie zur prächtigen Frühlingszeit, da die blühende Natur in ihrer ganzen Pracht unsere kleine, aber gemüthliche Jagdgesellschaft gegrüsst hatte.

Dritthalb Jahre trennen uns von jener Zeit; schwere graue Wolken, laublose Bäume, kahle Fluren und ein kalter Nordost sind an die Stelle des Frühlings getreten und nur die Donau ist sich treu geblieben, sie wälzt in ihrer ruhigen, unergründlichen Majestät noch immer geduldig ihre Wellen dem fernen Osten zu.

Es herrschte wenig Leben auf der Donau, die Wasservögel waren nach anderen Regionen gezogen und nur dunkle Raubvögel und Elstern zeigten sich an den Ufern des Stromes.

Abends lächelte uns ein freundlicheres Bild entgegen, wozu der Umstand wesentlich beitrug, dass es, je weiter wir südwärts drangen, namentlich in den späten Nachmittagsstunden, desto wärmer wurde. Lange Entenzüge und eine Schaar Kiebitze, welche auf dem Winterfluge südwärts zogen, liehen der Strecke einiges ornithologisches Interesse.

Der Niedergang des zwischen schmalen Wolkenspalten durchbrechenden feurigen Sonnenballes erfreute uns Alle, namentlich aber meinen Freund Pausinger. – Es war eine jener schönen Dämmerungen, wie man sie nur in östlichen Ländern, besonders aber in den Ebenen des schönen Ungarn sehen kann.

Wenn man lange in der stets einförmigen Culturfarbe, dem stimmungslosen ewigen Grau des Westens geweilt hat, befällt einen die Sehnsucht, zurückzukehren nach jener Urgegend, wo man das einzig Grossartige bewundern kann: die Natur mit ihren ewig schönen Erscheinungen, mit der Farbenpracht, die ihr der Orient leiht.

Wie grossartig ist es doch, wenn die schwer herniederhängenden

Wolken in rother Blutfarbe prangen, die Sonne im Goldglanz hinter den Hügeln versinkt und die Lilafarbe den Uebergang bildet zur tiefblauen Nacht, welche bereits geheimnisvoll über den weitgestreckten Puszten lagert; wenn sich eine leichte Nebelschichte auf die hinhuschenden Wogen des grossen Stromes niederläßt! ... (sic)

Hundert und hundert Krähen zogen im Schwarme der Ebene ihren Ruheplätzen zu und langgedehnte Striche von Wildgänsen eilten, nach ihrer Gepflogenheit im Dreieck, mit klagendem Geschrei südwärts.

Mit dem Einbruche der vollständigen Dunkelheit gelangten wir nach Mohács, wo wir anhielten, um dort zu übernachten.

Mit dem grauenden Morgen setzten wir die Fahrt fort; als ich erwachte, war der Tag bereits angebrochen.

Ich eilte auf Deck, um die bekannten Gegenden zu betrachten.

Ein beissender, aber schöner Morgen empfing mich, ein leichter Nebel schwebte über dem Wasser und die Sonne machte erfolglose Versuche, diese arme Erde zu erwärmen.

In Gesellschaft des Malers Pausinger schaute ich die schönen Bilder, die sich mir boten.

Als wir an dem »Hullo«, dem bereits genannten Sumpfe, vorbeidampften, dessen riesiges Röhricht, gleich gelben Wellen im Winde, hin und wieder schaukelte, zeigte sich uns ein schönes ornithologisches Bild.

Ein mächtiger Adler stand auf der Spitze eines aus dem Röhricht hervorragenden, alten morschen Baumes, ein anderer kreiste hoch über uns um Beute; ich feuerte eine Pistole ab und mit einem Male ward der ganze grosse Sumpf lebendig. Ganze Schwärme stiegen auf und flogen hierhin und dorthin über das Röhricht.

An der Draubiegung vorüber, zeigten sich uns die hohen und steilen slavonischen Ufer; Fischaare, ein Kaiseradler und grosse imposante Geier boten uns Gelegenheit zu ornithologischen Betrachtungen.

Um die Mittagsstunde gelangten wir nach Čerevič. Das am slavonischen Ufer zwischen steilen Berghängen und Gärten liegende Dorf mit seinen beiden Kirchen und den blendend weissen Häusern, die aus der Ferne herüberwinkende Fruška-Gora, auf der anderen

Seite die grosse ungarische Tiefebene, all' dies erfüllte uns mit der herzlichen Freude des Wiedersehens.
Langsam näherte sich und landete unser Dampfer am Ufer; die freundliche Einwohnerschaft begrüsste uns mit Pöllerschüssen, Glockenklang und Živiorufen. Die beiden liebenswürdigen Eigenthümer der Fruška-Gora kamen auf's Verdeck und führten uns zu den in der Nähe wartenden Wagen.
Graf Rudolf Chotek forderte meinen Schwager, den Grossherzog, Pausinger und mich auf, eine Adlercolonie zu besichtigen, welche den Raubvögeln als nächtliche Ruhestätte diene.
Wir machten uns zu Wagen auf den kurzen Weg, der tief hinunter in's Thal führt; die Ponies, zumeist bosnische Pferde, folgten uns unter der Aufsicht des mir bereits altbekannten Stallmeisters Petrovics.
Je weiter wir in das Labyrinth des Waldgebirges eindrangen, desto schönere Landschaftsbilder tauchten vor uns empor und ich gewann alsbald die Ueberzeugung, dass nicht nur der Frühling, sondern auch der Herbst dieser prächtigen Gegend einen eigenartigen Reiz zu leihen vermag.
Bei einer Biegung des Pfades hielten wir stille und setzten dann, die Ponies besteigend, unter Führung des trefflichen Waldhegers Dolezal und des Försters Kafka – zwei alte Bekannte, mit denen ich schon vor zwei Jahren diese Gegenden durchstreifte – unseren Weg fort; die Pferde versanken beinahe in einem raschelnden Laubmeere, wir drangen nur langsam vor.
Endlich am Ziele, wurden der Grossherzog und der Maler Pausinger auf der einen, mein Schwager auf der anderen Seite eines Wiesenplanes aufgestellt. Ich selbst musste einen Umweg machen, um auf den für mich bestimmten Platz zu gelangen.
Da, wenige Schritte von mir, tauchte ein sehr kräftiger Vierzehnender vor mir auf, der Wind wehte günstig, das edle Wild äste ruhig, aber – das ungarische Jagdgesetz rettete ihn vor der Gefahr und ich beschränkte mich darauf, das schöne Thier aufmerksam zu fixieren.
Es war ein wirklicher, im freien Walde entwickelter Hirsch mit einem Geweih, wie man es in den Wäldern Mitteleuropa's, wo das

Edelwild, auf einen engen Raum zusammengedrängt, zum elenden Schatten seiner einstigen Grösse degeneriert worden – nicht mehr kennt. Nur in östlichen Ländern, wo man die Wälder noch nicht zu Promenaden umgewandelt hat, findet man noch wirkliches Edelwild.

Tags darauf, es herrschte noch dichte Finsterniss, verliessen wir, ich und mein Schwager, nach dem Frühstücke das Jägerhaus. Mein Schwager legte den Weg durch's Thal zum grossen Theile im Wagen zurück; ich selbst folgte zu Fuss einem Waldheger, der mich, entlang einer steilen Berglehne, durch einen dichten Wald führte. Ich kannte den schwarzen Gesellen, meinen Führer, der in seinen langen grauen Mantel gehüllt, schweigend vor mir herschritt, seit Langem. Sein gebräuntes Antlitz mit den ausdrucksvollen Augen, eingerahmt von dunklen Locken, seine kräftige, musculöse Gestalt, die leichten Bewegungen, sein unhörbares Hingleiten durch das Dickicht, all' das charakterisirte so recht den wahren, schönen und kraftvollen südslawischen Typus.

Ein prachtvoller Anstand nächst der aufgestellten Lockspeise erwartete mich. Kaum graute der Morgen, da zeigten sich bereits zwei starke Kolkraben. Ohne viele Umstände flogen sie auf die Lockspeise zu und begannen sich gütlich zu thun. Plötzlich krächzten sie heiser auf und spähten furchtsam nach dem nahen Waldesrande. Auch ich blickte nach jener Richtung und sah einen scheu dreinschauenden Wolf.

Vorsichtig griff ich nach meiner Waffe, mit der Hoffnung, dass der Gevatter Appetit auf ein kleines Frühstück verspüren werde, in welchem Falle ich ihm gern mit etwas Blei gedient hätte; aber meine Illusionen schwanden, als ich sehen musste, dass Seine Gnaden, wahrscheinlich, vom nächtlichen Beutezuge gesättigt, heimkehrend, ruhig seines Weges fürbass trabte, um im Walde meinen Blikken zu entschwinden.

Eine Viertelstunde später signalisirte mir das erneute Krächzen der Raben das Nahen eines grossen Raubvogels. Alsbald vernahm ich das Schwirren schwerer Fittige und den schweren Abstieg eines sich niederlassenden Adlers auf einem der nahen Bäume. Geräuschlos fasste ich meine Waffe und spannte den Hahn.

Ein weiteres Geräusch zwischen den Zweigen und zwei dumpfe Schläge kündeten mir an, dass zwei grosse Raubvögel sich in der Nähe des ausgesetzten Aases befinden müssten. Vorsichtig lugte ich durch die natürliche Schiessscharte und gewahrte zu meiner Freude einen starken Seeadler und wenige Schritte weiter einen auffallend grossen Geier. Beide strebten dem Leckerbissen zu, aber kaum machte das eine Thier eine Bewegung danach, so sprang das andere ihm in den Weg und wehrte das weitere Vordringen ab.
Es war ein komisches Schauspiel, den riesigen Geier mit vor Wuth gesträubtem Gefieder, geblähten, dem eines Truthahnes ähnlichen bläulich-kahlen Halse auf- und niederhüpfen zu sehen. Das Gefieder des Seeadlers dagegen zog sich an dem Körper zusammen und der Vogel liess, den Kopf nach rückwärts gewendet, mit weit aufgesperrtem Schnabel sein wüthendes »Glik, glik!« erschallen.
Rasch überblickte ich die Sachlage, eine Kugel flog nach dem Geier, das deutlich vernehmbare Aufschlagen der Kugel liess mich erkennen, dass ich getroffen hatte. Als der Pulverdampf sich verzog, sah ich den Geier in den letzten Zuckungen die mächtigen Flügel schlagen. Ich sprang aus meinem Verstecke, um ihn zu bergen; zwei andere Geier und der durch den Schuss verscheuchte Adler kreisten durch die klare Luft.
Den Geier, welcher schwer und ungewöhnlich gross war, schleppte ich nach meinem Platze und erwartete weiteren Besuch.
Eine halbe Stunde später kündete mir das furchtsame Krächzen der inzwischen zurückgekehrten Raben abermals das Nahen eines Raubvogels an. Wenige Secunden darauf sah ich einen Adler sich auf eine Buche niederlassen. Einige Minuten blieb der Vogel unbeweglich dort ruhen, dann liess er sich, die Raben verscheuchend, langsam vom Zweige herab.
Als ich das wuchtige Schlagen der Fittige vernahm und den Adler hart an der Lockspeise im hohen Grase erblickte, feuerte ich: der Vogel sank zusammen. Ich eilte hinzu und fand einen prächtigen alten Kaiseradler. – Noch umflatterten die Raben den begrenzten Raum; ich schoss nach ihnen mit Schrot, fehlte aber, da die Distanz zu bedeutend war.
Auch ein Geier zog hoch ober mir seine Kreise in der Luft, und da

der Augenblick, wo ich aufbrechen musste, gekommen war, sandte ich dem Fliehenden rasch eine Kugel nach. Es scheint, dass die Kugel entweder seinen Flügel oder seinen Rücken gestreift hatte, denn der Vogel drehte sich in der Luft und sank eine Zeit lang erdwärts, so dass wir, ich und meine Jäger, glaubten, er sei bereits unser, aber der Geier schien sich wieder erholt zu haben, denn er flatterte wieder empor und flog in gerader Linie über den Bergen weiter.

Wir mussten nach Hause eilen, da noch für denselben Tag eine Fuchsjagd angesetzt war.

Rasch war ein junger Baumstamm herbeigeschafft, um als Stange benützt zu werden; ich hing meine Beute über denselben, dann nahm mein Jäger das eine, ich das andere Ende auf die Schulter und wir schritten dem Thale zu.

Ich trug schon wiederholt Weisskopf- und andere Geier, einmal sogar einen *Gypaëtus barbatus* und alle Gattungen europäischer Adler, aber nie schien mir ein Raubvogel schwerer als dieser Geier. – Ich war von meiner Beute sehr befriedigt.

An jenem Tage hatten mein Schwager und der Grossherzog wenig Glück; sie kehrten leider mit leeren Händen zurück[53].

*Ausschnitte aus dem Buch:*

## Eine Orientreise

Als sich seine Hochzeit mit Prinzessin Stephanie von Belgien 1880 verzögerte, wurde der junge Kronprinz auf eine Reise nach Ägypten und Palästina geschickt. Es sollte nach dem Willen des Kaisers vor allem eine Jagdreise sein. Außerdem sollte der katholische Glaube des Kronprinzen gefestigt werden – deshalb wurden nicht nur bekannt gute Jäger wie der Großherzog von Toscana, sondern auch der Hofburgpfarrer Laurenz Mayer als Begleiter mitgegeben. Kurz vorher hatte es ja durch Rudolfs enge Freundschaft mit dem als »Freimaurer« berüchtigten Zoologen Alfred Brehm große Unstimmigkeiten am Hof gegeben[54].
Aus Rudolfs über vierhundert Seiten starkem berühmtestem Buch, das er nach der Rückkehr aus Palästina in Wien verfaßte, seien hier kurze Leseproben angeführt, die auch über seine Einstellung gegenüber dem Judentum Aufschluß geben[55]:

### a) Ankunft bei Jaffa

Der erste Schritt auf dem Boden des gelobten Landes ruft in den Städten die Erinnerungen an die geordnete Macht des Judenreiches, an den weisen König Salomo, oder auch an die Tage, wo Jesus inmitten seiner Apostel auf den steinernen Stufen der Hauptplätze predigend saß, lebhaft ins Gedächtniß, und am Lande ziehen die Bilder am geistigen Auge vorüber, die uns in Kindesjahren beim Studium der heiligen Schrift umgaukelten.
Abraham der Patriarch, der Nomaden-König, reich an Heerden, edlen Rossen, schönen Zelten und üppigen Weibern, der sinnige Greis und Gelehrte, der Weise in mystischen Sprüchen, doch voll Lebensweisheit redend, der Stammvater eines edlen Volkes, er konnte nur im Morgenlande, nur in diesen Gegenden hausen. Zei-

ten haben sich geändert, Religionen in den Formen auch; aus den vielen im Wesen gleichen, in den Hauptgedanken ähnlichen, nur im Ritus verschiedenen Glaubensbekenntnissen und Götter-Culten des morgenländischen Alterthums hat sich nur eine rein erhalten, es ist die hebräische, die Lehre des alten Jehova, seines Propheten Moises; doch das Volk, das auserwählte Volk der Juden, es hat Heimat und Staatsgewalt verloren, und der ewige Jude ist unsterblich, immer Typus und Glauben unverfälscht erhaltend, in alle Länder der Erde vertheilt.

Unbewußt rächt er sich durch sein Wesen, bewußt vertritt er eine gewisse Macht, die ihm der scharfe Geist des Morgenländers verleiht. Das Abendland hat ihnen alles genommen, sie über die Erde zerstreut, doch ihr Wesen auszumerzen war es nicht im Stande; und so lebt das alte vielgeprüfte Volk noch heute und hat Anspruch auf die unleugbare Gerechtigkeit der Weltgeschichte. Aus dem an Weisheit reichen Glauben der Hebräer entstand das Christenthum; nur ein Land wie Palästina, der Orient allein konnte die Lehren Christi hervorbringen, in vielen Sätzen neu, in Entstehung und Wesen aber die Fortsetzung der alten morgenländischen Religionen. Im heutigen, ins Abendländische übersetzten Christenthum sind Hauptgedanken und die Geburtsstätte doch immer der Orient. Am reinsten und unverfälschtesten in Sitte und Wesen haben sich die alten morgenländischen semitischen Religionen im Islam erhalten.

Aus ihnen hervorgegangen, als ihre Fortsetzung für dieselben Völker bestimmt, erlangte er Macht in jenen Landen, breitete sich selbst über Stämme einer ganz verschiedenen Race aus und erhielt durch seine Glaubenssätze und sein Wesen das Morgenland immer auf der gleichen Stufe.

Der alte Abraham ist nicht ausgestorben; die fleißigen, gewinnsüchtigen Hebräer des Alterthums leben auch noch in den Städten; die Araber, ihre Brüder, und alle in der Heimat gebliebenen semitischen Stämme setzen das Alterthum fort. Und in den Steppen längs des Jordan haust Schêch Ali mit seinen Tausenden von Reitern, frei und ungebunden. Heerden, Rosse, Weiber sind der Reichthum, Weisheit und die Bücher des Glaubens seine Macht, ein Volk für sich, ein greiser Nomaden-König an ihrer Spitze, ebenso wie jene, von denen die heilige Schrift spricht. Im Morgenlande stirbt nichts aus und die fieberhaften Umwälzungen des Abendlandes gehen spurlos vorüber, alles bleibt sich gleich und wird es bleiben, so lange die alte Sonne purpurroth über den kahlen Bergen, den gelben Wüsten und grünen Steppen des Orients alltäglich aufgeht, das herrliche Land, die Wiege des Menschengeschlechtes vergoldend.

Der Leser verzeihe diese Abschweifung, doch das sind die Gedanken, welche sich aufdrängen beim ersten Schritt auf den Boden des gelobten Landes.

Ein hübscher Anblick bot sich uns beim Anlegen an der Hafenstiege dar; alle flachen Terrassen und Treppen, sowie auch die engen Fenster waren dicht mit Menschen besetzt. Die Costüme sind viel farbenreicher und interessanter als in Egypten; der kleinasiatische Charakter, sowie auch oft der türkische, ja sogar der althebräische machen sich geltend.

Das blaue Fellachen-Hemd und die braune Kappe sieht man in den Gassen ebensowenig als den einfachen weißen Burnuß, deßgleichen wird man keinem spärlich oder fast gar nicht gekleideten Menschen, wie dies ja so oft in Egypten der Fall ist, begegnen. Faltenreiche weite Gewänder mit breiten bunten Leibbinden, große Turbane, hie und da Feze, Oberkleider oder auch kurze spencerartige Jakken mit Pelzverbrämung, weite Pumphosen, rothe Pantoffel, manchmal sogar Opanken; bei den echten hier lebenden Kleinasiaten, sowie auch unter den Drusen Costüme, die an die Völker der Balkanhalbinsel erinnern, bilden in raschen Zügen die Kennzeichen jener Trachten, die man an der asiatischen Küste findet.

Die Frauen sind sehr malerisch in weite Kleider gehüllt, mit weißem Kopftuch und Schleier, vollkommen verschieden von der egyptischen Frauentracht. Da in Jaffa viele Christinnen und Jüdinnen wohnen, sah man auch eine Menge reichgekleideter Frauen auf den Gassen, die meisten wenig oder gar nicht verschleiert und daher konnten wir die vielen schönen und in der That edlen Gesichtszüge beobachten; auffallend häufig war auch blendend weiße Hautfarbe neben rabenschwarzen Haaren zu finden. Im Ganzen ist der Menschenschlag in Palästina und besonders in den Städten schon sehr licht, hie und da gelblich, selten braun; letztere Farbe ist nur bei den

freien Stämmen und auch da besonders unter den südlicheren zu bemerken.
Der erste Blick auf die bunte, ungemein farbenreiche Menge war sehr interessant und nur langsam stiegen wir von den Booten über eine Stiege den Weg zum lateinischen Hospiz empor.
Türkisches Militär, grün adjustirt, vom egyptischen vollkommen verschieden, martialische Kleinasiaten, hielten Spalier, und es war nothwendig, denn die Leute drängten ungemein neugierig gegen uns heran. An der Thüre des Hospizes warteten einige alte Franziskaner; durch ein echt orientalisches Haus, über unzählige Stiegen, gelangten wir in die Franziskaner-Kirche. Der Weg war beschwerlich und schmutzig und man mußte unglaubliche Gestanks-Atmosphären passiren. Die Kirche selbst ist alt, aber nicht sehr hübsch und interessant. Beim Eintritt werden Reliquien geküßt und man erhält die Aufforderung, am Boden liegend ein Gebet zu sprechen. Auf Schritt und Tritt findet man im gelobten Land Plätze, an die sich fromme Legenden knüpfen, auch Jaffa hat deren einige. Das dunkle, mittelalterlich aussehende Gotteshaus, der matte Schein der Fackeln, der heisere Gesang der Franziskaner, das Brummen der Orgel, und alles das am Boden Palästinas, erweckte eigenthümliche Gedanken an die Tage der Kreuzzüge, als manch Kämpe aus dem fernen Abendland hier den ersten Segen auf heiliger Erde erhielt, ehe er auf schwerem Roß im blanken Stahl den verhängnißvollen Kampf suchte gegen den edlen, leichtfüßigen Sohn der Wüste, der stolz und kühn sein Vaterland gegen die fremden Eindringlinge vertheidigte ...

### b) Der Einzug in Jerusalem

Als die Zeit heranrückte, denn des Einzuges halber mußte alles nach der Minute gehen, setzten wir uns in Bewegung. Die Straße führt in Serpentinen längs der Berghänge auf das Plateau empor; die Gesträuche und fast alle Spuren von Vegetation verschwinden immer mehr und mehr und eine traurige Steinwüste beginnt: Das verfluchte Land! Dieses Eindruckes kann man sich nicht erwehren; ein eigenthümlich trauriger, zugleich großartiger Charakter ist über die

ganze Landschaft ausgegossen und unheimlich mystische Gefühle bemächtigen sich jedes Wanderers. Zu Esel und in Leiterwagen sieht man Pilger aller Länder und Stände, viele recht verkommene Individuen, auch Juden aus den verschiedensten Theilen der Erde. Wir hatten noch nicht die Höhe erreicht, als zwei Franziskaner auf Pferden entgegengetrabt kamen. Der erste, der Custode di Terra Santa, ein dicker Mönch mit schwarzem Vollbart, eine große energische Gestalt, aus Toskana gebürtig, erinnerte mich lebhaft an jene wehrhaften Kempen des Glaubens, die mit hocherhobenem Crucifix den Kreuzfahrern in den Kämpfen voranschritten, die Ritter zu Heldenthaten anspornend; der zweite, ein Landsmann, ein Böhme, konnte sich vor Freude nicht fassen, als er mit mir, vielleicht nach Jahren zum ersten Mal, wieder Gelegenheit hatte, seine Muttersprache zu reden.
Beide Mönche begrüßten uns auf das herzlichste und schlossen sich nun dem Zuge an.
Die Franziskaner im gelobten Lande sind die eigentlichen Vertreter der lateinischen Kirche, wehrhafte Kämpfer für ihren Glauben, und im steten Zank und Hader vertheidigen sie den anderen Confessionen gegenüber die Rechte ihres Ritus.
Der Höhenzug ist erstiegen, das trostlos kahle Plateau von Jerusalem liegt vor uns ausgebreitet; in weiter Ferne erheben sich die graublauen Hochgebirge des Jordan-Thales. Gelbgrau ist der vorherrschende Ton der Landschaft, Vegetationslosigkeit das Hauptmerkmal. Die ersten Anzeichen von Jerusalem werden sichtbar; der große Häusercomplex der Russen mit fünfkuppliger Kirche, der Oehlberg und rechts das griechische Kreuz-Kloster; die heilige Stadt selbst haben wir noch nicht erblickt. Am Wege erhebt sich ein großer Triumphbogen mit ungarischer Aufschrift. Die Judencolonie mit Fahnen steht daneben, die Volkshymne singend; unter vielen Complimenten, dem üblichen Geschwätz und Lärm, umringen uns patriotische Israeliten, echte Juden aus Nordungarn, in langem Kaftan, hohen Stiefeln, Sammtkappen am Kopf, geringeltem Bart und den üblichen Haarlocken; man hätte sich in irgend ein Karpathendorf versetzt denken können.
Selbstverständlich folgte uns von hier an die ganze Judengemeinde;

zu beiden Seiten war der Weg ohnedies mit Menschen dicht besetzt: Juden aus allen Ländern, kleinasiatische Christen, Griechen, europäische Pilger, orientalisch-christliche Frauen, theils halb, theils gar nicht verschleiert; in den höchst malerischen Costümen nur mit den Trachten der alten Hebräerinnen vergleichbar, wahre Marien-Gestalten; daneben wieder Kopten, einige englische Touristen mit ihrem alle Poesie raubenden Äußeren, ferner mohamedanisches Landvolk, verkrüppelte Bettler und undefinirbares Pilgervolk aus den verschiedensten Theilen der Erde, das alles lungerte an der Straße herum, uns neugierig betrachtend.
An dem Punkte, von dem aus man zum ersten Male Jerusalem erblicken kann, stand der Einzug schon gruppirt, unserer Ankunft harrend.
Alles kniete nieder, um mit entblößtem Haupte ein Gebet zu verrichten. Das heilige Sion mit seinen alten Mauern, den grauweißen runden Häusern, den Kuppeln der Grabkirche und der großen Omâr-Moschee war vor uns ausgebreitet.
Die Stadt, aus der unser Glaube hervorgieng, in der mit dem Kreuzestod Christi die größte Veränderung der Weltgeschichte ihren Anfang nahm, an deren Mauern Jahrtausende alte Erinnerungen der biblischen Geschichte, alle Traditionen unserer Religion hängen, an deren Steinen das Blut unserer Ahnen, der tapferen Kreuzfahrer, klebt, diese Stadt hatten wir nahe vor uns. Ganz eigenthümlich mystische Gefühle religiöser Schwärmerei bemächtigen sich jedes Pilgers und man nähert sich dem Fanatismus.
Mir ist es ganz begreiflich, wie sehr diese Stätte seit Jahrhunderten stets der Hauptsitz der Äußerungen des vehementesten Fanatismus war und es immer sein wird.
Der Glaube und alle Traditionen, die man seit der Kindheit aufgesogen, treten einem deutlich sichtbar entgegen, umgeben von einer unheimlich todten Gegend, an der der Fluch haftet, dem das Volk, das hier geherrscht, für ewig weichen mußte. Wer lange in Jerusalem bleibt, muß endlich ein Fanatiker werden; man lebt sich dort, vom ersten Anblick der Stadt angefangen, in einen mystisch-schwärmerischen Gedankenkreis hinein, der leicht dauernde Macht erhält. Es sind dies dieselben Gefühle, welche die Kreuzfah-

rer kein Opfer an Gut und Blut scheuen ließen und allen Religionskriegen jene wilde Kraft verliehen.
Doch kehren wir zu unserem Einzug zurück. Voraus ritten einige Kawassen des Consulates mit langen Stöcken, in eigenthümlichen theatralischen Costümen; dann kam ein Bataillon türkischer Infanterie mit Musikbande; merkwürdige Zusammenstellung, zum Einzug in Jerusalem türkische Musik und fliegende Fahne mit dem weißen Halbmond; dann kamen wir alle in voller Parade, reitend, umgeben von Geistlichen, Consulats-Beamten, türkischen und christlichen Würdenträgern; zu beiden Seiten der Straße dichte Menschenmassen. Der Weg führt an einem großen Gebäude vorbei, in dem die russischen Pilger kasernirt sind. Alljährlich kommen vor Ostern Tausende russischer Bauern unter Führung ihrer Popen nach Jerusalem, schon jetzt waren deren zweitausend anwesend; in dichten Haufen standen sie da, uns neugierig betrachtend. Neben dem echten großrussischen Bauerntypus, den weiten Blousen mit Gürtel, Pumphosen, hohen Stiefeln, eigenthümlich ausgeschweiften Cylinderhut, den Stumpfnasen, blondem Vollbart, schlaffen, fetten, langen Haaren und dem unverfälscht nordslavischen Wesen sah man auch Gestalten in lichtgraue Militärmäntel gehüllt, geschmückt mit Medaillen; deßgleichen wimmelte es an Popen, blonden russischen, schwarzen echt griechischen und südslavischen. Man passirt ein Völkergemenge, das höchst interessant ist, bis endlich das Stadtthor von Jaffa erreicht wird. Vor demselben steigt man vom Pferde und geht durch den alten, grauen Bau in das Innere der heiligen Stadt. Hier steht der lateinische Patriarch, umgeben von einem ungemein zahlreichen Clerus von Weltpriestern, Alumnen und Mönchen; alles im Ornat, brennende Lichter haltend. Der Patriarch sowohl als auch seine Untergebenen tragen, wie alle lateinischen Priester im Orient, den Vollbart.
Wir knieten nieder und küßten den Boden; nach kurzem Gebet hielt der Patriarch, ein geborner Genueser, eine schöne italienische Ansprache, auf die ich französisch antwortete; hierauf stimmten die Priester Kirchenlieder an und paarweise gehend setzte sich die Procession langsam in Bewegung; der Großherzog und ich schritten rechts und links vom Patriarchen; hinter uns folgten alle anderen,

auch die türkischen Würdenträger; neben dem Zug gieng ein Spalier osmanischer Infanterie, welche bei jeder Gelegenheit den Confessionen die einzige Bürgschaft bietet, daß eine von der anderen bei den betreffenden Festen unbehelligt gelassen werde.

Die Gassen der Stadt sind ungemein eng und finster; eine kühle, kellerartige Atmosphäre, verpestet durch die schrecklichsten Gerüche aller Art, herrscht zwischen den engen steinernen Mauern. Das Pflaster, aus unregelmäßigen Steinplatten bestehend, gestattet nur den Fußgängern ein sicheres Fortkommen. Jerusalem trägt den unverfälschten, düsteren althebräischen Charakter an sich und hat nichts gemein mit den heiteren, farbenprächtigen, an Bazaren reichen Städten des Islam. Auf den Gassen, insoweit Platz war, und unter den Thüren stand sehr viel neugieriges Publikum aller Art, europäische Pilger, Juden, christliche und mohamedanische Orientalen.

Allmählig gelangte der Zug, eine Reihe schmaler Gassen passirend, an eine Stiege; über dieselbe hinabsteigend, erreichten wir den Vorplatz der heiligen Grabkirche. Derselbe, mit Steinplatten bedeckt, auf zwei Seiten von hohen Mauern, auf der dritten hingegen von der Haupt-Façade der Kirche mit recht hübschen Säulen und einem schönen Thor mit hohen Bogen eingeschlossen, stammt aus den Tagen der Kreuzfahrer.

Einen eigenthümlichen, höchst ehrwürdigen Eindruck ruft dieser erste Blick auf das größte Heiligthum der ganzen christlichen Welt in jedem Pilger hervor; schon die Scenerie trägt viel dazu bei: der einige Stufen unter dem Niveau der übrigen Stadt liegende alterthümliche Vorplatz, die grauen Häuser des düsteren Jerusalem und in ihrer Mitte die durch eine hohe Kuppel geschmückte, alte, verwitterte Grabkirche.

Im Vorhof hocken allenthalben Verkäufer heiliger Gegenstände im orientalischen Costüme herum und viele griechische und russische Popen standen, unseren Zug neugierig betrachtend, da. Durch das Hauptthor traten wir ein. Groß und imposant erscheint das Innere der Kirche auf den ersten Blick, doch zugleich düster und ernst. Weihrauch und Rosenöhlgeruch durchdringen die dumpfe, kühle, kellerartige Luft. Rechts und links sieht man Eingänge zu Kapellen,

Stiegen, hohe Chöre, und bald wird der Pilger gewahr, wie sehr dieses große Gotteshaus ein Conglomerat verschiedener Verehrungsarten und Liturgien, ein Compromiß zwischen den einzelnen Culten ist, und wie alle in einem Raum Platz fanden für ihre speciellen, ganz eigenen Gottesdienste.

In der Mitte der Kirche, in der großen runden Halle steht eine Kapelle, ein Gotteshaus für sich; das ist die eigentliche Grabkapelle, welche den orientalischen Kirchen und den Lateinern zugleich gehört und in der alle die alten Secten ihre Gottesdienste abhalten; ganz ausgeschlossen sind nur die neuen Religionen, die Protestanten und ihre Gesinnungsgenossen. Noch ehe wir die Grabkapelle erreichten, kniete der Zug bei dem großen, viereckigen, von schweren Leuchtern umgebenen Salbungsstein nieder, und flach am Boden liegend küßten wir ihn alle. Es ist derselbe Stein, auf dem der Leichnam Christi von Nicodemus gesalbt wurde.

Wie die Schrift es sagt: »Darnach bat Pilatum Joseph von Arimathia, der ein Jünger Jesu war, doch heimlich, aus Furcht vor den Juden, daß er möchte abnehmen den Leichnam Jesu. Und Pilatus erlaubte es. Derowegen kam er, und nahm den Leichnam Jesu herab. Es kam aber auch Nicodemus, der vormals bei der Nacht zu Jesu gekommen war, und brachte Myrrhen und Aloë untereinander bei hundert Pfunden. Da nahmen sie den Leichnam Jesu und banden ihn in leinene Tücher mit Specereien, wie die Juden pflegen zu begraben.«

Nach kurzer Andacht schritten wir zum Eingang der Grabkapelle. Dieses ganz kleine Gotteshaus war durch lange Zeit im ausschließlichen Besitz der orientalischen Kirchen, und so trägt es den vollen griechischen Typus von Außen und Innen an sich; alles reich in Gold und Silber, mit in Metall eingelassenen, schwarz bemalten Heiligenbildern und jenem echten eigenthümlichen Charakter, der alle orthodoxen Kirchen von anderen unterscheidet.

Vom Patriarchen geleitet, durften wir in das Innere der Kapelle gelangen; durch einen engen Vorraum kommt man an eine niedere Pforte, welche buchstäblich durchkrochen werden muß. Nun ist man in dem eigentlichen Heiligthum, dem Wahrzeichen des christlichen Glaubens. Blanker Fels blickt überall zwischen den reich verzierten Wänden hervor und diesen kahlen Stein verehren wir, er ist derselbe, der den Sohn Gottes getragen!

Rosenduft und Weihrauch, griechische Pracht, der Schein röthlicher Lampen, das Gemurmel lateinischer Gebete, alles wirkt betäubend; die enge Gruft scheint die Welt, die Wiege unseres Glaubens zu sein; in schwärmerisch gläubiger Stimmung drückt der Pilger seine heißen Lippen an den kahlen Fels, der ihm sichtbar seine heiligsten Gefühle, Trost, Stärke und Hoffnung repräsentirt. – Der Patriarch führte uns nach einigen Minuten wieder hinaus und vor der Grabkapelle kniete alles nieder und der fromme Gesang der Priester klang durch die majestätischen Hallen.

An dem Thore der Grabkirche verabschieden wir uns vom Patriarchen. Wir hatten eben nur unsere erste Andacht an der heiligen Stätte darbringen wollen, die Kirche selbst gedachten wir den folgenden Tag erst im Detail zu besehen, und so werde ich später eine flüchtige Schilderung, denn eine gründliche würde ein vollkommen specielles Studium verlangen, folgen lassen. Durch einige enge Gassen giengen wir nun, von den türkischen Würdenträgern geleitet und von den Neugierigen gaffend umgeben, nach dem österreichischen Hospiz. Es ist dies ein ziemlich großes Gebäude mit geräumigen Wohnzimmern und einer recht hübschen Kapelle. Ueber eine Stiege gelangt man von der Gasse zum Hausthor; unter demselben erwartete mich ein Geistlicher, der Aufseher des Hospiz, ein echter, braver Tiroler.

Bald nach unserer Ankunft mußten wir die Consuln und darauf einige türkische Würdenträger, auch Honoratioren der Stadt, im orientalischen Costüm, und später alle christlichen und jüdischen Häupter der Kirchen empfangen. Es kamen der lateinische Patriarch, umgeben von Priestern und Mönchen, der griechische mit seinen Popen, einige echte Armenier, dann Kopten und der syrische Patriarch. Es ist dies eine höchst interessante Kirche, welche der würdige Greis mit grauem Bart, faltenreichem schwarzem Ornat und einem von der Popen-Mütze herabwallenden Schleier, in Jerusalem vertritt.

Die alten Jacobiten sind, so viel ich weiß, die erste Secte, welche sich schon in den ersten Jahrhunderten des christlichen Glaubens von der eigentlichen Kirche losriß und seit diesen Tagen bis auf heute nur in Kleinasien ihren Sitz hat. Die Verehrung, welche sie dem heiligen Jacobus zollen, reicht über das Niveau der Heiligenverehrung der anderen alten Religionen hinaus. Schließlich kamen auch die Rabbiner; an ihrer Spitze der Vorstand der Juden in Jerusalem, einer der höchsten Priester in der geistlichen Hierarchie der jetzigen Hebräer.

Der alte Mann mit langem, blendend weißem Bart, wachsgelber Haut, schönen Zügen, ist aus Spanien gebürtig und trägt, wie die meisten in Palästina lebenden Rabbiner, das althebräische Costüm: den farbigen, faltenreichen Oberrock mit Pelz verbrämt, einen Turban am Kopf, lange Kleider, gelbe Pantoffel. Ich habe mir die Pharisäer niemals anders als jenen greisen Rabbiner vorgestellt.

Nachdem all diese unleugbar recht interessanten Visiten uns verlassen hatten, giengen wir aus dem Hospiz durch eine Gasse zum altersgrauen Damascus-Thor. Gleich außerhalb der Stadtmauer, neben steinigen Plätzen und Schutthaufen, zwischen einem verkümmerten Oehlgarten, stand unser stattliches Zeltlager aufgeschlagen. Die Diener hatten bereits alles ausgepackt und so richteten wir uns gleich recht häuslich ein. Die Pferde und Tragthiere weideten um den Lagerplatz, die Leute schliefen und wälzten sich am Boden, daneben bivouakirte die türkische Escadron, die seit Jaffa uns begleitete, während Infanterie aus Jerusalem Spalier um das ganze Lager bildete, da das Publikum, besonders das jüdische und christliche, sehr viele mit Bettelbriefen ausgerüstet, uns belästigen wollten.

Nach der Hitze und den Anstrengungen des Tages that etwas Ruhe recht wohl. Ein kühler Abend mit schönem Sonnenuntergang wirkte erfrischend und nach eingenommenem Diner herrschte bald Ruhe im Lager. Den Einschlafenden klangen noch in den Ohren das unausgesetzte Geheul der halbwilden Hunde innerhalb der Stadtmauern und jenes der bei Jerusalem massenhaft hausenden Schakale, die den gegenüber unserem Lager jenseits eines sanften Thales befindlichen Schinderplatz umgaben.

Am 30. in früher Stunde giengen wir alle, Herren und Diener, nach dem Hospiz, wo der Burgpfarrer, der Geistliche des Hauses und einige deutsch sprechende Franziskaner die ganze Reisegesellschaft beichten ließen. Von dort pilgerten wir nach der Grabkirche, wo in der Grabkapelle am Grabstein der Burgpfarrer die Messe las und allen das heilige Abendmahl daselbst gereicht wurde; zum Schlusse der Messe nahm der Prälat auch die Weihe der vielen eingekauften frommen Andenken vor, die während des Gottesdienstes am Grabstein gelegen waren.

Aus der Grabkapelle giengen wir durch die große Kirche und eine andere, den Franziskanern gehörende kleine Kapelle nach dem engen Franziskaner-Kloster, das auch noch zu den Gebäuden der Grabkirche gehört. Ueber enge Stiegen, schmutzige Räume mit schrecklich dumpfer Luft gelangten wir in eine bescheidene Zelle, das sogenannte Refectorium. Daselbst bewirtheten uns die freundlichen Mönche mit einer sehr guten Chokolade. Der Custode di Terra Santa erzählte während des Frühstückes von den Kämpfen und Feindseligkeiten, die mehr oder weniger unausgesetzt zwischen den verschiedenen Glaubensgenossenschaften bestehen, und erwähnte, daß es sogar manchmal zu Thätlichkeiten komme, die, falls es innerhalb der Kirche geschehe, von türkischen Soldaten, von den Ungläubigen also, auf energische Weise geschlichtet werden müßten. Der rüstige Mönch sprach kampfeskühn und wälzte in kräftigen Ausdrücken die ganze Schuld auf die orientalischen Christen. Schwer ist zu entscheiden, wen größere Schuld trifft; doch Eines ist gewiß, daß die beständigen Zänkereien den Nimbus des Christenthums in den Augen der Muslimen nicht erhöhen.

Im Januar 1979, als dieses Buch bereits in Druck war, wurde ein weiteres, in der Literatur bisher unbekanntes anonymes Buch des Kronprinzen identifiziert: »Reiseerinnerungen. Orientreise 1885«, 131 Seiten stark. Hofrat Dr. Johann Christoph Allmayer-Beck fand es in der Bibliothek seines Großvaters, des ehemaligen Direktors der Hof- und Staatsdruckerei. Das völlig unpolitische, in die Kategorie der Reisebeschreibungen einzureihende Buch schildert in Tagebuchform die private Reise des Kronprinzenpaares nach Athen, Beirut, Damaskus und Cettinje im Frühjahr 1885.

*Leseprobe aus dem nicht vollendeten Buch »Reisebilder«:*

## Siebenbürgen – Ein Dorf im Maroser Comitate

Nach dem Erfolg der »Orientreise« plante der Kronprinz einen Sammelband über seine Reisen in romanische Länder – Spanien, Portugal, aber auch die rumänischen Gebiete Siebenbürgens. Treu nach dem großen Vorbild Heinrich Heine wollte er das Buch »Reisebilder« nennen. (Es war dieselbe Zeit, in der Kaiserin Elisabeth einen Gedichtband nach Heine-Muster schrieb, den sie »Nordseelieder« nannte. Ob Rudolf diese Gedichte kannte, ist höchst zweifelhaft. Bemerkenswert ist jedoch die geistige Nähe von Mutter und Sohn, die in diesen Jahren kaum persönlichen Kontakt hatten.)
Das Buch sollte dem 1867 in Mexiko erschossenen Kaiser Maximilian, dem jüngeren Bruder Kaiser Franz Josephs, gewidmet sein. Maximilian hatte als Erzherzog selbst mehrere Bücher über Spanien geschrieben.
Im Nachlaß des Kronprinzen hat sich der Plan für die »Reisebilder« erhalten: Kap. 1: Corfu, Albanien. Kap. 2: Nord-Italien. Kap. 3 bis 10: Spanien, Marokko, Portugal, durch Frankreich zurück. Kap. 11: Aus dem Maroser Comitate, Kap. 12: Aus dem Hunyadi-Comitate in Siebenbürgen. Fertiggestellt sind sechzehn Hefte über die Spanienreise und acht Hefte über Siebenbürgen.
Im Januar 1883, vor Beginn des Schreibens, stellte sich der Kronprinz die nötige Literatur zusammen und erläuterte, wie er sich das Buch, vor allem die Beschreibung Spaniens, vorstellte: »Da kann das ethnographische Moment, gepfeffert durch modern politische u. geschichtlich politische u. religiöse Geschichten alles, was an Lücken des Details, fehlt, ersetzen. Auch sind hier einige sehr gute Behelfe vorhanden, und was das pikante betrifft, muss heinesches Recept befolgt werden; lesen einiger markanter Kapitel des Heine, besonders bevor es zur Schilderung Madrids und auch des Eskurials kommt ... Spanien soll schlagend wirken und 7bürgen durch das feine Colorit der Naturschilderung ein angenehmes Ende bilden[56].«

Einen schönen verhältnismäßig milden Novembermorgen begrüssten wir mit Tagesanbruch auf der Fahrt von Görgeny gegen das Gebirge.

Längs des Flusses geht es aufwärts im schönen freundlichen Tale; allmälig treten die Berglehnen näher heran, anfänglich noch mit Wiesen und hie und da auch mit Feldern bedeckt, müssen sie bald weichen den dichten Haselnussgestrüppen und kurz darauf den grossen Wäldern.

Durch einige Dörfer gelangen wir während dieser langen Fahrt. Echt romanische Ansiedelungen sind es, die weissen noch unter magyarischem Einfluß entstandenen Häuser und Kirchen sind vollends verschwunden, bis hier her reichen die Cultureinflüsse des Maros-Thales nicht und selbst die geordnete Bauart in Gassen muss weichen dem wilden Durcheinander des wallachischen Styles. Um einen das Dorf durchplätschernden Gebirgsbach sind die Hütten in voller Unordnung gruppirt; eine steht höher, die andere tiefer, dazwischen befinden sich Zwetschkengärten, halbverfallene Zäune, offene Einfriedungen für das Vieh. Am grössten Platze erhebt sich eine Stange, an der eine alte Glocke hängt, daneben stehen niedere mit kleinen spitzigen Dächern überdeckte Kreuze, ganz vollgeschrieben mit frommen cyrillischen Inschriften. Die Häuser tragen nicht den wilden, fast ruinenhaften Charakter an sich, wie man ihn in Süd-Siebenbürgen in den kleinen Dörfern findet, hier fallen uns im Gegentheil hübsche kleine Gebäude auf, mit hohen spitzen Dächern, das ganze Haus aus runden Holzblöcken gebaut, vor der Eingangsthüre durch einen hölzernen Säulengang geschmückt, zu dem einige Stufen emporführen; es sind dies ruthenische Anklänge, die an die Ortschaften in der Marmaros erinnern. Die Kirche, welche ebenfalls aus dunklem Holz verfertigt ist, wird durch allerlei Winkelwerk und einen offenen Glockenthurm versiert und bekundet den unverfälschten Typus der kleinen griechischen Dorfkirchen.

Zwischen den einzelnen Gebäuden schwimmt alles in tiefem Koth und Schmutz, und Büffel sowie allerlei anderes Hausgethier treiben sich da in der gemüthlichsten Weise herum.

In dieser ungezwungenen Unordnung, in dieser systemlosen Bauart der Kreuz und Quer stehenden Häuser, in diesem Mangel an Gassen und jedweder Symetrie liegt doch ein unleugbar malerischer Anstrich, der dem ganzen Bild viel Reiz verleiht.

Die Bauern, grosse stämmige Gestalten, alle gleich gekleidet in lange

schwarze Mäntel mit offenen Ärmeln gehüllt, weissen weiten Halina-Beinkleidern und Opanken, den dunklen Lockenkopf mit einem grossen schwarzen breit-krämpigen Hut bedeckt, eilen neugierig aus ihren Hütten und begrüssen uns unter freundlichen Zurufen, auch ihre Frauen folgen ihnen; ihre gewöhnliche Kleidung ist gar einfach; ein breiter Gürtel hält das grobe bis an die Kniee reichende, auf der Brust offene Hemd zusammen, der Kopf steckt in weissen Tüchern; bei besonders kühler Witterung ziehen sie ebensolche Mäntel wie die Männer an und stecken die Füße in Opanken, bei Regenwetter wird das Hemd, um es vor Beschmutzung zu bewahren, zu beiden Seiten aufgeschlagen und in den Gürtel emporgebunden, in einer Weise, die kaum den allergeringsten Ansprüchen der Schlichtheit entspricht, und in diesem Aufzug sieht man sie ganz ungenirt auf den Strassen herumlaufen.
Ausser all den ansässigen Dorfbewohnern bemerkte ich in dieser vorgerückten Jahreszeit im Thale Gestalten, die man in wärmeren Tagen niemals zu sehen bekommt. Grosse hagere Gesellen mit echt wallachischer, ins grünliche spielender Hautfarbe, langen, ausgehungerten Gesichtern, umrahmt von weit herabwallendem schwarzen Haar; an dem breiten Gürtel hängen allerlei Kreuze und bunter Firlefanz, daneben steckt ein langes Messer, auf den Schultern ruht ein kurzer Pelz und eigenthümlicher Weise sah ich da ganz schwarze und dunkelbraune Felle und ebenso gefärbte breite Pelzmützen, Kleidungsstücke, die mir sonst nur bei den Ruthenen in einigen Karpathengegenden auffielen; ein grosser Knüppel vervollständigt das eigenthümliche Aussehen dieser Leute, der fürchterliche Schmutz, der sie bedeckt und ihr vollends unkultiviertes Wesen lässt sie als echte Wilde erscheinen, was sie mehr oder weniger auch sind, den Sommer bringen diese Leute meilenweit von jeder menschlichen Ansiedelung zwischen Urwäldern auf den Alpenwiesen zu und im Winter ziehen sie mit den Herden in das Thal, um da auch fast nie unter ein Dach zu gelangen.

*Beiträge zur Enzyklopädie »Die österreichisch-ungarische Monarchie in Wort und Bild«:*

## Einleitung.

Seit 1884 arbeitete der Kronprinz, zunächst gemeinsam mit Erzherzog Johann, an einem Plan für eine Enzyklopädie über die Donaumonarchie. Die führenden Künstler und Schriftsteller der Monarchie sollten unter kronprinzlicher Ägide mitarbeiten, das Werk auf dem Grundsatz der Gleichberechtigung aller Völker und Religionen aufgebaut sein. Rudolf präsidierte sämtlichen Redaktionssitzungen, führte eine ausgedehnte Korrespondenz, berief selbst die Mitarbeiter, schrieb für jedes der zu seinen Lebenszeiten erscheinenden Bände Beiträge. Das »Kronprinzenwerk« wurde erst 1902 abgeschlossen und wuchs auf 24 Bände an.
Der erste Band erschien 1885 mit folgender Einleitung Rudolfs, der diesmal selbstverständlich nicht anonym bleiben mußte:

Die österreichisch-ungarische Monarchie entbehrt trotz mancher guter Vorarbeiten noch immer eines ethnographischen Werkes, welches, auf der Höhe der gegenwärtigen wissenschaftlichen Forschung stehend, mit Zuhilfenahme der so sehr vervollkommten künstlerischen Reproductionsmittel, anregend und belehrend zugleich, ein umfassendes Gesammtbild unseres Vaterlandes und seiner Volksstämme bietet.
Das Studium der innerhalb der Grenzen dieser Monarchie lebenden Völker ist nicht nur für den Gelehrten ein hochwichtiges Feld der Thätigkeit, sondern auch von praktischem Werthe für die Hebung der allgemeinen Vaterlandsliebe.
Durch den wachsenden Einblick in die Vorzüge und Eigenthümlichkeiten der einzelnen ethnographischen Gruppen und ihre gegenseitige und materielle Abhängigkeit von einander muß das Gefühl der Solidarität, welches alle Völker unseres Vaterlandes verbinden soll, wesentlich gekräftigt werden.
Jene Volksgruppen, welche durch Sprache, Sitte und theilweise ab-

weichende geschichtliche Entwicklung sich von den übrigen Volksbestandtheilen abgesondert fühlen, werden durch die Thatsache, daß ihre Individualität in der wissenschaftlichen Literatur der Monarchie ihr gebührendes Verständniß und somit ihre Anerkennung findet, wohlthätig berührt werden; dieselben werden dadurch aufgefordert, ihren geistigen Schwerpunkt in Österreich-Ungarn zu suchen.

Es ist daher gerade in unserem Vaterlande von hoher Wichtigkeit, die Ethnographie und ihre Hilfswissenschaften zu pflegen, da dieselben, ferne von allen unreifen Theorien und von allen Parteileidenschaften, das Material sammeln, aus welchem allein eine objective Vergleichung und Abschätzung der verschiedenen Völker hervorgeht.

Dies ist bisher noch nicht oder wenigstens nicht in der angedeuteten Richtung der Fall gewesen.

Wir dürfen uns nicht verhehlen, daß gerade in Österreich-Ungarn die Ethnographie weit weniger gefördert wurde als in Deutschland, England und Frankreich und neuerlich auch in Rußland, obgleich wir jene Specialisten, welche dazu vollkommen geeignet wären, vielleicht in gleichem Maße besitzen als andere Staaten.

Es erschienen allerdings manche werthvolle Arbeiten über einzelne Völkerstämme, allein dieselben blieben in gelehrten Fachblättern und periodischen Zeitschriften meist unverwerthet liegen oder wanderten leider nur allzuhäufig hinüber in die Publicationen des Auslandes.

Darum drängt sich der Gedanke auf, dieses reiche, für uns noch brach liegende Material in Österreich-Ungarn zu vereinigen und dadurch die Schaffung eines Werkes zu ermöglichen, welches innerhalb der Grenzen dieser Monarchie dem wissenschaftlichen und künstlerischen Selbstgefühl der einzelnen Nationen Rechnung tragen, der ganzen Monarchie und allen ihren Theilen zur Ehre gereichen würde.

Und wo gäbe es einen Staat so reich an Gegensätzen seiner Bodengestaltung, der, naturhistorisch, landschaftlich und klimatisch so herrliche Mannigfaltigkeiten in seinen Grenzen vereinigend, in der ethnographischen Zusammensetzung verschiedener Völkergrup-

pen gleich interessante Bilder zu einem großen Werke liefern könnte?
Diese Erwägungen veranlaßten uns, diese Arbeit zu unternehmen, und so wird denn eine Schar österreichischer und ungarischer Schriftsteller und Künstler in Wort und Bild das theuere gesammte Vaterland schildern, die Lesewelt auffordern zu einer Wanderung durch weite, weite Lande, zwischen vielsprachigen Nationen, inmitten stets wechselnder Bilder.
Wien, die herrliche Großstadt mit ihren Prachtbauten, den alten Stefansdom, das Wahrzeichen Jahrhunderte alter Größe, in ihrem Centrum, an dem majestätischen Donau-Strom gelegen, umgeben vom Kranze reizender Berge, rebengesegneter Hügel und rauschender Wälder, zwischen fruchtbaren Ebenen – so schön, so altehrwürdig und dabei doch ewig jung und aufblühend, ein Bild, wie es keine andere Metropole der Erde aufweisen kann.
Doch weiter ziehen wir durch das liebliche Niederösterreich: wogende Saatfelder, reiche Niederungen wechseln mit den wildüppigen Donau-Auen. Nun blicken wir in den Wienerwald: zwischen schattigen Eichen- und Buchenwäldern gelangen wir immer höher zu den Tannen und Fichten, in enge Thäler, zu hohen Bergen, an Gebirgsdörfern vorbei bis zu dem hochragenden Schneeberg mit seinen kahlen Halden und Krummholzgestrüppen.
Wir folgen dem Zuge der Berge: Kalkgebirge Oberösterreichs mit ihren zackigen Formen, wilde Thäler und Schluchten, blaue Seen, grünende Wiesen, davor ein blühendes Land von der Donau durchzogen, mit reichen Städten und Dörfern besäet. Salzburg erhebt sich vor uns, die alte Bischofsstadt mit ihren grauen Häusern und Kirchen, ein Kunstdenkmal früherer Zeiten.
Immer höher werden die Gebirge. Vor uns liegt die Felsenburg Tirol; Gletscher, Urgebirgsmassen, nördliche Vegetation auf der einen, südliche Glut auf der andern Seite der Alpen; in Vorarlberg, an den Gestaden des schönen Bodensees halten wir an. Zunächst geht es, den Gebirgszügen folgend, längs der blinkenden schneebedeckten Kette der Tauern durch die herrliche grüne Steiermark, ein Land, das Vieles in sich vereinigt: hohe Bergketten, endlose Wälder, reizende Hügel, reiche Ebenen von warmer Sonne liebkost. Kärn-

ten, das schöne Land, sowie auch Krain, mit ihren Seen und Kalkgebirgen, blendend weiß und grotesk in den Formen, halb nördlich, halb südlich in Vegetation und in Allem, sie durchziehen wir und gelangen durch Görz hinab in den Karst, in die Steinhalden mit spärlichem Grün, ein Typus so ganz eigenthümlich und einzig in seiner Art. Von weißen, kahlen Felsen aus erblickt der Wanderer das reiche schöne Triest, inmitten südlich-üppiger Gärten, an den Gestaden der blauen Adria, unseres Meeres, in seinem tief eingeschnittenen Golf ein Wald von segelbeflügelten Masten mit den wehenden Flaggen unserer und aller Nationen –, und nun geht es hinab zwischen zahlreichen Inseln an den Küsten des großartigschönen Dalmatiens bis hinunter in die herrliche Bocche di Cattaro, wo als mächtiger Grenzpflock sich das ernst-majestätische Gebirgsmassiv der Schwarzen Berge erhebt.
Nach Norden schwebt unser Blick. Mähren, das reiche Land mit seinen lieblichen Hügelketten ist durchwandert, und Böhmen, das wohlhabende Hochplateau, umgrenzt von einem Kranze schöner Waldgebirge, liegt vor uns ausgebreitet; Tannen- und Fichtenwälder, rauschende Bäche, fischreiche Flüsse, hochcultivirte, industriereiche Ebenen und Städte, inmitten aller das alte goldene Prag mit dem hochragenden Hradčin erfreuen unsern Blick. Durch Schlesiens Gebirgsthäler, durch seine reichen Ebenen ziehend gelangen wir, an dem historisch-ehrwürdigen Krakau mit seinem alten Wawelschloß vorbei, in die galizischen Gefilde; tief herab in die Ebene reichen die Ausläufer der Karpathen mit ihren endlosen Urwäldern, und zwischen Städten und Dörfern, über fruchtbare Hochplateaux, über tief eingeschnittene, nordwärts ziehende Flüsse und Ströme erreichen wir das waldige kleine Grenzland, die schöne Bukowina, zwischen dem mächtigen Gebirgszug der Karpathen und der sarmatischen endlosen Ebene den Übergang bildend.
Nun geht es in das Gebiet der heiligen Stefanskrone, so groß, so reich an Schönheit und wechselnden Naturbildern, umgeben vom Kranze der edles Erz bergenden Karpathen, von Waldgebirgen, hier und da aufsteigend zur vollen Hochgebirgshöhe, in ihren Thälern die Urquellen der großen heimischen Flüsse. Und südlich breitet sich ein Land aus, wo waldige Hügelketten, reiche Weingelände,

große Seen, mächtige Ströme, breite Sümpfe, wogende Culturstriche, üppige Vegetation und die in ihrer schwermüthigen Schönheit majestätische Puszta, mit ihren umfangreichen Städten in großartiger Reihenfolge das Auge des Wanderers erfreuen. Inmitten des Landes erhebt sich an den Ufern der mächtigen Donau, der Lebensader der Monarchie, die Hauptstadt, so schön und lebenskräftig, im vollen Emporblühen ein Mittelpunkt politischen Lebens, geistiger Cultur und gewerblichen Schaffens. Weiter ziehen wir durch die wohlcultivirten südlich-warmen Landschaften Kroatiens an den herrlichen Golf von Fiume, von da zwischen den slavonischen Tiefebenen an den Bergzügen der waldigen Fruška-Gora vorbei längs der Save wieder zur Donau.
Die herrliche Ebene links, rechts das hohe serbische Ufer; doch weiter geht es zwischen immer steileren Gebirgsmassen bis zum Eisernen Thor, wo unser mächtiger Strom sich durchdrängt durch scharfe Felsenriffe. An Mehádia, der alten Römertherme, vorbei, gilt nun die Wanderung den Hochalpen des gewesenen Romaner Banates; von dort dringen wir in das schöne Land Siebenbürgen, ein Juwel in der alten Stefanskrone. Wir sehen die imposanten transsylvanischen Alpen, die, einer hohen Mauer ähnlich, die Land- und Reichsgrenze bilden. Kahle Bergriesen, den Tauern nicht nachstehend, in den Thälern und Abhängen aber geschmückt durch rauschende Urwälder, in ihren Ausläufern mit Weingärten prangend, Salz und Gold in ihren Tiefen bergend; dann die alterthümlichen Städte, Zeugen einer alten Cultur, und in allen Landschaften das malerisch Schöne mit dem naturwissenschaftlich Interessanten gepaart. Das Innere des Landes mit den lieblichen Ebenen und Hügelgeländen ist bald durcheilt, und so ist die Wanderung beendet, auf der wir unsere Leser führen wollen durch diese Monarchie, so groß und schön, so reich an Naturbildern, so wechselvoll in allen Typen und Faunen.
Galizien mit seinem nordöstlichen Typus, das nördliche Böhmen mit seiner centraleuropäischen Fauna, der größte Theil der Alpen, die Karpathen, die ungarische Puszta, Südtirol und Dalmatien mit echt südlicher Vegetation – das Alles, diese Mannigfaltigkeit, sie ist in Einer Monarchie vereinigt.

Das Krummholz schlängelt sich am Gletschereis empor, die Birke glänzt im nordischen Sumpfe, die Eiche rauscht im dunkeln Forste neben der Tanne, Weinrebe und Lorbeer, Cypresse und Palme, sie verschönen alle Ein Vaterland – das unsrige.

Die Menschen, wie sie da leben und schaffen, in allen ihren Gebräuchen und abwechslungsreichen Trachten, wir werden sie unsern Lesern zeigen in Bildern und sie schildern in Worten. Das Volk von Wien in seiner Lebensfrische und künstlerischen Empfänglichkeit, den Niederösterreicher des flachen Landes und jenen aus dem Gebirge, den Oberösterreicher und Salzburger aus den Hochalpen, wo er im Kampfe mit den Elementen inmitten einer großartigen Natur ein hartes Leben führt, den reichen Bauer aus den Obstgegenden, den Tiroler in seinen engen Thälern, in den schönen kleinen Dörfern, wo noch alte Sitten und malerische Trachten zu finden sind, am Südhang der Alpen den Wälschtiroler und Ladiner, dann den Steiermärker in allen Theilen seines Landes, die Kärntner und Krainer, die Slovenen in ihren bunten Trachten, die Istrianer – immer lebhafter werden die Farben: die Dalmatiner in ihren reichen Costümen mit blitzenden Waffen ziehen an uns vorüber. Schlichter wird das Bild in Böhmen, die Deutschen im Norden und Westen, die Čechen im Innern des Landes, die Mährer mit ihren Hannaken liefern wieder ein farbenreiches Gemenge, die Schlesier germanischen Stammes, dann jene slavischen Ursprunges, die Polen in Galizien, die Ruthenen in abwechslungsreicher Reihenfolge.

Und nun kommt Ungarn, das magyarische Ungarn mit seinem so anregenden Volksleben, die Székler, ein eigenthümlicher verwandter Stamm; dann die Slovaken des Nordens, die Romanen, Nachkommen der alten Römer, die Serben und Kroaten und die kleineren Völker, die in Colonien leben, die Sachsen in Siebenbürgen mit ihren durch Jahrhunderte bewahrten Sitten und Gebräuchen, die Armenier, bulgarische Ansiedler, die Juden, die theils aufgegangen sind in die sie umgebenden Nationen, theils die Eigenthümlichkeit ihrer Race bewahrt haben, in fast allen Theilen der Monarchie lebend; die Zigeuner als Wandervolk und Musikanten und endlich als ansässige Bewohner in ungarischen Dörfern.

Alle diese Nationen und Stämme, diese einzelnen Typen, ihre so

wechselnden Dialecte und Gewohnheiten, ihre Lebensweisen, Wohnungen, ihre Erwerbsquellen, ihre Feste, Unterhaltungen und Gebräuche, ihre alten Trachten und Waffen, ihre Bildung, ihre Nationalpoesie, ihr Blühen und Gedeihen innerhalb der Grenzen dieser Monarchie – wir werden das Alles in diesem Werke wiederzugeben versuchen, wie es dem Leben getreu abgelauscht wurde.
Das Volksleben und die Volkseigenthümlichkeiten, wie sie entstanden sind und wie sie sich erhalten, zusammenhängend mit dem Charakter des Landes, mit dem Klima, der Natur und der Bodengestaltung – sind der eigentliche Stoff dieses Werkes.
Aber nicht nur die Gegenwart soll geschildert werden, sondern auch Rückblicke in die Vergangenheit seien uns gestattet bis in die Tage der römischen Weltherrschaft, als bei Vindobona die Legionen kämpften mit Quaden und Markomannen und in Pannonien und Dacien die römischen Adler siegreich aufgepflanzt wurden. Und weiter herab soll der Lauf der Geschichte verfolgt werden: wie sie kamen die einzelnen Völker, die Germanen ihre Länder errangen, die Slaven im Süden, die Čechen im Norden, wie die Ungarn unter Árpáds Führung hereinzogen über die Karpathen in die reiche Ebene.
Lange Zeiten folgen nun; Glück und Unglück, Kämpfe und wechselvolle Tage; und da sehen wir, wie sie sich allmälig aneinander reihen, ein Volk, ein Land nach dem andern, immer fester schmiegen sich die Stämme, mit Macht vereint sie die Interessengemeinschaft und ihre innige Verbindung ist ein Naturgesetz, und so entrollt sich vor unsern Blicken die Gegenwart, die mächtige große österreichisch-ungarische Monarchie, unser Aller Vaterland!
Das ist das Programm unseres Werkes; Österreich-Ungarn in Wort und Bild möge in wissenschaftlicher und künstlerischer Beziehung und zugleich als wahres Volksbuch ernste patriotische Bedeutung gewinnen.
Die literarischen und künstlerischen Kreise aller Völker dieser Monarchie haben sich zu gemeinsamer Arbeit vereinigt, und dem In- und Auslande soll dieses Werk zeigen, welche reiche Summe an geistiger Kraft wir in allen Ländern und Völkern besitzen, und wie sie sich alle vereinigt haben zu einer schönen Schöpfung, die dem

Selbst- und Machtgefühl der allgemeinen Vaterlandsliebe dienen soll.

Und wie nach und nach im Fortgange dieses Werkes ein Land um das andere in die Reihe treten wird, werden immer neue Mitarbeiter und neue Künstler, ihren heimatlichen Ländern entstammend, herangezogen werden; diese werden sich mit gleicher Hingebung und unverminderter Begeisterung ihren Vorgängern anschließen, und das Werk, nach Jahren vollendet, wird sich darstellen als ein Denkmal geistiger Schöpfungskraft der Gegenwart, als ein Monument für alle Zukunft, als: *»Österreich-Ungarn in Wort und Bild.«*

Den 1886 erschienenen Band »Wien« leitete der Kronprinz mit folgendem Artikel ein:

## Landschaftliche Lage Wiens.

Diese ersten Blätter sind der Lage Wiens gewidmet, der Schilderung des gottgesegneten Stückes Erde, auf dem sich seit den Römertagen unsere herrliche Vaterstadt erhoben hat und, allmälig anwachsend und emporblühend im Laufe von Jahrhunderten, zum Mittel- und Ausgangspunkte abendländischer Cultur für weite Gebiete, zum Centrum großartiger künstlerischer und wissenschaftlicher Entfaltung inmitten eines bewegten und eigenartigen Volkslebens geworden ist.

Konnte sich doch nur hier unter derartigen klimatischen und landschaftlichen Verhältnissen dieser Wiener Typus entwickeln, nur hier dieses Stadt- und Volksleben sich so lebensfrisch und anmuthend gestalten.

Der Boden, auf dem er lebt, die Natur, die ihn umgibt, beeinflußt den Menschen und seine Schöpfungen, und wenn unser Wien in gar mancher Beziehung einen speciellen, ganz besonders anziehenden Charakter besitzt, so gilt dies auch in vollem Maße von der landschaftlichen Umgebung unserer Hauptstadt.

Die mächtige Donau, weit im Westen entspringend, aus dem Abendlande durch Central-Europa dem fernen Orient zufließend, strömt nahe an Wien vorbei. Nördlich der Donau endet knapp an ihren Ufern im steinigen Bisamberge derselbe Typus eines rauhen Hochplateau-Landes, wie er ganz Böhmen und Mähren durchzieht; gegenüber, in östlicher Richtung, erblicken wir Wien nicht allzufern die schön geformte waldige Bergkette der kleinen Karpathen, westlichste Ausläufer jenes großen, ganz Ungarn umspannenden Gebirgszuges, der bis an die Donau sich herabsenkt, und am rechten Ufer des Stromes erhebt sich der kahle, runde Hundsheimerberg, ein würdiger Abschluß des langen, schmalen Leithagebirges, welches durch eine weite Strecke die Grenze Niederösterreichs und Ungarns bildet und durch den Gebirgsstock des Wechsels mit den Alpen zusammenhängt.
Wien selbst, weit sich breitend und jetzt durch sein Häusermeer ein engverbundenes Ganzes, steht auf den Hängen, welche von dem Kahlen- und Leopoldsberg und von den andern Kuppen abfallen, die uns mit ihrem saftigen Grün in die Fenster blicken, und hinter diesen ersten Hügelreihen gibt es noch ein weites hügeliges Gebiet, das jedes Wiener Kind sein eigenes liebstes Gehege nennt, den herrlichen Wienerwald. Rauschende Eichenbestände, von grünen Wiesenthälern und rieselnden Quellen unterbrochen, bald sich erhebend, bald sich senkend, drängen bis an die Stadt, bis zur Donau sich heran; dann folgt die Zone der Buchen, dann jene der Tannen- und Fichten-Regionen – und allmälig verbindet sich unser Wienerwald mit dem Hochgebirge der Alpen, diesem Rückgrat Central-Europas, das im Westen auf französischem Boden beginnt und im Osten in unserem hohen Schneeberg, der so stolz auf Wien herabschaut, sein letztes weißes Haupt erhebt.
Zwischen den Gebirgszügen nördlich der Donau breitet sich das reiche Marchfeld aus mit seinen wogenden Kornfeldern und südlich liegt das Wiener Becken, diese schöne bergumschlossene Niederung, in welcher fruchtbarer Boden, rauschende Bäche, sumpfiges Haideland und dichte Feldgehölze in bunter Mannigfaltigkeit einander ablösen. Zwischen diesen beiden Ebenen strömt majestätisch die Donau hindurch und bildet Inseln und weiße Schotterbänke und

fast undurchdringliche Auwälder – ein mannigfaltiges wildes Gebiet nahe der Weltstadt!
So erhebt sich inmitten eigenthümlicher Contraste, zwischen hochcultivirten Landstrichen und dunklen Forsten, umgeben von einem Kranze reizender Gärten und blinkender Landhäuser unser Wien, die alte ruhmreiche Kaiserstadt mit ihrem hochragenden Stefansthurm, einem Stück Weltgeschichte, und um ihn herum legen sich ehrwürdige graue Gebäude und ein marmorner Ring von modernen Prachtbauten, die großen Vorstädte und die langgedehnten Vororte, immer mehr und mehr angebautes, fruchtreiches Land in ihr Häusermeer hineinschlingend: Schöpfungen einer neuen Zeit und eines regen Fortschrittes.
Nahe der Donau in den grünenden Praterauen erglänzt die hohe Kuppel der Rotunde, ein Wahrzeichen des neuen Wien, wie es der Stefansthurm des alten ist. Stefansthurm und Rotunde, Marksteine in unserer Geschichte, künden weithin leuchtend dem Wanderer die Lage Wiens, dieser Metropole an der blauen Donau zwischen Ost und West, wo Nationen aneinander grenzen und Natur und Völkerleben einen großen Stapelplatz der Cultur für Gegenwart und Zukunft geschaffen haben.

## Ungarn.

Auf Wunsch der Ungarn und gegen die Intentionen Rudolfs wurde der Dualismus auch beim Kronprinzenwerk gewahrt: Es gab eine cisleithanische und eine transleithanische Ausgabe. Auch zum ersten Ungarn-Band, der 1888 herauskam, schrieb Rudolf die Einleitung:

Durch Ungarn und seine Nebenländer, durch ein Gebiet groß und schön und reich mit Gaben der Natur ausgestattet, werden wir unsere Leser führen. Hohe Gebirgszüge, tiefe Urwälder, sanfte Hügelgelände, rauschende Eichenhaine, große Seen, fischreiche Ströme und Flüsse, endlose Puszten, wohlcultivirte Niederungen, traubenbeladene Weingebirge, die Ausläufer nordischer Landschaft an den Grenzen Galiziens, südlich-prächtige Vegetation an den Gestaden

des Fiumaner Golfes – Alles dieses werden wir schauen und kennen lernen in »Wort und Bild«.
Ein gottgesegnetes Land ist es, unser Ungarn. Schätze ruhen in den Bergen und jungfräulich sind noch weite Strecken. Es ist ein Land, das im Emporblühen begriffen ist und noch im Auffinden und Nutzbarmachen seiner Reichthümer die nächste Aufgabe sieht, nicht im mühevollen und künstlichen Erhalten derselben. Westlicher und nördlicher Typus, südliche Glut und östlicher Charakter schließen sich hier vereinigend aneinander. Ungarn ist auch in naturhistorischer Beziehung ein bemerkenswerthes Land; verschiedene Thierfaunen und die drei großen Floren unseres Erdtheiles grenzen eine an die andere, und im Wesen der Natur, in Klima und landschaftlichem Typus erhält sich im ganzen Gebiete der Länder der heiligen Stefanskrone der Eindruck des Überganges von Ost und West.
Doch nicht nur der Naturforscher findet in den so abwechslungsreichen Gegenden Ungarns stets neues Material für seine Studien, auch der Ethnograph, der das Studium des Volkslebens, der Volksentwicklung und der Völkereigenthümlichkeiten zu seiner Lebensaufgabe macht. Die letzten Wogen der Völkerwanderung haben hier höchst interessante Gruppirungen verschiedener Nationalitäten geschaffen; hart an der Sprachgrenze des germanischen Stammes wohnen Nord- und Südslaven, theils in den Gebirgen, theils in den Ebenen, im Osten Rumänen, und im Herzen des Landes haben die Magyaren sich fast ausschließlich in den Ebenen niedergelassen, nur ein Stamm, die Székler, hat seine Heimat in compacter Masse an der östlichen Landesgrenze gewählt. Deutsche wohnen in den Gebirgsgegenden und zerstreut auch auf den Ebenen. Außer diesen Hauptstämmen kommen noch Ruthenen, Armenier, Bulgaren und allenthalben Zigeuner vor.
Wir wollen alle diese Völker kennen lernen in ihren Wohngebieten, in ihren Sitten, Gebräuchen und Trachten, in der Gegenwart und auch in der Vergangenheit; ihre Geschichte, ihre Entwicklung, ihre Fortschritte, ihre Cultur, das ganze Leben und Wesen, wie es entstanden ist und wie es sich anpaßt an den Boden, den sie bewohnen.
Nach Glück und Unglück, nach vielen wechselvollen Geschicken

und blutigen Kämpfen, nach einem tausendjährigen Ringen stehen heute die Magyaren auf derselben heimatlichen Scholle, die sie einst unter Árpáds Führung eroberten. In den von der Natur so reich ausgestatteten Ländern der heiligen Stefanskrone haben die verschiedenen Nationen des ungarischen Staatsgebietes ein reiches Culturleben, regen Fortschritt und rasches Emporblühen geschaffen, und heute, wenn die Sonne fern über Siebenbürgens Randgebirgen aufgeht, mit ihren jugendkräftigen Strahlen die herrlichen Puszten, die hellen Ströme, die üppigen Landschaften, schönen Städte und dunklen Wälder vergoldend, dann grüßt sie ein Land, das nach langer ereignißreicher Geschichte sich emporgerungen hat zu Blüte und gesichertem Gedeihen – dann grüßt sie unser schönes Ungarn!

## Der Wienerwald.

Seine Vorliebe für den Wienerwald, wo er sich 1887 seinen einzigen Besitz, das Jagdschlößchen Mayerling, gekauft hatte, dokumentierte der Kronprinz in folgendem Aufsatz im Band »Niederösterreich« 1888:

Eine Hauptzierde Niederösterreichs, ein charakteristisches Gebiet dieses Landes ist der *Wienerwald*. Längs der ganzen Kette der österreichischen Alpen fallen diese überall steil in das niedere, wenig bewaldete Vorland ab; nur dem östlichen Ende dieses Gebirgssystems, der Schneeberggruppe, ist ein weit ausgedehntes, ganz eigenartiges Gebiet von Berg- und Hügelketten vorgelagert, dessen eigenthümlicher Typus in den wahrhaft kolossalen und üppigen Waldcomplexen besteht. In botanischer, landschaftlicher, sowie auch in historischer Beziehung gehört der Wienerwald zu den interessantesten Landstrichen Niederösterreichs.
Vom Fuß der Alpen, vom Hoch- und Mittelgebirgs-Typus allmälig in das liebliche Hügelland übergehend, trennt er, sich nach Norden verengend, die Tullner Ebene – das sogenannte Tullnerfeld – von der weitaus größeren Niederung des Wiener Beckens und fällt in steilen Böschungen jäh zu den Ufern der Donau ab. Manche Theile des Wienerwaldes gleichen den sie umgebenden Gegenden; so er-

kennt man in den südlichsten Bergzügen unseres Gebietes die Ausläufer der Alpen, und in den westlichsten tritt uns der Charakter des west-niederösterreichischen und auch des oberösterreichischen Vorlandes entgegen, während das Centrum und die östlichen Abdachungen einen specifischen Typus bekunden, der den Wanderer gar häufig in landschaftlicher Beziehung an die Waldgebiete der Ost-Karpathen erinnert. Eigenthümlichkeiten des Wienerwaldes sind der Reichthum an Thälern, an langgestreckten, hier und da zu höheren Kuppen aufsteigenden Bergrücken, die große Menge unbedeutender Bäche und der Mangel an bedeutenden Wasserläufen, sowie vor Allem die Masse des Waldgebietes und die dagegen verschwindend kleinen Complexe unbewaldeten offenen Landes. Der herrliche, artenreiche Waldbestand und die Üppigkeit der Vegetation sind die Hauptzierden des Wienerwaldes, pittoreske Felswände und große Gesteinhalden fehlen fast ganz und nur in der nächsten Umgebung von Baden und Mödling, am östlichsten Rande des Gebietes, treffen wir auf zwei durch ihre eigenthümlichen Felsformationen charakteristische Thäler.

Der eigentliche Wienerwald wird im Norden durch den Tullnerboden und die Donau, im Osten durch die Ebenen des Wiener Beckens, im Süden durch die Triesting und den Gölsenbach und im Westen durch den Traisenfluß begrenzt. Innerhalb dieses großen, unter dem Namen Wienerwald zusammengefaßten Gebietes lassen sich dem Charakter der Gegenden nach, noch drei engere, ziemlich von einander verschiedene Gruppen bestimmen.

Als erste wollen wir jenen herrlichen Waldcomplex bezeichnen, der sich zwischen dem Tullnerboden, der Donau, den nordwestlichen Ebenen des Wiener Beckens, dem Schwechatflusse, dem Au- und Tullnerbache erstreckt. Als zweite Gruppe rechnen wir das Gebiet zwischen der Schwechat, den Ebenen des Wiener Beckens südlich von Baden, der Triesting, dem oberen Laufe des Tullner- und des Aubaches. Als dritte endlich die westlichen weniger waldreichen Gehänge zwischen dem Gölsenbach, dem Traisenflusse, dem Tullnerboden und dem Tullnerbach.

Doch nicht nur landschaftlich lassen sich Abgrenzungen einzelner Districte aufstellen, sondern auch in botanischer Beziehung gibt es innerhalb des Gebietes mannigfaltige große Unterschiede, die durch das Aneinanderreihen und theilweise Verschmelzen zweier Floren entstehen, so daß der Wienerwald in pflanzengeographischer Beziehung als einer der interessantesten Landstriche Mitteleuropas gelten muß. Der westliche Theil gehört dem subalpinen Gau der baltischen Flora, der östliche dem pannonischen Gau, der pontischen Flora an. Entlang der Grenze, welche diese beiden Floren scheidet, treffen an manchen Stellen die Charakterpflanzen von hüben und drüben aufeinander, so daß es Plätze gibt, an denen die pontische Zerreiche sich zusammenfindet mit den baltischen Borstengraswiesen, dem Haidekraut und Heidelbeergestrüpp. Der interessanteste Baum des östlichen Wienerwaldes ist die stattliche Schwarzföhre, welche hier an ihrer westlichsten Verbreitungsgrenze herüberragt aus dem pontischen Vegetationsgebiet bis an den Fuß der Alpen. So auffallend reich an Arten die Flora des Wienerwaldes ist und so interessant dieses Gebiet für den Botaniker sein mag, so wenig großartig hingegen erscheint uns die zoologische Fauna. Zu Beginn dieses Jahrhunderts wurden die letzten Bären und Luchse erlegt, auch die Wildkatze mußte das Feld räumen, und nur noch hier und da in sehr strengen Wintern taucht, über den Wechsel herüber kommend, irgend ein versprengter Wolf aus Ungarn auf. Dachs, Fuchs, Fischotter, Edelmarder und die gewöhnlichen ganz kleinen Raubthiere fristen in ziemlicher Zahl ihr uninteressantes Leben. Von Nutzwild sind es Hochwild und Rehe, die noch überall im ganzen Gebiet, an manchen Stellen selbst in recht bedeutender Menge vorkommen, doch weder in Stärke des Körpers, noch der Geweihbildung dem Auwilde unserer niederösterreichischen Donau-Auen vergleichbar; sie haben nicht den Typus des östlichen Wildes, sondern schon ganz jenen des Gebirgswildes an sich. Von Zeit zu Zeit wird auch ein Wildschwein in den Forsten des Wienerwaldes, ein Flüchtling aus dem kaiserlichen Thiergarten, gesehen; mehrmals wurden in der Umgebung von Baden und Alland Gemsen erlegt, die vom nahen Schneeberge in die Vorgebirge herabkamen.

Die Vogelwelt ist, wie in den meisten großen Waldgebieten, sehr arm an Arten und an Zahl der Individuen; dies tritt hier noch deutlicher dem Beobachter entgegen, da auch alle die großen Raubvögel, welche die Urwaldgebirge des Ostens so sehr beleben, ganz fehlen. Adler werden nur äußerst selten gesehen; selbst der Kolkrabe fehlt. Der Mangel an Wasserflächen, Sümpfen und Ebenen bringt diese Armuth an Vögeln mit sich; für das Erscheinen der Hochgebirgsarten ist die Entfernung von den Alpen doch eine zu große; der stattlichste Vogel des Wienerwaldes ist der Auerhahn, und auch diesen findet man nur in geringer Zahl auf den südlichsten Bergen, um St. Corona und Fahrafeld.

So groß auch die Waldcomplexe, so endlos die hochstämmigen Forste auf den langen Bergrücken dem Wanderer auch erscheinen mögen, so ist denn doch der Wienerwald ein forstlich überall gut cultivirtes, von Wegen und Straßen durchzogenes Gebiet – ein großer Naturpark, ein wilder Prater für die Wiener, dessen Reize in der Nähe der Weltstadt und in der Lieblichkeit der grünen Landschaften zu suchen sind. Urwüchsige Wildnisse, wie sie die in ihrem Charakter sehr ähnlichen Karpathenurwälder noch zu bieten im Stande sind, darf man in dem von Touristenwegen durchzogenen, an Dörfern und Gasthäusern, traulichen Landwohnungen und kleinen Curorten reichen Wienerwalde schon lange nicht mehr suchen.

Auch in ethnographischer Beziehung ist gar manches Interessante verschwunden; die alten Sitten und Bräuche und die so malerischen Costüme der Waldbauern sind auf wenige, von den Bahnen noch nicht berührte Thäler, beschränkt; alles Andere ist dem nivellirenden Einflusse der nahen Stadt gewichen. Historische Erinnerungen, in Form von Klöstern, Kirchen, Schlössern und noch recht gut erhaltenen Ortschaften mit ehrwürdig altem Anstrich, versetzen uns lebhaft zurück in die Tage des Mittelalters und rufen Bilder aus der kampfesreichen niederösterreichischen Geschichte vor das geistige Auge.

Nach diesen einleitenden Worten sei ein kurzer Gang gestattet durch die lauschigen Waldgründe von der Donau bis zum Fuße der Alpen. Jedem Wiener ist vom ganzen Wienerwald am besten das Gebiet zwischen der Donau, dem Tullnerbach und dem Wienflusse bekannt. Was erschließt sich aber auch hier für eine Fülle von lieblichen Landschaften und reizenden Waldwegen, was herrscht da an schönen Juni-Sonntagen für ein buntbewegtes Leben, und welche

Scharen wälzen sich aus der staubigen Kohlenatmosphäre der Stadt hinaus in das üppige Grün, in die reine Waldesluft, wo am Rande dichter Eichen- und Buchenforste die unzähligen mehr oder weniger geschmackvollen Landhäuser mit den rosenbeladenen Gärten und obligaten Oleanderbäumchen stehen und die traulichen Schenken mit den saftigen Rasenplätzen und schattigen Lauben so einladend dem in heißer Sonne schmachtenden Touristen entgegenlächeln. Welche Fülle heiteren Sommerlebens und wahrhaft reizender Naturschönheit liegt nicht in den Namen: Hütteldorf, Halterbachthal, Hadersdorf, Purkersdorf, Gablitz, Hainbach, Dornbach, Weidling am Bach und wie sie alle heißen die Orte, die jedes Wiener Kind als sein ererbtes oder angeborenes Eigenthum mit Recht betrachtet.
Wie malerisch hübsch sind die steilen Hänge des Wienerwaldes gegen die Donau zu, wo die dicht mit Eichenwäldern bewachsenen Hügel jäh abfallen zum Ufer des Stromes mit seinen graugrünen Auinseln; wie schön liegt das imposante Klosterneuburg, dieser österreichische Escorial, eingeklemmt zwischen Berg und Strom; und weiter beim Kahlenbergerdorf und oberhalb Nußdorf, Grinzing und bei Dornbach, wie reizend verläuft da der Wald zwischen Wiesenmatten, wilden Rosenhecken und großen Weingärten, die hinabreichen bis zu den Häusern Wiens. Die bekanntesten Aussichtspunkte des Wienerwaldes sind wohl die mit der Geschichte des Kronlandes so eng verflochtenen Höhen: der *Kahlenberg* und der *Leopoldsberg*.
Welche herrliche Fernsicht erschließt sich den Tausenden von Ausflüglern, die alljährlich da an schönen Frühlingstagen frohe Stunden verbringen! Gegen Süden und Westen, wohin das Auge reicht, nichts als Wald, ein grünes Meer; Bergrücken und Kuppen, allmälig höher ansteigend, bis sie in weiter Ferne den Fuß der hochragenden Alpen erreichen; und nach Norden den Blick wendend, gewahrt man unter den steil abfallenden Berghängen das Silberband der Donau mit den unzähligen Auen und Inseln, wie es sich dahinschlängelt gegen Osten, das weite Marchfeld vom Wiener Becken trennend, um zwischen den letzten Ausläufern der Karpathen einerseits und dem Hundsheimerberg anderseits zu verschwinden. Und wie

schön liegt Wien am Fuße der Berge, zwischen Auen und wogenden Feldern, Gärten und reizenden Landschaften; wie glänzen der ehrwürdige Stefansthurm und alle die Kuppeln, Dächer und Giebeln der vielen Kirchen und Prachtbauten dieser imposanten Stadt! Wohl kann man es kühn behaupten, daß keine Millionenstadt in Europa eine so schöne, abwechslungsreiche Umgebung und keinen so bemerkenswerthen Aussichtspunkt, als es der Kahlenberg ist, in ihrer Nähe hat, wie Wien.
Über das prachtvolle Bild blickend, schweben die Gedanken zurück in ferne Tage, wo noch am Fuße dieser Berge eine kleine Festung lag, ein mauergeschütztes Städtchen, das alte Wien, aus dem sich allmälig unsere Metropole entwickelte. Nicht ohne Einfluß war auf die Geschichte der Stadt der Entschluß des Markgrafen Leopold, nach seiner Vermählung mit Agnes, der Witwe des Herzogs Friedrich von Schwaben, seinen Wohnsitz von Melk nach der 1101 im Bau begonnenen Burg auf dem Leopoldsberge zu verlegen.
Am Fuße dieses Berges fand er eine schon von der Römerzeit her bestehende Ansiedlung mit einer dem heiligen Martin geweihten Kirche vor. Der Wunsch, eine religiöse Genossenschaft als Pflanzschule christlicher Gesinnung, wie zu Melk, in der Nähe zu haben, veranlaßte ihn, auf der St. Martin zunächst gelegenen Anhöhe eine Collegialkirche mit Wohnungen für weltliche Chorherren zu bauen. Das ist der Ursprung von *Klosterneuburg*. Zugleich begann der Bau des Fürstenhofes und des Frauenklosters, als dessen Stifterin nach der Tradition Leopolds Gemahlin Agnes erscheint, deren vom Winde emporgehobener und zu Thal getragener Schleier in der poetischen Volksüberlieferung die Stelle bezeichnete, an welcher das stolze Stift Klosterneuburg entstand. In einer wohl noch viel wichtigeren Weise ist der Kahlenberg mit der Geschichte Österreichs durch den Entsatz von Wien verbunden, als das große Christenheer, aus dem Wienerwalde hervorbrechend, die Türken überfiel und durch einen entscheidenden Sieg den ersten großen Stoß der Herrschaft und dem Vordringen der Osmanen versetzte.
Lange genug verweilten wir auf diesen nördlichsten Ausläufern des Wienerwaldes; in die dichten Forste eindringend, bemerken wir allenthalben denselben Typus: Buchenwälder, dichte Junghölzer, ein-

zelne Eichen, fast gar kein Nadelholz, niedere, meist sanft ansteigende Kuppen, unzählige kleine Thäler und Schluchten mit üppigen Wiesen, reichem Blumenflor und unbedeutenden Bächen; dies ist der Charakter dieses reizenden Hügellandes nördlich vom Wienthale. Alles ist malerisch in dieser nicht großartigen, aber so überaus lieblichen Gegend; wie schön liegen alle die vielen Ortschaften zwischen Wald und Wiesen, wie lohnend sind die Wege von Klosterneuburg nach Weidling am Bach, oder von Dornbach hinein zum Tulbinger Kogl, oder über Gablitz zum Troppberg und dann nach *Ried* hinunter, und erst wie hübsch ist das Mauerbachthal, von Weidlingau hinauf über Hadersdorf zwischen allen den Gärten und Landhäusern, belebt von bunten Scharen die Waldluft genießender Sommergäste. *Mauerbach* selbst ist ein gar alter Ort; hier bestand die erste Karthause Niederösterreichs, die im Jahre 1313 vom Herzog Friedrich dem Schönen, Sohn Albrechts I., gestiftet wurde. 1782 wurde sie nach theilweise sehr bedrängenden, wechselvollen Schicksalen aufgehoben. Die Gebäude dienen jetzt theils zum gutsherrlichen Wohnsitze, theils zu einem Versorgungshause der Stadt Wien. Südlich von Sieghardskirchen, in einer an Kuppen und tiefeingeschnittenen Thälern reichen Gegend liegt der alte Ort *Rappoltenkirchen,* im XIV. Jahrhundert Eigenthum der Herzoge von Österreich. Als Herzog Rudolf IV. von dem Gedanken getragen war, Erbämter an seinem Hofe zu errichten, wurde das Schloß und Gut von Rappoltenkirchen zur Dotirung des Erbjägermeisteramtes ausersehen, für welches der Herzog Herrn Friedrich von Kreuzbach bestimmt hatte.

In landschaftlicher Beziehung bietet das verhältnißmäßig recht breite Wienthal am meisten anziehende Punkte; Weidlingau und Purkersdorf sind sehr reizend gelegene Orte, und auch weiterhin an der Westbahnstrecke, wo der in den nördlichsten Theilen vorherrschende Hügellandtypus mit fast ausschließlichen Laubholzbeständen den ersten Anfängen des Mittelgebirgs-Charakters mit einzelnen Nadelholzwäldern den Platz einzuräumen beginnt, finden wir eine Fülle malerischer Landschaften. Preßbaum und Reckawinkl bilden Ausgangspunkte für lohnende Ausflüge und das an der Eisenbahn gelegene *Neu-Lengbach* sowohl wie Alt-Lengbach, letzte-

res inmitten der Wälder, sind nicht nur sehr schöne, sondern auch alte Ortschaften.
Das Schloß in Alt-Lengbach liegt jahrhundertelang in Trümmern. Seit dem XVI. Jahrhundert wohnten die Besitzer in Neu-Lengbach, dessen Schloß, auf einer vier Thäler beherrschenden Höhe erbaut, zu den besterhaltenen aus jener Zeit gehört. Das Geschlecht, welches sich vom Orte nannte, gehört dem ältesten und vornehmsten österreichischen Ministerialadel an. Die Herren von Lengenbach lassen sich urkundlich von 1120 bis gegen das Ende des XIV. Jahrhunderts verfolgen. In der unmittelbaren Nähe von Neu-Lengbach finden sich die Burgruinen von Alt-Lengbach, Unter-Thurn, Anzbach und Raipoltenbach.
Wie schon erwähnt, ist der Typus der Gegenden südlich der Westbahn ein von dem nördlich derselben ziemlich verschiedener; das Wienthal bildet da die Grenze, bei jedem größeren Hauptthal im Wienerwald kann man diese Erscheinung wahrnehmen; in diesem allmäligen, aus dem Niedergebirgscharakter in Form von Zonen zum Mittelgebirgs- und endlich selbst zu den ersten Anklängen des Hochgebirgstypus emporsteigenden Übergangsgepräge liegt der Reiz dieses Gebietes.
Eine der wenigst gekannten, sehr abwechslungsreichen Gegenden ist unstreitig der *k. k. Thiergarten.* In seinen Abfällen gegen das Wienthal zu treffen wir in den hochstämmigen Buchenforsten denselben Typus an, den wir nördlich der Wien kennen lernten; auf seinen höheren Kuppen beginnen einzelne Tannen und steile Kuppen der Landschaft das Gepräge des südlichen Wienerwaldes zu geben, und in den östlichsten Theilen, im sogenannten Lainzer Revier, finden wir einen aus mehr oder weniger verkrüppelten Eichen bestehenden Forst, dessen Aussehen an keinen anderen Wald unseres Gebietes, sondern ganz und gar an manche Gegenden des Leithagebirges bei Bruck erinnert.
Eine Fahrt durch den Thiergarten aus dem Wienthal beim Auhof herein gehört zu den schönsten Ausflügen. Zwischen den herrlichen Bäumen, uralten, eigens zur Zierde erhaltenen Eichen und hochstämmigen Buchen neben dem Thore dringen wir ein, dann geht es über die sogenannte Bischofswiese weiter, beim Johannser Kogl,

einem durch riesige Eichen geschmückten Hügel, an dem reizenden Thalkessel des Hittgrabenstadels vorbei, auf steilem Berghange empor zum Jägerhause am Hirschgestemm, von da durch herrliche Buchenforste, dann über Wiesen hinab, über einen klaren Quellbach am sogenannten Schlossergassel, einem mit Eichen bewachsenen niederen Bergrücken vorbei über die große Dorotheerwiese, wieder durch Wald hinaus auf die größte aller Thiergartenwiesen, die sogenannte Penzingerwiese, an deren Saume sich jetzt die in den letzten Jahren erbaute neue Villa der Kaiserin erhebt. Ein Teich und einzelne kolossale Bäume schmücken diese in der That imposant große Rasenfläche; durch einen ganz ebenen, eigentlich unschönen Eichenwald gelangen wir nun wieder zur Mauer und zum Lainzer Thor, das nur wenige Minuten vom Dorfe Speising entfernt liegt.

Die eben geschilderte gut fahrbare Straße beschreibt einen weiten Bogen durch alle drei Reviere des Thiergartens und gewährt einen flüchtigen Überblick. Um aber diesen, wie ich glaube, in landschaftlicher Beziehung schönsten Wildpark Europas genauer kennen zu lernen, muß man zu Fuß die vielen Thäler und Schluchten, die kleinen Waldwiesen mit den traulich gelegenen Jägerhäusern, die steilen Hänge, die fast undurchdringlichen Junghölzer, die hohen Kuppen mit den uralten Wettertannen und die vielen, herrliche Fernsichten gewährenden Bergspitzen aufsuchen.

Am östlichen Abhange des Thiergartens liegt auf einem runden Hügel die sogenannte Baderwiese, welche als der schönste Aussichtspunkt des Parkes gilt; der Überblick ist beiläufig derselbe wie der von der Spitze des Kahlenberges aus, nur liegt Wien weiter, hingegen erspäht man bei reinem Wetter am Hundsheimerberg vorbei das Schloß von Preßburg. Noch interessanter ist die Fernsicht, die sich vom Hornauskogl (514 Meter), dem höchsten Punkt des Thiergartens, aus entrollt. Über die vorgelagerten Kuppen und Hügel hinüber sieht man gegen Wien und in das Marchfeld, durch ein Thal hinaus gar weit in die südlichen Gegenden des Wiener Beckens und nach dem Leithagebirge; was aber den wahren Genuß dieses einzig schönen Platzes begründet, ist der Blick über alle die immer höher und höher ansteigenden Hügel und Gebirgsketten, über dieses ganze große Gebiet des Wienerwaldes, wo das lichte Grün der

Buchenwälder sich mengt und ablöst mit den dunklen Nadelholzforsten. In den näher liegenden Gegenden erkennt man noch Thäler und Dörfer, das hochgelegene Hochrotherd, Breitenfurth, das kleine Laab; im Liesingthal erblickt man Kalksburg, und über einen niederen Bergrücken glänzt eben nur die Spitze der Perchtoldsdorfer Kirche uns entgegen.

Die weiteren Theile des Bildes gleichen einem grünen Meer, über das in nicht allzu weiter Ferne sich das graue Haupt des Schneeberges und die malerischen Contouren der Gebirge um Lilienfeld erheben. Bei reinem Wetter kann man die Felswände, Geröllhalden und mit Legföhren bewachsenen Hänge ganz genau unterscheiden. Vom Jägerhaus am Hirschgestemm läßt sich dieser Aussichtspunkt am Hornauskogl in nicht viel mehr als einer Viertelstunde leicht erreichen.

Dem Thiergarten verleiht neben der Schönheit seiner Gegenden auch das reiche Thierleben einen ganz besonderen Reiz; die starken Hirsche, das viele Damwild, die für Parkwild auffallend großen Wildschweine, die hier mit Glück seit langen Jahren schon acclimatisirten ganz wild lebenden Moufflons (Wildschafe), die Rehe in den zum Schutze gegen das größere Wild eingeplankten Culturen und Junghölzern und das an gleichen Plätzen seit kurzer Zeit eingebürgerte Virginiawild – beleben alle in buntem Durcheinander die großen Wiesen und dunklen Wälder dieses schönen Parkes.

Südlich vom Thiergarten beginnt die am östlichsten Rand des Wienerwaldes sich erstreckende schmale Zone steiler, hier und da felsiger Gebirgsketten, welche den Bierhäusel, den Parapluieberg, die Brühl, den Anninger, das Helenenthal und die das Triestingthal einschließenden Höhen umfaßt. Die Schwarzföhre ist der charakteristische Baum dieser der Vegetation nach der pontischen Flora angehörenden Gegenden, deren Typus auch in landschaftlicher Beziehung ein vom übrigen Wienerwald grundverschiedener ist.

Das enge waldige Thal von *Kaltenleutgeben* mit dem buntbewegten Leben, das dieser Ort der trefflichen Wasserheilanstalt verdankt, ist nur der Beginn der interessanten und so malerischen Felsgebilde; um wie viel schöner und eigenthümlicher noch tritt dem Touristen die enge Brühl mit dem hübsch gelegenen uralten Städtchen *Möd-*

*ling* am Fuße des Wienerwaldes entgegen! Gar merkwürdig nehmen sich die hohen, zackigen Felskegel aus, deren viele durch alte Föhren gekrönt sind; fast möchte man das ganze Thal für einen genial angelegten Park mit künstlich errichteten Felsgruppen halten. Und wohl noch schöner ist das von höheren, schon in manchen Details an die Nähe des Hochgebirges mahnenden Bergen eingeschlossene *Helenenthal,* an dessen Ausgang auf felsiger Zinke die alten Raubnester Rauhenstein und Rauheneck als zu Wegelagererzwekken geeigneten Thalsperren liegen. *Baden,* dieser reizende Badeort mit seinen so berühmten Quellen, erstreckt sich zwischen Gärten und schattigen Promenadenwegen vom Fuße der Berge bis in die Ebene hinaus.

Westlich von der eben erwähnten felsigen, der pontischen Flora angehörenden Randzone finden wir ein Gebiet, das den Raum zwischen dem Thiergarten, der Westbahn und dem Schwechatflusse einnimmt und unstreitig mit zu den schönsten des ganzen Wienerwaldes gehört. Hier kann man den wahren Übergang vom Hügellands- zum Mittelgebirgscharakter beobachten, den Kampf des Laubwaldes mit den Nadelholzforsten um die Vorherrschaft. Die an den Thiergarten angrenzenden wiesenreichen Thäler des Purkersdorfer Forstes, der deutsche Wald, das Dachsgeschleif, der Feuersteinberg und an deren Fuß auf üppig grüner Wiese die reizend gelegene Paunzen sind jedem Wiener wohlbekannte Ausflugspunkte. Durch hochstämmige Buchenwälder, in denen einzelne dunkle Tannenforste für das Auge erfrischende Abwechslung bieten, gelangt man über steile Hänge am sogenannten Laaber-Steig nach dem malerisch am Rande von Wiesen, am Fuße langer Hügelketten liegende Dorf *Laab.*

Über den zwar nicht hohen, aber desto steiler ansteigenden Höhenzug, dessen Hauptpunkte: der Hundskehl, Sperr- und Hochstökkelberg mit ihrem malerischen Gemenge von Laubholz und alten breitästigen Tannen dem Touristen herrliche Fernsichten gewähren, erreichen wir das breite, wiesenreiche Breitenfurther Thal, welches bei Kalksburg in die Ebene mündet. Die schönsten Plätze sind auf nützliche Weise durch die allbekannten Gasthäuser, den Rothen Stadl und den Grünen Baum geziert; weiter oben steht auch

ein neuerrichtetes Frauenkloster und bald hinter demselben beginnt das langgestreckte Dorf *Breitenfurth* mit seinen weißen, reinlichen, von Obstgärten umgebenen Bauernhäusern. Über den Bergrücken, auf dem die Orte Breitenfurth und *Hochrotherd* liegen und welcher seit altersher die Trennung der Gebiete ober und unter dem Wienerwalde bildet, führte stets eine Hauptverbindungslinie aus dem Wienthal und dem westlichen Vorlande nach der Ebene des Wiener Beckens. Breitenfurth kann als die Grenze des Stadtlebens im Wienerwalde bezeichnet werden; die bisher geschilderten Gebiete sind durch die vielen Landhäuser, die schon mehr städtisch gehaltenen Gasthäuser und die vorzüglichen Communicationen zu einem weit ausgedehnten Vorort Wiens geworden; an einem schönen Nachmittag begegnet man weit mehr elegant gekleideten Wienern als Landleuten, und diese wenigen haben auch schon den alten Typus, das ehrwürdige Costüm längst verloren.
In den Gebieten, welche wir jetzt durchstreifen wollen, herrschen noch die alten Sitten und Trachten, der zähe, ausdauernde Sinn, die fast bigotte Frömmigkeit und der oft staunenerregende Aberglaube der niederösterreichischen Waldbauern. Auch hier begegnet man, insbesondere an Sonntagen, einzelnen Städtern, doch sind dieß Touristen, welche den freien Tag benützen, längere Ausflüge zu unternehmen; ihre Zahl ist meist eine geringe, da die schnellen Verbindungen der Südbahn es ermöglichen, in kürzerer Zeit das Hochgebirge bei Reichenau als auf schlechten Straßen das Innere des Wienerwaldes zu erreichen.
Von Breitenfurth gelangt man über Hochrotherd in die herrlichen Wälder des sogenannten Wögler Forstes; Nadel- und Laubholzbestände, hochplateuxartige Rücken, tiefe Schluchten und rauschende Bäche wechseln mit breiten Wiesen: in östlicher Richtung führt ein hübscher Weg in das Kaltenleutgebener Thal, in südlicher hingegen nach dem malerisch gelegenen Curort *Sulz* und von da über blumenreiche Wiesen an schönen Aussichtspunkten vorbei zu den Dörfern Dornbach und Grub einerseits und Sittendorf anderseits. Von dem letzteren Orte aus erreicht man in kurzer Zeit das alte Schloß *Wildegg*. Urkundlich wird es zuerst 1188 erwähnt. Die adelige Familie, die sich davon nannte und durch Verwandtschaft

und Güterbesitz großen Einfuß gewann, bestand bis um die Hälfte des XV. Jahrhunderts. 1683 wurde das Schloß von den Türken verwüstet. Seit 1686 ist es Eigenthum des Stiftes Heiligenkreuz und wird nothdürftig vor dem Verfall verwahrt.

Östlich von Sittendorf liegt *Sparbach;* ein kleines Schloß und ein eingesäumter Hochwildpark sind im Besitze des regierenden Fürsten Liechtenstein; von da ab gelangt man auf recht guter Fahrstraße in das enge, felsige Brühlthal, wo die Lage der alten Höldrichsmühle und der Kessel der sogenannten Hinterbrühl zu den hübschesten Punkten des Wienerwaldes gehören. Die Brühl, in älterer Schreibung Priel, im Mittelalter Proilum, war vielleicht ursprünglich von dem herzoglichen Wildgarten unter dem Schlosse Medling so genannt, da das Wort zunächst einen Wald oder Hain in der Niederung, einen feuchten Wiesengrund mit Buschwerk und später, da in solchen Gründen Wild gehegt wurde, ein Wildgehege bezeichnete, das nach Umständen mit Zaun oder Mauer umfangen war. Aus der Brühl auf anderem Wege in südlicher Richtung in die Gebirge eindringend, erreicht man nach Passirung eines engen Thales bald den breiten wiesenreichen Kessel von Gaaden, wo am Fuße des hochragenden runden Anningerberges die Ortschaften *Unter-* und *Ober-Gaaden* mit der großen weithin sichtbaren Kirche liegen.

Ein lohnender Waldweg führt über Siegenfeld hinab in das enge, felsige Helenenthal; die Fahrstraße längs der Schwechat an der malerisch gelegenen Cholerakapelle, der schattenreichen Krainer- und Augustinerhütte vorbei gehört zu den interessantesten in diesem Gebiete; gegen Norden wird das enge Thal eingeschlossen von jäh ansteigenden waldigen Hügeln, während in südlicher Richtung sich das Gebirgsmassiv des 831 Meter hohen Eisernen Thores und des nur wenig niedereren Lindkogls mit großen Holzschlägen, Fichten-, Föhren-, Lärchen- und Tannenbeständen, kahlen Felswänden und öden Geröllhalden erhebt, das den vollen Typus des hohen Mittelgebirgs-Charakters verräth.

Beim Sattelbach-Wirthshaus theilen sich die Straßen, die eine führt an den Felsen des Ungersteines und an dem reizend gelegenen *Mayerling* mit der großen Kirche und dem schloßartigen Besitzthume des Stiftes Heiligenkreuz vorüber in den freundlich grünen Thalkessel von Alland, die andere, nach Nordwest abzweigende passirt ein enges waldiges Thal, an dessen nördlichem Ende das Stift *Heiligenkreuz* liegt. 1136 beurkundet Markgraf Leopold III., er habe den aus Morimund herbeigerufenen Cisterciensern, wie es ihm sein Sohn Otto vorschlug, der selber dem Cistercienser-Orden angehörte, den Ort Sattelbach, jetzt Heiligenkreuz, eingeräumt und ihnen mit Zustimmung seiner Gemalin Agnes und seiner Söhne Albert, Heinrich, Leopold und Ernst das umliegende ihm angehörige Gebiet als Stiftungsgut übergeben. In der Urkunde werden die Grenzen des geschenkten Gebietes genau bezeichnet, und zwar mit Flur- und Ortsnamen, die noch heute bestehen, z. B. die Höhen: Privaton, Hausruck, Hocheck, Ebenberg, die Bäche: Sattelbach, Sparbach, Dornbach, Schwechat, die Orte: Mayerling (Murlingen) und Sittendorf (Sichendorf), woraus hervorgeht, daß in diesem Theile des Wienerwaldes die Colonisirung damals schon weit vorgeschritten war. Heiligenkreuz ist die zweite Klosterstiftung Leopolds III., und gerade so wie die erste, Klosterneuburg, hat es auch dieses Kloster verstanden, durch die lange Reihe von Jahrhunderten bis auf unsere Tage sich in vollem Glanze zu erhalten. Dieses große Waldstift, welches mit der ganzen Geschichte Niederösterreichs und insbesondere des Wienerwaldes eng verflochten ist, gehört zu den interessantesten Klöstern des Landes. Der mächtige Bau mit der hochragenden Kirche, umgeben von Mauern und vielen Wirthschaftsgebäuden, einem blühenden Garten mit uralten Bäumen, erfreut das Auge. Nicht weniger sehenswerth ist das Innere der Kirche: der berühmte Kreuzgang, die Stiegen, Säle und die lehrreichen Sammlungen, welche die zu allen Zeiten Wissenschaft und Kunst pflegenden Mönche dieses Stiftes in gutem Stande zu erhalten wußten.

An einem schönen Juni-Abend, wenn die Sonne mit ihren letzten Strahlen die Kuppen der Berge vergoldet und in zarten Tönen das lichte Grün der Buchen und Eichen sich abhebt vom feinen Colorit der Lärchen und den dunklen Farben der Tannen und Fichten und unten im Thale die saftigen blumenreichen Wiesen an den Ufern des plätschernden Baches schon in die langen Schatten der heranrükkenden Nacht gehüllt sind, in den buschigen Kastanien und knorrigen Linden des Klostergartens der Abendwind durch die Zweige rauscht, da thront das mächtige Stift mit seinen blendenden Mauern inmitten dieser lieblichen Landschaft als eine Burg des Friedens, an der Jahrhunderte spurlos vorübergingen. Vom hochragenden Thurme erschallt in hellen Tönen das Ave Maria-Läuten, sich mengend mit dem melancholischen Klange des Hirtenhorns, die Sonne verschwindet hinter den grünen Hügeln, und wir genießen das Bild einer Waldlandschaft, die man sich kaum schöner vorstellen kann.

Von Heiligenkreuz führt die Fahrstraße über einen steilen Bergrükken, der eine weite Fernsicht über den Wienerwald bis zum Hochgebirge und hinab in den breiten, mit Wiesen und Feldern bedeckten Thalkessel von Alland gewährt. Zu beiden Seiten von *Alland,* das an der Ausmündung mehrerer Thäler und am Knotenpunkte von fünf Straßen liegt, erheben sich zwei felsige Bergkegel; der südliche ist durch seine runde, nach einer Richtung hin bewaldete, nach der anderen hingegen als hohe Felswand steil abfallende Contour besonders merkwürdig. Die Geschichte des Ortes reicht bis in das XII. Jahrhundert zurück und sein Name heißt in der ältesten Form Adalech, was mit dem Personennamen Adelheid stimmt. Ein Leutold von Alecht war 1340 Waldmeister der Herzoge von Österreich.

Von Alland aus führt die Straße längs des Schwechatflusses an Wiesen, dunklen Tannenforsten, Buchenwäldern und an einer Stelle auch an niederen Eichengestrüppen vorbei bis zu dem reizend gelegenen Dorfe *Klausen-Leopoldsdorf.* Wieder ist es ein an Wiesen und einzelnen großen Bauernhöfen reicher Thalkessel, der den Knotenpunkt bildet für mehrere Straßen.

In südlicher Richtung eröffnet sich das von hohen steilen Berghängen eingeschlossene Thal von Groß-Krottenbach, in dessen Sohle ein schlecht erhaltener Weg nach Klein-Mariazell läuft; nach Westen ist es das breite Lamerauer-, nach Norden das sich nach kurzer Strecke in drei Nebenthäler trennende Agsbacherthal, welche gute Verbindungen nach verschiedenen Richtungen hin erschließen. Im Dorfe Klausen-Leopoldsdorf selbst mündet das enge Hainbachthal.

Alle diese durch ihre Wasserläufe für die forstwirthschaftliche Verwerthung des Wienerwaldes wichtig gewordenen Thäler haben ihre Namen von den einzelnen Klausen, in welchen das Wasser bis

zum Moment des Holzschwemmens gestaut wird; im Schwechatthale, zwischen Alland und Klausen-Leopoldsdorf befindet sich die große Hauptklause, in der alle von den Nebenflüssen zuströmenden Hölzer aufgenommen und dann weiter geschwemmt werden.
Von Klausen-Leopoldsdorf aus gelangt man im Hainbachthale zwischen steilen Hängen und langgestreckten Wiesen bis zur Hainbachklause und von da auf guter Straße durch jenes prächtige, aus unzähligen Kuppen und weit ausgedehnten Bergrücken bestehende Waldgebirge, welches sich von Alland und Heiligenkreuz zwischen der Gruber-Hochrotherder-Breitenfurther wiesenreichen Landschaft einerseits und dem Agsbach und später Pfalzbach anderseits ohne Unterbrechung bis an die Westbahn erstreckt. Über starke Steigung fortwährend durch dichte Wälder fahrend erreicht man die freundliche Thalniederung der sogenannten Gruberau, von wo gute Verbindungen nach dem östlichen Wienerwalde hinüberführen.
Noch lohnender ist in landschaftlicher Beziehung das aus direct nördlicher Richtung einmündende Hauptthal. Bald nach den letzten Häusern von Klausen-Leopoldsdorf biegt ein Fahrweg nach Nordwesten ab, der durch das aus einzelnen zerstreuten Höfen bestehende Dorf *Klein-Krottenbach* zwischen Nadelholzwäldern zu der gleichnamigen Klause führt, hinter welcher steile, dicht bewachsene Höhenzüge uns entgegentreten. Dem Hauptthal folgend gelangt man zur Einmündung des Lengbaches, der, ein schmales, wunderhübsches Thal bildend, an der Lengbachklause und an dem auf dem Hauptrücken des Wienerwaldes liegende Dorf *Hochstraß* vorbei die kürzeste Verbindung nach Alt-Lengbach und von da an die Westbahn bietet.
Das Agsbachthal selbst erstreckt sich zwischen dichten Buchenwäldern und einzelnen Wiesen an der Agsbachklause vorüber bis zu dem Dorfe *Kniewald,* das auf der Wasserscheide vom Schwechat- und Wienflußgebiet liegt; von da ab führt die Straße längs des Pfalzbaches in gerader Linie hinunter nach Preßbaum an der Westbahn.
Das aus direct westlicher Richtung in den Kessel von Klausen-Leopoldsdorf einmündende Thal ist die breite, an üppigen Wiesen,

großen Höfen und Obstgärten reiche Niederung der sogenannten Lamerau. Nach kurzer Fahrt erreicht man den aus einigen Häusern bestehenden Weiler *Schöpflgitter;* schluchtartig verengt sich das breite Thal, um sich alsbald nach drei Richtungen hin zu verzweigen; gegen Süden gelangt man auf guter Straße über steiles Gebirg, zwischen ernsten, dunklen Nadelholzwäldern an der Hollerbach- und der Antonsklause vorüber in den hohen Wienerwald, der schon in Allem und Jedem an die Nähe der Alpen mahnt; auf blühenden Wiesen, umgeben von steilen Bergen liegt der reizende Ort *St. Corona* mit der prächtigen Schneebergaussicht. Von da geht es bergab in das Triestingthal nach Kaumberg an die Verbindungslinie von der Süd- zur Westbahn, die auch die Grenze des Wienerwaldgebietes bildet. Verfolgt man aber von Schöpflgitter die gerade nach Westen führende Straße, so erreicht man beim Fuße des hohen Schöpflberges gar bald die Trennung zweier Schluchten. Zwischen hohen Fichten steht die alte Hirschenkapelle, deren Altarbild uns mahnt an den Tod eines Jägerburschen, der sich in wilder Waidmannslust brüstete, er wolle selbst auf einen Hirsch schießen, der ein Cruzifix zwischen den Geweihen trüge; nun sah er Tags darauf an dieser Stelle einen Hirsch, der mit dem Kreuz geschmückt war, und als er ihn erblickte, fiel er todt zur Erde.

Die in nördlicher Richtung abzweigende Schlucht führt uns zur Geisruck-Klause, in gerader Linie aber gelangt man auf schlechtem, jäh ansteigendem Fahrweg zwischen dunklen Nadelholzwäldern zu der Häusergruppe von Unter-Gredl und von da hinaus nach Laaben in das offene westliche Vorland. Zu den schönsten Gegenden des ganzen Gebietes gehört wohl der Lamerauer Forstdistrict, und eine Fußtour von Ober-Gredl über die Hammetkämme zur Geisruck-Klause und von da über den Hollerer Berg nach Hochstraß bietet reichen Naturgenuß. Kein Haus, keine Straße, kein Lärm stört die Ruhe dieser Wälder; Schluchten, Thäler, Kuppen und Bergrücken, alle mit hochstämmigen Buchen und einzelnen Nadelholzbäumen bewachsen, erstrecken sich endlos dahin, kleine Wiesen liegen wie Inseln in diesem Meere von Wald; Rehe und Hirsche weiden behaglich das saftige blumenreiche Gras und nichts stört den Frieden; nur hier und da gibt es erbitterte Kämpfe zwischen Wilddieben, die oft weither aus dem Gebirge kommen, und den Jägern; da klingen die Stöcke aneinander und selbst die Büchse spricht ein ernstes Wort dazwischen; in den letzten Jahren sind auch diese kleinen Kriege viel seltener geworden.

Der höchste und von den nördlichen, Wien näher liegenden Gegenden am meisten verschiedene Theil des Wienerwaldes ist das südliche Gebiet zwischen der Schwechat und ihren Nebenbächen einerseits und der Triesting anderseits.

Die westlichsten Ausläufer bei Baden und Vöslau, deren höchste Spitze das Eiserne Thor ist, haben wir theilweise bereits besprochen; derselbe Typus, emporragende Felskegel umgeben von Schwarzföhren und überhaupt von Vertretern der pontischen Flora, reicht bis zu den Abfällen bei Gainfarn und auch weiter hinein in das enge, recht schöne Triestingthal bei Fahrafeld und *Weißenbach*. Von dem großen Orte *Altenmarkt* aus führt eine Straße durch ein breites wiesenreiches Thal am Fuße hoher mit Nadelholz bewachsener Berge vorbei über die Wasserscheide nach Alland; ein anderer Weg zweigt ab nach dem reizend gelegenen Ort *Reisenmarkt,* in dessen Nähe sich die weite Fernsicht gewährende Burg *Arnstein* befindet. Das adelige Geschlecht, das sich von der Burg nannte und sie auch wahrscheinlich erbaut hat, läßt sich von 1170 bis um die Mitte des XIV. Jahrhunderts verfolgen. Die Ruine mit dem umliegenden Waldgebiet ist Besitz des Klosters Heiligenkreuz.

Von Altenmarkt aus ist auch der alte Ort *Klein-Mariazell* leicht erreichbar; weit hinauf reicht dessen Geschichte. Um das Jahr 1134 faßten zwei Brüder Heinrich und Rapoto von Schwarzenburg, Söhne eines reichbegüterten edlen Haderich, den Entschluß, unweit ihres Wohnsitzes ein Kloster für Benedictiner zu stiften. Sie widmeten zu diesem Zweck ihre vom Vater geerbte Stadt Schwarzenburg, vor Zeiten Nesta genannt. Heute bestehen noch das Dorf Nöstach an der Straße von Hafnerberg nach Alland und in der Nähe die Reste einer großen Kirche, dem heiligen Pancratius geweiht, die nach diesem Heiligen zu schließen einmal die Hauskirche eines adeligen Geschlechtes war.

Die beiden Brüder bestimmten auch für den Fall ihres Todes eine bedeutende Zahl von Gütern dies- und jenseits der Donau, die ihrer

Stiftung zufallen sollten. Der Markgraf Leopold aber schenkte dem zu errichtenden Kloster den Grund und Boden, auf welchem es gebaut werden sollte, mit Waldungen und Grundstücken in der nächsten Umgebung und behielt sich die Schirmvogtei über das Kloster für sich und seine Nachkommen vor. Der Stiftbrief datirt aus Klosterneuburg am Lichtmeßtag 1136. Das Kloster bestand bis 1782 und ist jetzt der Wohnort des Besitzers von Klein-Mariazell.

Zwischen dem Wege von Klein-Mariazell nach Klausen-Leopoldsdorf und St. Corona erheben sich einige recht hohe und durch ihre scharf markirten kegelförmigen Formen an das nahe Hochgebirge erinnernde Berge. Sowohl der große Hollerberg als auch der Leistberg bieten schöne Fernsichten. Von letzterem überblickt man in südlicher Richtung die immer höher sich aufthürmenden Bergreihen über der Triesting, dann dahinter jene von Gutenstein, den Kuhschneeberg und alle überragend die weißen Wände des Schneeberges; nach Norden und Osten schweift das Auge über den großen grünen Wienerwald und durch eine Thalsenkung erspäht man an einem ganz reinen Morgen, ohne die zu tief liegende Ebene sehen zu können, die blaugraue Kette der kleinen Karpathen. Der schönste und zugleich höchste Gebirgsstock des südlichen Wienerwaldes ist der *Schöpfl:* ein großer Waldcomplex hochstämmiger Buchen, Tannen und Fichtenforste; blühende Holzschläge, steile Berghänge und einzelne steinige und felsige Partien erinnern den Wanderer an manche Gegenden in den oberungarischen Karpathen; es ist ein wilder, urwaldähnlicher dunkler Forst, der gewiß nicht an die unmittelbare Nähe der Großstadt mahnt.

Der schattige Weg von Schöpflgitter durch ein Jungholz über einige kleine Wiesen an einem Holzschlag vorbei, dann durch hochstämmige Wälder zum Vorderschöpfl und von da auf die höchste eigentliche Schöpflspitze zum 893 Meter hoch auf einer Wiese gelegenen Aussichtspunkte gehört zu den lohnendsten Ausflügen in den niederösterreichischen Gebirgen. Nach Süden hin eröffnet sich ein herrlicher Überblick auf eine Reihe von Kuppen und Bergen, unter denen das Hocheck, der Plackles, der Hochriegl, das Kieneck, der Staffkogl und der Unterberg besonders hervortreten; dahinter baut sich der Schneeberg mit dem Waxriegl, Kaiserstein und Kuhschneeberg imposant auf, hinter dem letzteren die Raxalpe und weiter südwestlich die Schneealpe mit dem Windberg und der Donnerwand und die Lachalpe, der sich der Gippel- und weiter über die Hofalpe hin in seiner ganzen Breite der Göller anreiht; auch Hoch- oder Reusalpe sind sichtbar. Im Mittelgrunde des Bildes ragt über einer bewaldeten Kuppe die Schloßruine Araberg hervor; desgleichen gewahrt man den Ötscher und den Scheiblingstein. Nach Westen blickend entrollt sich das Bild des offenen Vorlandes, Wiesen, Felder und kleine Wälder, hier und da Ortschaften, ein Typus, so weit das Auge reicht; im Nordwesten bemerkt man die Westbahnlinie und St. Pölten und inmitten des grünen Landes das Silberband der Donau, dahinter in graublaue Dünste gehüllt die flachen Gegenden des einstigen Viertels unter dem Manhartsberg; selbst Göttweig, das Wetterkreuz bei Hollenburg und der Jauerling liegen bei günstigem Wetter im Gesichtskreis; in nördlicher und östlicher Richtung schweift das Auge über den ganzen großen Wienerwald von der Donau bis an die Triesting. Über alle die unzähligen Berge, Kuppen und Thäler dieses bedeutenden Waldgebietes blickend, wenden wir die Gedanken der Geschichte des Wienerwaldes zu, die weit in das Mittelalter hinaufreicht.

Unter den Allodialgütern, mit denen die babenbergischen Fürsten in Österreich nach Besiegung der Ungarn vom Reiche bedacht wurden, stehen die im heutigen Wienerwalde obenan. Am 2. November 1002 schenkte König Heinrich II. dem Markgrafen Heinrich ein Gebiet zwischen der dürren Liesing und der Triesting. Am 10. Juni 1035 schenkte König Konrad II. dem Markgrafen Adalbert ein Gebiet zwischen der Triesting und Piesting, welch letzterer Fluß eine zeitlang die Grenze von Steiermark bildete. Auch bei der Ausstattung der Tochter des Markgrafen Leopold II., Elisabeth 1090, bezeichnet Enenkls Fürstenbuch freieigene Güter des Markgrafen östlich von Wilhelmsburg bis gegen die Piesting. Daß in derselben Zeit auch ein beträchtlicher Theil des nördlichen Wienerwaldes bis zur Donau hin Eigenthum der Babenberger geworden ist, geht aus ihren späteren Vergabungen an Klöster deutlich hervor. Nach Besiegung König Ottokars II. ließ im Jahre 1279 Kaiser Rudolf einen Fürstentag von Reichs- und österreichischen Edlen zusammentreten, die sich über die Zuständigkeit der ehemals babenbergischen Eigengüter auszusprechen hatten. Sie erklärten, daß alle Güter, die Herzog Friedrich von Österreich und Steier in seiner Macht und Gewähr gehabt, dem Kaiser oder in seinem Namen seinem Stellvertreter zu überantworten seien, unbeschadet der Ansprüche, die etwa Jemand vor Gericht geltend machen und durchsetzen sollte. In der That haben auch die ersten Habsburger mit ihren Gütern im Wienerwalde aus freiem Willen geschaltet, indem sie einzelne verpfändeten, verkauften und wieder andere durch Zukauf erweiterten. Eine solche Vergabung von beträchtlichem Umfange war unter Anderem die Dotation der Karthause Mauerbach, die Friedrich der Schöne im Verein mit seinen Brüdern 1313 stiftete.

In der zweiten Hälfte des XIV. Jahrhunderts begegnet uns schon ein landesfürstlicher Forstmeister des Wienerwaldes mit Befugnissen, wie sie heute nur dem Oberstjägermeister zustehen. In den Jahren 1567 bis 1582 wurde auf kaiserlichen Befehl eine »Beraitung und Ausmarkung« der Wienerwaldforste vorgenommen. Im Jahre 1724 verpfändete Kaiser Karl VI. den Wienerwald an die Ministerial-Hofbank-Deputation, von der er ein Darlehen zur Bestreitung der Kriegskosten empfangen hatte. Im Jahre 1755 begab sich die Kaiserin Maria Theresia ihres Eigenrechtes auf den Wienerwald und übertrug die Forste in das Eigenthum des Staates.

Westlich vom Schöpfl erheben sich noch einige Berge, der Kukubauerwies und der Kasberg, die den nämlichen Typus in Wald und Gestalt zeigen wie die früher beschriebenen. Nach Süden fallen sie gegen das Gölsenthal bei den Orten Hainfeld und St. Veit, nach Westen zum Traisenfluß ab. In nördlicher Richtung ist ihnen das zwischen dem eigentlichen Wienerwald und der Traisen sich bis an das Tullnerfeld erstreckende offene Land vorgelagert. Genau genommen kann man diesen Landstrich am Fuße des Wienerwaldes nicht mehr zu demselben rechnen. Der Charakter der Gegend ist ein ganz verschiedener, derselbe, wie man ihn in West-Niederösterreich und in Oberösterreich längs der Westbahnlinie findet. Einzelne reiche Bauernhöfe, große Obstgärten, Wiesen, Felder wechseln mit kleinen Nadelholzwäldern, echten Feldgehölzen; das Terrain ist wellig, ohne bergig zu sein, einzelne bewaldete Kuppen sind ziemlich steil und hoch, doch nirgends erscheinen weder die Höhenzüge noch die Wälder zu einem größeren System verbunden; manche Thäler sind tief eingeschnitten. Der hübscheste Theil dieses Gebietes liegt zwischen dem Tullnerbach und der Traisen bei Traismauer.

Hier finden wir einige etwas größere Nadelholzwaldcomplexe, das schluchtartige Perschlingthal und von den steil gegen das Tullnerfeld abfallenden Höhenzügen schöne Aussichtspunkte über die Ebene, die Donau mit ihren großen Auen und hinüber auf das Land nördlich des Stromes; in südlicher Richtung thürmen sich die Vorgebirge und dahinter ein langes Stück der Alpen gut sichtbar auf. Heiligenkreuz mit dem kleinen Gutenbrunnerwald und gegenüber der Reidling und Eichberg, sowie auch der Seelackenberg bei Traismauer bieten zwar keine schönen, aber doch immerhin recht freundliche Gegenden.

Im selben Band (»Niederösterreich«) ist ein zweiter Aufsatz Rudolfs zu finden, der gerade heute eine Fundgrube für Ökologen ist. Ein derart detaillierter Bericht über die Donau-Auen vor der Regulierung gilt in Fachkreisen als einzigartig.

## Die Donau-Auen von Wien bis zur ungarischen Grenze.

Zwischen den beiden Donaudurchbrüchen, dem einen nördlich von Wien, wo der Wienerwald vom Bisamberg getrennt wird, und dem anderen an der ungarischen Grenze, der den Hundsheimer Berg von den kleinen Karpathen scheidet, durchfließt der Strom trägen Laufes eine Ebene, die zu Auen und Inselbildungen reichliche Gelegenheit bietet. Dieses Donaugebiet ist, sowohl was die Flora und das gesammte Pflanzenleben als auch das reiche Thierleben betrifft, ein in mancher Beziehung höchst eigenartiger, interessanter Landstrich. Nahe sehr verschiedenen Gebirgszügen: den Karpathen, Alpen, den Ausläufern des Leithagebirges und des Mähren und Böhmen durchziehenden Hochplateaus, ferner zwischen den Ebenen des Marchfeldes und des Wiener Beckens, hat das Augebiet an der Donau von den umliegenden Typen angezogen, in sich aufgenommen, und doch dabei sein ganz specifisches Wesen beibehalten. Die

niederösterreichischen Donau-Auen sind eine Welt für sich, und wer nur die Wälder und Gebirge, sowie die Ebenen dieses Landes kennt, ahnt nicht, daß in unmittelbarer Nähe der Weltstadt eine noch recht einsame und ganz für sich allein charakteristische Wildniß besteht.
Ungarn und die unteren Donaugebiete haben noch größere, noch urwüchsigere Augebiete, die im Allgemeinen mit den niederösterreichischen Donau-Auen in vielen Beziehungen übereinstimmen, aber die Mannigfaltigkeit der Vegetation ist hier eine größere, weil gerade die Gegenden des Wiener Beckens durch das Aneinandergrenzen der pontischen, der alpinen und der baltischen Flora so reich an Arten sind. Und die Thierwelt ist nicht geringer vertreten und nicht weniger anziehend durch ihr noch unbehindertes Treiben in diesen großen Wald- und Flußrevieren, die zur Heerstraße dienen allerhand Zugwild und zum Schutze den einheimischen Gattungen.
Selbstverständlich hat der Mensch im Laufe der Zeiten auch in diese Gebiete eingegriffen und jene Theile der Auwälder, die nicht durch die Macht des Stromes und seiner Überschwemmungen als theilweise unbenützbarer Boden bleiben mußten, sich dienstbar zu machen gewußt. Hierdurch haben an beiden Ufern der Donau die Wälder an Breite eingebüßt, überall sind die Felder näher, an manchen Stellen bis hart an den Strom herangetreten und durch die noch im vollen Bau begriffene Donauregulirung ist einem Wechseln des Strombettes und den damit verbundenen neuen Inselbildungen und Ausdehnungen des unbenutzbaren Schotter-, Sumpf-, Wasser- und Dickichtgebietes ein Riegel wohl für immer vorgeschoben. Innerhalb des ihr vorgezeichneten Weges und des Inundationsterrains wird aber die Donau nach wie vor ihre Veränderungen und Inselbildungen, wenn auch künftig nur in kleinem Maßstabe, fortsetzen.
Sind auch die Donau-Auen heute schon lange nicht mehr, was sie einst waren, so haben sich doch einzelne Partien immer noch in voller Urwüchsigkeit erhalten und werden wohl lange, trotz Regulirung und aller menschlichen Anstrengungen, noch so bleiben. Denn die Donau ist gerade in diesem Landstriche ein gar eigensinniger, schwer zu besiegender Strom, und was auch gegen den offenen Ansturm der Wogen erfolgreich geleistet werden kann, hilft nichts den

unterirdischen Arbeiten des Sickerwassers gegenüber, das gerade bei den Aubildungen eine so große Rolle spielt.

In unmittelbarer Nähe Wiens verschwanden die Auen, welche noch vor sehr kurzer Zeit in voller Pracht bestanden, fast gänzlich. In rascher Folge wurde vom Fuße des Kahlenberges und gegenüber dem Bisamberg bis hinab zur Militärschießstätte und zum Prater die ganze Ufergegend bebaut, cultivirt, regulirt und mit Brücken, Häusern, Dampfschiffplätzen, Waarengebäuden, großen Mühlen und Badeanstalten so reich besetzt, daß nur hie und da einzelne alte Bäume, versandete Plätzchen mit leichtem Weidenanflug und noch nicht gänzlich ausgerodete dünne Stangenhölzer an frühere Zeiten mahnen.

Und der Prater, der noch vor zwanzig Jahren, einige Alleen und Gehwege ausgenommen, eine echte, urwüchsig schöne, mit Hochwild reich besetzte Au war, ist jetzt ein arg zusammengeschrumpfter Park, in dem die alten herrlichen Bäume und an manchen Stellen längs der Wasserarme noch spärliche Auvegetation künstlich erhalten werden.

Über jene Theile des Gebietes, in denen der eigentliche Typus schon fast gänzlich den Alles nivellirenden Culturfortschritten weichen mußte, wollen wir nun rasch hinweggehen, um mehr Raum für die Schilderung der weiter östlich liegenden Auen zu gewinnen.

Zwischen der Reichsstraße und der Staatsbahn und auch weiter östlich von der letzteren noch ein gutes Stück fort gegen die beiden Biberhaufen zu erstrecken sich kleine Waldparcellen, von Wasseradern, versumpften Tümpeln und Wiesen unterbrochen, die noch vor kurzer Zeit dichte, wilde Aubestände waren. Jetzt sind diese sogenannten Kagran-Stadlauer-Auen dünne, spärlich bebuschte Stangenhölzer, die den eigentlichen Charakter der Vegetation und auch des Thierlebens schon längst verloren haben.

Wohl verirren sich nicht allzu selten einzelne Stücke Edelwild bis dahin, auch Rehe sind ständig da, doch mit dem Verschwinden der wild emporwuchernden Pflanzenwelt hat sich auch die Thierwelt mehr und mehr zurückgezogen. Wege durchkreuzen die Waldcomplexe, welche durch den Damm der Donauregulirung ohnedies sehr viel Terrain eingebüßt haben, und ununterbrochener Verkehr von

Menschen und Fuhrwerken auf der neuen, die Reichsbrücke mit Asparn und Stadlau verbindenden Straße, sowie der Bau von allerhand Gebäuden um den Stadlauer Bahnhof herum nahmen jener Gegend vollends den Charakter stiller Waldeinsamkeit. Ein ähnliches Schicksal wurde auch der sogenannten Asparner Gemeinde-Au zu Theil. Die beiden Biberhaufen mit ihren fast undurchdringlichen Dickungen, umgeben von stillen, stehenden Wässern und den kleinen von Wasseradern durchzogenen Weidenanflügen und weiten Schotterbänken des Inundationsgebietes, sind schon ruhigere, von der Cultur weniger beeinflußte Inseln. Erstere waren immer da und wurden in den letzten Jahren durch den Damm der Donauregulirung vom Strome und dessen überschwemmenden und neubildenden Einflüssen gänzlich getrennt; letztere sind neue Schöpfungen der Donau, und da sie in jenem Gebiete liegen, in welchem der Strom frei schalten und walten kann, entstanden sie auch erst seit der Regulirung: angeschwemmter Schotter mit noch sehr an Arten armer Vegetation, doch überaus dichten Weidenanflügen, lauter kleine Inseln, eine von der anderen durch Schotterbänke getrennt, die mit steigendem Wasser sich in Flußarme und kleine Seen verwandeln. Selbstverständlich ist diese ganze Pflanzen- und Inselwelt den Launen eines starken Hochwassers preisgegeben; im Sommer sucht das Edelwild, besonders die Hirsche und auch einzelne Rehe, die sich schon an das Überschreiten des gepflasterten Inundationsdammes gewöhnten, diese kühlen, stets von Luftzug erfrischten Weidendickungen auf, in denen sie höchstens hier und da von einzelnen Fischern in ihrer Ruhe gestört werden.

Die Bewohner der Ufergegenden an der Donau trennen die Augebiete in zwei große Gruppen, in die sogenannten »Harte Auen« und in die »Haufen«.

Diese volksthümliche Classificirung ist eine ganz begründete und gerechtfertigte, denn die sogenannte »Harte Au«, richtiger Festlands-Au, trägt sowohl der Vegetation als auch dem landschaftlichen Gepräge nach in gar mancher Beziehung einen anderen Charakter an sich als die den Einflüssen des Stromes viel mehr ausgesetzten Haufen oder Inseln.

Das linke Donau-Ufer ist reicher an harten Auen und nur an einzelnen Stellen wurde die dichte Reihe der Wälder durch die Cultur verdrängt, und selbst da blos auf kurze Strecken, während längs des rechten Ufers nur in den westlichen Theilen unseres Gebietes ein schmales Band von Auen den Strom einsäumt und weiterhin fast gänzlich aufhört.

Eine der interessantesten und bekanntesten »harten Auen« des linken Donau-Ufers ist die große Lobau; ein schmaler Wasserlauf, der sogenannte Stadtl-Enzersdorfer-Arm, umschlingt sie, so daß auch dieser weite Complex nach allen Richtungen hin von Wasser umgeben ist.

Eine weite Wiese erstreckt sich inmitten der Lobau, einzelne kleine Dickungen und prächtige hochragende Feldrüster sowie sehr vereinzelte Eichen geben der breiten Fläche einen abwechslungsreichen Typus, und in den tief eingeschnittenen Mulden und Wellen läßt das alljährlich zu den Zeiten hohen Wasserstandes emporsikkernde quellenreine Wasser reiche Sumpfvegetation zurück. Die Ränder dieser großen Wiese sind gebildet durch die fortstwirthschaftlich eingetheilten Waldcomplexe; Stangenhölzer mit dichtem Unterwuchs, fast undurchdringliche Dickungen, Erlengehölze, wilde Obstbäume, hohe Gräser, breitblätterige Pflanzen und die volle artenreiche Fülle dieser aus verschiedenen Formen zusammengesetzten Vegetation folgen einander in durch Alleen und kleinere Wiesen geschiedenen Böden. Das Terrain ist nicht eben, Mulden, Erhebungen und wellenförmige Senkungen beweisen, daß auch hier vor Zeiten die Donau gar arg zu hausen verstand. Für die Wildbahn birgt diese, nun den Launen des Stromes entrückte Au herrliche Lagen. Hochwild bevölkert die Dickungen, ein reicher Rehstand, sowie auch Hasen, Kaninchen, Fasanen und Rebhühner erfreuen in ihrem fröhlichen Thun und Treiben das Auge des Jägers.

Auch die Vogelwelt ist in der Lobau in großer Menge vertreten, jedoch insbesondere findet man jene Arten, die mehr den Feldgehölzen, flachen Landwäldern und dichten Gebüschen angehören und auch die Nähe des Menschen weniger scheuen. Kleinere Raubvögel, Bussarde, Ohr- und Sumpfeulen, Drosselarten, das Heer der Singvögel, Elstern, Häher und in den alten hohlen Rüstern nistende Mandelkrähen, Thurmfalken und Dohlen beleben die Landschaft.

In einzelnen Wassertümpeln brüten Stockenten und an den sandigen Ufern der Flußrinnen trippeln kleinere Wasserläufer-Arten umher.
Thier- und Pflanzenwelt hat, wie gesagt, mehr den Charakter des Übergangsgebietes an sich, der wilde urwüchsige Typus der einsamen Insel fehlt noch zum Theile und eben in diesem Ineinandergreifen der verschiedenen Gattungen liegt die Mannigfaltigkeit dieser »harten Auen«. In der Lobau vermissen wir selbst das unseren unterhalb Wien liegenden Auen mangelnde Nadelholz nicht, nur wurde es auch hier von Menschenhand künstlich eingebürgert; doch auch viele andere dem Wienerwalde und selbst dem ausgesprochen alpinen Gebiete angehörende Pflanzen kommen vor, deren Samen fast ausschließlich durch Vögel und selbst Säugethiere übertragen werden.
Auf den großen unbewaldeten Flächen in der Lobau wurden auch einige Strecken Wiesengrund in den letzteren Jahren schon in Felder umgewandelt, doch Ansiedlungen entstanden noch nicht; zwei Jägerhäuser und zwei sogenannte Uferhäuser, Hütten für Arbeiter und Schiffleute sind hier die einzigen Wohnstätten; alte Erdwerke, Reste von provisorisch gebauten Straßen, Feuerstätten, Herde und dergleichen mehr, von Gras und Gebüsch theils schon überwuchert und von wilden Kaninchen durchwühlt, sind die Überbleibsel einer großen Zeit, in welcher die Lobau der Sammelplatz war für die Heere Napoleons vor und nach der Schlacht bei Aspern; auch sind noch einige Gräber französischer Krieger zu sehen und mehrere Ortsbezeichnungen mahnen an jene bewegten Tage.
Am schönsten ist die Lobau im Frühling, wenn Alles grünt und blüht, Hag und Gesträuch im vollen Blumenschmucke prangen, über dem duftend feuchten Wiesengrunde Käfer und bunte Schmetterlinge schwirren, die Kronen der alten Rüstern rauschen, Wildtauben girrend umherflattern, sausenden Fluges ganze Züge Wassergeflügels den blauen Strom entlang ziehen, auf den weiten Wiesen Rehe scheu aus den Dickungen heraustreten und die Bäume der Auwälder, in die letzten röthlichen Tinten der sinkenden Sonne getaucht, von leisem Winde bewegt erzittern. – Raubvögel streichen träge ihren Schlafplätzen auf den Inseln zu, ein vorsichtiger Hirsch schleicht, das Haupt gesenkt, die Kolbengeweihe vor den Ästen

schützend, ängstlich witternd aus einem Jungholz hervor und Fasanhähne bäumen, mit den Schwingen raschelnd, unter lautem Ruf auf den niederen Büschen; immer abendlicher wird es, immer länger dehnen sich die Schatten über die Wiese aus, naßkalte Dünste entsteigen den sumpfigen Mulden und purpurroth neigt sich die Sonne hinter die in zartem Dunste schwimmenden Kuppen des Wienerwaldes. Uns gegenüber erhebt sich zwischen den hohen Bäumen des Praters die glänzende Kuppel der Rotunde, dahinter der hochragende Stefansthurm, umgeben von den Zinnen und Dächern der herrlichen Stadt, in gelbliche Staubwolken gehüllt, und nordwärts blickt zwischen hochstämmigen Gehölzen und niederen Gestrüppen der Kirchthurm des mauerumgebenen Stadtl-Enzersdorf herüber, das so friedlich liegt inmitten wogender Kornfelder am Rande der Auen. Es ist ein schönes Stück Land – diese keineswegs wildromantische, mehr einem lieblichen Parke ähnliche Lobau.

In östlicher Richtung ist die Lobau durch einen breiten, von hohen Bäumen und schilfreichen Ufern eingesäumten Wasserarm von den sogenannten Mühlleitner Auen getrennt. Im Großen und Ganzen können dieselben als die Fortsetzung der Lobau betrachtet werden, nur sind sie der Ausdehnung nach viel geringer. Auch hier wechseln dichte Junghölzer mit hohen Beständen, kleine und große Wiesen mit von Schilf und Rohr überwucherten Mulden. Die Mühlleitner Auen sind um Vieles wasserarmer als die meisten anderen, was von merklichem Einfluß auf die Vegetation ist; die Dickungen bleiben demzufolge lichter und es fehlt das üppige Durcheinander von Schlinggewächsen, hohen Gräsern und breitblätterigen Pflanzen; wenige Wasserarme durchziehen diese Auen und selbst diese wenigen trocknen jetzt meistens ganz aus; gegen den Rand der Felder zu sind die Bestände durch keinen Wasserlauf eingesäumt, was auch zur Folge hat, daß hier schon die Eiche eine große Rolle spielt und in wahrhaft prachtvollen Exemplaren die Wälder schmückt.

Das kleine Dorf Mühlleiten liegt reizend am Saume eines dichten Bestandes; die größeren Auen dehnen sich westlich desselben aus, in östlicher Richtung wird das grüne Band zwischen dem flachen Land und dem breiten Schönauer Arme immer schmäler, um dann von den Wolfswirther Feldern und bei Schönau ganz unterbrochen zu werden. Vor Zeiten waren auch hier die Auen um Vieles ausgebreiteter, doch allmälig drangen die Felder immer weiter vor und von Jahr zu Jahr verschwindet mehr Wald, dem Ackerlande weichend. Die kleinen Complexe und Feldgehölze um Sachsengang und nördlich Schönau längs des Farenbaches gehörten gewiß einst in das Gebiet der Auen.

Die Lobau und die Mühlleitner Auen sind von den eigentlichen Inseln durch ein breites Flußbett getrennt, das vor Jahren einmal die alte Donau war und jetzt auch noch an manchen Stellen mit einer großen Wasserfläche ausgefüllt ist, während es an anderen nur hier und da bei steigendem Wasserstand viel Wasser aufnimmt, doch in normalen Zeiten blos weite Schotter- und Sandbänke, durch grünlich-graue Pflanzenanflüge an einzelnen höher liegenden Punkten unterbrochen, aufweist.

Ernst und melancholisch ist der Charakter dieser Gegend. Die weiten Steinfelder sind von tiefgrünen Wasserlachen und kaum einige Meter über den Boden emporragenden Weidenpflanzungen geziert, letztere Schöpfungen des Windes, der den Samen herbeiträgt auf die öde Fläche; dahinter liegen die dunklen Wälder der Inseln mit ihren weißen Pappeln und rauschenden Laubkronen.

Doch ehe wir in diese interessantesten Theile unseres Donaugebietes eindringen, wollen wir früher die Landauen des rechten Ufers besprechen.

Da wäre der Prater zuerst zu nennen. Doch dieser ist, wie anfangs erwähnt, als echte wilde Au schon lange vom Schauplatze verschwunden; in der Ostspitze der Freudenau, zwischen verkrüppelten Gebüschen und kleinen Dämmen endet dieser Complex bei der Vereinigung des Donaukanales mit dem Strome; in weiterer Folge kommen dann die Kaiser-Ebersdorfer und Alberner Auen, wie sie sich um die Mündung des Schwechatbaches gruppiren – jetzt auch nur mehr niedere Junghölzer, von träge fließenden und stehenden Gewässern umgeben, die des Sommers arge Fieberdünste aus faulenden Pflanzenstoffen entwickeln. Diese schmalen Auen wurden durch die Bauten der Donauregulirung arg mitgenommen, so daß sie jetzt kaum mehr genannt zu werden verdienen. In östlicher Richtung gelangen wir nun in höhere Bestände und dichtere Gehölze, wie sie sich längs des Ziegler-Wasser genannten breiten Donauarmes erstrecken. Auf steiler Böschung liegt hier das Dorf Mannswörth. Römische Funde beweisen das Alter dieser Ansiedlungen; die erste bekannte Erwähnung des Ortes stammt aus dem Jahre 1085, wo Kaiser Heinrich IV. dem Stifte St. Pölten drei königliche Hufen Landes in Mandeswerde zwischen der Swechant (Schwechat) und Viskaha (Fischa) schenkt. Im Mittelalter nannte sich ein adeliges Geschlecht von Mannswerde und es bestand ein Freihof Freyenthurm mit bedeutendem Grundbesitze. Jetzt ist es ein armer Ort, aus zwei langen breiten Gassen bestehend; vor demselben erscheint heute eine breite Hutweide, die bis an den Donauarm reicht, und ein Fahrweg führt zum Inundationsdamm. Unter Mannswörth liegt vom Ziegler-Wasser umflossen die kleine Zainetau – ein unbedeutender in Alleen eingetheilter Complex mit niederen Dickungen und wenig Hochholz; weiter östlich schließt sich daran die lange schmale Poigenau, ein reizend schönes Gehege mit duftenden Waldwiesen, sehr wechselndem Baumschlag, einzelnen herrlichen alten Eichen, stillen von hohem Röhricht umsäumten Wasserarmen und klaren Tümpeln, blumenreich und üppig, doch ungesund sumpfig im Sommer wie alle Landauen des rechten Donau-Ufers. Nun folgt die sehr ähnliche Fischamender Dorfau mit ihren Sümpfen und einsamen Rohrgründen und kleinen Dickungen. Mehr Leben herrscht in diesem Gebiete, da die Wiesen in Hutweiden verwandelt wurden und Wege nach der Donau führen; das schmale Band aller Landauen des rechten Ufers wird gegen das flache Land zu begrenzt durch eine eigenthümliche hohe, sehr steil abfallende Böschung, im Dialecte Gstätte genannt, die bei Mannswörth beginnt und bis gegen Deutsch-Altenburg hinabreicht. So flach die Auen am linken Donau-Ufer gegen das Marchfeld zu mit den Äkkern sich mischend verlaufen, so scharf und wie mit dem Lineal abgemessen ist die Grenze am rechten.

Jäh fällt die Lehne, die vor Jahrhunderten das Ufer des Donaubettes bildete, ab; vom oberen Rande bietet sich überall im ganzen Gebiete eine schöne Fernsicht über sämmtliche Auwälder, das Silberband des Stromes und hinüber in das weite Marchfeld.

Der Erdabfall ist theils aus Lehm, theils aus Schotter zusammengesetzt, von Kaninchen, Zieseln, Füchsen und Dachsen durchwühlt und an manchen Stellen nur mit allerhand Gräsern und Blumen, an anderen aber auch mit dichten Dornsträuchern, selbst einzelnen Bäumen bedeckt und wird von Rehen und Hasen vielfach aufgesucht; Rinnsale, tiefe Gruben, Mulden und steile Lehmwände, vom Wasser, wie es nach Wolkenbrüchen von den anliegenden Feldern abstürzt, erzeugt, unterbrechen an vielen Punkten die Gleichförmigkeit der langen Lehne.
Ober dem Ostende der Dorfau, am Rande des Plateaus liegt an beiden Ufern des Fischa-Flüßchens Fischamend, ein sehr alter Ort mit römischen Funden in der Umgebung. Sein Name ist eine Umwandlung des mittelhochdeutschen Viskagemunde, das ist Mündung der Fischa; die Bauart der Häuser und der Kirche, sowie auch der alte massive Thurm an der Fischabrücke mit dem eisernen Fisch als Wahrzeichen tragen den Charakter eines alten, echt niederösterreichischen Städtchens an sich. Die Fischa biegt außerhalb Fischamend in einem scharfen Knie ostwärts ab und fließt ein langes Stück knapp am Fuße der steilen Lehne und parallel mit der Donau, um dann bei der Hirschensprung genannten Landspitze in die Donau zu münden. Neben der Dorfau liegen weite Hutweiden und breite Wasserflächen durch Auen und Sandbänke getrennt; ober demselben zwischen Rohr und Buschwerk und blühenden Gärten am Hang der Lehne nimmt sich das weiße Städtchen reizend aus; eine Fahrstraße führt durch einen hochstämmigen Bestand zur Donau-Dampfschiffsstation, östlich zieht sich zwischen dem Strom und der Fischa die lange schmale, mit Auen, Rohrbrüchen, Dickungen und Hochwäldern geschmückte, recht urwüchsig wilde Marktau hinab, bis sie im oben schon genannten Hirschensprung, einem fast undurchdringlichen, von Hochwild viel bewohnten Jungholz, endet. Es ist dies ein den Überschwemmungen sehr ausgesetztes Gebiet, dessen Boden infolge der Umklammerung durch die Donau einerseits und die Fischa anderseits Winter und Sommer durchweicht und sehr häufig stellenweise überflutet wird, daher einer Wasserpflanzen-, Rohr- und Schilfentwicklung in malerischer Weise Gelegenheit zur Entfaltung bietet. Silber-, Purpur- und Nacht-

reiher suchen alljährlich diese günstigen Plätze auf und in der Fischau hausen Enten und Taucher in reicher Menge.

Nach dem Hirschensprung folgen noch einige kleine dicht mit Büschen besetzte Inseln; ober denselben am hohen Plateaurand liegt der sehr alte Ort Maria-Ellend, dahinter, doch durch Felder getrennt, breitet sich auf sanft ansteigenden Lehnen der große Ellender Wald, ein schöner Eichenbestand, aus. Östlich von Maria-Ellend sind auch am rechten Ufer die Auen für ein kurzes Stück unterbrochen und steile, gelbbraune Lehmwände fallen bis an die Donau ab; an denselben ist das kleine Dorf Kroatisch-Haslau aufgebaut – die einzige kroatische Niederlassung am rechten Donau-Ufer. Die ersten Ansiedler kamen in der zweiten Hälfte des XVI. Jahrhunderts aus ihrer von den Türken schwer geschädigten Heimat.

Der für den Forscher und Naturfreund interessanteste Theil unseres Gebietes sind unstreitig die großen Inseln oder Haufen, die zwischen der Lobau und den Albern-Mannswörther Auen beginnen und bis hinab gegenüber von Fischamend einerseits und Schönau anderseits reichen. Zoologisch sowie auch botanisch bietet diese kleine in sich abgeschlossene Welt so viel des Wechselvollen und Lehrreichen, daß viel mehr Raum nöthig wäre, um nur halbwegs eingehend diesen reichen Stoff zu behandeln; hier sei nur ein kurzer Überblick gestattet.

Die ganzen Inseln sind in malerischester Abwechslung ein Gemenge von hochstämmigen herrlichen Beständen, dichten Stangenhölzern mit wild überwucherndem Unterwuchs, undurchdringlichen Dikkungen, von Lianengewächsen verbundenen Bäumen, kleinen Wiesen, weiten übermannshohen Schilf- und Rohrwänden, hohen brüchigen Lehmufern, sandigen Flächen, lehmig-feuchten Stellen, Sumpf- und Riedgründen, weiten Schotterbänken, breiten Wasserarmen, kleinen bachartigen Rinnsalen, quellenförmig aufsprudelnden Lacken, mit breitblättrigen Wasserblumen überdeckten Tümpeln und mit Weidenanflug überzogenen Dünen – dies Alles mischt sich untereinander in bunter Unordnung und gibt ein Bild urwüchsiger Wildniß, das gewiß Niemand in unmittelbarer Nähe einer Weltstadt vermuthen würde.

Der Strom und alle seine Arme schaffen durch reiche Niederschläge

eine jahraus jahrein feuchte Luft, welche, wie auch die Thätigkeit des Sickerwassers, die erstaunliche Üppigkeit und Mannigfaltigkeit der Vegetation, der auch der Reichthum der Thierwelt entspricht, erklärt. Die Insecten, insbesondere die Gelsen, werden in der warmen Jahreszeit zu einer wahren Plage und es gibt heiße Abende, an denen ein Eindringen in manche von Wasserlachen umgebene Dikkungen für den Menschen fast unmöglich ist. Auch Reptilien und Amphibien gedeihen vorzüglich und in ziemlicher Artenzahl; die im hohen Grase raschelnden Schlangen und Echsen und die unzähligen Frösche und Kröten erhöhen nicht den Reiz dieser Gegend. Von den Fischen, den oft riesigen Welsen, den großen Schielen, Hechten und allen den anderen vielen Gattungen, die an lauen Sommerabenden und selbst inmitten der Winterstürme Hunderte von Fischern an den Ufern der Donau in Bewegung halten, sei hier gar nicht weiter die Rede. Und die Vogelwelt ist vielartig und interessant in ihrem Thun und Treiben, in ihrem massenhaften Auftreten; ist schon die Zahl der Brut- und Strichvögel, die in diesen Gegenden ihr Heim aufgeschlagen, eine bedeutende, so kann sie doch nicht verglichen werden mit jenen vielfarbigen und vielgestaltigen Heerscharen, die alljährlich im Frühling und im Herbst der Donau, dieser Haupt-Marschroute der befiederten Welt, folgend, in den stillen Augründen ihre Raststationen halten. Und auch der Winter gesellt zu den überwinternden einheimischen Arten eine große Schar fremder nordischer Gäste, denen unsere Stromlandschaften im Verhältniß zu dem, woran sie gewöhnt sind, als warmer Süden erscheinen.
Die kleineren Säugethiere seien übergangen, sind sie doch auf den, den Fluten so ausgesetzten Inseln nur spärlich vertreten. Das Kaninchen fehlt ganz, der Hase kömmt nur vereinzelt vor. Iltis und Wiesel sind selten, der Edelmarder erscheint alljährlich vereinzelt und liefert den Beweis, wie weit selbst Vierfüßler zu wandern im Stande sind, denn die Wälder westlich des Marchfeldes sind seine nächsten Heimatsgründe, von denen aus er durch die Lobau in wasserarmen Zeiten ziemlich trockenen Fußes herüber gelangen kann. Für Fischottern sind die Haufen ein wahres Paradies, auch haust dieses Raubthier in erstaunlicher Menge am Hauptstrom sowohl als vor Allem in den Armen und Tümpeln, im Jungholz sowie im

brüchigen Ufer. Ein schönes, schon allenthalben in Central-Europa seltenes Thier, der fleißige Biber, kam noch im Jahre 1850 auf den Donau-Inseln vor; in den stillen einsamen Armen, den sogenannten »Einrinnen« zwischen dem Kreuzgrund und Rohrwörth standen die letzten Burgen, jetzt ist schon lange diese eigenthümliche Colonie mit ihren drolligen Bewohnern auf immer verschwunden. Rehe sieht man auch hier allenthalben, doch leidet dieses zarte Wild in strengen Wintern durch Eisstoß und Überschwemmungen. Wie in allen Auen, so insbesondere auf den Inseln erreicht das Reh eine viel bedeutendere Stärke und Höhe sowohl des Körpers wie der Gehörne, als in den Gebirgen und Wäldern anderer Gegenden. Dasselbe gilt auch vom Hochwild. Wahre Prachtexemplare von Hirschen, geschmückt durch breite, endenreiche Geweihe, bevölkern die dichten Junghölzer und kühlenden Schilfdickichte der Haufen. Auch fremde Wanderer erscheinen hier und da in diesem Gebiete; innerhalb der letzten fünfzehn Jahre sind selbst Wildschwein, Wolf und Wildkatze erbeutet worden, doch sind diese seltene Gäste.

Unter dem Einflusse der Jahreszeiten verändern die Auen, deren Anblick in erster Linie durch die Vegetation bedingt ist, wesentlich ihren Charakter. Um dem Leser in Kürze ein Bild vom Typus dieser Gegenden zu geben, trete er in die stillen Gründe während des Frühlingserwachsens, im Spätsommer und im Winter.

Frühling ist es, lichtblau der Himmel, warm die Sonnenstrahlen, die an der Sandbank lecken, so daß Tausende von kleinen Muscheln krystallhell glänzen, grünlich schimmert die Donau und niedrig ist der Wasserstand. Über Schotterbänke hinweg, zwischen leichtem Weidenanflug, dem großäugigen Triele, kleine Sandläufer und Regenpfeifer mit langgedehntem Rufe entfliegen, gelangen wir an Wasserarmen und Lacken vorbei; hoch ist schon das Schilf und zwischen breitlaubigen Wasserblumen und saftig grünen Blättern huschen Fische umher und unzählige Frösche; unter unseren Tritten knirscht der heiße Kies und gleich daneben versinkt der Fuß im tiefen Lehm. Stockenten, alle gepaart, plättern empor, erschreckt ihr Nest verlassend, und eine überraschte Otter gleitet in die klare Flut. Über ein steil überhängendes Ufer klettern wir hinauf und dringen in die Geheimnisse des Auwaldes ein. Hohe Reitgräser, dichte Gebüsche, mit Waldreben und wildem Hopfen umsponnene Erlen hemmen auf Schritt und Tritt die Wanderung.

Die Pappeln duften so eigenthümlich stark, die letzten Veilchen verblassen und die ersten Maiglöckchen entsenden ihren Wohlgeruch, der Bärenlauch und andere Zwiebelpflanzen öffnen ihre Blüten, Alles sproßt und grünt, ein dichtes Laubdach ist über uns ausgespannt, in welchem Grasmücken ihre Lieder schmettern und goldgelbe Pirole pfeifend umherhuschen, verliebte Turtel- und Ringeltauben girren in den Kronen der hohen Silberpappeln und Nebelkrähen sitzen krächzend bei ihren Nestern. Nun gelangen wir in einen lichten Bestand. Schlanke weiße Stämme ragen hoch empor, Raubvögel-Horste stehen in ansehnlicher Zahl in den gabelförmigen Ästen; rothe und schwarze Milane, Bussarde, Blaufuß und kleinere Falken führen da ein herrliches Leben; die Weibchen sitzen auf den Nestern, während die Männchen hoch in den ätherblauen Lüften ihre Flugkünste ausführen; hier und da hängt noch ein alter breiter Adlerhorst windschief an einem dicken Aste als Beweis, daß hier vor Zeiten noch mächtigeres Raubzeug hauste. Ein niederer Hau am Rande des Hochwaldes, bedeckt mit dornenbewehrten Gebüschen, hohen Gräsern und einzelnem Röhricht, muß durchschritten werden; Fasane fliegen lärmend auf und tänzelnden Fluges flattern allenthalben die am Boden nistenden blauen Wiesen-, weißen Korn- und rostbraunen Rohrweihen empor, ein Reh blickt schüchtern nach den fremden Eindringlingen und ober dem nahen breiten Schönauer Arm kreist beutesuchend ein weißer Fischadler.

Zwei nicht allzu große Waldpartien, hohe Pappelgehölze, mit dichtem Unterwuchs zwischen den breiten Stämmen, von kleinen lehmigen Wasseradern durchzogen, fesseln nun unsere Aufmerksamkeit durch das eigenthümliche Leben, das sich da vor den Blicken entrollt. Die Bäume sind ganz bedeckt mit runden und flachen Nestern und den Boden überzieht eine dicke Guanoschichte; halbverfaulte Fische, theils schon angenagt, verpesten die von dicken Fliegen und summenden Gelsen erfüllte Luft. Und oben in den Wipfeln herrscht reges Leben, graue Reiher im vollen Hochzeitsschmuck und grünlich-schillernde plumpe Cormorane stehen auf den Nestern und auf den Zweigen oder fliegen mit Gepolter und heiserem

Gekrächze auf und ab. Ununterbrochene Unruhe erfüllt den ganzen Wald und von früh bis Abends ziehen die Hunderte von gemeinsam horstenden Vögeln von ihrem Jagdplatz der Donau und den anderen breiten Armen zu, um brütende Gemahlinnen oder hungrige Junge mit Speise zu versehen. Fischen und Verzehren – das sind die unentwegt rasch aufeinander folgenden Grundprincipien dieser Vogelexistenzen, und was da im Laufe des Frühlings und insbesondere im Sommer, wenn auch die Nachkommenschaft hinauseilt zu den blauen Fluten, die Donau an Fischen liefern muß, läßt sich kaum ermessen.

Die weißen Möwen fliegen nach den Sandbänken, ihren Schlafplätzen, ein Flug Kiebitze umflattert pfeifend die lehmigen Stellen, Fische springen hoch aus den Wellen nach Mücken haschend und ein frischer Abendwind zieht die Donau entlang; der Abend ist hereingebrochen und ein Kahn trägt uns über die kräuselnden Fluten des Hauptstromes: wie graugrüne Wände umsäumen die Auwälder beide Ufer so weit das Auge reicht, tiefe Stille herrscht, nur dann und wann unterbricht ein Dampfschiff die Ruhe des Abends.

An den schotterigen Gestaden stehen in statuenhafter Unbeweglichkeit Fischer, die Pfeife im Munde, in zerlumpten Kleidern, wettergebräunte Leute, das kleine Netz in den Händen – Seeräuber nennt sie das Volk in diesen Gegenden. Fischen, ein reines Glücksspiel in Anbetracht der mangelhaften Utensilien, bildet den Haupterwerb, etwas Schlingenstellen, Auffinden der hier in reicher Zahl angeschwemmten Leichname, Baumklettern und Nesterausnehmen sind ihre Nebenerwerbsquellen, und Rudern in elenden Kähnen bei jedem Wetter, den Eisstoß, kaum daß er sich bildet, als Brücke benützend, sind Künste, in denen diese halb im Wasser halb auf dem Lande lebenden amphibienartigen Menschen Meisterstücke liefern.

Eine kühle, tief dunkle Spätsommernacht liegt rings gebreitet; in einem Kahne gleiten wir rasch über die Donau. Nasse Nebel, wie sie am Strome auf und nieder ziehen, durchfrösteln Mark und Bein und das hohe Reitgras am Ufer trieft vom Thau, der allnächtlich in reicher Menge Alles überdeckt.

Allmälig beginnt es im fernen Osten zu dämmern, lichte Streifen überziehen immer weiter und weiter sich dehnend die eine Hälfte

des Firmamentes, während die andere noch in bleischwarzen Tinten schwimmt. Der Ruf des Waldkauzes, der langgezogene Pfiff des Triels, das heisere Kreischen des nächtlich fischenden Reihers, sowie der schwirrende Flügelschlag der endlosen Entenzüge, die von den Feldern und kleinen Bächen in die Auen zurückkehren, stören die majestätische Ruhe der schönen Septembernacht. Überall Sanddünen, durch Weidenanflug, an einem Arme entlang dringen wir vor gegen das Rohrwörth, dessen Hochhölzer wie dunkle Mauern uns gegenüberstehen. Plötzlich erschallt ein Ruf, eine tiefe, imposante, weithin schallende Stimme; wie Orgelton klingt das Brautlied des hochgeweihten Hirsches; dem wackeren Kämpfer antwortet nicht allzuweit ein würdiger Rivale, und bald lassen sich von jedem Haufen aus den verschiedensten Richtungen her dröhnende Stimmen vernehmen. Jetzt heißt es warten; wir stehen am Ufer eines kleinen Armes, am Rande eines Hochholzes. Leise plätschert es im Wasser, bald da, bald dort; fischende Ottern sinds, und nun fallen auch sausend Enten dicht neben uns ein, quakend rascheln sie umher und nur wie Schatten unterscheidet man sie gegen den leichten Schotter zu. Gespenstisch huscht ein Reiher daher, um einen Morgenimbiß einzunehmen, und pfeifendes Wassergeflügel schwirrt ununterbrochen durch die Lüfte.
Je näher dem Sonnenaufgang, desto kälter, desto nasser kleben die Donaunebel an den durchweichten Kleidern. Kurze Unterbrechungen ausgenommen orgeln die Hirsche unablässig fort. Im Osten wird es immer heller, noch ist es nicht büchsenlicht, doch vorwärts, um lieber nahe zu sein, wenn es vollständig tagt. Ober einem brüchigen hohen Ufer durch Erlen und Pappelgebüsch schleichen wir vor, bis an die Knie durchnäßt von den im Thau triefenden hohen breitblättrigen Pflanzen, buschigen Brennesseln und langen Gräsern. Plötzlich erheben sich in einem Momente mit schußähnlichem Gepolter die vorsichtigen Enten; sie hatten uns bemerkt, auch die mißtrauischen Reiher schweben unter langgezogenen Warnungsrufen über den Wasserspiegel hinweg. Nun heißt es unbeweglich warten, denn die Hirsche, durch das jähe Geräusch gestört, halten in ihrem Morgenlied inne. Doch nicht allzu lange dauert es, so läßt sich in der Ferne wieder eine Stimme vernehmen, bald eine zweite,

dann noch eine, und endlich dröhnt auch wieder der brummende Baß des Capitalhirsches nahe vor uns durch den stillen Morgen. Jetzt behutsam, ohne ein Ästchen zu brechen, durch das Erlenholz; wir sind dem Tone der Stimme nach am Platze, niedergekauert ist in einigen Sprüngen das Buschwerk durchsetzt, und wir knien am Rande des steil abfallenden Ufers.

Im Wasser hört man klatschende Schritte, Wildpret ist es, das durch den seichten Arm zieht, und unter kurz abgebrochenem brüllenden Schrei sprengt der alte Kämpe einen schwachen Eindringling. Deutlich vernehmbar knirscht der Kies unter den wuchtigen Schaalen. Nun ist es Zeit hinabzublicken über den ruhigen Spiegel nach der weißlichen Sandbank und dem niederen Weidenanflug des kleinen gegenüberliegenden Haufens; einige Stücke Mutterwild ziehen am spärlichen Buschwerke äsend auf und nieder und das alte Kopfthier scheint sich dem schützenden Dickicht nähern zu wollen. Doch wo ist der Hirsch?

Da bemerken wir am Boden eine unförmliche Masse, mächtige Geweihe, die sich hin und her bewegen, er ist es! Er suhlt sich im kühlen Lehm am Ufer des Wassers, um neue Stärkung zu schöpfen, er erhebt sich und folgt bedächtig dem Wild. Es ist höchste Zeit, doch leider noch zu dunkel. Zur Ewigkeit wird jede Minute und ängstlich sucht das Auge den Fortschritten des heranbrechenden Tages zu folgen, immer weiter zieht der Rudel in den Weidenanflug hinein und immer seltener erschallt die schon ermattende Stimme. Da plötzlich ertönt zu unserer Linken ein mächtiger herausfordernder Schrei. Hohe endenreiche Geweihe erscheinen langsam aus der Dickung; der Rivale ist es, der dem abziehenden Feind erbittert nachschleicht. Die Wirkung bleibt nicht aus. Der Platzhirsch hält inne, ergrimmt wendet er sich um, ein dumpfer Ruf gibt die Aufforderung zur Schlacht, und mit hochgehobenem Haupte zieht er stechenden Schrittes seinem eben verlassenen Brunftplane zu. Nun ist der Moment gekommen, vorsichtig wird die Büchse gehoben, die Mücke ist sichtbar, es geht; jetzt bleibt er stehen, um mit weit zurückgelegtem Geweih zum letzten Male seine Stimme zu erheben, doch da knallt so frisch und frei der helle Büchsenklang weithin schallend durch die stillen Auen. Eine lange Flucht zeigt an, daß das

Blei traf; in großen Sätzen stürzt das erschreckte Kahlwild in die bergende Weideninsel, während der mächtige Kronenhirsch durch das hochaufschäumende Wasser dicht neben uns über die steile Uferböschung empor zwischen Erlen und Pappelgesträuch laut polternd dem Hochholz entgegeneilt.
Bläulicher Rauch lagert über dem stillen Wasser mit den leichten Morgennebeln verschmelzend, blendend geht die Sonne fern im Osten hinter den zackigen Kuppen der kleinen Karpathen auf, die Landschaft vergoldend, und weit über dem Strome drüben hinter den kahlen Ebenen des Wiener Beckens sehen wir die lange Kette des Wienerwaldes und über Alles emporragend die glänzende Spitze des Schneeberges.
Ein Blick auf die Spur des Hirsches zeigt uns reichliche Rothfährte, die Kugel hat gewirkt, nun gilt es zurückzueilen nach dem Platze, wo der Jäger mit dem Schweißhunde wartet; die schwerste Arbeit kömmt erst, das Auffinden der Beute. Eine Stunde ist verflossen, schon meint es die Sonne ehrlich und die heißen Strahlen haben Tausende von Gelsen aus ihren Schlupfwinkeln gelockt, Gesicht und Hände umsummen unablässig die lästigen Blutsauger. Wir sind wieder am Platze, der Hund wird an die Fährte gelegt, vor Aufregung zitternd beschnüffelt er die dunkelrothen Tropfen, die halb vertrocknet an den breiten Blättern kleben, – nun legt er los, an langer Leine vom Jäger gehalten, wir folgen. Der schmale Erlenhag ist rasch durcheilt, im lichten Hochwald hindert nur etlicher Unterwuchs die schnelle Suche; doch jetzt führt die Spur an einen stillen Arm: stehendes Wasser mit Rohr und weißen Blumen bedeckt. Bis über die Knie waten wir im Pfuhl, hinauf geht es ein lehmiges Ufer, herrlich ist der Platz; blaue Libellen umflattern den Spiegel, dicht belaubte Äste hängen tief über den einsamen Grund. Um diese Zeit ist Alles im üppigsten Grün, der Überreife schon nahe, Generationen überragen einander, die Frühlingsgewächse modern erdrückt unter den überwuchernden Kindern des Sommers, die Feuchte des Bodens dampft und das Überquellen des Pflanzenlebens erzeugt dumpfe, ungesunde Gase. Auch das seichte Wasser nach der Hitze der letzten Monate läßt übelriechende Sumpfbildungen zu. In das dichteste Dickicht leitet uns die Fährte, ein Erlengehölz ist es mit

mannshohen Gräsern, Röhricht, stechenden Brennesseln, dornenbewehrten Sträuchern; Lianen umschließen die Bäume, umwickeln, Einhalt gebietend, den Oberkörper. – Immer mehr zieht der Hund an der Leine, immer langsamer können wir ihm folgen. Das Waidmesser muß heraus, der Weg will Schritt für Schritt gebahnt sein. – Ein schlanker Rehbock mit hohem Gehörne springt erschreckt aus seinem ruhigen Lager und die großen Schwärme von Wildtauben, die sich im September versammeln, fliegen klatschenden Fluges aus den Wipfeln der Erlen hervor. Immer eifriger wird der Hund, mit hochgehobener Nase beginnt er zu wittern; Vorsicht ist geboten, – da zwischen dem Laube hindurch, nur wenige Schritte vor uns ist der rothe Körper des Hirsches sichtbar. Er lebt noch! – Kaum hat er unsere Nähe geahnt, springt er schon empor und eilt, Äste brechend, Bäume mit sich reißend, mit lautem Gepolter nach vorwärts; der Hund wird gelöst; einige aufregende Minuten vergehen, bis der erfreuliche Klang des hellen Standlautes an unser Ohr dringt, – nun heißt es eiligst folgen. Mit der Schwere des Körpers stößt, wälzt und drängt man sich durch, endlich schimmert eine Lichtung entgegen. – In einer breiten Wasserlacke halb von Schilf verdeckt steht schwer und krank, auf den sehnigen Läufen sich mühsam haltend, der Hirsch, mit den von abgerissenen Schlingpflanzen dicht umsponnenen Geweih theilnahmslos den allzu eifrigen Hund abwehrend. Ein kurzer Büchsenschuß dröhnt durch die Au, verendet sinkt der Recke nieder.

Und was für ein Thier ist es, solch ein fünf Centner schwerer Donauhirsch; der lange breite Körper, das dicke Genick, der mächtige Brunfthals, der kurze Kopf mit der gebogenen Rammsnase, die stierähnlich geringelten Haare zwischen den Rosen und auf der Stirne, die hohen weit ausgelegten dunklen Geweihe mit den elfenbeinweißen Enden und schaufelförmigen Kronen – sie stempeln ihn noch zum Urhirsch, wie er draußen im flachen Lande und in den Thiergärten seit langer Zeit nicht mehr zu finden ist.

Auch später im October, wenn hoch oben in den Kronen der Bäume die Gewinde des wilden Weines schon röthlich erglänzen, das Laub sich verfärbt und einzelne Blätter von den ersten Frösten geknickt zur Erde tänzeln, ist es schön in den Auen. Auf den weiten Sandbänken stehen dann Tausende von Wildgänsen, ihre Raststation haltend, der erste kalte Tag treibt sie nach kurzem Aufenthalt an der Donau in südlichere Gegenden.

Und nun zieht der Winter in das Land. Die Wälder auf den Inseln sind ihres Schmuckes entkleidet, die Dickungen ragen wie trockene Besen empor und der wilde Hopfen verdorrt braun und dürr am Stamme der Esche; kleinere Wasserarme überzieht eine Eisfläche, der Sand und die Lehmgründe sind zu harten Tennen gefroren und der Schnee bedeckt die Erde.

Auf dem Hauptstrom schwimmen mächtige Eisschollen hinab und an den Schotterbänken und in den offenen Wässern treiben sich unzählige Mengen Wasserwildes umher: nordische Gäste sind es, rosenroth schillernde Gänsesäger, scheckige Eisenten, große Taucher und noch mehr verschiedene Arten. Über ihnen schwebt, von früh bis Abends beängstigend, der mächtige gelblich-graue Seeadler, auch ein Wintergast unserer Inseln.

Wenn des Abends die Sonne zwischen kalten röthlichen Nebeln zur Neige geht und starrer Frost die Erde umspannt, dann kommen die Adler ruhigen Fluges nach anstrengender Jagd aus allen Theilen des Augebietes, um Ruhe zu suchen am stillen, einsamen Gödenwasser, auf den hohen Silberpappeln mit den überhängenden Ästen. Groß sehen sie aus, die mächtigen Vögel, wenn sie da aufrecht stehen zwischen den dürren Zweigen. Manchmal gestaltet sich der Winter verhängnißvoll für die Haufen. Kommt Hochwasser, plötzlich den Eisstoß wegdrängend, dann schieben sich die Eismassen hinein in den Schönauer Arm, die Fluten treten aus und Eisberge schwimmen in den Wäldern umher, Bäume zerschneidend, Junghölzer niedermähend und jede lebende Creatur erdrückend. Sie sind ein urwüchsig schönes Gebiet – unsere einsamen Donau-Inseln!

Am linken Ufer des Stromes, schon westlich vom Dorfe Schönau und auch noch in östlicher Richtung eine ziemlich weite Strecke hin umsäumen öde, nur spärlich bebuschte, lehmig abbröckelnde Gestade und öde, kahle Felder die Donau; auch aus den Fluten ragen blos einzelne langgestreckte Sand- und Schotterbänke empor, doch in der Ferne erfreut schon der große Waldcomplex der Orther Auen die Blicke des stromabwärts ziehenden Wanderers; über die Kronen

der Bäume erheben sich, weithin sichtbar, die massiven uralten Thürme des gleichnamigen Schlosses. Die Orther Au, eine echte »harte Au«, erinnert in Form und Größe an die Lobau, doch im landschaftlichen Charakter ist sie von dieser ziemlich verschieden. Die großen Stangengehölze mit lichten Erlenbeständen, vielen Eichen, einzelnen alten Kiefern, abwechselnd mit wilden Obstbäumen, von langen schmalen Wiesen auf welligem Terrain durchzogen, mit Alleen und Wegen forstwirthschaftlich eingetheilt, geben diesem Complexe mehr als allen bisher geschilderten Auen den Typus guter Pflege und rationeller Behandlung.
Insbesondere die nach Norden bis an das Schloß und das Dorf Orth reichenden Bestände sind den Wäldern des flachen Landes ähnlicher als den Donau-Auen; auch kommen außer allen den früher genannten Thieren hier Eichhörnchen vor, die bisher sonst nirgends in dem erwähnten Gebiete anzutreffen sind. Näher dem Strome zu durchfließen einige schmale Wasserrinnen die Orther Auen und verleihen ihnen durch die an den Ufern üppiger emporwuchernde Vegetation einen urwüchsigeren Charakter.
Inmitten der Donau, von ihr brausend umrauscht, liegen nahe vom Uferhaus, das durch eine Straße mit Orth verbunden ist, zwei lange schmale Haufen, beide blos mit hohen Weidengestrüppen bedeckt, aber trotzdem von dem in dieser Gegend in ziemlicher Zahl lebenden Hochwild gerne aufgesucht.
Östlich schließen an die Orther Auen jene von Eckartsau, nach dem am Nordrande liegenden gleichnamigen Dorfe und alten Jagdschlosse benannt. Ein bald schmäleres bald breiteres Band von hübschen Beständen, durch viele Wiesen und Alleen unterbrochen, zieht sich längs der Donau bis hinab noch unter das Dorf Stopfenreith. Es sind dies echte Landauen von den eben geschilderten kaum abweichend. Wenige kleinere Gewässer durchkreuzen diese Wälder und der schmale Fadenbach, der schon bei dem Dorfe Mühlleiten beginnt, weit vom Hauptstrom zwischen offenen Feldern nördlich Schönau vorbeifließt und Mannersdorf und Orth berührend sich dann der Länge nach durch die ganzen Eckartsauer Auen zieht, mündet erst bei Stopfenreith zu einem Gerinne von kleinen Wasserläufen, sandigen Inseln und versumpften Wiesen in die Donau. Un-

sere Wanderung fortsetzend gelangen wir jetzt in ein Terrain, in welchem die Auen allmälig aufhören. Mit vereinzelten Bäumen und kleinen Waldparcellen besetzte nasse Gründe, saftig grüne Sumpfwiesen und graue Hutweiden, hier und da von Armen und aus dem Marchfelde herabfließenden Bächen unterbrochen, erstrecken sich bis an den Grenzfluß. Die breite March trägt zwischen morastigen Gestaden ihre gelben Fluten der Donau zu. Uns gegenüber erhebt sich der steile Thebner Kogl und wir sehen das gleichnamige Dorf mit der altersgrauen Ruine, überragt von grünlichen Bergen, den letzten niederen Grenzpfeilern des großartigen Gebirgssystems der Karpathen. Am linken Ufer wäre somit die Grenze unseres Gebietes erreicht und wir wollen zurückeilen, um am rechten das noch Fehlende nachzuholen.

Östlich unter Kroatisch-Haslau liegen einige nicht unbedeutende, aber wenig und unschön bewaldete Inseln im Strome; der steilen Böschung folgend gelangen wir bald zu dem Dorfe Regelsbrunn. Schon zu den Zeiten der ersten Habsburger war es ein selbständiges Gut, dessen Besitzer sich darnach nannten, im XVI. Jahrhundert aber bereits ausstarben. Nun folgt der sehr alte Ort Wildungsmauer, dessen erste Herren urkundlich im XII. Jahrhundert schon bestanden und bis zum Jahre 1412 in ihrem Besitze blieben; auf sie kommen die Herren von Dörr zu Deutsch-Altenburg und im Jahre 1615 gelangt Wildungsmauer durch Kauf an die Herren von Abensperg-Traun und wird mit der Herrschaft Petronell vereinigt.

Petronell, heute ein unbedeutendes Dorf, malerisch auf den steil zur Donau abfallenden Hängen aufgebaut, steht auf einem classischen Boden, der als ein Theil von Carnuntum reiche Schätze aus jenen Tagen birgt, als Legionen hier zur Grenzwacht lagerten gegen Quaden und Markomannen. Im frühen Mittelalter bildete dieser Ort einen Theil des Besitzes der Herren von Kranichberg, die so wie die mit ihnen gleichzeitigen Herren von Petronell Zweige der Liechtensteine waren; seit 1638 gehört diese ganze Herrschaft den Grafen Abensperg-Traun. Das große Schloß erhebt sich von Gärten umgeben an einem sehr malerischen, weithin in das Marchfeld und über die Donau herrliche Aussicht gewährenden Punkte; in seiner jetzigen Form wurde es nach der letzten Türken-Invasion erbaut. Längs

des Ufers erstrecken sich mit prächtigen uralten Silberpappeln besetzte Gebäude, und einige durch üppige Vegetation geschmückte Inseln erhöhen den Reiz der lieblichen Gegend.
Der letzte Ort am Rande der Ebene und knapp am Fuße des steil abfallenden, so eigenthümlich karstartigen kahlen Hundsheimer Berges ist das freundlich gelegene Deutsch-Altenburg, nach den Funden zu schließen auch ein Theil Carnuntums, dessen Schwefelquellen hier gleich alt, wenn nicht älter als jene Badens sind und zweifellos den Bauresten zufolge auch schon den Römern bekannt waren. Aus der vorgeschichtlichen Zeit rührt der weithin sichtbare, 10 Meter hohe glockenförmige Tumulus her. Die alte Kirche stammt im Schiffe aus dem XIII., in den Abseiten und spitzbogigen Kreuzgewölben aus dem Ende des XIV. Jahrhunderts; der jetzige Ort scheint in seinen Anfängen schon im XI. Jahrhundert bestanden zu haben.
Nun gelangen wir auf der zwischen Berghängen und Strom eng eingeschlossenen Straße nach dem malerischen Städtchen *Hainburg*, welches sich, von kahlen Lehnen, waldigen Kuppen und grünenden Donaugestaden umgeben, auf einem weithin Aussicht gewährenden Punkte erhebt. Die ganze Anlage und Bauart weisen auf eine alte Geschichte und sind im Laufe der Jahrhunderte in den Kämpfen zwischen Ost und West nicht blos friedliche Zeiten über diese äußerste Grenzwarte hinweggezogen.
Zur Zeit der Römer ebenfalls ein Theil von Carnuntum, tritt Hainburg im Mittelalter, bereits im Jahre 888, in den von uns gekannten Urkunden auf: als König Arnulf seinem Dienstedlen Heimo auf Bitte des Markgrafen Arbo einen Landstrich zur Erbauung einer Stadt überläßt, in welche sich die Bewohner bei einem Überfall durch die Mährer flüchten können, um darin Schutz zu finden. Damals wurde Hainburg größtentheils mit Bausteinen von den Resten des zerstörten Carnuntums errichtet. Vom XV. bis zum XVII. Jahrhundert bildet diese Grenzstadt einen mit wechselvollen Geschicken gegen die Ungarn und Osmanen behaupteten Kampfplatz.
Gleich unterhalb Hainburg erheben sich die Ruinen der alten Burg Röttelstein; sie stammt aus dem XI. Jahrhundert und war die Cen-

trale eines großen Gutsgebietes, dessen Herren jedoch die Handelsschiffe auf dem Strom vielfach belästigten. Nach wechselvollen Schicksalen kam die Burg mit Beginn des XVI. Jahrhunderts an die Grafen von St. Georgen und Pösing und wurde von einem derselben, Grafen Peter, 1511, schon in demselben Zustande, in dem sie sich heute befindet, nämlich in Trümmern, großmüthig den Bürgern der Stadt Hainburg als Eigenthum überlassen.
Längs der Hänge des Brauns-Berges beschreibt die Donau, der Mündung der March entgegeneilend, ein Knie nach Norden, um sich dann, an den Thebener Bergen abstoßend, wieder nach Südosten zu wenden. Hier bildet der Strom einige spärlich bewaldete Inseln und, die Ebene verlassend, tritt er in den Durchbruch an der ungarischen Grenze, der von dem Hundsheimer Berge und seinen kleinen Collegen einerseits, den Ausläufern der Karpathen anderseits umstellt ist.
Bevor wir in dieses schöne Thal eindringen, sei ein Blick gestattet zurück auf die herrliche eben verlassene Landschaft. Von grünen Auwäldern umgeben, zieht sich das breite Silberband der Donau zwischen den reichen Ebenen des Marchfeldes und des Wiener Bekkens, von West nach Ost; von Norden schlängelt sich die March herab, umsäumt von üppiger Niederung und sanften, malerisch geformten Höhenzügen. Am gegenüberliegenden hochragenden Ufer erhebt sich das große *Schloßhof*, weithin sichtbar, und fern im Westen gewahren wir in unsicheren Contouren den Bisamberg und südlich den Leopolds- und Kahlenberg und die immer höher aufsteigende lange Kette des Wienerwaldes. Wahrlich ein schönes Land ist dieses Niederösterreich.
Nur noch eine kurze Strecke Weges am rechten Ufer gehört in unser Gebiet. Durch kahle Felder gelangen wir bald nach dem Grenzdorf Wolfsthal, dessen altes Schloß sich zwischen dichten Donau-Auen und grünen Hügeln, mit rauschenden Eichenwäldern geschmückt, erhebt. Und damit haben wir unsere rasche, nur allzu flüchtige Wanderung durch diese Donaugegenden, von Wien bis an die Grenze Ungarns beendet.

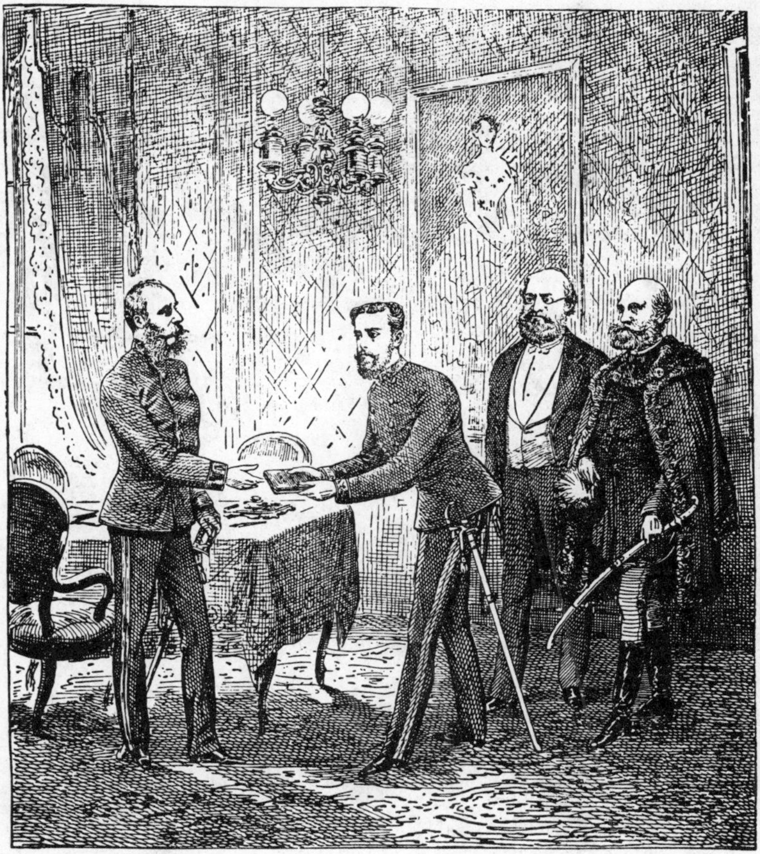

*In ehrfürchtig-devoter Haltung übergibt der Kronprinz seinem Vater das erste Heft von »Österreich-Ungarn in Wort und Bild« am 1. Dezember 1885. Im Hintergrund die Chefredakteure des Werkes, Joseph Ritter von Weilen für Cisleithanien und Maurus Jokai für Ungarn.*

Aus dem Skizzenbuch des Kronprinzen

# D
# Jugendschriften

*»Nachher ertönten die Pauken und Andrássy und der Primas setzten dem Papa die Krone auf.«*

*Aufsatz:*

## Die ungarische Königskrönung

Im Schulheft »Deutscher Styl« des achtjährigen Kronprinzen ist folgender Aufsatz über die Krönung Kaiser Franz Josephs zum König von Ungarn am 8. Juni 1867 in Budapest zu finden[57].

Am 8. Juni Gestern morgens frühstückte ich in meinem Zimmer. Um 7 Uhr giengen wir über die Treppe hinab, um in unsere Wägen einzusteigen und in die Pfarrkirche von Ofen zur Krönung meiner Eltern zu fahren. Als wir hinab ins Thor kamen fanden wir schön den Krönungswagen der Königin. Um auf den Platz zu unseren Wagen zu gelangen mußten wir knapp an dem Wagen der Königin vorüber. Wir mußten lange nach unseren Wägen suchen, denn der Platz war voll von den Garden, Erzherzogen und Pferden, darunter war auch der Krönungsschimmel des Königs. Endlich fanden wir die Wägen. Wir setzten uns ein und fuhren in die Kirche, am Wege war viel Spalier von Hussaren und Infanterie. Viele Generäle ritten herum. Hinter dem Spaliere stand sehr viel Volk.
In der Kirche waren viele Magnaten und Ofiziere, dann fing die Musik an und der Primas und viele katholische und griechische Bischöfe und sehr viele andere Priester. Dann kam Papa und Mama. Mama setzte sich auf eine Art von Tron und Papa gieng zum Altar, wo viel Lateinisch gelehsen wurde, dann wurde er gesalbt und dann wurde ihm der Mantel umgehengt und der Primas gab ihm das Schwert und machte drei Hiebe. Nachher ertönten die Pauken und Andrássy und der Primas setzten dem Papa die Krone auf. Dann bekam Papa den Reichsapfel und das Szepter in die Hand. Papa und Mama stiegen hier auf den Thron und Andrássy lief in die Mitte der Kirche und rief dreimal: »Eljen a kiraly«.
Dann wurde der Mama die Hauskrohne abgenommen und sie gieng

zum Altar und dort wurde viel Lateinisch gelehsen nachher wurde die Krohne aufgesetzt, nachdem früher die Mama gesalbt wurde. Nachher gieng die Mama auf den Thron und das Hochamt fing an. Dann giengen wir nachhaus frühstücken dann sahen wir an wie die Mama in einem Glaswagen nachhaus kam. Sodann fuhren wir auf dem Dampfschife zum Loidgebeud und sahen von dort den Zug an. Er gefiel mir sehr, als der Zug zurückkam stellte er sich ringsherum auf und Papa sprengte sehr hübsch in Galopp auf den Krönungshügel machte vier Hiebe und sprengte in Galopp hinap und wir fuhren wieder nachhaus.

Nach einiger Zeit gieng ich zum Papa hinab und von dort giengen wir mit den Onkeln in den großen Saal auf eine Tribüne und sahen das Banket an bei welchem der Papa einen Toast ausbrachte. Nach dem Banket giengen wir nachhaus dann Speisten wir und dann spielten wir den ganzen Abend.

*Aufsatz:*

# Unterschiede zwischen der deutschen und der ungarischen Nation

Unter dem Eindruck der Niederlage Österreichs gegen Preußen bei Königgrätz einerseits und der glanzvollen Krönung Franz Josephs zum König von Ungarn andererseits bildete sich Rudolfs Meinung über Deutsche und Ungarn. Völlig unbeeinflußt von seinen Lehrern, wie der Erzieher Latour der Kaiserin schrieb, verfaßte der Neunjährige 1868 folgenden Aufsatz. Kaiserin Elisabeth lebte zu dieser Zeit in Ungarn, um hier, und nicht in Wien, als Beweis ihrer Vorliebe für Ungarn ihr viertes Kind, Valerie, auf die Welt zu bringen. Rudolfs Aufsatz zeigte sie in Gödöllö Gyula Andrássy, dem ungarischen Ministerpräsidenten. Beide »lachten herzlich über diesen Erguß[58]«.

Der Deutsche ist gebildeter und biederer als der Ungar, doch ist der Letztere feuriger und heißblütiger als der Deutsche, und der Charakterzug der Deutschen ist die Redlichkeit und Offenherzigkeit; eine Ausnahme macht die preußische Nation, welche sehr schlau ist. Die Heißblüthigkeit der Magyaren zeigt das ewige Eljen brüllen, bei Alt und Jung. Bei den Kindern kann man es nicht rechnen, denn sie machen es nicht aus Ambition, sondern, weil es sie unterhält recht zu brüllen. Der Deutsche liebt mehr den Ackerbau und das häusliche Leben, dabei ist er doch ein tüchtiger Soldat. Der Ungar ist ein tüchtiger Reiter und beschäftigt sich meistens mit Pferden und dient prächtig als Kavallerist, als Infanterist taugt er nicht viel. Trotzdem der Deutsche keine guten Pferde hat, ist die Reiterei doch recht gut; aber man kann sie nicht vergleichen mit der Artillerie und Infanterie, denn die sind sehr gut. Der Ungar hengt aber mit Leib und Seele am Vaterland und gibt für dasselbe den letzten Bluthstropfen her, was beim Deutschen nicht der Fall ist.

*Gedicht:*

## Kaiser Wilhelm I. in Österreich

Kurz nach seinem größten Triumph – der Kaiserkrönung in Versailles – reiste Wilhelm I. 1871 zur Kur nach Gastein und mußte von Kaiser Franz Joseph empfangen werden. Die beiden Monarchen hatten sich seit 1865 und seit Königgrätz nicht mehr gesehen – entsprechend groß war die Verlegenheit auf beiden Seiten. Franz Joseph kam dem deutschen Kaiser versöhnlich entgegen. Sein Sohn Rudolf (kurz vor dem dreizehnten Geburtstag) ließ seinem Haß gegen den deutschen Kaiser freien Lauf:

Da ist er nun zu büßen seine Sünden
Menschenleben kann er schinden
Österreichs Völker fühlten dies
Frankreichs Heldenleben er aus blies
Jetzt ist er bei uns gewesen
Sah uns die Brüder (unleserl.) verwesen
Er trägt dies am Gewißen
Er ließ oft unschuldig Blut fließen
Wehe, wenn wir je erstarken
Wenn die blutigen Marken
Die er uns schlug wieder zugeheilt.
Dann hat ihn, nicht uns der Tod ereilt.
Möge Gott es uns ertheilen
Daß Österreichs Frankreichs Wunden heilen
Dann treten aus den Gräbern gleich
Mit entstellten Gesichtern gar sehr bleich
Die Königrätzer Werther Sedaner Helden
Sie fordern ihr Blut, sie fordern Rache, ihre entstelten
blaßen rache süchtigen Gesichter
Verfolgen ihn den Wilhelm bis vor den Richter

Und geben nie ihn frei
Und hetzen ihn selbst im Jenseits ohne Scheu
Und so gehe es allen Hohenzollern Fürsten
Die stets und immer nach Blut dürsten
Alle sie treffe dieses Los
Alle alle nicht Wilhelm bloß.
Jeder scheue vor diesem Wiperngezücht
Hier sind sie frei, doch Gottes Gericht
Ereilt sie sicher einmal
Wenn der Posaunen Schall
Mächtig durch die Lüfte dröhnt
Und Donnerstimme des Allmächtigen ertönt.

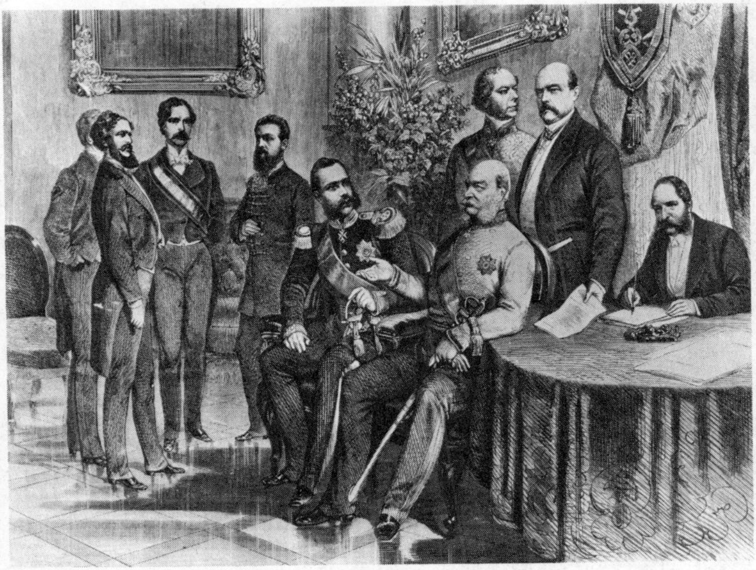

*Sitzend die beiden Monarchen. Links stehend der Außenminister Österreich-Ungarns, Graf Gyula Andrássy, rechts Reichskanzler Bismarck.*

1.

# Gedanken!

Durch meinen Kopf strömen Gedanken aller Art, es herrscht wüstes Treiben aus und es tobt und arbeitet den ganzen Tag in meinem Gehirn, ist wie draußen [illegible] hinein, jeder beschäftigt mich, jeder sagt mir was anderes, einmal fröhlich und heiter, einmal wieder schwarz, erfüllt voll Wunsch, sie bekämpfen sich und daraus wird dann begonnen erst das Wahre, ich denke oft auch, was wird das Ende sein?! Was werden wir Menschen noch alles erfinden? Was für richtige Ueberzeugungen stehen uns bevor? Sind wir höhere Geister, sind wir Thiere? Thiere sind wir, doch stammen wir vom Affen ab, oder haben Menschen stets bestanden neben den Affen, eine eigene Schichte der Zwischenstufen, bildend? Wer antwortet mir darauf? Niemand, und ich verfalle wieder in meine Gedanken zurück oft frage ich mich selbst, bist du schon ein Narr, oder wann wirst du einer? Ich sehe ein, daß alles was ich wissen will, ich nie wissen werde; doch nichts ist [illegible] Probleme nicht man solange man lebt und immer trachten mehr, immer mehr zu erreichen, nicht im [illegible]

*Aufsatz über den Darwinismus:*

## Ist der Mensch ein Tier?

Nach dem Fiasko einer allzustrengen militärischen Erziehung setzte Kaiserin Elisabeth nicht-militärische, bürgerliche und zudem liberale Lehrer für den Kronprinzen durch. Von ihnen wurde das Weltbild Rudolfs entscheidend beeinflußt.

Zwischen Kirche und Liberalismus entzündete sich in diesen Jahren immer wieder neuer Streit. Vor allem ging es um die Entwicklungslehre Charles Darwins, die von der Kirche verteufelt, von der liberalen Wissenschaft als neue Heilslehre auf den Schild gehoben wurde. Die Kirche sah in jedem Anhänger Darwins einen Antichristen, die Liberalen warfen ihrerseits der Kirche vor, die durch die neuen Naturwissenschaften gefundenen »Wahrheiten« zu bekämpfen und den Fortschritt der Menschheit mutwillig zu behindern.

Die Polemik über Darwins Lehre schlägt sich auch in Rudolfs Studienheften nieder. Der Hofburgpfarrer diktierte dem fünfzehnjährigen Rudolf unter anderem folgende Sätze: »Der Mensch ist ... keine höhere Form der Thierwelt, sondern ein durch Gottes Schöpferkraft *unmittelbar* hervorgebrachtes Geschöpf. Die Ähnlichkeit der Körperformen läßt durchaus nicht auf Verwandtschaft zwischen Thier und Mensch schließen.« Unbeeinflußt von diesem Urteil verherrlichte der Jüngling in mehreren freien Aufsätzen, angeregt von seinen Naturgeschichtslehrern, den Darwinismus, dessen Gesetze er wie selbstverständlich auch auf Geschichte und Politik übertrug. Er pries den schier grenzenlos scheinenden Fortschritt, die Gleichberechtigung vor dem Gesetz, das wie in der Natur für alle Menschen gleich sein soll und die Vorherrschaft nicht für den Aristokraten, sonden den geistig Stärkeren, den Gebildeten.

Durch meinen Kopf streichen Gedanken aller Art, es sieht wüst darinnen aus und es kocht und arbeitet den ganzen Tag in meinem Gehirn, ist einer draußen kommt der andre hinein, jeder beschäftigt mich, jeder sagt mir was anderes, einmal fröhlich und heiter, einmal

rabenschwarz, erfüllt voll Wuth, sie bekämpfen sich und daraus wird denn langsam erst das wahre; ich denke stets auch, was wird das Ende sein? Was werden wir Menschen noch alles erfinden? Was für riesige Umwälzungen stehen uns bevor?
Sind wir hehre Geister, sind wir Thiere? Thiere sind wir, doch stammen wir vom Affen ab, oder haben Menschen stets bestanden neben den Affen, eine eigene Spezies der Zweihändler bildend? Wer antwortet mir darauf? Niemand, und ich versinke wieder in meine Gedanken zurück, oft frage ich mich selbst, bist du schon ein Narr oder wann wirst du einer? Ich sehe ein, daß alles was ich wißen will, ich nie wissen werde; doch eins ist sicher, streben muß man, solange man lebt und immer trachten, mehr, immer mehr zu erreichen, nicht an Titeln, nicht an Würden, nicht an Reichthum, nein, dieses Geschäft laße man diesen feilen Geschlechtern, welche von Christi Geburt an ihre Ahnen kennen, nein, ich will Wißen, mich Ausbilden, mehr wißen wie ein anderer und jene Fragen mir lösen, die als gespensterische Schatten in meinem Kopfe wühlen.
Der Mensch steht da, aufrecht schön gewachsen, die Natur hat ihn mit ihren Geschenken im reichlichsten ausgestattet, ihm scheint nichts unmöglich, er hat erfunden, erschaffen, mit Hilfe der ihm von der Natur schon gegebenen Rohprodukte; er hat schon Fragen gelöst, die vor Hunderten von Jahren unseren Vorfahren als sündhaft und Teufelsschreck geschienen; er ist der Herr der Erde, die Thiere beugen sich vor seinem Glück und er hat aus allem Nutzen für sich gezogen; wir können ihn kein Thier schlechtweg nennen, denn sein Verstand und seine Geistesgaben sind so groß, daß ein Thier sich nie mit ihm vergleichen darf, er war einmal auch wie eine wilde Bestie, lebte in Höhlen und folgte nur thierischen Trieben, doch er wurde Mensch, Mensch nach unseren jetzigen Begriffen, das Thier war Thier und es auch geblieben; also schlechtweg ein Thier kann man ihn nicht nennen, er kann eine höhere Gattung sein, ein Wesen, welches die Natur mit schöneren Gaben ausgestattet, alles ist möglich, wir wissen nichts, und hoffentlich aber werden wir es einmal erfahren. Jetzt müßten wir die Sache von einem anderen Standpunkt betrachten; der Mensch ist nicht blos Geist, er hat auch einen Leib und dieser ist thierisch, so thierisch wie beim Hund, er ist dem Äußeren

nach der erste der Säugethiere vor den Vierhändern, die Familie Zweihänder (Homo Sapiens).
Was ihn auch sehr den Thieren näher macht, ist, daß er in Unterschiede zerfällt, wie alle anderen, nie wird man einen Kaukasier mit einem Stejrer in ein und die selbe Gruppe stellen, man betrachte nur den Schädel und man wird erblicken, daß der eine schöner edler geformt ist, während der andere schon dem Affenschädel sich nähert. Ich zähle nicht die verschiedenen Racen auf, denn die kennt jeder nur etwas Gebildete, nur füge ich noch hinzu, daß die Haupt Racen in viele Unterracen zerfallen und dies erkennt man gleich am Bau und am Schädel.
Der ganze Körper ist ganz wie der eines Thieres, Blut, Muskel, Fleisch, die inneren Theile und die Geschlechtswerkzeuge. Der Mensch hat sich ausgebildet, Leib und Geist veredelt, er hat sich neue Gesetze gebildet und die thierischen Triebe unterdrückt, die Gesellschaft wieder schuf sich neue Ideen und Regeln, aus der Familie entstand ein Staat, wie wir heute sehen, und jeder hält sich nach diesen Regeln, denn sie kommen vom Vater auf den Sohn, die Religion lehrte und veredelte die Menschen, hielt sie ab von vielen Freveln, und so entsagte der freie Sohn der Wälder allen den Naturgesetzen, er wurde zahm, wie ein Hausthier zahm wird, nur daß dieses Thier bleibt und er in seinen Schranken riesiges schuf.
Das Thier, der beharte Bruder des Menschen blieb im Wald, blieb wild, entsagte nicht seiner wahren Freiheit und folgt nur den großen Naturgesetzen, frei ists, und wir sind hier in engen Schranken recht sittlicher schöner Gesetze, doch es bleibt immer Zwang, und kehrt einmal der Mensch zurück zur Bestie, so genießt er die Freiheit und ist ärger denn wie jedes Thier.
Der Mensch hat recht schöne Gesetze sich geschaffen, und ist recht zahm, recht fromm geworden, und nun ist ja alles in der richtigen Bahn, einer thut dem andern nichts, Mord ist verbothen und jeder folgt dem niederen Gewinn, einer hindert den andern nicht. Nächstenliebe ist ein Hauptgesetz auf den Lippen aller, doch nur auf den Lippen, denn kommts dazu, sind die Leidenschaften entfeßelt und der Haß, der den Friedfertigsten beherrscht, frei, dann ists mit allen diesen schönen Phrasen aus, und mit Hochmuth bohrt der eine,

Nächstenliebe aussprechend den Dolch dem anderen ins Eingeweide. Wers sagt, denkt sich, was ich eben geschrieben, sicher am wärmsten, denn er will die Absicht unter diesem Werke verstehen, drum sage man es lieber nicht, denn wozu eine Lüge sagen, denn es ist bei jedem Lüge. Jeder denkt sich etwas, wenn er seinen Nechsten so vor sich sieht; ob es immer etwas Gutes ist, bezweifle ich, drum sei man stets auf seiner Hut, denn die Natur hat uns so wie den Thieren ein Gesetz gelehrt, das ist die Notwehr, und in diesem großen Kampf ums Dasein erhalte man sich, solange man kann! Koste es was es wolle! Es giebt Liebe, Dankbarkeit unter den Menschen, sowie bei den Thieren und jeder Mensch sollte ein Gefühl von Dankbarkeit gegen seinen Wohlthäter haben, denn das ist ein Naturgesetz, das Thier, welches noch nicht wie wir durch Habsucht und andere Laster verdorben ist, kennt dieses Gefühl, doch der Mensch ist viel verdorbener, drum willst du Gegenliebe, Dankbarkeit, nehme dir einen Hund, er wird dich nicht betrügen, doch bevor du wahre Gegenliebe bei den Menschen findest, täuscht du dich 10 mal und es kostet dir alles, denn dadurch verdirbst du dir deinen reinen Sinn, und drum versuch es lieber nicht ...

Die Liebe, das reinste, wahrste Glück, das den Mann zum Weibe führt, ist ganz aus der Natur gekommen, so wie das Thier, so auch der Mensch. Dieses Gefühl ist dem Menschen, so wie den kleinsten Amphibien gemein, und beide erfreuen sich desselben in gleichem Maße. Die Liebe ist sicher das Schönste im Leben aller organischen Wesen, es ist noch ein Gefühl, das der Mensch noch so rein besitzt wie das Thier, in diesem stimmt er noch ganz mit der Natur zusammen, und in dem hat er die ächten und wahrsten Naturgesetze noch nicht abgestreift; und doch selbst in dem hat er sich Gesetze und unnütze Formen gegründet, die Zeit, die Beschränktheit der vergangenen Geschlechter verdarb selbst dieses heiligste Naturgesetz.

Seitdem die Menschen Staaten gebildet, gab es ein Oberhaupt, unter welchem Sterne es dem Volke eben beßer gefiel, Kaiser, König, Fürst und Herzog, es blieb sich am Ende gleich, einer so ein hohler Titel wie der andere und nur die damit verbundene Macht hat irgend einen Sinn; nächst diesem Herrscher gab es seit jeher höhere und bevorzugtere Personen, welche auch einen Titel bekamen, Ämter führten und dem König in der Peinigung seines Volkes halfen, es bildete sich ein Adel, unter diesem war dann das Volk, die Leibeigenen, welche nichts als die Sonne und Peitschenhiebe besaßen, die Bürger kamen erst viel später; die Könige und Adelige bildeten sich Gesetze, und unter diesen vielen schrecklichen Erfindungen des Mittelalters war auch die, daß man nur in seinem Stande heirathen dürfe, die Herrscher nur in Herrscherfamilien, der Adel nur im Adel; wer aber vom Volke sich ein Weib erkor, wurde ausgestoßen, war aller Rechte verlustig, ein Verruchter, also der Mensch, der Herr der Schöpfung, konnte nicht wie jedes Thier seinem Herzen folgen, er muß sich den Gesetzen seiner Vorfahren unterwerfen, freier ist das Thier im Walde. Was folgte natürlich: eine Degenerirung der Königs- und Adelsgeschlechter, denn auf der Welt giebt es doch nur ein kleines Häufchen solcher Hohen, also wenn die immer unter einander heiratheten, mußte eine Degenerirung, Verkümmerung, an Geist und Körper folgen, und was die Vorfahren aus blödem Stolz gemacht, war zu ihrem Enkel eigenem Schaden. Wie konnten Einzelne den unumstößlichen Naturgesetzen ihren selbsterfundenen Zwang entgen; diese Einrichtungen konnten im Mittelalter haltbar sein, doch jetzt in unserer Zeit, wo nach einer langen dunklen Nacht die helle Sonne der Freiheit und des Wißens aufgegangen und eine ganz neue Zeit vor unseren Augen liegt, wie könnten sich jetzt solche Sachen erhalten, es giebt wohl auch Leute, die sich daran anklammern, doch endlich muß dieser Zwang auch dahin sinken. Wenn wir auch noch unter solchen Verhältnißen leben, blicken wir kühn in die Zukunft, eine beßere Zeit steht uns bevor, und diese verosteten Gesetze werden verschwinden und der Sprößling des höchsten Hauses wird so seinem Herzen folgen können, wie der gemeine Mann und wie das Thier.

Die Standesunterschiede schadeten noch in vielen anderen Beziehungen den Menschen und entfernten sich immer mehr von der Natur.

Nachdem die Völkerwanderung beendet war, begann das Mittelalter, die traurigste Epoche der ganzen langen Geschichte der Menschheit. Die Völker waren stumpf und dumm im 5. und 6. Jahrhundert n. Christi Geburt, es lag in der Natur der Dinge, daß einzelne sich an die Spitze dieser Leute stellten, und durch ihre starke Hand das ganze in Ordnung hielten, doch wenn es der erste weise gethan, herrschten die Nachfolgenden dafür mit der größten Härte und Grausamkeit, die Folge davon war, daß die so schon sehr verblödeten Menschen immer mehr in ihrer Barbarei versanken, und je grausamer die Herrscher und der Adel waren, desto stumpfer wurde das Volk.

Hand in Hand mit dem Adel gingen die Geistlichen, welche statt würdige Diener Gottes zu sein, unmäßige, habsüchtige, leidenschaftliche Männer waren, welche das arme Land aussaugten, doch sie schadeten am meisten dadurch, daß sie recht gut verstanden das Volk durch Aberglauben, übertriebene Frömmigkeit so niederträchtig und unterthänig zu machen, daß sie sowohl wie der Adel leichtes Spiel hatten und mit den armen Leuten machen konnten, was sie wollten, die Furcht vor der Peitsche des Herrn war ärger wie jetzt bei jedem Hund.

Darum kann man sagen, daß wirklich einzelne den Fortschritt von Jahrhunderten gehemmt. Damals wußten es die Menschen, daß es nicht immer so gehen werde, drum hielten sie solange als möglich die Leute in Dummheit, Unwißenheit und Aberglauben; der König und der Adel kämpften, jagten, unterhielten sich, und ließen den pfiffigen Pfaffen das Amt über, die Leute immer im gleichen Zustand zu erhalten.

Ewig blieb es nicht so, in der eigenen Schlechtheit und Verderbtheit müßen die Hohen den Fall ihrer Macht suchen; die Priester und die Kirche wurden statt fromm endlich selbst das Lasterhafteste, und in Mißbräuchen, Zerwürfigkeit und Haß unter einander ließen sie das Volk aus den Augen.

Der Adel führte auch ein sittenloses Leben und verarmte, das Volk begann aufzuathmen und das frühere Unglück zu verstehen, die ersten Bewegungen begannen mit dem Bauernkriege, der vielen Adeligen das Leben kostete.

In Frankreich und in Deutschland wurde das Volk früher reif, und die unbedingte Herrschaft der Mächtigen hörte auf, als der Hof auch in Frankreich in sittenloses Leben führte, und der König Tag und Nacht mit seinen Adeligen in Festen schwelgte, das Land wurde ausgesaugt und alle diese Greuelthaten forderten Rache; sie kam, und in der französischen Revolution büßte der König, der Adel und die Geistlichkeit für ihn und aller ihrer Vorfahren schwere Vergehen. Die Form war rauh und blutig, doch es war eine nothwendige und heilsame Catastrophe.

Am Ende des vorigen Jahrhunderts war das Bauernvolk sowohl als die Bevölkerung in den Städten noch recht abergläubisch, stumpf und knechtisch, und wie ist es heut, jeder ist ein freier Mann und fühlt seinen eigenen Werth. In diesen wenig Jahren dieser riesige Aufschwung, gehoben durch die schnelle Entwickelung der Wißenschaften, und in dieser Spanne Zeit kam ein größerer Gelehrter nach dem anderen; und die Naturwißenschaften, die man früher garnicht gekannt, erhoben sich und bildeten die Basis des ganzen jetzigen Wißens und Lebens. Früher kannte man nur die classischen Wißenschaften, immer griechisch immer Latein, die alten Schriftsteller, und immer nur abstrakte Begriffe; doch nur das ist Wißenschaft zu nennen, was Natur ist, nicht Dinge, die sich die Menschen selbst geschaffen.

Die Naturwißenschaften sind ein reelles Wissen, das sich mit Materien beschäftigt, die man mit den 5 Sinnen wahrnehmen kann.

Jetzt leben wir in einer ganz anderen Zeit, der alte Aberglaube, die Knechtschaft sind dahin, das Wißen ist verbreitet, die Geistlichkeit kann ihren Druck nicht mehr ausüben und alles alte ist gesunken; die Regierung ist eine ganz andere geworden und naht sich um einen Schritt der Republik; das Königthum hat seine alte Macht eingebüßt und klammert sich an den Glauben und die Liebe des Volkes, eine alte Herrscherfamilie hält sich noch eher, denn sie ist mit alten Traditionen der Leute innig verknüpft, doch ein neuer Emporkömmling kann nur kurze Zeit seine Macht erhalten, denn der ganze Herrscherbegriff gehört nicht mehr in unsere Tage und warum eine neue Dynastie begründen, wenn die alte gesunken.

Das Königthum steht da eine mächtige Ruine, die von heute auf morgen bleibt, doch endlich sinken wird. Jahrhunderte hat es gehalten, und solang das Volk sich blind leiten ließ, war es gut, doch jetzt ist seine Aufgabe zu Ende, frei sind alle Menschen, und beim nächsten Sturm sinkt diese Ruine.

Die deutsche Nation ist so gebildet, steht so reif und mächtig da, in ihr wurde zuerst die Naturwißenschaft gepflegt und sie erweitert und beschützt sie, dieses Volk war es, welches sich neu erschaffen aus tiefer Niedrigkeit erhob, dort wo einst Kloster an Kloster stand, brausen und dampfen nun die Maschinen, und eine Fabrik reiht sich an die andere, das Wißen ist auch unter das Volk verbreitet und die Leute sind gut und herzlich, trotz ihrem sogenannt antireligiösen Wißen; doch das Volk ist schon zu reif, daß sie noch lange Herrscher dulden, denn dieser Begriff verträgt sich nicht mehr mit der ganzen Richtung unserer Zeit, und außerordentlich gut ist es von den Leuten, daß, wo sie die Macht in ihren Händen haben, die Rache für alles was an ihren Vorfahren geschehen nicht in der grausamsten Form ausbricht.
Sie beschäftigen sich nicht mit dem, was in den früheren Tagen vorgefallen, denn unsere Zeit braucht Arbeitsamkeit, und gescheidte Köpfe, denn jeder helf sich selber durch, und die Menschen haben so viel zu denken und das jetzige materielle Wißen giebt so viel zu schaffen, daß sie ihre Zeit beßer benützen, als daß sie ihre Wuth an den unschädlichen Hohen kühlen möchten.
Die Menschen waren immer schlecht und werden es auch immer sein, doch sicher wurden viel mehr Grausamkeiten und Schlechtigkeiten im Mittelalter unter dem Deckmantel der Religion als in unseren Tagen verübt, die Leute sind durch die große Bildung, und das Wißen so an Fleiß und Arbeit angewiesen, daß jeder in seiner Sphere so viel zu thun hat, daß er gar keine Schlechtigkeiten thun will.
Ganz anders steht es bei den noch nicht so kultivirten Nationen, die Deutschen stehen jetzt an der Spitze der ganzen neueren Wißenschaft; doch die Slawen, welche so zahlreich in Europa vertreten sind, stehen um eine Stufe tiefer, der unedle Körperbau, die gebeugte Haltung, die langen Arme beweisen nur zu deutlich, daß es eine Sippe oder Gattung ist, welche tiefer wie wir in der großen Reihe der Nationen zu stehen kommt nahe an das Thier.
Der niedere, kriechende, hinterlistige Charakter aller Slawen, ihr knechtisches Wesen, der jetzige Schädel, der gemeine Gesichtsausdruck beweisen das oben Erwähnte. Doch das ist sicher, daß es eine

Nation ist, welche um vieles weiter wäre, in jeder Beziehung, wenn sie nicht in allen Zeiten, theils von eigenen, theils von fremden Herren wie Thiere behandelt worden wären. Wo Slawen, selbst in der Überzahl unter anderen Völkern aufgetreten, waren sie immer die dienende gedrückte Nation; sie sind es noch, mögen sie es immer bleiben, denn die Zeiten der Völkerwanderung könnten wiederkehren, wenn diese sich so rasch vermehrende Nation von Osten her in unsere gesegneten Länder hereinbrechen würde. Die Slawen sind die elendsten und schlechtesten unter den Bewohnern Europas.

Sie wurden aber auch immer am aller meisten als Thiere behandelt, und jeder Hase am Felde lebt freier und beßer als so ein armer Bauer in slawischen Ländern; es ist wahr, daß auch keine Nation der Erde so sich hemmen und mißhandeln läßt, und doch immer unterthänig und demüthig bleibt. Die Slawen wären in der Cultur weit vorgeschritten, wenn nicht bei ihnen alle diese Mißbräuche und Schlechtigkeiten des Adels in verdoppeltem Maaße Wurzel gefaßt hätten, in Rußland ist es noch so, und in Böhmen findet man noch Spuren dieser unglücklichen Zeit.

Der Adelige bleibt beim Volke noch der Herr, während er Staatsbürger ist, wie jeder Bauer. Kommt einmal in diese gedrückte Nation ein Funken Wißens, lernen sie einmal alle diese Schlechtigkeiten, die ihnen und ihren Vorfahren angethan wurden, kennen, dann wird die thierische Demuth und Enthaltsamkeit in bestialische Wuth ausarten und die Rache und die Leidenschaft wird blutige Tage hervorrufen.

Sie haben nicht die Bildung und das Wißen, das sie an alle dem hindern würde; und was die Könige und Adeligen angestrebt, das Volk dumm zu erhalten, wird ihr eigenes Ende sein.

Die Rache ist gut, Jahrhunderte haben die Hohen gräulich gehaust, die Zeit ist um, Blut fordert Blut, und des gemeinsten Bauern Blut wird Rache hervorrufen.

Das Alte sind Ruinen, wir blicken in eine neue beßere Zeit, die Macht wird fallen, die Wißenschaft wird blühen, und die Schlechtigkeit, die durch die ungleiche Macht und Armuth entstanden wird schwinden, und vom Parteihaß angewidert kehrten wir zum Schönsten, zur Natur zurück.

Das ist geschrieben, mag es schlecht oder gut sein, es sind nicht Auswüchse erregter Fantasie, es ist meine feste Meinung, und die Natur wird ewig mir das höchste sein, was Menschen selbst gemacht, ist schlecht wie die Menschen.

Im Dezember 1873 Rudolf

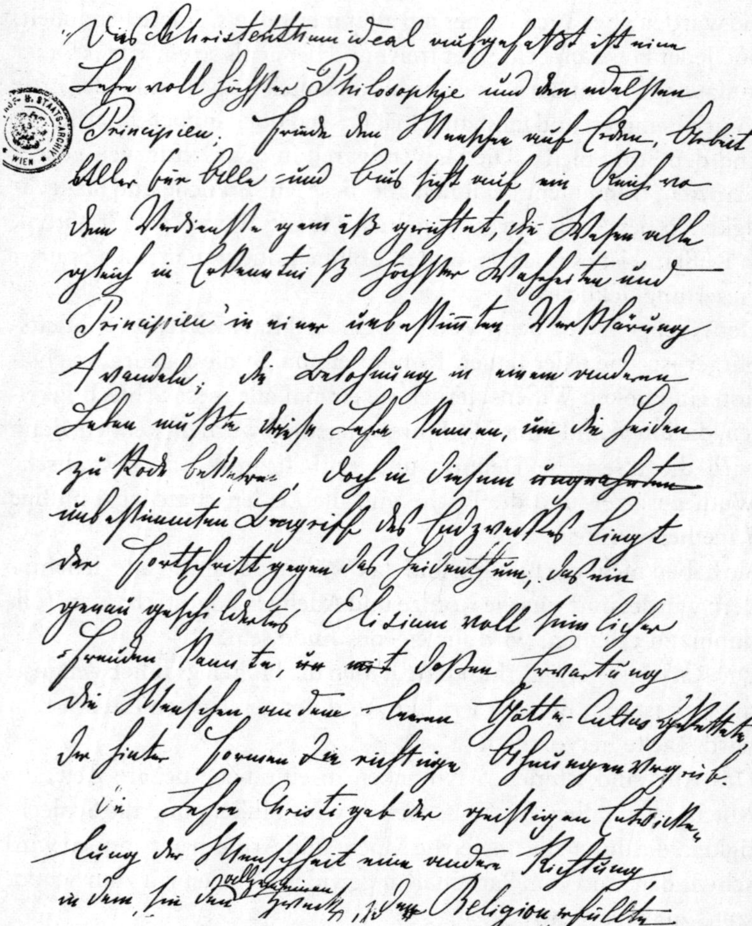

*Aufsatz in Geschichte:*

## Über die Gleichheit der Menschen und die Einheit des Besitzes

Wie weit der Einfluß der liberalen Lehrer, vor allem der Geschichtslehrer Josef Zhisman, Anton Gindely und Hyazinth Rónay auf den jungen Prinzen ging, ist besonders dem folgenden Aufsatz des Sechzehnjährigen zu entnehmen. Wenig später verstieg sich Rudolf zu dem Ausspruch, er wünsche sich als schönste Stellung, Präsident einer Republik zu sein[59]. Der höhnische Kommentar der Aristokraten und Hofbeamten gegen den Kronprinzen und seine Lehrer war nach solchen Auslassungen nicht überraschend.

In dem sittlich großen Moment der französischen Revolution, der zu leidenschaftlichen Folge einer allen Menschenrechten, den höchsten Gesetzen der Menschheit spottenden Willkühr, liegt ein Princip, das damals zum ersten großen Nachklange unterdrückter Generationen, zum riesigen Gespenste, das die Großen durch eigene Frevel großgezogen, ward und bis heut zu Tage ein ungelöstes Räthsel in der Entwickelung der Menschheit bleibt, es ist »die Gleichheit der Menschheit, die Einheit des Besitzes«.

Viel läßt sich dafür, viel dagegen sagen.

Vom practischen Gesichtspunkte aus betrachtet, müßen selbst die Kinder des 19. Jahrhunderts diese Ideen als practisch undurchführbar erkennen.

Ideal aufgefaßt laßen sich beide entgegengesetzten Principien vertheidigen.

Kein Feld ist so für den wahren Idealisten offen und geeignet als das der Menschenrechte; die Märtyrer, welche im Laufe des Mittelalters für das Wohl der Menschheit verbluteten, waren verfrühte, vereinzelte Kämpfer für eine Sache, die von selbst sich Platz zum

Durchbruch und Gelegenheit zur Beherrschung der Geister schaffen mußte.
Größte geistige Entwickelung der Menschheit ist das Ziel, nach dem wir immer streben und streben werden; die meisten unbewußt, einzelne bewußt, und diese einzelnen Geister müßen den anderen den Weg weisen und dem Strom die richtige Schnelligkeit und Richtung geben. Die Menschheit sei bewußt ihrer höchsten Ziele, bewußt ihrer Aufgabe, bewußt ihres Strebens, bewußt des Zweckes ihrer Existenz und des Ringens Aller für Alle, doch wie fern noch ist dieses Bewußtsein, und welcher Schritt zum Ziele wäre die Erreichung dieses Grades geistiger Entwickelung. Verbreitung der allgemeinen Bildung, edle Geister, welche getragen von Menschenliebe einen hohen idealen Standpunkt mit praktischen Sinn verbinden an der Spitze als Wegweiser, aber nicht als Nutznießer stehen und allgemeiner Wohlstand, denn Armuth und krasse Besitzes-Unterschiede hindern jeden Fortschritt, sind die Haupt-Punkte, deren Erreichung die weitere Entwicklung erleichtert.
Der Mensch braucht zum Leben der Sachen, und je höher die Entwickelung, desto reicher an Bedürfnißen ist der Einzelne; der Mensch hängt mit so vielen Fäden an seinem Planeten, die kleine Flamme, der Geist, der verborgen im innersten des Gehirnes ruht, kann die unabsehbarste Unendlichkeit der Gedankenwelt durchfliegen, in der kein fester Punkt zum ruhen, nichts Positives für den Menschen liegt. Der Geist muß in seine Zelle zurück, in den thierischen Leib, der ihn zwingt, auf dem Planeten, von dem er sich nicht trennen kann, ein greifbares Elisium, gleich dem unsichtbaren, das der Geist nur ahnt, zu gründen. Und so trachtet der Mensch, alles aufzubieten, um durch geistige und körperliche Thätigkeit aus seiner Erde und dadurch aus sich selbst die Verwirklichung eines erhabenen Principes anzustreben, der Gründung eines sichtbaren Elisiums einer geistig dem Traum mancher Geister nah entwickelten Menschheit.
Darum entfaltet der Mensch immer größere Ansprüche ans Leben, die mit der Größe seiner Ziele wachsen; je mehr er sich deshalb durch die Dienstbarmachung und Ausnützung der Naturprodukte von der Einfachheit des Thieres entfernt, braucht er jene zur Vered-

lung seines Daseins und als Werkzeuge zu abermaligem Fortschritte. Diese Sachen also bilden den Besitz, deßen Werth sich nach dem Verhältniße richtet, in dem seine Brauchbarkeit zu den Anforderungen der Menschen steht.
Im Zunehmen des allgemeinen Reichthums, der Forderungen und Ansprüche ans Leben sieht man die steigende Entwickelung der Menschheit.
Aus Wohlstand und allgemeinem ziemlich gleich vertheilten Besitze, wo durch Ausnützung einer jeden Sache und Bewegung in den Vermögen der Einzelne nach Reichthum im Interesse aller strebt und es für Alle verwerthet, wird Bildung und Aufklärung blühen und gedeihen und im gesicherten Leben den Geist veredeln.
Doch, wo in krassen Besitzes-Unterschieden die große Vielheit der Dürftigen in den wenigen Feinde und Verzehrer des allgemeinen Gutes erblickt und Haß gegen diese und Kummer wegen der eigenen Erhaltung bei den Unglücklichen Verkommenheit erzeugt, wird ein edler Aufschwung nicht möglich und ein Fortschritt schwierig sein. Deshalb müßen wir, vom idealen Standpunkte aus gesehen, ziemlich gleich vertheilten Reichthum und Wohlstand aller als eine Quelle sittlicher Entwickelung betrachten. Practisch ist es, solange die Menschheit auf der gegenwärtigen Stufe sich befindet, undurchführbar, doch in den großen Entwickelungskämpfen der Geschichte erblicken wir ein stetes Streben nach höchster Entwickelung Aller, ein Bekämpfen jener Principien und ihrer Vorkämpfer, die zu Gunsten der Macht des Einzelnen die Individualität des Ganzen unterjochen; und aus Besitz, aus Reichthum entwickelt sich die Macht, und wenn derjenige Theil des Besitzes, der für Alle bestimmt ist, in den Händen Einzelner ist, ist darum auch die Macht über Alle in ihrer Gewalt.
In jenen Zeiten, wo in Folge der Rohheit noch des Mangels einer Cultur der Reichthum auch ein sehr spärlicher war, war es eine leichte Sache für Einzelne, Allen den Besitz zu entziehen und durch den Kampf ums Dasein und um den schweren und dürftigen Lebens-Unterhalt die höhere Entwickelung der Menschheit, den ärgsten Feind der Mächtigen, zurückzuhalten.
Das Streben nach Vervollkommnung, nach steter geistiger Entwik-

kelung ist ein Natur-Gesetz, das in die Menschheit in Folge ihrer Existenz und ihrer Zwecke gelangt ist und sie von den Thieren, in denen die Stabilität das Haupt-Merkmal und Entwickelung unmöglich ist, unterscheidet. Doch die Durchführung dieses Naturgesetzes kann auf kurze Zeit oft wirksam gestaut werden; die Einzelnen, die sich Macht beilegten, und ihre Macht war eine Nothwendigkeit, denn es gab Zeiten, wo diese den Völkern den Weg weisen mußten und sich zu ihrem Wohle an ihre Spitze stellten, um aus dem tiefsten Zustand sie auf einen höheren Standpunkt zu bringen, überschritten dann auch diese Grenzen. Die Mächtigen waren also noch in primitiven Zeiten die Werkzeuge des Principes der Entwikkelung der Menschheit. Doch zu einer gewißen Bildung gelangt, herausgetreten aus der ersten Stufe der wildesten Leidenschaften und der unaufhörlichen blinden Rauflust, in Gemeinden und kleine und große Staaten vertheilt, begann nun die Entwickelung von selbst zuzunehmen, als der Geist erwachte, war auch schon der Trieb zum Fortschritt vorhanden. In der Entfaltung der Individualität, im zunehmenden Reichthum sahen die Mächtigen ihr Verderben.

Der Egoismus des Adels führte die unaufhörlichen Kämpfe des Mittelalters, Armuth der Völker, Hemmung jeder Entwickelung herbei. Von diesem Augenblicke an hatte dieser Stand keine Aufgabe mehr, im Gegentheile, er war ein Fluch für die Menschheit.

Heute noch können wir Völker sehen, an denen drei Jahrhunderte spurlos vorübergegangen sind, und in denen das höchste Princip des Fortschritts in das der Stabilität übergegangen ist (Polen, Ungarn).

Das egoistische Princip größter Macht, eigenen ruhigen Wohlbefindens zu Schaden der höchsten Principe, zum Verderben der Menschheit, deren Glieder zu Puppen herabsanken, war das treibende Motiv der Mächtigen und die Geistes-Richtung einer ganzen Zeit und ihrer Lenker.

Es ist dies die kleinlichste Richtung und verräth Enge des Gesichtskreises, eine Versündigung an der Menschheit, und wie viele Generationen haben darunter gelitten! und wie lange ist der geistige Fortschritt, das größte Gut der Menschheit, gehemmt worden! Der krasseste Egoismus, der größte Mangel an Nächstenliebe ist das

Merkmal dieses Principes; es widerspricht am meisten den Grundsätzen des wahren Christenthums, und doch hat Adel und Geistlichkeit es stets durchgeführt, diese haben sich überlebt, der lang gestaute Strom hat sich Bahn gebrochen und die Menschheit strebt, veredelt und fortgeschritten, nach den höchsten Zielen; und jene Lehren, das wahre Christenthum, welche edel und erhaben der Entwickelung der Menschheit eine friedliche und menschenfreundliche Richtung gaben, sind befreit von den Verderbtheiten der Nutznießer, die höhere Gedanken in blinden Glauben der anderen und eigenen Profit veränderten und wurden zu wahren göttlichen Principien, zu höheren Gedanken, veredelnd im ewigen Fortschritt der Menschheit.

Das Christenthum ideal aufgefaßt ist eine Lehre voll höchster Philosophie und den edelsten Principien; Friede den Menschen auf Erden, Arbeit Aller für Alle und Aussicht auf ein Reich, wo dem Verdienste gemäß gerichtet, die Wesen alle gleich in Erkenntniß höchster Wahrheiten und Principien in einer unbestimmten Verklärung wandeln; die Belohnung in einem anderen Leben mußte diese Lehre kennen, um die Heiden zu bekehren, doch in diesem unbestimmten Begriff des Endzweckes liegt der Fortschritt gegen das Heidenthum, das ein genau geschildertes Elisium voll sinnlicher Freuden kannte, deßen Erwartung die Menschen an den leeren Götterkultus kettete, der hinter Formen richtige Ahnungen vergrub. Die Lehre Christi gab der geistigen Entwickelung der Menschheit eine andere Richtung, in dem sie den allgemeinen Zweck jeder Religion erfüllte. Ich meine die Bestimmung, dem Menschengeschlecht eine Anregung zum geistigen Leben in höheren Gedanken-Sphären zu geben und den Geist manchmal von dem ernsten und leichten Streben des täglichen Lebens zur Erkenntniß der Aufgabe des Menschengeschlechtes zu führen.

Derjenige, der nicht den geringsten Grad von Bewunderung vor der Ordnung der Natur und ihren Gesetzen, also vor der Naturreligion hat, versinkt in das bloße Erdenleben und den krassen Materialismus.

Und diese Gedanken regt das Christenthum in der Ur-Form seines Schöpfers an, und die wilden Leidenschaften mäßigend, strebt es ein geistiges Leben an; auf diesen Principien beruhte diese Lehre in ihrem Beginne, und wie viel sie auch verunstaltet und verdorben ist durch die Formel-Sachen und lächerlichen Gebräuche, die oft mit minderen Interessen und Motiven verbunden waren und aus dem Pfaffenthum entstanden sind, so blieb dennoch die Grund-Lage dieser Principien in der Gedankenwelt und vererbte sich durch die Muttermilch von Generation zu Generation und ward zur Basis der edlen Gedanken der größten Geister.

So lebt in den modernsten Ideen der Menschlichkeit und der hohen Bestimmung der Menschen das Christenthum nach den Lehren seines Gründers erst recht auf; zum Gegensatz zu den Verunstaltungen durch die Priester, die gleich den Priestern der Antique ihre Lehre als das Mittel zur Beherrschung anderer und zur eigenen Ernährung erblickten.

In diesem Principe, daß ein jeder moralischen Halt braucht, von deßen Grundlage aus er sich noch ferner veredelt und der ihn auch vor Laster und Verkommenheit schützt, erblicken wir die Bestimmung des Glaubens für das Volk. Der gebildete Geist, der in erhabener Weltanschauung die Ordnung der Natur und den Geist des Fortschrittes, der in ihr herrscht, bewundert und die Menschheit und ihre ungeschriebenen Gesetze achtend nach eigener Vervollkommnung strebt, findet darin seinen Halt. Da aber leider neben Stände- und Vermögensunterschieden auch die geistige Bildung eine sehr verschiedene ist, können diese hohen Principe nicht für einen jeden den moralischen Halt gewähren, und da muß der Glaube und die Furcht vor späteren Strafen, Lust nach Belohnung etc. etc. die edlen Gedanken über Harmonie der Naturgesetze ersetzen.

Doch nicht nur für wirklich Ungebildete, sondern auch für Menschen, die den Anspruch auf Bildung machen, aber durch Mangel an Geist, oder durch Verranntheit einer bequemen Stütze bedürfen, ist der Glaube angenehm.

Der Mangel und die Verachtung edler Gedanken wird durch formellen Glauben und durch Heiligkeit im Sinne der Priester ersetzt, nämlich durch Fluch jedem Fortschritt, Verwerfung edler Menschlichkeit, Streben nach eigenem und Reichthum der Kirche; solcher Egoismus wird Frömmigkeit und Stärke der Principien genannt;

dies ist das Merkmahl einer großen Zahl des Adels und der Geistlichkeit; alle welche so denken, haben sich überlebt, und ihr Standesunterschied wird im Lauf der Fortschritte der Menschheit durch erhabene Anschauungen verdrängt. Doch, wo die Geistlichkeit nur als Veredlerin des Volkes auftritt und den nieder denkenden Armen den moralischen Halt giebt, von dem aus er sein weiteres Streben nach Erleuchtung beginnt, da hat sie so wie jeder menschenfreundliche Verein ihre Rechte, die aber feste Schranken haben müßen. Denn kein Rückschritt in der edlen Entwickelung der Menschheit ist ärger als Fanatisirung des Volkes.

Haß der Stände, der Glaubens-Unterschiede und der Parteien aller Art ist ein Übel für die gesammte Menschheit und stets mit dem Fortschritt der Cultur im Abnehmen begriffen; es widerspricht jeder gehäßige Kampf den höchsten Principien, und je näher wir der Erfüllung kommen, desto seltener und bedachter werden die Kämpfe; die blutigste Mordlust des Alterthums, die theils mit dem Cultus zusammenhing, wurde durch das Friede und Liebe der Menschen untereinander predigende Christenthum abgeschwächt; den Religionskriegen und unaufhörlichen kleinen und großen Kämpfen des Mittelalters und der neuen Zeit machte die große französische Revolution und die folgenden Kriege ein Ende; diese tiefe Erschütterung des bisherigen Baues der menschlichen Gesellschaft war die letzte große Umwälzung, die nach langer Vorbereitung durch ihre geistigen Profeten die alten der Menschheit verderblich gewordenen Verhältniße brach.

Neue Ideen und Principien sind aus den Leichenhaufen der Guillotinen hervorgegangen, und verjüngt, gekräftigt und veredelt traten Europas Völker um eine Stufe höher gelangt aus den Zeiten der Revolutionen und Freiheitskämpfe hervor.

Große Forschungen und riesige Errungenschaften haben die Männer der Wißenschaft in kurzer Zeit gemacht; in allen Gebieten menschlichen Denkens ist die Menschheit vorgeschritten und einzelne Geister auf das praktische Wohl der Völker bedacht wiesen denselben den schweren Weg zu Freiheit und Rechten.

In den Stürmen der letzten 100 Jahre ward der Mensch erst recht zum Menschen; dann frei von dem Druck der Unterwürfigkeit sind

Kastenwesen, krasse Stände- und Rechts-Unterschiede und polizeiliche Überwachung und Zwang jeder Handlung weg; der Gedanke, der früher im Kopfe gefeßelt war, kann frei aufs Papier gedruckt und die Welt durchziehen. Verkehr und Austausch der Gedanken Einzelner und die freie Wißenschaft erweitern den Gesichtskreis der Menschen, und durch die ungehinderte Verkündigung großer Gedanken edler Geister werden viele veredelt und erhoben.

Die Kleinlichkeit schwindet sowie Haß und Verstocktheit, welche der Druck und die Bevormundung erzeugten. Mit einem Worte, die Menschheit ist um einen Grad edler und großartiger in Gefühl, Anschauung und in der Menschlichkeit der Einzelnen geworden.

Die Kriege bestehen noch, sie rechtfertigen sich durch die Möglichkeit ihres Bestandes und ihren Zweck, wenn selbst manchmal die Gründe in Vergleich zur erhabenen Weltanschauung kleinlich sind, so ist das, was sie erreichen, von hoher Bedeutung für die Menschheit, denn der Krieg erweckt edle Gefühle, einen edlen Wettstreit und eine Anspannung der Kräfte, die wenn sie scheinbar schwächt, doch eine Entwickelung und eine Erhebung in sich birgt.

Darum werden Kriege bestehen, bis die Völker und Nationen ihre Entwickelung durchgeführt, bis alle sich einst vereinigen und die Menschheit eine große Familie geworden ist, die im Streben und Ringen Aller für Alle das größte geistige Leben, die höchste Bildung zu entfalten sucht und in die Gesetze ihres Lebens und Schaffens, die Harmonie der Naturgesetze übergeht.

Dahin streben wir unverkennbar. Die Lehren der gleichen Rechte der Menschen, die Menschlichkeit, Humanität und Gleichheit, welche mit zunehmender Cultur immer mehr in den Vordergrund treten bezeigen es.

Einzelne Geister haben als Vorboten und Profeten gewiße Ideen schon im vorigen Jahrhunderte angedeutet, und einzelne Weltweisen der Antique, sowie der philosophische und humane Gründer unserer Religion, der Menschenfreundlichkeit zur Basis machte und dadurch eine neue Richtung gab, waren die Verkünder der Gleichheit und Einheit der Menschheit.

Christus müßen wir vor Allem als den Profeten der modernsten Ideen betrachten, denn er gab dem Streben der folgenden Jahrhunderte die Basis der Menschenfreundlichkeit und Nächstenliebe, er war der Typus eines edlen für die Menschheit schwärmenden Geistes, ein Märtyrer seiner Principien, die aber durch das reelle ihrer Basis sich schnell über die Erde verbreiteten; die ersten Christen wage ich als edle und von den wahren idealen Ansichten dieser Richtung durchdrungenen Socialisten zu bezeichnen.

Durch diese Lehre, welche die erste nach den vereinzelten Stimmen der Philosophen der Antique für die gleichen Rechte aller Menschen, für die Würde der Menschheit auftrat und im Gegensatz zu der Sclaverei des Alterthums und dem Principe der Unterwerfung der Menschen selbst als Eigenthum die Gedanken der Nächstenliebe, der Gleichheit und der hohen Aufgaben der Menschheit vor dem obersten Richter, ins Feld führte.

So kann man selbst historisch den Ursprung dieser modernen Ideen aus dem Boden des Christenthums nachweisen. Es sind dies die ewigen Wahrheiten der Menschheit, gegen welche sich Stände und ganze Zeiten durch ihre Lenker versündigten; es sind dies die Gedanken, welche durch die Existenz des Menschen schon zu seinem Rechte geworden, es sind die Principien der hohen Aufgabe des Zweckes der Menschheit in diesem Welt-System, welche ihm seine unantastbare Stellung auf dieser Erde dem gleichen Wohnorte aller geben.

Diese Stellung der gleichen Menschheit ist derselben durch ihre Existenz bedingt, und was man in unseren Tagen moderne Ideen nennt, sind ewige Wahrheiten, die nur im Laufe der Zeiten durch den Eigennutz einzelner verdrängt wurden und sich in gebildeteren Zeiten wieder Bahn brachen.

So können wir sagen, daß der moderne Mensch, der seine hohe Aufgabe erkennend für die gesammte Menschheit wirkt und von den edlen Ideen wahrer Humanität und der Gleichberechtigung aller getragen ist, auf einem höheren und beßeren Standpunkte steht als der eigennützige Clericale, der durch die verdummende Frömmigkeit selbst gewinnen oder ruhige einschläfernde Zeiten haben will; oder gar als wie der Reaktionäre, der nicht einmal nach einem Grunde sucht und nur die egoistische eigene Macht als Rechtfertigung für die Principien der Hemmung des Fortschritt ausspricht.

Gegenüber diesen Principien, die von den mächtigsten Stützen aufrechterhalten werden, standen die edlen Gedanken des Fortschrittes, und der Menschlichkeit. Nur in wenigen Köpfen wohnten die Ahnungen dieser Principien und der erhabene weite Gesichtskreis, der über dem Elend der Gegenwart die Zukunft späterer Generationen vor Augen behält; doch das unaufhaltsame Princip des Fortschrittes, das mit Mühe gestaut wurde, erlangte Macht in den Völkern.
Durch den Gedanken aller, daß der Druck und die Knechtschaft ein Ende haben müßte, daß die Einzelnen wie auch ganze Völker frei mit gleichen Rechten an diese Erde geboren würden, und daß dieselben wieder erlangt werden müßten. Der Sturm, der durch lange Stauung um so heftiger losbrach, galt den einfachsten natürlichsten Freiheiten, und durch eine große Umwälzung erhielten die Staaten eine gediegenere und festere Basis, das unnatürliche Gebäude der halbgöttischen Macht war eigentlich Schwäche, und durch die Unterdrückung des geistigen Fortschrittes wurde der Menschheit geschadet und die Gewalt der Mächtigen und des ränkevollen Clerus durch sich selbst untergraben.
In 100 Jahren hat die Menschheit einen großen Fortschritt gemacht, das geistige sowie das materielle Leben hat ein anderes Ansehen erhalten; und um eine Stufe steht das Menschengeschlecht seiner Aufgabe näher, durch das Sprengen der hemmenden Fesseln ist das beständige Hinderniß beseitigt, das nicht bloß hinderte, sondern auch die Gedanken der Menschen absorbirte. Doch durch die Stürme der Umwälzungen wurden Gedanken angeregt, welche über den ersten Zweck der neuen Gestaltung hinauseilten und auf spätere Zeiten und Geister deuteten.
Einzelne Genies der früheren Jahrhunderte, die ihrer Zeit im Geiste weit vorangeeilt waren, hatten sie nebelhaft geahnt und angedeutet, und selbst die menschenfreundliche Phantasie der ersten Verkünder des humanen Christenthums preist ähnliche Lehren. Die Zeiten mußten erst reifen, der Geist erst gedeihen, und durch Leiden gestählt, durch Umwälzungen befreit, durch Wißen ausgerüstet, zu diesen Aufgaben schreiten; jetzt steht die Menschheit schon um so vieles weiter, daß sie ihre höchsten Ziele ins Auge faßen muß und im

unaufhaltsamen Fortschritt, im Veredeln der Gedankenwelt den Zweck des Strebens erkennen kann.
Noch große Umbildungen stehen bevor, doch in der Harmonie des Fortschrittes liegt die Garantie der Verwirklichung der edlen Hypothesen. Ich meine den größtmöglichsten Grad geistiger Entwickelung und durch diese ein Reich auf Erden, wo die Menschheit eine Familie bildet und im steten Frieden ihr Erbgut, unseren Planeten materiell zu einem blühenden Garten, geistig zum Schauplatz ewig thätiger Geister erheben soll, die unter einander keine Würden, keine Religionen, kein Nationalitätshaß trennt. Das Vermögen des Einzelnen wird in Verhältniß zu seiner Arbeit stehen, es wird in jedes Menschen Hand liegen, sich eine große Habe durch Fleiß zu verschaffen; und im Wettkampf der geistigen Thätigkeiten wird die Menschheit die höchsten Stufen geistiger Entwickelung erklimmen. Durch Humanität und Nächstenliebe, die mit der geistigen Veredlung des Menschen in Zusammenhang stehen, wird großer Verarmung, den Leiden und den daraus folgenden Lastern nach Kräften vorgebeugt. Die Wißenschaften, die den Menschen stets den Weg zu jeder Entwickelung gewiesen, werden auf der Erde eine große Rolle spielen, durch die Ergründung des materiellen und Geistes-Lebens bis in die tiefsten Falten wird Licht und Klarheit in das Treiben der Menschen geworfen und dadurch Zweck und Ziel bestimmt. Unsere jetzige geistige Richtung weist schon nach dieser Seite hin, und die Wißenschaft jeden Faches, die aus sich selbst und meist durch Bekämpfung von Hindernißen entstanden ist, hat noch die größten Aufgaben und ein weites Feld zur Thätigkeit vor sich.
Das geistige Leben und die hohe Entwickelung desselben besteht ja in einem großen Grade von Bildung durch Kenntniß, Anhäufung und höherer Auffassung vielen Wißens. Also Wißenschaft ist ein Hauptmotor unserer Entwickelung, und im Steigen der Bedeutung und der Achtung vor derselben im öffentlichen Leben erkennt man das Aufblühen des gesammten Fortschrittes. In den früheren Zeiten mußte sie, verfolgt von der Kirche und den Mächtigen, im Verborgenen betrieben werden, und ihre edelsten und erhabensten Jünger waren von außen verfolgte Märtyrer; seit hundert Jahren ist die Wißenschaft zu einem mächtigen Factor im Leben der Staaten ge-

worden, und so wie sie mit zu den großen Umwälzungen beigetragen hat, so hat sie dieselben auch ausgenützt; in den letzten Jahrzehnten hat die freie Wißenschaft in allen Gebieten geistigen Denkens die größten Fortschritte, und die schönsten Siege errungen; sie ist nun ein Haupt-Factor zur Veredlung der Menschheit, und die rein geistigen Wißenschaften werden bei den vorgeschritteneren Generationen durch ihre erhabene Moral und die Verehrung der unwandelbaren Naturgesetze und der Weltordnung die Stelle der einzelnen Cultuse vertreten, die durch gehäßige Parteikämpfe und Spitzfindigkeiten tief gesunken sind und sich bald überlebt haben werden.

Die erhabenen großen und stets wahren Gedanken der Lehre des philosophischen und humanen Gründers werden verjüngt hervortreten, befreit von dem Plunder der Formen, Kleinlichkeiten und Lächerlichkeiten des Mittelalters und stets eine große Rolle im sittlichen Leben der Menschheit spielen.

*Die herzegowinische Huldigungsdeputation vor dem Kaiser (11. November 1878).*

*Aufsatz in Geographie:*

## DIE LAGE WIENS UND UNSERE ZUKUNFT

Die Meinung, Österreich müsse sich nach dem Verlust der italienischen Provinzen um eine Ausbreitung nach Südosten bemühen, ist in manchen wichtigen Studien, vor allem Viktor von Andrians: »Österreich und dessen Zukunft« (1842) zu finden[60]. Für den Kronprinzen war jedoch vor allem der (über den Geographie-Lehrer Dionys Grün vermittelte) Einfluß des führenden Revolutionärs von 1848 und seither aus Wien verbannten Adolf Fischhof entscheidend (»Österreich und die Bürgschaften seines Bestandes«, Wien 1869). Der siebzehnjährige Kronprinz vertrat 1875 wie Fischhof die Meinung, daß der deutsche Volksstamm in Österreich die Aufgabe hätte, Lehrmeister der kulturell unterentwickelten Balkanslawen zu sein – wohlgemerkt in schroffer Absage an das deutsche Kaiserreich und mit einem betont österreichischen (das hieß für ihn übernationalen und antinationalistischen) Patriotismus. Derart vorbereitet, erlebte Rudolf drei Jahre später die Okkupation Bosniens und der Herzegowina.

... Wien ist eine Stadt, in der sich die Völker verschiedenster Nationalität die Hände reichen, doch das deutsche Element, als das gebildetste unter allen diesen, bleibt das vorwiegende. Es beherrscht die andern, und man muß Wien als den östlichsten Punkt deutscher Bildung bezeichnen. Doch eben in Wien zeigt sich trotz der großen Vermischung des Blutes ein Drang nach Westen, es ist dies der Drang jedes unkultivierteren Staates nach einem kultivierteren, besonders wenn dort dieselbe Sprache herrscht. Es ist eine deutsche Stadt ohne eine deutsche Bevölkerung. Der Hauptstock der Bevölkerung ist zwar deutsch, doch sehr vermischt mit slawischem, magyarischem und israelitischem Blute. Es zeigt sich, daß die Bildung noch nicht so weit ist, als in andern Ländern, zum Beispiel in Deutschland, am besten dadurch, daß das von der Kultur nur oberflächlich berührte, alles zersetzende Volk der Israeliten bei uns

einen so gewaltigen Einfluß hat und die Zeitung und durch diese die öffentliche Meinung beherrscht.
Der Grundcharakter Österreichs, die Vielheit, zeigt sich wie im großen im ganzen Staate so im kleinen in Wien ... Österreich hat neun Millionen Deutsche und 28 Millionen Nichtdeutsche. Unmöglich kann es sich auf einen deutschen Staat hinausspielen, doch geistig sind diese neun Millionen der großen anderen Zahl überlegen. Das Deutsche Reich erreicht bald den Gipfelpunkt seiner Bildung, dann folgt die Überkultur und, den Romanen gleich, geht es dann abwärts. Also Heil jenem Staate, der noch viel zu zivilisieren hat.
Die Slawen sind im Begriffe, Menschen zu werden, in gewissen Gegenden sind sie selbst schon sehr im Fortschritt begriffen. Ihnen steht die glücklichste Zukunft voraus und, wie die Natur ihres Körpers eine kräftige ist und sie sich rasch vermehren, so zeigt uns auch der Kraniolog Zähigkeit an ihren Schädeln. Jener Staat, jene Macht, die sich der Erziehung dieser großen Nation – wenigstens eines Teiles derselben – bemächtigt, hat sich eine sehr fruchtbringende Aufgabe gestellt, denn er arbeitet für die Zukunft. Darum ist Österreichs jetzige große Aufgabe und der Zweck unserer Existenz, die Südslawen zu beherrschen, zuerst geistig, dann faktisch, und sie zu erziehen und dadurch sich an ihre Spitze zu stellen.
Doch um einen so großen Komplex unzivilisierten Landes, bewohnt von rohen Völkern, zivilisieren zu können, muß man ein Reserveland haben, aus dem die Kultur ausgeht und das durch seinen Reichtum die Möglichkeit schafft, das andere zu kultivieren. Hiemit haben wir die große Aufgabe unseres kleinen Teiles deutscher Bevölkerung. Sie sind dazu berufen, deutsche Bildung, deutschen Ernst und deutschen Fleiß, doch nicht deutsche Gesinnung, in ein großes kulturfähiges Volk zu bringen, sie haben die Aufgabe, die Lehrmeister einer Nation zu sein, sie geistig zu beherrschen.
Was wäre schöner und erhabener als diese Aufgabe! Und auch für den Ehrgeiz schmeichelnder! Denn was hilft diesen neun Millionen Deutschen ein Anschluß an das Deutsche Reich? Als unkultiviert und ungebildet, als Anhängsel an einem hochgebildeten, aber durch Zwietracht zerrissenen Staat, der nie einig wird, zu hängen und zu

gelten, und noch dazu mit einem Staat verbunden zu sein, der in Gewohnheit, Charakter, Wesen, und selbst Aussehen, ein ganz anderes Volk hat. Unsere Deutschen würden sich noch unheimlicher in der Verbindung mit Deutschland fühlen, als der Elsässer und der Holsteiner. Diese Aufgabe, die ihnen hier blüht, ist eine Beherrschung der Südslawen auf friedliche Weise.

Die Nordslawen werden nie in ein Reich vereinigt mit den Südslawen. Geographische Lage und Charakter bedingen einen Trennung. Der Nordslawe bildet sich eine Kultur aus sich selbst, sein Boden und die Milde und Friedlichkeit seines Charakters ermöglichen es ihm. Der Südslawe, der mit dem Hunger ringt, dessen Boden unfruchtbar ist und der durch jahrhundertelanges türkisches Joch, im Kampfe mit den Elementen und seinen Peinigern, zum wahren Tiere geworden, kann sich selbst nie helfen, er braucht einen Staat, der ihn bevormundet, der ihn erzieht. Das ferne Rußland, das selbst noch lange nicht kultiviert ist, kann diese Aufgabe nicht übernehmen. Es ist das die hohe Aufgabe des Donaustaates, unseres Österreich. Die Donau ist die Lebensader aller dieser Völker und auch die Österreichs; wer sie ganz besitzt, ist Herr einer großen Macht, einer großen Nation. Doch viel muß geschehen, bevor diese Völker mächtig werden, eben das ist die Aufgabe des gebildeten Teiles von Österreich. Ein kultivierter Donaustaat wäre ein glückliches Gegengewicht gegen das Deutsche Reich und würde den Untergang desselben früher herbeiführen.

Den Slawen gehört die Zukunft, doch Österreich kann sich erhalten, wenn es seine Aufgabe richtig auffaßt und sich an die Spitze der Südslawen stellt und zum mächtigen Donaureich wird. Wenn diese Richtung eingeschlagen wird, dann hat Österreich noch eine große zivilisatorische Aufgabe vor sich und dadurch noch einen bedeutenden Grund seines Bestandes und seiner Lebensfähigkeit in sich. Darum müssen wir nach Osten blicken. Die romanischen Nationen haben ihre Rolle ausgespielt. Die deutsche Nation hat ihren Gipfelpunkt erreicht, ihr Streben nach kleinen Teilen, ihre Kleinlichkeit und ihr Mangel an Schwung des Geistes verhindert jede Hegemonie über Europa. Es ist eine Nation von großen Gelehrten und praktischen Erfindern, doch nicht für eine Weltherrschaft.

Die Romanen, als ihre Stunde schlug und es mit ihnen abwärts ging und sie gegen außen nicht mehr toben konnten, verzehrten sich in inneren Kämpfen, in fanatischer Wildheit der Leidenschaften. Die Deutschen werden mit immer größerem Streben nach Wissen und Kultur alle Phantasie und jeden Patriotismus verlieren und, wie die Engländer, im Materialismus versumpfen. Die Nation der Zukunft sind die Slawen, und Österreich hat, sie durch den Geist beherrschend, eine große Zukunft. Wiens Aufgabe als Vermittlerin der Kultur steigt von Tag zu Tag.

Rudolf

Orthodoxe Hercegovcen.

*Aufsatz in den Rechtswissenschaften:*

## Über die Volksvertretung im Staat

Der prominente liberale Staatsrechtler Adolf Exner brachte in Rudolfs schwärmerisch – verworrenes Weltbild (Unterricht 1875/76 mit sechs Wochenstunden) wichtige Korrekturen. Er las mit seinem Schüler ausgiebig Montesquieu, diskutierte die Gewaltenteilung und begeisterte ihn – wie man aus folgendem Aufsatz ersieht, anhand der römischen Verfassung – für die konstitutionelle Staatsform, die ja in Österreich-Ungarn erst eine sehr kurze Tradition hatte.

Eine Volksversammlung im Sinne der Römer war ein Körper, der aus allen großjährigen und freien Männern des Staates bestand; und durch geheime Abstimmung einem vom Consul beantragten Gesetze die Bestätigung gab oder nahm. Dies letztere, nämlich auf ein Täfelchen die Zustimmung oder Verweigerung aufzuschreiben, war das einzige Recht der Mitglieder der Volksversammlung.

Eine Volksvertretung im modernen Sinne ist ein gesetzgebender Körper, welcher aus einer Anzahl von Männern, aus dem Volke und vom Volke gewählt, besteht, deren Recht ist: vorgeschlagene Gesetze zu bestätigen, zu verbeßern, oder zu verwerfen, oder selbst Gesetze vorzuschlagen.

Der große Gedanke, das gesammte Volk an der Gesetzgebung und Verwaltung des Staates zu betheiligen, ist der Leitfaden, nach welchem sich ebensowohl die alte römische Volksversammlung, als auch die moderne Volksvertretung ausgebildet haben.

Die Form aber, in welcher sich das Volk an der Gesetzgebung betheiligt, ist eine sehr verschiedene.

Im antiquen Rom waren die Consuln die officiellen Schöpfer der Gesetze, die nachdem sie 3 Wochen publiciert waren, dem Ausspruche der Volksversammlung unterworfen wurden. Jedes einzelne Mitglied warf ein Täfelchen in die Urne, auf welchem die Annahme oder die Verwerfung des Gesetzes stand; nachdem Alles dies gethan, entschied die Majorität; die Volksversammlung war in Folge dieses Bestätigungsrechtes die höchste Gewalt, doch ihr Recht war ein einfaches, ein dem allgemeinen Charakter des großen Publicums angemessenes; während die Schöpfung der Gesetze von den Consuln, also von einer Behörde aus ausgieng.

Im modernen Staate ist der Gedanke der Betheiligung des Volkes an der Gesetzgebung nicht bloß im Sinne der Kundgebung des Volkswillens durch die einfache Verwerfung oder Annahme der Gesetze aufgefaßt worden, sondern man betrachtete diese Betheiligung von einem höheren Standpunkte aus, indem man Volk und Regierung in gleichem Maaße zu Schöpfern und Verbeßerern der Gesetze machte. Friedlich sollen beide nach dem Wohle des Ganzen streben. Denn der Staat kann, vom idealen Standpunkt aus gesehen, nicht als der Herd von Parteikämpfen und nicht als das Feld für selbstsüchtige, ehrgeizige Bestrebungen Einzelner betrachtet werden; – das Glück des Ganzen sei das Glück der Einzelnen, und eines jeden Streben sei die Blüthe des Ganzen, in dem er aufgeht; die Gesetze müßen die Einzelnen zufrieden stellen, und in der Zufriedenheit und im Gedeihen der Einzelnen liegt die Stärke des Ganzen, die Macht des Staates nach außen. Gesetze, die einem Volke gedeihlich sein sollen, müßen seinem Charakter entsprechen und aus dem Volke hervorgegangen sein; sie müßen durch die Natur bedingt sein, eine Frucht ihrer Zeit, und des Landes sein, für das sie gehören.

Die Regierung ist aus dem Volke hervorgegangen; es sind Männer, die aus demselben stammen, die ersten Capacitäten, die das Land geboren, sie kennen des Volkes Bedürfniße, sie sind berufen die Gesetze zu geben, in die sie die Erfahrungen ihres Lebens, beseelt durch die Liebe zu ihrem Vaterlande, legen. Solche Männer, in die ein Volk sein ganzes Vertrauen setzt, die wahre Väter des Landes sind, und zu deren Richterspruche das gläubige Volk pilgert, kannte das Alterthum, in sittenreineren einfacheren Zeiten war diese Form in kleinen Staaten möglich.

Heut zu Tage ist die Bildung eine allgemeine, und es giebt viele, die durch ihren Geist und ihr Wißen berechtigt sind, auch bei der Ausarbeitung der Gesetze ihre durch langjährige Arbeit errungenen Kenntniße zum Wohle des Ganzen zu verwerthen. Sie trachten an der Schöpfung der Gesetze mitzuwirken und nicht bloß die einfache Annahme oder Verweigerung derselben auszusprechen.

Das Volk hatte in den Staaten des Alterthums und hat jetzt in den constitutionellen Staaten das gleiche Recht an der Bestätigung der Gesetze. Doch an Debatten, wo Gedanken und Vorschläge vorgebracht werden, um sich mit anderen zu meßen und aus dem Wettstreite vieler das beßte gewählt wird, entweder zusammengesetzt aus den beßten Theilen der Einzelnen, oder ein einiges Ganzes, das die anderen übertraf – da kann das Volk als Ganzes nicht mitwirken. Das Volk aber begnügt sich nicht mit dem einfachen Bestätigungs-Rechte bei der allgemeinen Abstimmung, es verlangt Einfluß zu erhalten bei der Schöpfung der Gesetze, um seine Ideen in die Gesetze zu legen und diese dadurch ganz zu seinem eigensten, zu einem Producte des Landes zu machen.

Da das gesammte Volk im modernen Staate sich nicht vereinigen kann, um mit dem Herrscher vereint die Gesetze, nach denen es sich halten und fortan richten solle, zu beschließen, so mußte ein Ausschuß von Männern aus dem Volke und vom Volke gewählt werden, welche im Sinne ihrer Wähler an der Gesetzgebung und an der Verleihung der Gesetzes-Kraft theilnahmen.

Diese Männer repräsentieren das Volk, in ihrer Macht ist es gelegen, im Sinne und zum Vortheile desselben zu arbeiten. Ethisch aufgefaßt ist ihre Aufgabe eine hohe, sie sind ein Kreis von Männern, welche erhaben über jede Versuchung des persönlichen Vortheiles, baar jeder politischen Leidenschaft und eigenen Tendenz, stets nur das Glück der Nation und ihre Absichten und ihren Vortheil, deßen Repräsentanten sie sind, vor Augen haben, und durch ihr Wirken zu erstreben bereit sein sollen.

Es ist ein auf einem idealen und großen Standpunkte ruhendes System, welches vielleicht zu ideal für das praktische Leben ist, und einen zu großen Grad der Sittlichkeit und Cultur von den Menschen verlangt.

Diese Art der Verfaßung wird nur in einem cultivierten Lande blühen, in dem der Reichthum ein großer, aber im Verhältniß zur Arbeit vertheilt ist, und durch den Ernst des Volkes und die Stetigkeit der Regierungsform ein Staatsleben sich entfalten kann, in dem Parteien sich entwickeln und im edlen Wettstreit den höheren sittlichen Standpunkt einzunehmen trachten, und dadurch die einzelnen Glieder des großen Staatskörpers in steter Berührung und Betrachtung des allgemeinen Wohles, der Blüthe des Staates bleiben, und vor dem Versinken in den krassen Materialismus des körperlichen Lebens geschützt sind. Der Kampf der Parteien im schönsten Sinne ideal aufgefaßt ist ein sittlicher Moment.

Wo die Parteien sich gegenüber stehen, nicht um Feinde im Leben zu sein, sondern Rivalen in der Erreichung des höchsten Zweckes, der größten Wohlfahrt des geistigen Adels des Landes ist, und durch die Reibung der Parteien durch friedliche Debatte, die baar jeder Leidenschaft, vor Verranntheit und Steifheit im Principe schützt, da sind die Parteien im Vortheil, da sie den Drang nach höchster Entwickelung des Staats-Lebens nicht einschlummern laßen.

Doch, wo Nationalitäten-Haß, Glaubensverschiedenheit und Kampf der Stände die Parteien bilden, sind sie nicht die Hebel zur Erfüllung der Blüthe, sondern die Reizmittel zur steten Nährung der Leidenschaften in den Völkern; der Staat, der zur Lösung seiner höchsten Aufgaben nicht dem Erfolge einer reifen Überlegung und Debatte, sondern dem erhitzten Streite und dem durch den Zank und Zwist errungenen Siege der einen Partei folgt, ist auf verfehlten Wegen und nicht reif zu diesem so idealen Gebilde ethischer Geister, nähmlich der constitutionellen Verfaßungsform.

Der Sieg der Partei ist noch nicht die Bestätigung ihrer beßeren und dem Gemeinwohl nützlicheren Richtung; jeder Sieg erfordert Macht, doch jene Macht, die blos in der factischen Gewalt und nicht in der geistigen Kraft der größeren Gedanken liegt, ist sittlich betrachtet eine Schwäche und für die sich stets entwickelnde Menschheit eine Niederlage und ein Stillstand. Eine Partei muß im Staatsleben ans Ruder kommen und das Staatsschiff lenken, und durch die Durchführung ihrer Principe und durch die Haltbarkeit derselben ihre Lebensfähigkeit zeigen. Bleibt ein Princip dauernd der Leitfaden eines modernen Staates, so hat es den Beweis geliefert, daß es das bessere sei; da ein Gedanke, der die große Richtung der

Entwickelung des Menschen-Geschlechtes in einem Theile desselben, und da wieder nur im geringsten durchkreuzt und nicht mit derselben sie fördernd, sondern dagegen läuft, gleich untergeht, und wenn sein Schöpfer sowohl wie seine Tendenz die edelste und best gemeinteste war.

Nichts kann sich mehr halten, was nicht durch die Natur bedingt ist und stünde die größte Macht der Einzelnen dahinter, der Strom kann gestaut werden. doch versickern wird er nie; der Einzelne, und selbst ganze Principe müßen untergehen, wenn sie dem Strome der steten Entwickelung, die durch die Naturgesetze und der Aufgabe und dem Zwecke der Existenz des Menschen bedingt ist, entgegenstehen.

Der Einzelne ist ein Glied des Staates, der Staat ein Glied des großen Körpers, der Gesammt-Menschheit, und diese wieder die Verwirklichung eines göttlichen Principes.

Und so ist dem Einzelnen die Bahn offen, durch sein Schöpfen und sein geistiges Leben für seinen Staat und durch diesen für die Menschheit als Ganzes zu wirken, und so ein Sandkorn zu diesem Riesenberge beizuschaffen, von deßen Gipfel aus einst die Menschheit die höchsten Gesetze der Natur, die unlösbarsten Fragen und Zwecke des Schaffen, Erringen, Erreichen, Blühen, Verwelken und im Zweifel des folgenden Untergehens der Generationen so vieler Jahrtausende wie eine herrliche Landschaft vor sich ausgebreitet sehen wird. Was uns jetzt als ein Chaos und ein Meer von Widersprüchen erscheint, muß seine Gründe haben, denn die Natur hat so unleugbare Gesetze, aus denen sich die menschlichen durch den Geist der Menschen nähren.

So kann der Mensch auch auf der Erde seinen Himmel finden, nicht jenen irdischen Himmel des Genußmenschen, sondern den, der im geistigen Leben der Gedankenwelt besteht und durch deßen eigene Entfaltung man den Fortschritt der Menschheit in sich fühlt. Wie sich die Einzelnen entwickeln, so entwicklen sich die Staaten; und in der höchsten geistigen Blüthe des Einzelnen blüht ein Glied des Staates, durch Viele der Staat selbst. Die Staaten entwickeln sich ungleich, und in der größeren Entwickelung des einen sieht der andere seine Schande; und solange dieses Princip der Scheidung, diese

Kleinlichkeit herrscht, hat die Menschheit ihre höchsten Ziele nicht erreicht und braucht den Krieg, um durch das Messen der Kräfte die höchste Anstrengung in der Entwickelung der Kraft herbeizuführen, und die wahre Kraft besteht in Blüthe des Volkes und des Landes. Darum ist der Krieg, der aus der Natur der Dinge folgt, und nicht bei den Haaren herbeigezogen ist, ebenso eine Nothwendigkeit für die Thätigkeit in dem großen Staate der gesammten Menschheit, wie im kleinen der gemäßigte Partei-Kampf im einzelnen Staate, und der Kampf ums Dasein, um Ernährung und Erreichung des sich gesteckten Ziels bei dem einzelnen Menschen.
Der Krieg wird bestehen, solange er sittlich bedingt ist, und dadurch, daß er möglich ist, wird er zum gerechtfertigten Instrument der Weltordnung, und dadurch zu einem sittlichen Moment; alles was nicht aus der Natur folgt und nicht in sich seine Begründung und seinen höheren Zweck hat, muß verschwinden; und darum wird dieser Kampf, der unter den Nationen durch ihren Wettstreit und durch ihr Streben nach größter Machtvollkommenheit entsteht, als eine heilsame Reibung betrachtet werden, die Feuer zu noch größerer Thätigkeit entzündet und durch die Anschauung aller Kräfte und den Ernst der Zeit die Aufmerksamkeit der Menschen sammelt und ihnen die Aufgabe der gesammten Menschheit und die großen Ziele und Fortschritte vor Augen führt.
Die vielen, welche im Kriege verbluten, sind nicht unnütze Opfer, welche die Willkühr der Menschen schlachtet, es ist der blutige Tribut, den die Durchführung höherer Principien fordert; der Einzelne schwindet hinter den Zwecken der gesammten Menschheit, und mancher hat nur die Bestimmung, sein Leben für das Ganze zu laßen. In diesem findet der selbstsüchtige Theokrat, der stets nur Belohnung und Lob in einem anderen Leben ernten will, die Ungerechtigkeit dieses Principes, in der Erfüllung der Bestimmung liegt der Himmel des Menschen, sei diese, wie sie auch wolle. Dies ist das göttlichere Princip, das einen sittlicheren und erhabeneren Standpunkt einnimmt; die stete Aussicht auf eine glücklichere Zukunft und das treibende Motiv der folgenden Belohnung ist eine Lehre, die der menschlichen Schwäche zur Rechnung getragen ist und bei der gesammten Menschheit die Ideen der höchsten Vollkommen-

heit durch einen geistigen Himmel hienieden in den Hintergrund drängt, indem auf die zukünftige Belohnung hingewiesen wird.
In dem fortwährend aufsteigenden Menschengeschlechte ist die geistige Errungenschaft des Einzelnen sowie seine Leistungen ein bewegender Moment für das Ganze, eine Annäherung zur höchsten Entwickelung. In dieser Thätigkeit liegt des Einzelnen Zweck, der Grund seiner Existenz, in dem Bewußtsein der Erfüllung dieses Zweckes sein Lohn und in dem Gedanken einer vollständig unnützen, in dem großen Weltsystem spurlos vorübergegangenen Existenz die schrecklichste Strafe. Das ist Himmel und Hölle nach meiner Ansicht.
Was der höchste Punkt menschlicher Entwickelung ist, kann nicht ergründet werden, nie wird eine Vollkommenheit erreicht werden, da es eine solche nicht giebt; doch der Planet, auf dem wir leben und aus deßen innersten alles entstanden, hat seine Rechte an der Menschheit; er giebt uns alles zum Leben des Körpers, der Mensch beherrscht ihn scheinbar und soll ihn zur Wohnstätte höherer Geister machen; nach unwandelbaren Gesetzen schreitet die Menschheit stets in ihrer Entwickelung vor; der Geist des Einzelnen stirbt nie, sein Seelen-Leben setzt sich in der nächsten Generation fort, und das, was er ererbte, vermehrt durch die Früchte seines geistigen Lebens, folgt auf das folgende Geschlecht, und so ist es eine lange Reihe, wo eine Generation in die Fußstapfen der anderen tritt, nur jede um einen Grad höher entwickelt als die Vorhergehende, der Folgenden das Regiment überläßt. Dies ist der Unterschied vom Thier, bei dem das kommende Geschlecht stets dasselbe bleibt als das Lebende. Der Leib des Menschen ist thierisch. Der Geist ist etwas anderes, und im eigenen Geist ahnt man die Existenz eines höheren Geistes, zu dessen Höhe das aufsteigende Menschengeschlecht trachtet.
Unser Planet ist kein Spielball, und im Laufe der Zeiten, in den Lebens-Verhältnißen der ganzen Menschheit, in ihrer Gliederung liegt Harmonie, und ein Gesetz dictiert von unsichtbarer Hand, aus dem sich durch den Geist der Menschen die menschlichen Gesetze nähren. Und darum liegt in der Entwickelung des Staates, der durch seinen Namen einen abgegrenzten Theil der ganzen Menschheit

vorstellt, ein sittlicher Moment; und da diese Vielen Lebensregeln brauchen, müßen Gesetze sich aus dem Geiste des Volkes entwickeln, die durch die Art ihrer Entwickelung zeigen, daß sie zum großen Ziele streben, und wer sich an diesen Gesetzen mit schwacher Kraft aus selbstsüchtigen Standes-Rücksichten oder Principien hindernd vergreift, versündigt sich an der Menschheit und ihren Gesetzen. Die Aufgabe der Einzelnen im Staate ist, nach dem Wohle Aller mit Bekämpfung seines stolzen Ichs zu streben, und durch das geistige Gedeihen eines Staates gedeiht ein Theil des großen Staates unserer Erde.

Der Einzelne soll nach geistiger Entwickelung streben, deren Endziel ist, hienieden ein geistiges Reich der gesammten Menschheit zu bilden, deßen Gesetze sich nähern sollen der Harmonie der unwandelbaren Gesetze des Weltalls.

Gödöllö im November 1875 Rudolf

*Aufsatz in Nationalökonomie:*

## Über den Nutzen der staatlichen Beeinflussung der Volkswirtschaft und die Grenzen derselben

Der bis heute berühmte liberale Nationalökonom Carl Menger unterrichtete 1876/77 den Kronprinzen in theoretischer Nationalökonomie, volkswirtschaftlicher Politik, Finanzwissenschaft, österreichischer und europäischer Statistik – vierzehn Stunden wöchentlich. Unter Mengers Einfluß interessierte sich der siebzehnjährige Kronprinz auch für die soziale Frage. Er verteidigte zwar wie sein Lehrer die liberalen Prinzipien einer möglichst von staatlichem Einfluß freien Volkswirtschaft, zeigte aber auch die Grenzen dieser Freiheit auf. Dieser ist einer von über vierzig Aufsätzen Rudolfs über volkswirtschaftliche Fragen.

»... Neben diesen Maßregeln zur Beseitigung der Hinderniße einer blühenden Volkswirthschaft und den positiven Förderungsmitteln derselben giebt es noch eine Art nutzbringender Einflußnahme, wo der Staat zum Schutz der Gesammtheit gegen schädliche Bestrebungen Einzelner in deren wirthschaftliche Verhältniße mit mächtiger Hand eingreift.

Hier tritt uns nicht die sorgsame Unterstützung der Bürger in jenen Fällen, wo ihre Kräfte zu schwach sind, ihre wirthschaftlichen Ziele zu erreichen entgegen, sondern eine Beschränkung der gemeinschädlichen Bestrebungen Einzelner; diese Maßregeln ziehen ebenso segensreiche Folgen nach sich wie die früher erwähnten Beispiele der Hülfe Aller für die Theile.

Wenn der Egoismus Einzelner und ihre Gewinnsucht den Intereßen Vieler ein Hinderniß bietet, ist der Moment gekommen, in dem der Staat die gleichen Rechte Aller wahren soll und zum Wohle des Ganzen kräftig in die Thätigkeiten des Einzelnen eingreifen und deßen Selbstsucht in die gesetzlichen Schranken weisen muß.

Dies sind meistens für den Staat schwierige Fälle, besonders, wenn das Interesse des Einzelnen auch scheinbar die momentanen Interessen Vieler fördert, in Wirklichkeit aber sie vielleicht für lange Zeiten hinaus schädigen würde.

Leicht erhält die Regierung dann den Ruf der Einmengung in die wirthschaftlichen Bestrebungen der Bürger und eben so leicht verfällt sie in diesen Fehler, wenn sie mit ihrer Einmengung, was der äußerste Schritt sein muß, zu früh beginnt, bevor sie sich noch völlig von der unbedingten Nothwendigkeit dieser Maßregeln überzeugt hat. Und trotzdem kann eben durch diese Art der Hülfe, wenn sie richtig angewendet wird, oft am meisten geholfen werden; denn der Schade, den der Einzelne durch eigennütziges Verfahren in seinen wirthschaftlichen Bestrebungen auf Kosten anderer anrichten kann, ist ein gewaltiger, der oft über den Moment hinaus auch auf spätere Zeiten schädlich wirken kann.

Zu solchen Übeln ist beispielsweise den Fabriksherrn Gelegenheit gegeben, weswegen auch der Staat besonders ihre Arbeiter vor zu schlechter und ihrem Wohle nachtheiliger Behandlung schützen muß. Es ist natürlich ein Haupt-Interesse des Staates, dass ein so großer Theil seiner Bevölkerung und gerade einer der Haupt-Factoren im Großen Ganzen, nähmlich die Arbeiter, nicht durch die Willkühr Einzelner Reicher zum bloßen Wohle dieser bei ihrer ohnedieß kümmerlichen Lebensweise noch neue Leiden hinzugefügt bekommen. Der Gesammtheit muß es stets darum zu thun sein, den allgemeinen Fortschritt der Cultur zu erhalten, deshalb darf weder der Staat durch eigene Maßregeln ein Hinderniß dieser großen Entwickelung in den Weg legen, noch darf er eine Hemmung durch die egoistischen Bestrebungen Einzelner dulden, da durch diese oft das Glück jetziger so wie folgender Generationen untergraben werden kann.

Besonders begegnet uns dieser Fall, wie bereits erwähnt, bei Fabriken; hier hat der Fabriksherr die Gelegenheit, durch Milde, Wohlwollen und gute Behandlung die Bildung des Geistes wie des Gemüthes vieler zu befördern und sie dadurch zu braven Staatsbürgern zu machen; während er durch rauhe Behandlung und Überbürdung mit Arbeit die ohnedieß auf einer tiefen Stufe stehenden Arbeiter vollkommen verwildern kann, so daß aus ihnen die wahre

Hefe des Volkes entsteht. So nahten dann die sogenannten Proletarier und Comunisten heran, die das Werk der schlechten Behandlung der Reichen sind u. nun zu ihrem Gespenste wurden.

Selbst auf das körperliche Gedeihen der Arbeiterbevölkerung können die Fabriksherren einen sehr entscheidenden Einfluß nehmen; und eben in diesem Punkte muß der Staat aufmerksam das Leben in den Fabriken verfolgen, um eine Degenerirung des Arbeiterstandes durch Überbürdung mit Arbeit zu verhindern. Daher wird es den Fabriksbesitzern nicht gestattet, ihre Arbeiter über ein gewißes Maaß arbeiten zu lassen, selbst wenn diese durch Noth oder höheren Lohn zu dieser ihnen verderblichen Behandlung sich bereitwillig veranlaßt fühlen würden. z. B. werden 15 Arbeitsstunden täglich von der Regierung aus verboten, da die phisische Kraft u. die Gesundheit des Arbeiters darunter leidet, wenn er eine so große Stunden-Anzahl in schwerer Arbeit verbringt, wodurch seine geistige Entwickelung völlig abgestumpft wird und er zu einer Maschine herabsinkt.

Ein noch verderblicheres Übel des Fabrikslebens ist die Zuziehung unmündiger Kinder zur Arbeit, dadurch leidet die körperliche und geistige Entwickelung ganzer Generationen des Arbeiterstandes, denn die schwere Arbeit in so jungen Jahren untergräbt für immer die Gesundheit und hindert ein kräftiges Wachsthum; ferners schwindet dadurch die Möglichkeit eines geregelten Schulbesuches, u. nebst dem Mangel jeder Bildung führt auch der fortwährende Umgang mit den oft verderbten älteren Arbeitern eine völlige moralische Verkommenheit herbei.

Hier ist es die Sache des Staates, im Interesse eines so wichtigen und großen Standes mit Macht aufzutreten um dadurch das Interesse der Gesammtheit zu wahren. So wichtig es für den Staat ist, viele u. reiche Fabriksbesitzer aufweisen zu können, die ein Haupt-Factor der allgemeinen Entwickelung u. der Wohlhabenheit sind, so ist es dennoch seine Pflicht, bei Eintritt der ob erwähnten Fälle in ihre wirtschaftlichen Bestrebungen einzugreifen u. lieber ihren Mehrgewinn zu hindern, um dadurch ein großes noch allgemeineres Interesse des Staates zu wahren u. eine ganze Bevölkerungsklasse, auf deren Schultern der Bestand jeder Industrie beruht, vor Schadennahme in ihren wichtigsten Interessen zu schützen. Hier bringt der Staat seinem momentanen Vortheil, der unstreitig im Reichthum seiner Bürger liegt, zu Gunsten der Gerechtigkeit und Menschlichkeit ein Opfer, aus dem aber ein dauernder großer Segen für die Gesammtheit und zwar auch für die Volkswirthschaft erblüht ...«

Freiheit und Selbstverantwortlichkeit der Bürger in ihren wirthschaftlichen Bestrebungen sind die Grundfesten der allgemeinen Entwickelung eines Staates; darum muß dieser diese Haupt-Principien ermöglichen und schützen, durch das Gegentheil durch das Bevormundungs-System schwächt und untergräbt er seinen eigenen Fortschritt, und versündigt sich an den natürlichsten Rechten seiner Bürger.

Der Staat, wie schon früher erwähnt ist nur die Gesammtheit der Theile und bildet mit denselben ein Ganzes, das Gedeihen jener ist seine Blüthe und darum muß die Regierung als die Vertretung des Ganzen in allen Angelegenheiten, besonders die wirthschaftlichen Bestrebungen der Bürger berücksichtigen, da sie ja die Quelle alles Reichthums und daher auch der Machtentfaltung des Staates sind.

Es muß das höchste Interesse einer weisen Regierung in Anspruch nehmen, auf welche Art sie ohne zu hindern, fördernd ihren Einfluß auf das Gedeihen der Volkswirthschaft bethätigen kann.

Wie schwer dies in den gewöhnlichen Verhältnissen

*Der erste Zeitungsartikel:*

# Die erzherzoglich Albrecht'schen Domainen in Schlesien

Eine der Hauptthesen Carl Mengers war, daß Reichtum zwar anzustreben sei, andererseits aber auch gegenüber sozial Schwächeren verpflichte. Unter Mengers Einfluß forderte der junge Kronprinz vor allem von den großen Adelsfamilien, die im Besitz ausgedehnter Ländereien waren, eine Modernisierung nach den neuesten volkswirtschaftlichen Erkenntnissen, »um dadurch die Cultur des Landes zu fördern und um nicht hinter anderen Staaten zurückzubleiben«. Der Adel könne sich »durch das Fördern der Landwirthschaft eine segensreiche Zukunft und eine neue Bestimmung gründen, er kann sich einen Ersatz für seine untergegangene Macht und Ausnahmestellung schaffen. Im Falle des Gegentheiles aber, wenn er die Principien der Reaction und die Kurzsichtigkeit in politischen Dingen auf die volkswirtschaftlichen Interessen erstreckt, wird er in seinem eigenen Reichthum schädlich und versündigt sich an dem Fortschritte seines Vaterlandes«[61].

Nach einem Besuch auf den weiten Gütern seines Großonkels Erzherzog Albrecht in Schlesien schrieb Rudolf wieder einen seiner Aufsätze, den Menger, der selbst als Journalist arbeitete, bei der »Wiener Zeitung« unterbrachte. Der Artikel erschien anonym am 4. 11. 1877. Stolz schickte Rudolf ihn seinem Großonkel: »Verzeihe diesen Jugendstreich, diese Belobung, die ein noch empor strebender, arbeitender junger Mensch einem gereiften, vielerfahrenen Manne gegeben«. Er sei »ganz entzückt von der idealen Auffaßung Deiner Güter; man sieht, daß sie nicht bloß die Melkkuh sein sollen, welche dem Besitzer das baare Geld in die Tasche liefert, sondern dem Volke eine belehrende, wirklich humane Wohlthat, dem Vaterland eine Zierde«[62].

In dem ehemaligen Teschner Kreise unseres schönen Schlesier-Landes breitet sich in einer Ausdehnung von mehr als 12 Quadratmeilen (122.317 Joch) jener Theil der großartigen Besitzungen Sr. k.

und k. Hoheit des durchlauchtigsten Herrn Erzherzogs *Albrecht* aus, welcher das Verwaltungsgebiet der »erzherzoglichen Kammer Teschen« bildet. Der weit ausgedehnte Gütercomplex, welcher nicht weniger als 110 Gemeinden in sich schließt, umfaßt 10 Quadratmeilen Forste und Holzungen, weit über 2 Quadratmeilen Aekker, Wiesen, Gärten, Weiden u.s.w. und ist mit einer Fülle land- und forstwirthschaftlicher so wie industrieller Etablissements übersäet, deren Zahl die Ziffer von nahezu 200 erreicht. Der großartige Besitz wird von über 700 Bediensteten verwaltet, während die Zahl der beschäftigten Arbeiter sich nach vielen Tausenden berechnet. Selbst unser an Latifundien so reiches Vaterland bietet kaum ein zweites Beispiel einer gleich großartigen Vermögens-Verwaltung, insbesondere wenn man in Betracht zieht, daß diese letztere doch nur einen Theil der Gesammtverwaltung der erzherzoglich Albrecht'schen Domainen bildet.

Der mächtige Eindruck, welchen diese großartige, aus einem Mittelpunkte musterhaft geleitete Vermögensverwaltung auf den Beobachter übt, wird dadurch noch um ein Bedeutendes gesteigert, daß die ganze Richtung derselben von humanitären und gemeinnützigen Tendenzen erfüllt ist. Allerdings steht auch hier, wie in jeder rationellen Wirthschaft, das finanzielle Interesse zunächst in dem Vordergrunde; was aber der erzherzoglichen Verwaltung ihren besonderen Charakter verleiht, ist der Umstand, daß die Rücksichtnahme auf das finanzielle Ergebniß überall dort sofort in den Hintergrund tritt, wo Rücksichten der Humanität oder des Gemeinwohles dies irgendwie erfordern. Die Bevölkerung des östlichen Schlesiens anerkennt dankbar, daß Se. k. und k. Hoheit in einer nicht geringen Anzahl von Fällen Industrien begründete, deren Rentabilität von vorn herein in Frage stand, wenn es sich darum handelte, einer an Arbeitsmangel leidenden Bevölkerung dauernd Arbeit und Brot zu verschaffen; sie anerkennt, daß Se. k. und k. Hoheit in einer noch größeren Anzahl von Fällen Industrien, deren Rentabilität aufgehört hatte, noch durch Decennien fortführen ließ, lediglich, um der Arbeiterbevölkerung den gewohnten Erwerb nicht zu entziehen; die Bevölkerung Schlesiens anerkennt endlich gern, daß bei den Unternehmungen Sr. k. und k. Hoheit die Rücksicht auf die wirthschaftliche Bildung des Volkes eine gewichtige Rolle spielt, daß von ihm in das Leben gerufenen wirthschaftlichen Etablissements durchaus wahre Musteranstalten sind, nicht allein darauf berechnet, zu erwerben, sondern zugleich der schlesischen Volkswirthschaft zum Muster und zur Nacheiferung zu dienen. Die Verwaltung der erzherzoglich Albrecht'schen Domainen ist ein leuchtendes Zeugniß für die großherzige Gesinnungsweise und den Gemeinsinn des geistigen Mittelpunktes desselben, Sr. k. und k. Hoheit des Erzherzogs *Albrecht*.

Allerdings hätte Se. k. und k. Hoheit einen so großen wirthschaftlichen Organismus nicht schaffen können, wenn Er nicht eine Reihe wissenschaftlich gebildeter und vom regsten Eifer beseelter Männer zur Seite hätte, welche Seine industriellen und humanitären Gedanken in glücklicher Verbindung zu verwirklichen verstehen; es ist indeß ein in hohem Grade ehrendes Zeugniß für die Bevölkerung Schlesiens, daß es zumeist schlesische Landeskinder sind, welche das große Werk mitgeschaffen haben. Der hohe Besitzer anerkennt es oft und gern, daß ohne die Hilfe der intelligenten und tüchtigen schlesischen Bevölkerung all das Erreichte nur schwer hätte verwirklicht werden können. »In Schlesien – pflegt Se. k. und k. Hoheit gesprächsweise gern zu bemerken – ist es leicht, Industrien anzulegen und die Land- und Forstwirthschaft zu verbessern, denn man findet hier für jeden Posten leicht tüchtige und verläßliche Menschen.«

Was die einzelnen Zweige der erzherzoglichen Domainenverwaltung betrifft, so ist es bekannt, daß der *landwirthschaftliche* Betrieb auf den erzherzoglichen Gütern ein in jeder Beziehung musterhafter ist. Die Landwirthschaft wird auf den der Teschner Kammer unterstehenden Domainen ungefähr zu gleichen Theilen in eigener Regie (10.844 Joch) und im Wege der Verpachtung (10.623 Joch) betrieben und durch 65 landwirthschaftliche Industrie-Etablissements unterstützt. Die Pachtverträge haben der Regel nach eine sechs- oder zwölfjährige Dauer und weisen eine große Stabilität der Pachtungen auf. Von den in eigener Regie verwalteten Grundstücken waren bis in die letzten Jahre circa 60 pCt. dem Getreide- und Kartoffelanbaue und circa 40 plt. dem Baue von Futterstoffen und dem

Graslande gewidmet; doch geht die Landwirthschaft auf den Gütern Sr. k. und k. Hoheit gerade in letzterer Beziehung einer höchst umfassenden Reform entgegen, indem die ganze Wirthschaft mit Einführung der *Weide* nach und nach auf die Viehzucht basirt werden und dem Körner- und Kartoffelbaue nur jene Fläche gewidmet werden soll, welche zur Production des nöthigen Winterfutters an Stroh und Schlempe für den vorhandenen Viehstand sich als nothwendig herausstellen wird. Es wird hiedurch das obige Verhältniß zwischen Getreide- und Grasland sich nach und nach geradezu umkehren.

Der Grund dieser tiefgehenden, höchst interessanten Reform liegt in den nicht ganz günstigen Resultaten, welche der Körnerbau in Schlesien seit Begründung der großen Eisenbahnverbindungen mit Galizien und Ungarn ergeben hat. Die Grundstücke im Teschner Kreise haben zumeist einen schweren, nur mit großem Aufwande zu bearbeitenden Boden. Das Klima gestattet überdies der Regel nach nur eine kurze Bearbeitungsdauer und nöthigt daher den Landwirth dazu, eine sehr große Menge Zugvieh zu halten und, wegen des sich auf kurze Zeit zusammendrängenden Bedarfes an landwirthschaftlichen Arbeitern, auch hohe Löhne zu zahlen. Nebstbei bewirkt das dem Getreidebaue nicht günstige Klima sehr ungleiche und unsichere Ernten. Durch die Umgestaltung von Ackerland in Weideland soll diesen Uebelständen abgeholfen werden und verspricht man sich hievon nicht nur eine Erhöhung der Rentabilität der in Grasland verwandelten Aecker, sondern auch eine wesentliche Erhöhung der Erträgnisse desjenigen Ackerlandes, welches auch nach vollzogener Reform unter dem Pfluge bleiben wird, indem die vermehrte Viehzucht eine intensivere Bewirthschaftung des dann noch erübrigenden Theiles der Ackerfläche gestatten wird.

Der Erfolg dieser höchst interessanten Wirthschaftsreform, welcher umfassende Studien vorangingen, ist nach den bisherigen Versuchen bei allen jenen Grundstücken, welche Gebirgslage haben, als gesichert zu betrachten, bei den mehr in der Ebene gelegenen Ländereien dagegen von dem erst durch längere und vielseitige Erfahrung festzustellenden Umstande abhängig, ob die Luftfeuchtigkeit auch hier genügen wird, um das der Grasproduction zugewiesene

Ackerland rasch und dauernd in ertragsfähiges Grasland zu verwandeln.

Hand in Hand mit der obigen Umgestaltung der Landwirthschaft geht eine entsprechende Reform der *Viehzucht,* welche zunächst in einer beträchtlichen Vermehrung des Nutzviehes bei gleichzeitiger Verminderung des Zugviehes zu Tage treten wird, in der Weise jedoch, daß die Gesammtzahl der Thierhäupter eine bedeutende Steigerung erfahren wird. Die auf den erzherzoglichen Gütern gegenwärtig schon sehr blühende Viehzucht wird solcher Art durch den obigen Umwandlungsproceß, in dem sich die Landwirthschaft befindet, einen neuen Impuls erhalten, aber auch manche Aenderung in der bisherigen Betriebsweise nöthig werden. Während bisher der Schwerpunkt der Viehzucht in der Milchwirthschaft lag, soll künftighin mit Rücksicht auf das Bedürfniß nach gesteigertem Absatze auch die Fleischproduction mehr in das Auge gefaßt werden und für diesen Zweck die bisher auf den erzherzoglichen Gütern vorherrschende milchreiche, aber für die Fleischproductionszwecke sich wenig eignende holländische Rinderrace mit englischen und norddeutschen Rindern, welche dem Fleischansatze günstiger sind, gekreuzt werden.

Es ist begreiflich, daß die Landwirthe Schlesiens den Ergebnissen der obigen Bestrebungen, die Landwirthschaft des Teschner Kreises auf eine den klimatischen und Bodenverhältnissen entsprechende Grundlage zu stellen, mit nicht geringer Spannung entgegensehen.

Der erzherzogliche *Bergbau* umfaßt in Schlesien sowohl Steinkohlen- als Eisengewinnung. Auf Steinkohlen wird in Karwin, Peterswald und Pruchna, auf Eisensteine in Baschka, Bielitz, Trzynietz und Ustron gegraben. Doch werden den schlesischen Hochöfen auch bedeutende Quantitäten ungarischer (Igloer) Eisenerze und zwar bereits im gerösteten Zustande zugeführt.

Das erzherzogliche *Hüttenwesen* und die *Eisenindustrie* umfaßt alle Stadien der Eisengewinnung und Eisenverarbeitung, vom Hochofenbetriebe bis zur Erzeugung von Stahl, Maschinen, Werkzeugen, verzinnten und emaillirten Waaren. Auch im schlesischen Berg- und Hüttenwesen macht sich übrigens ein Umwandlungsproceß bemerkbar, nicht minder intensiv als jener, welchen wir an der

Landwirthschaft zu beobachten Gelegenheit hatten. Ursprünglich wurden die Eisenwerke fast ausnahmslos in solche Gegenden verlegt, in welchen es große Holzquantitäten zu verwerthen galt, für welche sich keine andere Verwendung fand. Heute, wo die großartigen erzherzoglichen Forste den weitaus größeren Theil der Holzernten als Nutzholz zu verwerthen in der Lage sind, hat der ursprüngliche Gedanke, welcher zur Begründung und Fortführung von Eisenwerken führte, selbstverständlich jeden Boden verloren. Der Hochofenbetrieb und die Eisenindustrien concentriren sich gegenwärtig vielmehr um die Steinkohlengruben und längs der Eisenbahnlinien, welche eine billige Zufuhr von Kohlen und Eisensteinen und einen billigen Transport des Productes nach den Absatzgebieten ermöglichen. In diesem Umwandlungsprocesse befindet sich im Momente auch das erzherzogliche Hüttenwesen, welches allmälig seine ursprünglichen Sitze verläßt und sich in den ihm durch die neuen Verhältnisse angewiesenen Punkten concentrirt.

Von sonstigen *industriellen* Etablissements sind noch die Bierbrauerei in Teschen (mit einer Leistungsfähigkeit von 80.000 Eimern), eine Rosogliofabrik, eine Oelfabrik, eine Spiritusraffinerie und endlich eine Flachs-, Spinn- und Webefabrik nächst Teschen hervorzuheben.

Wir haben uns bemüht, in kurzen Zügen ein Bild der großartigen, zur »Kammer Teschen« gehörigen erzherzoglich Albrecht'schen Domainen vor unseren Lesern zu entrollen, selbstverständlich ohne irgendwie auf Vollständigkeit der Darstellung Anspruch erheben zu wollen. Wir wollten nur auf einen der großartigsten wirthschaftlichen Organismen unseres Vaterlandes hinweisen, welcher bei eingehenderer Betrachtung sicherlich in jedem sachkundigen Beschauer einen eben so tiefen als erfreulichen Eindruck zurücklassen wird.

—e—.

Die Wirkung dieses harmlosen Artikels war für den 19jährigen Kronprinzen niederschmetternd. Erzherzog Albrecht schrieb postwendend verärgert: »Dazu wird solches Lob in einer offiziellen Zeitung leicht als Sozialismus verdächtigt u. wirkt dann leicht verkehrt. Du wirst diesen Aufsatz in keinem anderen Blatte reproducirt finden«. und: »Du hast sehr Recht zu verlangen, daß der Name des Autors nicht in die Öffentlichkeit trete. Ein junger Prinz, am allerwenigsten ein Kronprinz darf als Zeitungskorrespondent figuriren. Der Nimbus geht nur zu leicht verloren, u. es gibt nichts zudringlicheres u. arroganteres, korrupteres als unsere Journalistiker[63]«. Unverkennbar kühlten sich die einst guten Beziehungen zwischen Albrecht und Rudolf ab. Der Kronprinz mußte nun bei jeder seiner schriftstellerischen Aktivitäten mit der unbedingten Feindschaft der Hofpartei um den alten Erzherzog rechnen und schloß sich nur noch enger an den väterlichen Freund und Lehrer Carl Menger an, der von der Hofgesellschaft weiterhin als »Sozialist« verdächtigt wurde.

## ANMERKUNGEN

1 an den ehemaligen Erzieher Latour, Prag 2. 12. 1881; zit. bei Oskar Freiherr von Mitis, Das Leben des Kronprinzen Rudolf, neu hg. von Adam Wandruszka, Wien 1971, 231ff.

2 Berta Szeps-Zuckerkandl, Ich erlebte fünfzig Jahre Weltgeschichte, Stockholm 1939, 137

3 ausführlich bei Brigitte Hamann, Rudolf – Kronprinz und Rebell, Wien 1978, 369–388

4 Adam Wandruszka, Die Habsburg-Lothringer und die Naturwissenschaften. MIöG 70/1962

5 Politische Denkschrift 1886, s. S. 156

6 Das Vaterland 12. 3. 1878

7 Prag, 19. 4. 1882. HHStA. N. R. Kt. 17

8 NWJ 27. und 31. 5. 1923

9 Manuskripte der kürzeren Arbeiten und Zeitungsartikel im N. R. Kt. 15

10 Hamann, 146

11 Unterredung Rudolf–Szeps am 29. 12. 1882 zitiert bei Szeps-Zuckerkandl, 50ff.

12 dieses Zitat und der folgende Bericht bereits abgedruckt bei Alfred Francis Pribram, Zwei Gespräche des Fürsten Bismarck mit dem Kronprinzen Rudolf von Österreich. in: Österreichische Rundschau 17. Jg. München 1921, 8–19

13 Briefe vom 1. und 19. 2. 1883 bei Hamann, 185f.

14 Julius Szeps (Hg.), Politische Briefe an einen Freund, Wien 1922, 39. Prag, 14. 3. 1883

15 Nach dem ersten Abdruck erschien der Artikel noch einmal leicht gekürzt als Nachruf für den Kardinal am 29. 3. 1885 im NWT

16 Laxenburg, 24. 8. 1883, Julius Szeps, 56. Das Manuskript wurde bereits bei Mitis, 241–245 abgedruckt

17 Julius Szeps, 57f.

18 Friedrich Gottas, Ungarn im Zeitalter des Hochliberalismus, Wien 1976, 172ff.

19 Das Manuskript ist im N. R. Kt. 14 erhalten, eine von Rudolf unterschriebene Reinschrift, die dem Kaiser vorgelegt wurde, im HHStA. Ka. A. unter Denkschriften eingereiht. Der Bericht wurde bereits von Mitis 252–266 ediert

20 bei Julius Szeps 121 fälschlich mit 1. August datiert. Der dort 194–198 abgedruckte Artikel »Gastein und Kremsier« ist offensichtlich eine Verwechslung mit dem hier zitierten, durch das Manuskript eindeutig zu identifizierenden Artikel

21 der Artikel bereits bei Mitis 271ff.

22 Wien, 9. 9. 1885. HHStA. N.R. Kt. 17

23 zitiert bei Hamann 297

24 ebda 299

25 Mitis 273–280

26 Mitis 280–311. Die Denkschrift erschien streng anonym in der Hof- und Staatsdruckerei im Druck und zwar entweder in sechs oder zehn Exemplaren. Der Satz wurde gleich nach Fertigstellung der Broschüre laut Weisung des Kronprinzen vernichtet. Die diesbezüglichen Briefe Rudolfs an den ihm auch persönlich verbundenen Direktor der Hof- und Staatsdruckerei, Anton von Beck, befinden sich im Archiv der Familie Allmayer-Beck (Wien, 12., 13. und 23. 1. 1886).

27 Budapest, 13. 10. 1885. Julius Szeps 125

28 zitiert bei Pribram 58

29 Julius Szeps 133f.

30 Hamann 202f.

31 zitiert bei Pribram 59

32 bereits ediert von Pribram, 57–68

33 ausführlich bei Hamann 323–333

34 beide Zitate bei Robert Freiherr von Lucius-Ballhausen, Bismarck-Erinnerungen, Stuttgart 1920, 377f.

35 Die geheimen Papiere Friedrich von Holsteins. Band II., Göttingen 1957, 374

36 Brief Rudolfs vom 30. 1. 1885 bei Julius Szeps 110. Der Artikel bereits bei Mitis 344ff.

37 in Auszügen zuerst bei Hamann 426f.

38 Wien, 8. 11. 1888 bei Julius Szeps 166f., der Artikel zuerst bei Hamann 400ff.

39 ausführlich bei Hamann 372–388

40 Leopold Wölfling, Habsburger unter sich. Berlin 1921, 13

41 Stenographische Protokolle des Herrenhauses 19. 3. 1868, 533

42 HHStA. N.A. Mikrofilm Rolle 31. Wien, 28. 2. 1876. Original im Ungarischen Staatsarchiv Budapest

43 die Diskussion über Joseph II. im N.A. Rolle 31

44 abgedruckt bei Julius Szeps 172–175

[45] Julius Szeps 186–192
[46] über Rudolfs Verhältnis zur Freimaurerei, Hamann 274ff.
[47] zuerst bei Hamann 426f.
[48] Brehms Thierleben, 4. Band, II. Abteilung: Die Vögel. Leipzig 1878, 690f.
[49] Ein Schriftenverzeichnis auch von Rudolfs ornithologischen Arbeiten befindet sich bei Hamann 524
[50] Rudolf, Jagden und Beobachtungen, Wien 1886, 472–483
[51] ebda. 513–519
[52] Pester Lloyd 5. 2. 1889, S. 2
[53] Jagden und Beobachtungen, 441–448
[54] Hamann 126–129
[55] Eine Orientreise, beschrieben vom Kronprinzen Rudolf von Österreich. Einbändige Ausgabe Wien 1885, 226ff. (Jaffa) und 236–243 (Jerusalem)
[56] N. R. Kt. 15
[57] Die hier zitierten Jugendarbeiten befinden sich im Nachlaß des Kronprinzen im HHStA. Wien. Rudolfs Erzieher Latour sammelte alle diese Arbeiten und schenkte sie dem Archiv. Sie bilden in ihrer Fülle ein wohl einmaliges Dokument einer liberalen Erziehung im 19. Jahrhundert
[58] HHStA. N. Corti. El. 1
[59] Hamann 103
[60] bereits bei Mitis 219
[61] N. R. Kt. 11. Heft Politische Oekonomie XII. März 1876
[62] N. A. Rolle 14. Wien, 5. 11. 1877
[63] ebda. Rolle 31. Weilburg, 7. 11. 1877

## Abkürzungen

| | |
|---|---|
| Ka. A. | Kabinettsarchiv |
| Kt. | Karton |
| HHStA. | Haus-, Hof- und Staatsarchiv Wien |
| MIöG | Mitteilungen des Instituts für österreichische Geschichtsforschung |
| N.A. | Nachlaß Erzherzog Albrecht |
| N.R. | Nachlaß Kronprinz Rudolf |
| NWJ | Neues Wiener Journal |
| NWT | Neues Wiener Tagblatt |
| ÖNB | Österreichische Nationalbibliothek |
| s. S. | siehe Seite |

## Register

## Nachweis der Abbildungen

HHStA. (14 Abb.)
ÖNB Druckschriftensammlung (11 Abb.)
ÖNB Porträtsammlung (3 Abb.)

# Kronprinz Rudolf – Schriftenverzeichnis

*I. Bücher*

1. Fünfzehn Tage auf der Donau, Wien 1878, 310 S.
2. Allerlei gesammelte ornithologische Beobachtungen, Wien 1880 (eine Sammlung der bis 1880 in den Mitteilungen des ornithologischen Vereines in Wien erschienenen Aufsätze mit zwei zusätzlichen Arbeiten über Aquila bonellii und Pandion haliaetus), 125 S.
3. Eine Orientreise, Wien 1881. 2 Bde (227 und 258 S.). Die einbändige Ausgabe Wien 1885
4. Einige Jagdreisen in Ungarn, Wien 1881, 114 S.
5. Gesammelte ornithologische und jagdliche Skizzen. Wien 1884 (Sammlung der 1881 bis 1884 in den Mitteilungen des ornithologischen Vereines erschienenen Aufsätze mit fünf weiteren Aufsätzen, vor allem Jagdbeschreibungen), 167 S.
6. Reiseerinnerungen. Orientreise 1885. 131 S.
7. Jagden und Beobachtungen, Wien 1886, 688 S.

Von allen Büchern erschienen Übersetzungen in verschiedenen Sprachen.

*II. Anonym erschienene Broschüren*

Rudolfs Autorschaft ist gesichert bei:

1. Der österreichische Adel und sein constitutioneller Beruf. München 1878, 48 S. (gemeinsam mit Carl Menger verfaßt)
2. Einige Worte über den Spiritismus. Wien 1882, 39 S.
3. Skizzen aus der österreichischen Politik der letzten Jahre 1886.

Nach derzeitigem Quellenstand nicht mit einem Manuskript zu beweisende, aber wahrscheinliche Autorschaft an:

(4.) Österreich-Ungarn und seine Alliancen. Offener Brief an S. M. Kaiser Franz Joseph I. von Julius Felix. Paris 1888, 40 S.

*III. Beiträge für das vom Kronprinzen herausgegebene Sammelwerk: »Die österreichisch-ungarische Monarchie in Wort und Bild«*

1. Einleitung im Übersichtsband (Wien 1885), 5–19
2. Landschaftliche Lage Wiens, in: Wien und Niederösterreich I. (Wien 1886), 3 f.
3. Der Wienerwald, in: Wien und Niederösterreich II. (Wien 1888), 3–24
4. Die Donau-Auen von Wien bis zur ungarischen Grenze, ebda. 97–112 und 113–122
5. Einleitung im Band Ungarn I. (1888), 3–6

*IV. Ornithologische Schriften*

In Mittheilungen des ornithologischen Vereines in Wien

1. Vultur cinereus und vultur fulvus. II. 1878, 101–103
2. Aquila Fulva und aquila imperialis. II. 1878, 109–113
3. Aquila naevia und aquila pennata. II. 1878, 107–120
4. Haliaetus albicilla. III. 1879, 51–56
5. Eine kurze Notiz über den spanischen Gypaetus barbatus, III. 1879. 59–61
6. Der Weißkopfgeier (vultur fulvus). III. 1879, 97–100
7. Vultur cinereus. III. 105–109
8. Steinadler und Prinzenadler. III. 1879, 117–120
9. Über den Rackelhahn. IV. 1880, 41–43
10. Ornithologische Reiseskizzen aus dem Oriente. V. 1881, 57–66
11. Ornithologische Notizen, VI. 1882, 40–43, 51–54
12. Aquila Bonellii in Böhmen. VI. 1882, 63
13. Ornithologische Notizen aus Siebenbürgen. VI. 1882, 113–116
14. Einige Herbstbeobachtungen. VII. 1883, 1–3
15. Neue Notizen über Tetrao medius. VII. 1883, 105–109
16. Beobachtungen über Raubvögel. VII. 1883, 177–178
17. Ornithologische Beobachtungen, VII. 1883, 225–226
18. Ornithologische Beobachtungen aus der Umgebung Wiens, VIII. 1884, 33 f.
19. Herbst 1885. IX. 1885, 305 f.
20. Ornithologische Notizen aus dem Süden, X. 1886, 145–150
21. Notiz über Pastor roseus in Niederösterreich. X. 1886, 157

In Cabanis Jahrbuch für Ornithologie

22. 12 Frühlingstage an der mittleren Donau (gemeinsam mit Homeyer und Brehm) 1879, 1–83
23. Ornithologische Beobachtungen in den Auenwäldern bei Wien (gemeinsam mit Brehm), 1879, 97–129
24. Beiträge zum 6. Jahresbericht (1882) des Ausschusses für Beobachtungsstationen der Vögel Deutschlands. 1883, 52–54

In »Hugos Jagdzeitung«

25. Eine Jagd auf Rackelhähne. XXVI. 1883, 225 f.

In Alfred E. Brehm, Illustrirtes Thierleben, Bd. IV. Die Vögel, 1. Bd. Leipzig 1878 (und in späteren Auflagen)

26. Biologische Schilderung des schwarzen Milan, IV. 690–691
27. Biologische Schilderung des Wiesenweihes, IV. 701–704
28. Biologische Schilderung des Rohrweihes. IV. 705–708.

*V. Zeitungsartikel*

1. Die erzherzoglich Albrechtschen Domänen in Schlesien. Wiener Zeitung. 4. 11. 1877
2. Einige Tage in Korfu und einige Stunden in Albanien. Neue Illustrirte Zeitung 29. 6., 13. 7. und 27. 7. 1884
3. Die Insel Melonta (Besprechung eines utopischen Romans von Lazar von Hellenbach) NWT 14. 8. 1883
4. Der Jubilar vom Hradschin (zum 50jährigen Priesterjubiläum Kardinal Schwarzenbergs) NWT 15. 8. 1883, Leitartikel
5. Notiz über den Besuch der elektrischen Ausstellung NWT 21. 8. 1883
6. Alte Ursachen, neue Folgen (über die ungarisch-kroatische Krise) NWT 28. 8. 1883, Leitartikel
7. Die Wacht an der Leitha (über Liberalismus und Reaktion in Österreich-Ungarn) NWT 19. 1. 1884, Leitartikel
8. Die Kaiserzusammenkunft in Kremsier (geschrieben im August 1885, nicht erschienen)
9. Ein geschriebenes Porträt (Nekrolog für Kaiser Wilhelm I.) WT 11. 3. 1888, Leitartikel

(Diese Artikel liegen im Manuskript vor, wurden von Moriz Szeps mehr oder weniger geändert, da sie für den Druck meist zu aggressiv waren.)

Aus Hinweisen in der Korrespondenz zwischen Rudolf und Szeps ist auf Rudolf als Autor an folgenden Artikeln zu schließen:
1. Der stille Bund (gegen Katholisierungsbestrebungen in Bosnien) NWT 25. 3. 1883 S. 2
2. Die blau-gelb-rote Donau NWT 15. 8. 1883
3. Tausend und ein Tag (zur Elektrischen Ausstellung) NWT 16. 8. 1883
4. Tiszas Erwachen NWT 31. 1. 1883

aus anderen Hinweisen zu erschließen:

5. Nachklänge zum Thema »Drill oder Erziehung?« Armeeblatt 27. 11. 1883 S. 763 f.
6. Wiener Geisterspuk. NFP 10. 1. 1882

Die folgenden Artikel gehen auf Gespräche, Anregungen und Informationen Rudolfs zurück und können als Gemeinschaftsarbeiten Rudolfs und Szeps' angesehen werden:
1. Noble Fenstereinwerfer NWT 18. 3. 1883
2. Das Geheimnis der Wogen NWT 24. 8. 1883
3. Wachsmaske-Meßwechsel NWT 30. 8. 1883 (über den Antisemitismus in Ungarn)
4. Die Geisterfalle NWT 12. 2. 1884 (über die Entlarvung des Mediums Bastian)

5. Die verhüllte Maria Theresia WT 14. 5. 1888 (über die Schönerer-Demonstration)

Die angeführten Zeitungsartikel stellen nur einen kleinen Teil der journalistischen Aktivitäten des Kronprinzen dar. Weitere Artikel – im Wiener Tagblatt, im Pester Lloyd, in Schwarzgelb und anderen Zeitungen – sind wahrscheinlich, aber nach derzeitiger Quellenlage nicht mit Manuskripten zu belegen.

Im Nachlaß des Kronprinzen liegen noch eine Reihe von zum Teil vervielfältigten Manuskripten, so »Das Gefecht von Spichern« (88 S.), »Adlerjagden« (100 S.) und zwanzig Folio-Hefte mit Reiseskizzen, vor allem über Spanien und Siebenbürgen.

# Biographien

**Brigitte Hamann**

## *Elisabeth*

*Kaiserin wider Willen. 660 Seiten mit 57 Fotos. SP 990*

Das übliche süße Sisi-Klischee wird man in diesem Buch vergeblich suchen: Elisabeth, Kaiserin von Österreich, Königin von Ungarn, war eine der gebildetsten und interessantesten Frauen ihrer Zeit; eine Königin, die sich von den Vorurteilen ihres Standes zu befreien vermochte. Häufig entfloh sie der verhaßten Wiener »Kerkerburg«, weil sie nicht bereit war, sich von den Menschen »immer anglotzen« zu lassen. Statt dessen war sie monatelang auf Reisen, lernte Sprachen und trieb – im Rittersal der Hofburg! – Sport. Schon vor dem Attentat war sie eine legendäre Figur geworden.

## *Meine liebe, gute Freundin!*

*Die Briefe Kaiser Franz Josephs an Katharina Schratt aus dem Besitz der Österreichischen Nationalbibliothek. Herausgegeben und kommentiert von Brigitte Hamann. 560 Seiten mit zahlreichen Abbildungen. SP 2228*

## *Rudolf*

*Kronprinz und Rebell. 534 Seiten mit 35 Abbildungen. SP 800*

»... ein Buch, das keineswegs nur historisch interessierte Leser fesseln kann, sondern auch eine reiche Fundgrube für psychologisch Interessierte bedeutet, weil Rudolfs späteres unglückliches Schicksal hier ganz klar und eindeutig aus den katastrophalen äußeren Umständen seiner Kindheit und Erziehung erklärt wird.«

Wochenpresse, Wien

## *Kronprinz Rudolf »Majestät, ich warne Sie...«*

*Geheime und private Schriften. Herausgegeben von Brigitte Hamann. 448 Seiten. SP 824*

Diese Schriften geben einen aufschlußreichen Einblick hinter die Kulissen der k.u.k. Monarchie.

»Hier kommt der Kronprinz unmittelbar zu Wort... Es spricht ein erschütternd wirkender Zeuge für eine sich ausweglos abzeichnende Lage, die der sensible Prinz offenbar schon sehr früh erkannt hatte und nicht ändern konnte.«

Die Presse, Wien

## Biographien

### Thea Leitner

### Habsburgs verkaufte Töchter

*272 Seiten mit 16 Abbildungen. SP 1827*

Thea Leitner bringt in ihrem Bestseller eine unbekannte Seite der europäischen Geschichte zur Sprache, nämlich die Biographien Habsburger Prinzessinnen, die schon im Kindesalter der Politik verschrieben wurden. Ihre Wünsche und Gefühle hatten keinen Platz. Obwohl von Kindesbeinen an über sie verfügt wurde, waren sie als erwachsene Frauen keineswegs passive Opfer ihrer Herkunft. Im Gegenteil, unter ihnen gab es eine Reihe brillanter Politikerinnen, teils klüger und geschickter als die Herren des Hauses Habsburg.

### Habsburgs vergessene Kinder

*288 Seiten mit 34 Abbildungen. SP 1865*

Thea Leitner verfolgte die Spuren von Nachkommen des Erzhauses, die von der Geschichtsschreibung bislang kaum beachtet wurden. Dabei stieß sie auf Menschen »mit ihren Ängsten und Leidenschaften und Verstrickungen, ihren heroischen Höhepunkten und ihren abgrundtiefen Nöten«.

### Skandal bei Hof

*Frauenschicksale an europäischen Königshöfen. 320 Seiten. SP 2009*

Vor dem Hintergrund europäischer Politik eröffnen diese erschütternden Tragödien ein Gesellschaftsbild, das die Skandale heutiger gekrönter Häupter als harmlose Geschichten erscheinen läßt.

### Fürstin, Dame, Armes Weib

*Ungewöhnliche Frauen im Wien der Jahrhundertwende. 352 Seiten mit 38 Abbildungen. SP 1864*

Die sechs hier porträtierten Frauen aus dem Wien der Jahrhundertwende stammen aus höchst unterschiedlichen sozialen Kreisen. Kennzeichnend für sie ist jedoch die Tatsache, daß jede dieser Frauen das ihr vorgezeichnete Lebensmuster modifizierte oder sogar sprengte – auch um den Preis der Gefährdung der eigenen Person.

# Biographien

**Burkhard Nadolny**
## *Louis Ferdinand*

*Das Leben eines preußischen Prinzen. 332 Seiten. SP 1741*

Louis Ferdinand, kunstsinniger Liebling der Frauen und weitblickender Politiker, fiel 1806 im Alter von 34 Jahren im Krieg gegen Frankreich. Laut Nadolny war der schöne Prinz der erste Star der neuen Geschichte. Eine überzeugende Deutung des Lebens und Wesens Louis Ferdinands.

**Heinz Ohff**
## *Der grüne Fürst*

*Das abenteuerliche Leben des Hermann Pückler-Muskau. 327 Seiten mit 30 Abbildungen. SP 1751*

Ein luxusverwöhnter, exzentrischer Snob, der Duelle focht und mehr Liebschaften hatte als Casanova; ein Abenteurer, der zu Pferd halb Afrika durchquerte, von höchstem Adel, aber republikanisch gesinnt, begabter Autor, genialer Gartenarchitekt: So jemanden wie den Fürsten Pückler-Muskau hat es im Deutschland des 19. Jahrhunderts nicht noch einmal gegeben.

**Heinz Ohff**
## *Ein Stern in Wetterwolken*

*Königin Luise von Preußen. Eine Biographie. 493 Seiten mit 34 Abbildungen. SP 1548*

Zahllose Legenden ranken sich um das Leben Königin Luises von Preußen, die schon zu ihren Lebzeiten außergewöhnliche Popularität genoß: Schön und lebenslustig, charmant und wenig gebildet mußte sie bereits als junge Frau zusammen mit ihrem Mann, Friedrich Wilhelm III., in schwierigen Zeiten den Thron besteigen und starb mit vierundreißig Jahren in der Blüte ihres Lebens. Bedeutende Zeitgenossen wie Kleist und von Arnim waren ihre Bewunderer, und Napoleon nannte sie respektvoll seine »ärgste Feindin«. Heinz Ohff zeichnet in seiner Biographie das Bild einer Frau zwischen Legende und Historie und vermittelt zugleich einen lebendigen Eindruck der damaligen Zeit.

»Ein lesenswertes, kluges Buch.«

Die Presse

# *Biographien*

**Dirk Van der Cruysse**

### *»Madame sein ist ein ellendes Handwerck«*

*Liselotte von der Pfalz – eine deutsche Prinzessin am Hof des Sonnenkönigs. Aus dem Französischen von Inge Leipold. 752 Seiten. SP 2141*

Ein unvergleichliches Bild ihrer Zeit hat Liselotte von der Pfalz in ihren 60000 Briefen hinterlassen. In diesen Universalreportagen beschreibt sie ihr Leben am Hof ihres Schwagers, des Sonnenkönigs Ludwig XIV., freimütig, spöttisch, oft derb. Die Intrigen und Ränkespiele, die politischen Krisen und die glänzenden Feste bei Hof fanden in »Madame«, der Tochter des Kurfürsten Karl Ludwig von der Pfalz, eine kluge und geistreiche Beobachterin.

»Van der Cruysses Werk berichtet so frisch, wie es seinem Objekt zukommt.«

Die Zeit

»Dirk Van der Cruysse gelang es in bravouröser Weise, diese ungewöhnliche Frau zu rehabilitieren.«

Die Welt

**Friedrich Weissensteiner**

### *Franz Ferdinand*

*Der verhinderte Herrscher. 246 Seiten mit 77 Abbildungen. SP 1532*

Eine bekannte Figur auf der geschichtlichen Bühne ist Franz Ferdinand vor allem durch seinen Tod. Die Schüsse von Sarajewo haben den Plänen ein gewaltsames Ende gesetzt, die dieser markanteste Kopf der ausgehenden Donaumonarchie für sein Land entworfen hatte.

**Friedrich Weissensteiner**

### *Die rote Erzherzogin*

*Das ungewöhnliche Leben der Tochter des Kronprinzen Rudolf. 228 Seiten mit 27 Abbildungen. SP 1527*

**Friedrich Weissensteiner**

### *Reformer, Republikaner und Rebellen*

*Das andere Haus Habsburg-Lothringen. 320 Seiten. SP 1954*

Die »anderen« Habsburger, das sind die Aufklärer und Liberalen im Erzhaus seit Joseph II.

SERIE PIPER

## James Cleugh

### *Die Medici*

*Macht und Glanz einer europäischen Familie. Aus dem Amerikanischen von Ulrike von Puttkamer. 489 Seiten mit 149 Abbildungen. SP 2321*

Die Chronik einer Familie, die wie keine andere die Kultur der Renaissance verkörperte.
Die Medici gehören zu den großen Familien, die die europäische Geschichte und Kultur entscheidend geprägt haben. Sie waren Bankiers, Feldherren, Päpste, Herzöge, Königinnen, Despoten, aber auch geniale Förderer von Kunst und Wissenschaft. Unter ihrer Führung wurde Florenz zum kulturellen Mittelpunkt Europas.
Unter den großen Familien, die den Lauf der europäischen Geschichte prägten, hat wohl kaum ein Name helleren Glanz als jener der Familie Medici. Ob als Bankiers, Feldherren, Päpste, Herzöge, Despoten oder geniale Förderer von Kunst und Wissenschaft – die Medici haben auf vielen Gebieten Weltruhm erlangt. Sie gaben der römischen Kirche zwei Päpste und Frankreich zwei Königinnen. Der Welt schenkten sie als großzügige Mäzene der Kunst unvergleichliche Meisterwerke. Im Mittelpunkt dieser Familienchronik steht deshalb auch die strahlende Gestalt Lorenzos des Prächtigen, des Staatsmannes und Dichters – die ideale Verkörperung des Renaissance-Menschen. Er war Förderer von Leonardo, Botticelli und Michelangelo. Unter seiner Führung wurde Florenz zum intellektuellen Zentrum Europas. James Cleugh erzählt von den Verwicklungen der Renaissance-Politik, den Intrigen, Liebschaften, Kriegen und Morden der Medici, und er befreit die Überlieferung von Legenden und halben Wahrheiten. Das Ergebnis ist eine einzigartige Chronik einer Familie, die dreihundert Jahre in Florenz herrschte und deren Vermächtnis den menschlichen Geist noch jahrhundertelang bewegt hat.

SERIE PIPER

**Vincent Cronin**

***Katharina die Große***
*Biographie. Aus dem Englischen von Karl Berisch. 423 Seiten. SP 2319*

Vincent Cronin porträtiert die schillernde Persönlichkeit der russischen Kaiserin, ihr ereignisreiches Privatleben und ihre großen Leistungen als Regentin – gerade auch bei der Verwirklichung weitreichender Sozialreformen.
Im Jahre 1762 bestieg die deutsche Prinzessin Sophie Friederike von Anhalt-Zerbst in Moskau den Thron der russischen Zaren und wurde Katharina II. Die Geschichte verlieh ihr den Beinamen »die Große«. Bis zu ihrer Thronbesteigung hatten erschreckende Brutalität, derbe Ausschweifungen und Günstlingswirtschaft das Leben am Zarenhof geprägt. Doch dann lenkte Katharina während einer glänzenden Regierungszeit von mehr als dreißig Jahren ihr Land mit politischem Weitblick. Das russische Volk verdankt ihr Reformen in Justiz und Verwaltung, die Verbesserung der sozialen Wohlfahrt und die Neuordnung des Bildungswesens. Katharina die Große war es auch, die 32000 deutsche Bauern an der Wolga ansiedelte und ihnen je 142 Morgen Land gab. Unter Verwendung neuer Quellen korrigiert Vincent Cronin ein falsches Geschichtsbild und läßt vor dem Hintergrund von Katharinas widerspruchsvollem Leben die bewegte Epoche der europäischen Aufklärung und des höfischen Rokoko lebendig werden.

»Cronins Werk ist *das* Musterbeispiel einer geglückten Lebensbeschreibung überhaupt.«
Die Welt

**Prinz Roman Romanow**
***Am Hof des letzten Zaren***
*1896–1919. Herausgegeben von Prinz Nikolai und Prinz Dimitri Romanow. Aus dem Dänischen von Lothar Schneider. 480 Seiten mit 32 Seiten Abbildungen. SP 2460*

Eine interessante Innenansicht der prächtigen, streng abgeschirmten, fast mystischen Welt der Zarenfamilie.

## Martin Green

### *Else und Frieda*

*Die Richthofen-Schwestern. Aus dem Amerikanischen von Edwin Ortmann. 416 Seiten. SP 2323*

Die Schwestern Else und Frieda von Richthofen, Töchter aus altem preußischem Offiziersadel, imposante Schönheiten von hoher Intelligenz und rebellischem Freiheitsdrang, stehen für zwei entgegengesetzte Ausbruchsversuche aus der patriarchalischen Welt ihrer Zeit. Else, Muse der kritischen Intelligenz, lebte ihre verschwiegene Liebesgeschichte mit Max Weber als geistige Partnerschaft aus. Frieda, Idol erotischer Imagination, heiratete D. H. Lawrence. Und für beide war der radikale Freud-Schüler Otto Groß, der gegen die bürgerliche Sexualität, Ehe und Monogamie zu Felde zog, der erste befreiende Liebhaber gewesen. Vor dem Hintergrund der Lebens- und Emanzipationsgeschichte der Richthofen-Schwestern gelingt Martin Green eine der »scharfsinnigsten Analysen der deutschen Sozial- und Geistesgeschichte der letzten hundert Jahre.«

Merkur

## Wolfgang Leppmann

### *Rilke*

*Sein Leben, seine Welt, sein Werk. 484 Seiten mit 20 Abbildungen. SP 2394*

Rilkes Leben war lange in ein fast mystisches Dunkel gehüllt. Mit seinem Hang zur Isolation und gleichzeitig seinem Umgang mit Fürstinnen, Gräfinnen, Herzoginnen, die ihn auf ihre Schlösser einluden und aushielten, gab der »unbehauste Salondichter« viele Rätsel auf. Wolfgang Leppmann verbindet die Stationen und Ereignisse von Rilkes Leben zu einem fast romanhaftem Fresko und ergründet auch seine viel beredten Schwächen, darunter seinen pubertären Snobismus, seinen Mutterkomplex, verbunden mit der Fälschung der Vaterfigur, sein Versagen als Ehemann und Vater, seine Schnorrer-Allüren.

»Farbigkeit und Anschaulichkeit der Darstellung, die breite und stets sorgfältige Wiedergabe des Zeithintergrunds und nicht zuletzt die hohe Lesbarkeit zeichnen das Buch dieses gelehrten, aber gelassenen Erzählers aus.«

Marcel Reich-Ranicki

SERIE PIPER

## Richard Ellmann

### *Oscar Wilde*

*Biographie. Aus dem Amerikanischen von Hans Wolf. 868 Seiten mit 63 Abbildungen. SP 2338*

Wer, wie Oscar Wilde, bekundet: »Ich habe mein ganzes Genie in mein Leben gesteckt, in meine Werke nur mein Talent«, der ist in der Tat dazu bestimmt, eine Lebensgeschichte zu hinterlassen, die ein gutes und umfangreiches Buch wert ist. Der amerikanische Literaturwissenschaftler Richard Ellmann hat die berühmt-berüchtigte Inszenierung eines künstlerischen Lebens aufs genaueste recherchiert. Das Ergebnis ist eine »glänzende, eine meisterliche Biographie« (Sigrid Löffler), ein ungeheuer spannendes Buch, das nicht nur als ein Plädoyer für den großen Dandy zu lesen ist, sondern auch an geschliffenem Witz und stilistischer Eleganz mit seinem Gegenstand mithalten kann.

»Eine Biographie, wie sie in diesem Jahrhundert wohl kaum mehr geschrieben werden wird.«

Der Spiegel

## Heinz Ohff

### *Theodor Fontane*

*Leben und Werk. 463 Seiten mit 26 Abbildungen. SP 2483*

In der zweiten Hälfte des 19. Jahrhunderts hat die deutsche Literatur nur einen Romancier von Weltrang hervorgebracht: Theodor Fontane. Er allein kann einem Balzac, Dickens, Flaubert oder Tolstoi ebenbürtig genannt werden, vor allem mit seinen beiden Meisterwerken »Effi Briest« und »Der Stechlin«.

Theodor Fontane ist in seinem journalistischen Kollegen Heinz Ohff endlich der Biograph erwachsen, der ihm gerecht wird. Denn weder ist Fontane ein märkischer Heimatdichter noch ein einsames Genie: Diese längst überfällige Biographie zeigt den weltoffenen Preußen hugenottischer Prägung als hart arbeitenden Schriftsteller, der sich seinen Rang in der Weltliteratur schwer erkämpft hat.

»Diese wunderbare Biographie macht neue Lust auf den Autor Theodor Fontane.«

Brigitte

## Brigitte Hamann
## *Hitlers Wien*

Lehrjahre eines Diktators. 652 Seiten. Geb.

»Die Lektüre des Buches ist ein erstaunliches Erlebnis: Unbewußt ertappt sich der Leser zunächst dabei, Verständnis für das schmächtige Bürschchen aufzubringen, das sich mittellos in einer Großstadt wie Wien durchs Leben schlagen muß, einer Stadt, die der Einwanderung aus dem Osten kaum Herr wird – die Ernüchterung bleibt aber nicht aus. Brigitte Hamann entfaltet das Soziogramm der Habsburg-Metropole, beschreibt die Bevölkerungsschichten (Österreicher, Deutsche, Slawen, Ungarn, Ruthenen, Böhmen u.a.), eruierte die Mietpreise und Lebenshaltungskosten, sogar Hitlers Monatseinkommen, führt uns das Leben in dieser Stadt plastisch vor Augen …
Als deprimierendes Fazit bleibt der Gedanke, daß nichts, aber auch gar nichts von Hitlers politischen Wahnvorstellungen ein Eigenprodukt war. Nicht nur in diesem Sinn war Hitler der größte Betrüger dieses Jahrhunderts.«
*Süddeutsche Zeitung*